Technologie-management und Innovationserfolgs-rechnung

herausgegeben von
Prof. Dr. Wilhelm Schmeisser

unter Mitarbeit von
Edith Teschner
Falko Schindler
Frank Herbrechter
Lydia Clausen

Oldenbourg Verlag München

Bibliografische Information der Deutschen Nationalbibliothek

Die Deutsche Nationalbibliothek verzeichnet diese Publikation in der Deutschen
Nationalbibliografie; detaillierte bibliografische Daten sind im Internet über
<http://dnb.d-nb.de> abrufbar.

© 2010 Oldenbourg Wissenschaftsverlag GmbH
Rosenheimer Straße 145, D-81671 München
Telefon: (089) 45051-0
oldenbourg.de

Lektorat: Wirtschafts- und Sozialwissenschaften, wiso@oldenbourg.de
Herstellung: Anna Grosser
Coverentwurf: Kochan & Partner, München
Gedruckt auf säure- und chlorfreiem Papier
Gesamtherstellung: Grafik + Druck GmbH, München

ISBN 978-3-486-59830-8

Vorwort

Die Bewertung der Innovation basiert in der Initiierungsphase vor allem auf einer Abschätzung der Gesamtinvestitionskosten mit dem prognostizierten Marktpotential. Ökonomische Abschätzungen existieren nur sehr grob und die Datenerhebung konzentriert sich vor allem auf Umsatzvolumina von Gesamt- und Teilmärkten sowie die Aufteilung von Marktanteilen. Genaue Aufwands- und Ertragsabschätzungen können noch nicht vorgenommen werden.

In diesem frühen Stadium finden die Methoden der Investitionsrechnung noch keine Anwendung, da diese wesentlich detailliertere Informationen über den zeitlichen Anfall der Eingangsgrößen benötigen. Die Abschätzung beschränkt sich auf bloße Gegenüberstellung von Investitionskosten und dem Umsatz- und Wachstumspotential des adressierten Marktes, ergänzt um risikobezogene Aussagen.

Die Konzeptionsphase dient der Aufstellung und Ausarbeitung des Produkt- und Servicekonzeptes. Aufgrund der Projektorganisation können die Projektkosten direkt durch das Projektcontrolling erfasst und zugeordnet werden. Die schwierigere Aufgabe ist die Abgrenzung von Gemeinkosten gegenüber anderen Projekten und Innovationsvorhaben und Gemeinerlösen von anderen Produkten.[1] Wichtiger Bestandteil innerhalb dieser Phase ist die Analyse und eine detaillierte Prognose der zu erwartenden Erlöse. Demgegenüber werden die zu erwartenden.

Investitionsausgaben ermittelt und mit den zu erwartenden projektspezifischen Einnahmen verglichen. In der Konzeptionsphase kann mittels der Barwertberechnung vor allem die Kapitalwertmethode als dynamisches Investitionsrechnungsverfahren genutzt werden. Die Ein- und Auszahlungen werden entlang des Produktlebenszyklus gegenübergestellt und zeitlich abgezinst. Das unternehmerische Innovationsrisiko und der Lohn wird mir Hilfe des vorgegebenen Zinssatzes gesteuert.

Spezifizierte Produktkonzepte werden unter Zuhilfenahme des Marketingmixes in den Markt eingeführt. Die Innovationsergebnisrechnung fokussiert in der Phase der Kommerzialisierung auf einzelne Produkte, Serviceangebote, Produktbundles, dedizierte Kundensegmente sowie Vertriebsgebiete. Klare Vorstellungen über Produktionskosten und Zahlungsbereitschaften liegen vor, so dass eine detaillierte Erhebung sämtlicher Daten möglich ist. Es findet eine Verknüpfung zum internen Rechnungswesen statt, wodurch eine umfangreiche Planung und Kontrolle der Kostenseite und der Erlösseite ermöglicht wird.

---

[1] Vgl. Schmeisser et al. (2008)

	Initiierung	Konzeption	Kommerzialisierung
Bezugs-größe	- Projekt - Gesamtmarkt - Anteil Gesamt-markt - Gesamtinnova-tion	- Projekt - einzelne Produkte - Kundengruppe/ Segment - Geschäftsmodell	- Einzelne Produkte - Kundengruppe/ Segment - Geschäftsmodell - Marketingobjekte und Strategien
Zurech-nung	- nicht oder nur rudimentär be-trachtet, da nur Grobabschätzung dies nicht erfor-dert	- Abgrenzungs-problematik der Kosten → von anderen Projekten, Teilpro-jekten - Abgrenzung der Erlöse → von anderen Produkten	- Abgrenzungs-problematik der Erlöse von anderen Produkten - Kostenverrechnung zunehmend präzi-ser

Bewertung	- Marktpotential
	- Anteil am Ge-samtmarkt
	- Gesamtinvesti-tionsausgaben
		- projektinduzierte Einnahmen
		- Ausgaben (ggf. orientiert an Kos-tengrößen)
		- Pauschalen in Prozent
			- Kosten differen-ziert nach
			  - Kostenarten
			  - Produkten
			  - Aktivitäten
			- Erlösen nach Pro-dukten und Erlös-arten
			- differenzierte Plan-erfolgsrechnung

Methode	- Marktab-schätzung/Poten-zialanalysen - Kostenabschätz-ungen basierend auf Investitions-ausgabe - Risikoanalysen	- finanzmathema-tische Methoden → statische Ver-fahren (Gewinn-vergleichsrech-nung) → dynamische Verfahren (Kapi-talwertmethode)	- Integration in be-triebliche Kosten- und Ergebnisrech-nung - integriert in be-triebliches Pla-nungssystem

Tab. I.1 *Übersicht Innovationsphasen*

Nach *Hauschildt* lassen sich die Aufgaben des Innovationsmanagements als die „dispositive Gestaltung von einzelnen Innovationsprozessen" beschreiben.[2] Die Informationsversorgung des Managements ist eine Aufgabe des Innovationscontrollings. Dabei sollte dies phasen-übergreifend geschehen. Es steht also der Innovationsprozess im Betrachtungsmittelpunkt. Generell lassen sich drei Ansätze des Innovationscontrollings unterscheiden:

- kontrollorientiertes Innovationscontrolling,
- informationsversorgungsorientiertes Innovationscontrolling,
- koordinationsorientiertes Innovationscontrolling.

Der kontrollorientierte Ansatz legt den Schwerpunkt auf die Planung und Kontrolle aller Projekte innerhalb der Innovationsprozesse. Das Hauptziel ist es, Veränderungen zu erken-nen und entsprechende Gegenmaßnahmen einzuleiten. Der informationsversorgende Con-trolling-Ansatz hat die Bereitstellung von Informationen zur Aufgabe. Die Innovationser-folgsrechnung ist ein Instrument, das diesem Ansatz zugeordnet werden kann. Die geliefer-ten Informationen dienen der Planung und der Kontrolle von Innovationen. Die Erfolgser-mittlung basiert dabei auf dem Gedanken, die Projekte als Investitionen aufzufassen. Der koordinationsorientierte Ansatz des Innovationscontrollings hat den Fokus auf das Manage-ment von Schnittstellen innerhalb des Innovationsprozesses. Die klassischen Instrumente sind Kennzahlen, Verrechnungspreise und Budgets.

Eine Innovation ist also durch eine qualitativ merkliche Änderung gegenüber einem bisheri-gen Zustand gekennzeichnet. Um der Besonderheit einer Innovation gerecht zu werden, bedarf es zum einen Instrumente des Innovationsmanagement und zum anderen des Innova-tionscontrollings. Zum anderen ist aber auch das Bewusstsein, dass sich um eine Innovation handelt, für die Auswahl der richtigen Instrumente von elementarer Bedeutung.

Übergeordnetes Ziel der Innovationserfolgsrechnung besteht darin, dem Innovator bewusst zu machen, welche (immateriellen) Werte er bei den Investitionen bei der Verwertung einer Innovation am Markt zu verdienen hat. Die Innovationserfolgsrechnung sollte darüber hinaus eine Projekt-, Investitions-, Planungs- und Kontroll- sowie Erfolgsrechung sein.

Neue Produkte und Dienste ermöglichen Unternehmen neue Umsätze zu generieren und neue Märkte zu erschließen. Innovationen sind somit auf der einen Seite die Grundlage für nach-haltiges Unternehmenswachstum, auf der anderen Seite leitet sich aus dem Kostendruck eine weitere Begrenzung der finanziellen Ressourcen ab. Es ist Wettbewerbs entscheidend, dass die Innovation eines Unternehmens erfolgreich in den Markt eingeführt werden kann, um den wirtschaftlichen Erfolg des Unternehmens zu sichern. Aus diesem Grund ist der Erfolg der Innovation, innerhalb des Innovationsprozesses, permanent zu prüfen. Um die Möglich-keiten und Einsatzbreite der Innovationserfolgsrechnungen zu schildern, werden im Buch noch deren Zusammenhänge erläutert.

Berlin, Nürnberg und Paderborn   Wilhelm Schmeisser

---

[2]   Hauschildt (1997)

Inhalt

I User Clinic Formate und ihr Beitrag zur Innovationserfolgsrechnung

Henning Breuer / Fee Steinhoff / Mitja Wogatzky

1 Einleitung

Eine wesentliche Funktion der Innovationsergebnisrechnung besteht in der Ermittlung des Erfolges: Ausgaben und Einnahmen sowie der Saldo als Innovationsergebnis werden errechnet (Hauschildt, 1994). Innovationsentscheidungen sind letztlich Investitionsentscheidungen. Ziel muss es sein, mit einem minimalen Einsatz von Ressourcen einen maximalen Output zu erzielen. Die Entscheidung, welche Innovationsideen als Projekte etabliert werden sollen und wie hoch jeweils die Ressourcenausstattung ausfallen soll, ist eine Frage der Effektivität. In diesem Zusammenhang bedarf es für die Praxis Empfehlungen, mit welchen Methoden die erfolgsversprechendsten Ideen möglichst frühzeitig identifiziert werden können.

Kaum ein Managementcredo hat in der Vergangenheit einen ähnlich hohen Verbreitungsgrad erlangt wie die Relevanz der Kundenorientierung (Kleinaltenkamp, 1996). Gleichzeitig tun sich Unternehmen jedoch bei der Umsetzung schwer: Studien verweisen auf erhebliche Mängel bei der Implementierung von Kundenorientierung – speziell in Innovationsprojekten (Mason/Harris, 2005; Ekström/Karlsson, 2001). Kundenorientierung erfordert die Generierung und Interpretation von Informationen. Viele Instrumente der traditionellen Marktforschung (z.B. quantitative Befragungen) sind für die Abschätzung der Marktchancen von innovativen Produkten und Diensten ungeeignet. Die moderne Innovationsforschung verfügt aber durchaus über Methoden, mit denen auch in Fällen, in denen das Vorstellungsvermögen der Zielkunden an Grenzen stößt, fundierte Marktinformationen generiert werden können.

In der sogenannten User Clinic lassen sich durch eine intensive Integration von Kunden dezidierte Bedürfnisinformationen gewinnen und somit Aussagen über den potentiellen Erfolg der Innovation ableiten. Der vorliegende Beitrag liefert eine theoretische Fundierung des User Clinic Modells, stellt verschiedene Formate sowie zwei Fallstudien vor und präsentiert eine Methode zur Erfassung der Clinic-Ergebnisse und deren Beitrag zur Innovationserfolgsrechnung.

2   Grenzen traditioneller Marktforschung

Marktunsicherheiten können zu zwei verschiedenen Arten von Fehlentscheidungen führen (Eliashberg et al., 1997). Fehlentscheidungen erster Art stehen für den Fall, dass das Management in ein Innovationsprojekt (weiter) investiert, obwohl das zu erwartende Erfolgspotential als niedrig einzustufen ist. Die Folge ist eine enttäuschende Performance der Innovation im Markt. Aufgrund der hohen Entwicklungs- und Vermarktungskosten von Innovationen können Fehlentscheidungen erster Art den Unternehmenserfolg bzw. die Existenz eines Unternehmens erheblich gefährden. Fehlentscheidungen zweiter Art bedeuten, dass eine im Markt potenziell erfolgreiche Produktidee existiert, das Management in das entsprechende Innovationsprojekt jedoch nicht (weiter) investiert. Das heißt, das objektiv hohe Erfolgspotential wird nicht erkannt und die Option auf einen Markterfolg fälschlicherweise nicht wahrgenommen. Bei Fehlentscheidungen zweiter Art handelt es sich nicht um einen Misserfolg im klassischen Verständnis, aber aufgrund des potenziell hohen finanziellen Rückflusses von Innovationen ebenfalls um eine schwerwiegende Management-Fehlentscheidung (Haimerl et al., 2001).

Aus den Folgen von Fehlentscheidungen erster und zweiter Art lässt sich eine hohe Relevanz der Generierung von Informationen über Zielkunden und deren Bedürfnisse ableiten. Eine wesentliche Quelle der Informationsgenerierung stellen Aktivitäten der Innovationsmarktforschung dar (Cornish, 1997). Damit kann die Informationsbasis und so die Prognosegenauigkeit des erwarteten Marktpotentials einer Innovation erheblich erhöht werden. Auf der Basis folgerichtiger Entscheidungen können potenziell erfolgreiche Innovationsprojekte möglichst effektiv weiterverfolgt und potenziell nicht erfolgreiche Innovationsprojekte möglichst frühzeitig abgebrochen werden (Eliashberg et al., 1997).

Kundenbedürfnisse aufzuspüren und zu definieren ist jedoch keine leichte Aufgabe. Traditionelle Instrumente der Marktforschung (standardisierte Techniken wie z.B. schriftliche Befragungsmethoden in einer großen Stichprobe oder quantitative Prognosemodelle) haben sich oft als unzureichend für die Bewertung der Marktpotentiale von innovativen Produkten und Diensten erwiesen (Trott, 2002; Wind/Mahajan, 1997). Dafür sind zwei wesentliche Ursachen verantwortlich. Zum einen hat sich gezeigt, dass traditionelle Methoden oftmals zu oberflächlich sind und eine Tendenz haben, zu sehr in der Vergangenheit verhaftet zu sein (z.B. Day, 2002). Dadurch sind sie wenig geeignet, latent vorhandene oder gar zukünftige Nutzerbedürfnisse zu identifizieren. Zum anderen konzentrieren sich die herkömmlichen Ansätze auf die Bewertung bestimmter Lösungen und unterstellen dabei, dass die Zielgruppe bereits über ausreichendes Wissen über die fraglichen Produkte verfügt (z.B. Hoeffler, 2003).

Der Erfolgseinfluss der Kundenorientierung wird im Kontext hochgradiger Innovationen entsprechend kontrovers diskutiert (Matsuo, 2006). Ein Aspekt betrifft die sogenannte „Gefahr des Inkrementalismus", auf die insbesondere in der frühen Marketingliteratur (Tauber, 1974) verwiesen wird. Es wird befürchtet, dass hochgradige Innovationskonzepte etwa aufgrund von unzureichender Erfahrung von potenziellen Kunden zunächst abgelehnt werden, woraus lediglich Weiterentwicklungen bestehender Produkte resultieren. Bennett und Cooper (1979, S. 78) verdeutlichen die Gefahr des Inkrementalismus anschaulich:

> *„Picture the would-be market researcher eighty years ago attempting to gauge market reaction to a proposed new product, the automobile. Respondents to any questionnaire would have assured the market-oriented innovator that cars would frighten horses, make too much noise, run too fast, and be generally unreliable. The competition of that time, the horse, would be judged just too strong for a successful market entry."*

Insbesondere in praxisorientierten Beiträgen wird teilweise sogar gefordert, potenzielle Kunden in hochgradigen Innovationsprojekten „zu ignorieren" (Martin, 1995), was jedoch fatale Folgen haben würde.

Daran angelehnt wird in der Literatur häufig der Einsatz neuer Methoden verlangt (z.B. Slater/Mohr, 2006). Es wird argumentiert, dass für hochgradige Innovationsprojekte sehr nützliche Informationen generiert werden können, vorausgesetzt, es werden adäquate Methoden verwendet (Trott, 2002). Eine wichtige Rolle nimmt dabei eine intensive Integration von Kunden in den Innovationsprozess ein (Ernst, 2001). In der Literatur dominiert das Verständnis, dass Kundenintegration „mehr ist" als Marktforschung. So differenzieren z.B. Ernst (2001) und Brockhoff (2003) zwischen einer reinen Ausrichtung der Innovationstätigkeit an Kundenbedürfnissen (im Sinne von Marktforschung) und einer Einbindung von Kunden als aktive Mitgestalter des Innovationsprozesses (Breuer, 1998). Erfolgreiche Innovatoren nutzen zunehmend Kompetenzen in einem erweiterten Netz, zu dem insbesondere auch die Kompetenzen der Kunden gehören (Prahalad/Ramaswamy, 2000).

Der in diesem Beitrag vorgestellte Ansatz der User Clinics zeigt auf, wie sich der Engpassfaktor Kundenorientierung überwinden lässt und der Kunde auch bei Innovationsprojekten mit einem hohen Neuheitsgrad wirkungsvoll eingebunden werden kann.

3   User Clinic Konzept

3.1   Einführung in die User Clinic Methode

Der Begriff der „User Clinic" an sich ist nicht selbsterklärend und es gibt tatsächlich zwei unterschiedliche Auffassungen. ihren Ursprung hat die User Clinic Methode in der Car Clinic, einer spezifischen Marktforschungsmethode der Automobilindustrie. Die Methodenbezeichnung basiert auf der Tatsache, dass die Testpersonen nicht – wie in der klassischen

Marktforschung – zu Hause oder per Telefon interviewt werden. Stattdessen werden sie zu einem speziellen Ort (z.B. ein Laboratorium in einer Entwicklungsabteilung, eine Marktforschungsagentur oder Messeräumlichkeiten) eingeladen, an dem sie Produktideen kennenlernen und bewerten sollen. Hier werden sie gewissermaßen als „stationäre Patienten" behandelt wie bei einem Klinikbesuch (Kunkel, 2006; Finsel, 1993). Wesentlich treffender ist die zweite Interpretation des User Clinic Begriffs. Hierbei werden die teilnehmenden Probanden als die „Doktoren" verstanden, welche den „Patienten" – nämlich das Produkt – untersuchen und eine Diagnose über dessen „Leistungsfähigkeit" abgeben, es „auf Herz und Nieren" zu prüfen.

Die User Clinic verfolgt als globales Ziel die Beschaffung von fundierten Informationen über die zukünftige Marktakzeptanz von Produkten vor Markteintritt, um die Unsicherheit eines Misserfolges weitgehend mindern zu können und Entwicklungsbemühungen auf die erfolgsversprechendsten Anteile zu konzentrieren.

Typischerweise gliedert sich die User Clinic in drei Phasen: 1) die zielgruppenspezifische Rekrutierung der Teilnehmer, welche im Wesentlichen von der Fragestellung und der Thematik der Clinic abhängt, 2) die Datenerhebung und -auswertung sowie 3) die Implementierung der Resultate. Zur Datenerhebung werden in der Regel zwischen 150 und 300 potentielle Kunden der zu evaluierenden Innovation eingeladen. An verschiedenen, sequentiell angeordneten Stationen werden die Probanden durch einen erfahrenen Moderator in die Thematik eingeführt, welcher durch Produktmanager, Ingenieure, Psychologen oder Marketingexperten des innovierenden Unternehmens unterstützt wird. In intensiver Interaktion mit Moderator und Mitarbeitern können die Testpersonen das potentielle Produkt kennenlernen und testen. Die zu bewertenden Ideen können sich dabei in den verschiedensten Entwicklungsstadien befinden – angefangen von einem grob umrissenen produktbezogenen Trend über ein ausformuliertes und graphisch aufbereitetes Produktkonzept bis hin zu einem voll funktionsfähigen Prototypen. Im Anschluss an diese Lernphase sind die Probanden in der Lage, eine fundierte Produktbewertung abzugeben. Die Bewertung erfolgt durch verschiedene, sich ergänzende Methoden und statistische Verfahren, um die Ergebnisstabilität zu sichern. Der gesamte Prozess kann zwischen 90 Minuten und drei Stunden dauern. Zusätzlich zum zukünftigen Kunden kann das innovierende Unternehmen auch weitere Geschäftspartner und Stakeholder (wie beispielsweise Lieferanten oder Vertriebspartner) einladen.

Mit Hilfe der User Clinic gelingt es Schwächen traditioneller Marktforschung auszugleichen, innovative, noch unbekannte Produkte zu bewerten und essentielle Informationen zu Bedürfnissen zukünftiger Nutzer dieser Produkte zu generieren. Erreicht wird dies im Wesentlichen durch drei Aspekte: eine ausführliche Lernphase, Interaktivität und einen multimethodischen Ansatz.

3.2   Elementare Bestandteile des User Clinic Ansatzes

3.2.1   Lernphase

Eine valide Beurteilung und Adoption von besonders neuartigen Innovationen verlangt Lernprozesse (Binsack, 2003). Den Teilnehmern einer User Clinic wird einiges abverlangt. Zunächst müssen sie verstehen, wie das neue Produkt, nicht unbedingt technisch, aber für sie als Nutzer – funktioniert. Dann gilt es, das Produkt aus dem Kontext der Clinic-Situation herauszulösen und in ihren Nutzungsalltag zu transferieren. Dabei müssen sie schließlich nicht ihren aktuellen, sondern einen in einiger Zukunft absehbaren Alltag mit entsprechender Infrastruktur und Rahmenbedingungen zugrunde legen. User Clinics versuchen mit Mitteln der Lernpsychologie die Probanden zu befähigen, fundierte Aussagen über neue Produkte zu treffen und so Marktunsicherheiten von Innovationen zu reduzieren. Wichtige Ansatzpunkte sind dabei Möglichkeiten der Mehrfachverarbeitung und Unterstützung bei der Bildung formaler Modelle.

Lernpsychologisch werden beim Wissenserwerb aussagenartige (sprachlich-symbolische), analoge (bildhafte oder auch wahrnehmungsbasierte; Anderson, 1996) und handlungsmäßige Repräsentationen unterschieden. So lässt sich z.B. die Bedeutung von „Berg und Tal" zum einen durch Bergsteigen handlungsmäßig erfassen oder durch Betrachtung analog vermitteln. Schließlich lässt sich die Bedeutung etwa über die relational logische Struktur (Berg als Gegenteil von Tal) als aussagenartig repräsentieren. Man geht heute davon aus, dass eine gleichzeitige oder sukzessive Mehrfachverarbeitung Lernprozesse unterstützen kann (Edelmann, 2000) und bei einer präziseren und vollständigeren Erfassung von Gegenständen hilft. Obwohl die Informationsverarbeitung nicht zwingend an eine Sinnesmodalität gebunden ist, kann doch davon ausgegangen werden, dass multi-modale Lernmaterialien einzelne Probanden und vor allem heterogene Gruppen schneller und angemessener instruieren können, als etwa nur verbal-sprachliche Informationen.

Während bei vielen Methoden eine rein verbale Vorstellung von Ideen und Anwendungsfällen dominiert werden bei User Clinics neben verbalen Beschreibungen der potentiellen Innovation in Form von Texten oder Präsentationen unterschiedliche Anschauungsmaterialien wie Visualisierungen, Storyboards oder Prototypen unterstützend angeboten. Sogenannte Erfahrungsprototypen erlauben handelnden Umgang mit innovativen Produkten. Dabei ist die Kommunikation der wesentlichen Erfahrungsqualitäten wichtiger als die technische Umsetzung in funktionalen Demonstratoren. Liegen zur angestrebten Innovation noch keine Prototypen vor, können neben der textlichen Beschreibung die Konzepte und Anwendungsfälle mit graphischen Skizzen oder mit Hilfe von Videoanimationen illustriert werden. Anstelle von realistischen Darstellungen werden dabei meist schematische verwendet, damit die Aufmerksamkeit der Probanden nicht auf Details oder individuelle Besonderheiten gelenkt ist, sondern auf die wesentlichen Abläufe und Produkteigenschaften.

Zudem ist es das Ziel potentielle Kunden beim Aufbau mentaler Modelle zu unterstützen. Mentale Modelle bezeichnen (im Gegensatz zu wissenschaftlichen Modellen) vereinfachte Modelle von Realitätsausschnitten, die meist im Anschluss an unmittelbare Erfahrungen mit einem Sachverhalt ausgebildet werden. Insbesondere, wenn der Sachverhalt (wie meist bei technischen Innovationen) relativ komplex und wenig transparent ist, fällt es leichter, sich an solchen vornehmlich ganzheitlich-analogen Formen der Repräsentation zu orientieren, die sprachliches, bildhaftes und handlungsbezogenes Wissen integrieren. Mentale Modelle ermöglichen die Bewältigung von Problemen und die Bearbeitung von Aufgaben, indem sie äußere Vorgänge simulieren und dabei sprachliches, bildhaftes und handlungsbezogenes Wissen integrieren (Edelmann 2000).

Die multimodale Lernphase der User Clinics soll die Befragten befähigen, mentale Modelle innovativer Produkte auszubilden, und es ihnen so ermöglichen, hinreichend fundierte Bewertungen aus ihrer subjektiven Sicht vorzunehmen.

3.2.2   Reichhaltige Interaktion

Um sicherzustellen, dass die Probanden die anfängliche Lernphase erfolgreich durchlaufen haben, gibt es für sie die Möglichkeit, Rückfragen zur Funktionalität oder anderen Unklarheiten an den Moderator oder einen teilnehmenden Mitarbeiter zu stellen. Auch dies soll zunächst sicherstellen, dass die wichtigsten Eigenschaften der Innovation angemessen erfasst werden. Zum anderen lässt sich die Dokumentation dieser Rückfragen als wertvolle Informationsquelle für die weitere Produktentwicklung nutzen. Selbst non-verbale Zeichen wie Mimik und Gestik geben aufschlussreiche Informationen über die ersten Eindrücke der vorgestellten Themen und Konzepte.

Zusätzlich können Gruppendiskussionen etwa in Form von Fokusgruppen zu Teilaspekten der Innovation durchgeführt werden. Wie auch bei einer Markteinführung können potentielle Kunden über Vorteile, Nachteile und Bedenken im Bezug auf die vorgestellten Themen und Konzepte diskutieren. Dies dient zum einen der Vertiefung und Festigung des Verständnisses der Testpersonen und zum anderen der frühzeitigen Aufdeckung von Barrieren, womit ein umfassenderes Verständnis für die Nutzersicht der vorgestellten Thematik entwickelt werden kann.

3.2.3   Multimethodischer Ansatz

Bei der Methodenwahl verfolgt das Clinic-Model das Prinzip der Triangulation. Der Begriff der Triangulation wurde aus dem Bereich der Landvermessung (Anpeilen eines Messpunkts von mindestens zwei Standpunkten mit bekanntem Abstand) in die empirische Forschungsmethodologie übernommen. Bei der Triangulation werden unterschiedliche methodische Zugänge und die mit ihnen verbundenen theoretischen Perspektiven miteinander verknüpft, um sich einem Untersuchungsgegenstand mit verschiedenen Methoden oder über verschiedene Datenquellen zu nähern. Werden mit unterschiedlichen Ansätzen dieselben oder ähnliche Ergebnisse erzielt, kann dies darüber hinaus der Validierung von Untersuchungsergebnissen dienen. Flick (2008) stellt heraus, dass gerade komplementäre oder sich ergänzende Einsichten ein umfassenderes Verständnis des Forschungsgegenstandes ermöglichen.

Diese Strategie wird im Rahmen der User Clinic verfolgt. Der Schwerpunkt liegt dabei auf dem Einsatz verschiedener Befragungs- und Auswertungsmethoden. Sie werden grundsätzlich in Clinics kombiniert, indem etwa pragmatische und hedonische Nutzungsmotive ebenso wie die Relevanz von und das Interesse an bestimmten Diensten oder Produkten erfasst werden. Wie bei vielen anderen Befragungstechniken können hier konvergierende Aussagen helfen, während möglicherweise divergierende Aussagen (etwa wenig Interesse bei hohem pragmatischem und hedonischem Nutzen) zur kritischen Reflektion zugrundeliegender Annahmen und Theorien anregen. Unterschiedliche Zugänge werden auch über unterschiedlichen Fragen nach globalen Anwendungsfällen, Stärken und Schwächen einzelner Features oder einer vergleichenden Priorisierung derselben verfolgt. Die Kombination offener und geschlossener Fragen gibt neben einem Überblick über die Antwortverteilung in der Stichprobe auch qualitative Informationen über die Gründe für ihre Präferenzen.

Als Methoden und Analyse-Modelle werden häufig Conjoint-Analysen, das Kano-Modell oder die AttrakDiff-Methode eingesetzt, um einander ergänzende Aussagen zu treffen.

Die Conjointanalyse (vgl. ausführlich Teichert, 2000; Backhaus et al., 2006) wurde Anfang der 1960er Jahren als Verfahren der mathematischen Psychologie entwickelt bevor sie ca. zehn Jahre später auf Marketingfragestellungen übertragen wurde. Sie gehört mittlerweile zu den am häufigsten eingesetzten Methoden der Innovationsmarktforschung. Meistens wird die Conjointanalyse für die Bestimmung optimaler Produkteigenschaften im Rahmen der Neuproduktplanung und/oder zur Preisfestlegung eingesetzt (Hartmann/Sattler, 2002). Conjoint zielt auf eine quantitative Abschätzung der Beiträge einzelner Produkteigenschaften zum subjektiven Gesamtwert (Nutzen, Einstellung, Zahlungsbereitschaft) von Produkten. Dazu werden den Befragten im quasi-experimentellen Untersuchungsdesign hypothetisch, d.h. nur durch ihre wesentlichen Funktionen, beschriebene Produkte vorgegeben. Auf der Basis von Gesamturteilen über die Stimuli (ordinale Präferenzurteile unter Paaren oder Triaden von Produktbeschreibungen) schätzt ein Conjoint-Algorithmus die Beiträge der einzelnen Produktfunktionen zum Gesamtnutzen. Mit anderen Worten: Es lässt sich beziffern, inwieweit die Summe der Produktfunktionen einer Innovation ein für Kunden wichtiges Nutzenmerkmal darstellt. Dabei wird unterstellt, dass sich der Gesamtnutzen additiv aus den einzelnen Teilnutzenwerten (Nutzenwert pro Merkmalsausprägung) zusammensetzt. Dieses Vorgehen entspricht der Realität des Marktgeschehens: Zielkunden nehmen Produkte als Ganzes wahr und beurteilen sie ganzheitlich. Man wägt verschiedene Produkte ab und entscheidet sich für die Alternative mit dem höchsten Gesamtnutzen (Stadler, 1993).

Das Kano-Model wurde in den 1980er Jahren von Prof. Noriaki Kano entwickelt und hilft, Kundenanforderungen an zukünftige Produkte zu strukturieren und ihren Einfluss auf die Zufriedenheit der Kunden zu bestimmen. Kano et al. (1984) unterscheiden dabei zwischen drei Arten von Kundenanforderungen: den Basis-, Leistungs-, und Begeisterungsanforderungen.

Basisanforderungen sind grundlegende Produkteigenschaften, die vom Kunden (implizit) als selbstverständlich vorausgesetzt werden. Werden diese jedoch nicht erfüllt, führt dies zu einer hohen Unzufriedenheit. Solche Leistungsanforderungen sind dem Kunden bewusst und werden von ihm auch explizit nachgefragt. Sie helfen Kundenzufriedenheit zu schaffen, welche proportional mit dem Grad der Erfüllung dieser Anforderung wächst. Begeisterungs-anforderungen haben den größten Einfluss auf die Zufriedenheit und sind am besten dazu geeignet, sich am Markt zu differenzieren. Sie werden vom Kunden weder explizit nachge-fragt noch erwartet, führen jedoch bei Erfüllung zu überdurchschnittlicher Begeisterung. Nichterfüllung löst indes keine Unzufriedenheit aus. Mit Hilfe des Kano-Models können die Produktkriterien identifiziert werden, welche die Kundenzufriedenheit am meisten positiv beeinflussen. Sie liefert daher eine wertvolle Hilfestellung, in welche Produkteigenschaften im weiteren Entwicklungsprozess Ressourcen investiert werden sollen (Hinterhuber et al., 1997). So würde es beispielsweise wenig Sinn ergeben, in die Verbesserung von Produktkri-terien zu investieren, die nur Basisanforderungen befriedigen.

Zur Evaluation interaktiver Produkte eignet sich die AttrakDiff-Methode (Hassenzahl et al. 2003). Sie ermittelt die Attraktivität eines Produktes anhand seiner pragmatischen und hedo-nistischen Qualität. Die pragmatische Qualität liefert Aussagen darüber, inwiefern das Pro-dukt hilft, gestellte Handlungsziele zu erreichen, während die hedonistische Qualität angibt, inwieweit das Produkt die eigene Kreativität und die Kommunikation zu Dritten fördert (Hassenzahl et al., 2008). Die AttrakDiff-Methode hilft besonders, die Bedienungsfreund-lichkeit und wahrgenommene Attraktivität eines interaktiven Produktes bewerten zu lassen und entsprechend optimieren zu können.

Zudem können Nutzungsmotive abgefragt werden, die Zahlungsbereitschaft (nach van Wes-tendorp, 1976) oder offene Fragen. Mit Hilfe dieser Analysemethoden lassen sich potentielle Innovationen mit unterschiedlichen Schwerpunkten beleuchten.

4   User Clinic Formate

Im Folgenden werden drei mögliche Ausprägungsarten der User Clinic vorgestellt. Ihre Un-terschiede begründen sich aus der zeitlichen Anordnung im Innovationsprozess und in der unterschiedlichen Zielstellung.

4.1   Insight Clinic

Die Insight Clinic wird zu Anfang des Innovationsprozesses in der Explorationsphase ge-nutzt. In den frühen Phasen sollte sich Innovationsmarktforschung eher auf Bedürfnisse als auf Lösungen konzentrieren (Katz, 2004). Das Ziel sollte sein, ein Verständnis hinsichtlich der Arbeits- und Lebenssituation oder ungelöster Probleme und Wünsche gegenwärtiger und zukünftiger Kunden zu erlangen. Dabei geht es um so genannte Customer Insights – anschauliche Beschreibungen ungelöster Probleme oder unerfüllter Bedürfnisse, dargestellt aus der Perspektive des Kunden.

Im besonderen Fokus stehen aktuelle, latente und zukünftige Bedürfnisse. Aktuelle Bedürfnisse sind bereits artikuliert und bekannt, latente Bedürfnisse jedoch (relativ) unbewusst und damit nicht bzw. nicht ohne weiteres artikulierbar (Kleinschmidt et al., 1996). Die Ermittlung von latenten und zukünftigen Bedürfnisse ist mit besonderen Herausforderungen verbunden, da sie ein besonders tiefgehendes, empathisches Verständnis der Zielkunden und der Rahmenbedingungen ihres Handelns verlangt (Kärkkäinen et al., 2001). Gelingt es, latente und zukünftige Bedürfnisse zu identifizieren, können diese in Produktideen mit besonders hohem Marktpotential transformiert werden. Zudem kann geprüft werden, ob Bedarf für ein bereits bestehendes Innovationskonzept im Markt existiert (in diesem Zusammenhang wird auch von einem „outcome-based vs. solution-based approach" gesprochen; vgl. Alam, 2006).

Der Betrachtungsgegenstand, zu welchem Customer Insights gesucht werden, ist dabei noch keine konkrete, zu bewertende Produktidee, sondern eine weiter gefasste Themenstellung, welche in Bezug zum Suchfeld der Innovation steht. Die Thematik könnte beispielsweise die Auseinandersetzung mit einem aktuellen Trend sein oder ein Thema, welches die nahe Zukunft tangiert (z. B. „Wie sieht die Kommunikation in 20 Jahren aus?").

Während der Insight Clinic durchlaufen zwischen 20 und 30 Testpersonen mehrere „Insight Stationen", an denen die Zielthematik mit Hilfe unterschiedlicher Methoden erörtert wird. Dabei stehen weniger Fragebögen und statistische Verfahren im Vordergrund, sondern mehr Techniken, welche den Probanden spielerisch helfen, die Thematik aus ungewohnten oder neuen Blickwinkeln zu erfassen und ein tieferes Verständnis für die Belange der Teilnehmer zu entwickeln. So können beispielsweise die Testpersonen aufgefordert werden, ihre Vorstellung zur Themenstellung mit Legosteinen zu entwerfen, wobei das Medium der Legosteine hilft, sich von bekannten Denkmustern zu lösen und die Problemstellung auf neue Art und Weise zu betrachten. Anschließend erklären sie ihre Kreationen und die Ursachen für die Art der Darstellung, was Einblicke in die Denkmuster und Motivationen der Teilnehmer erlaubt. Ein tiefes Verständnis über aktuelle und zukünftige Bedürfnisse der Kunden zur Thematik können beispielsweise durch die Erhebung von Mean-End-Chains mit Hilfe der Laddering Technik (Braunstein et al., 2000) oder auch z.B. durch die Bewertung abstrakter, neuer Funktionalitäten (sogenannte Mini-Konzepte; Durgee et al., 1998) erreicht werden.

Die besondere Stärke der Insight Clinic ist die Generierung von themenbezogenen, dezidierten Customer Insights sowie das Aufdecken und Verstehen von latenten und zukünftigen Kundenbedürfnissen. Da zunächst nur die beschriebenen Bedürfnisse oder grob formulierte Nutzeranforderungen als Ergebnisse vorliegen bedeutet dies im Umkehrschluss jedoch auch, dass die Insight Clinic keine konkreten Anhaltspunkte für neue Produkte liefert. Die noch recht unscharfen Ergebnisse der Clinic können erst in einem zweiten Schritt in Produktideen transformiert werden.

4.2   Evaluation Clinic

Die Evaluation Clinic wird später im Innovationsprozess in der Phase der Produkt- oder Konzeptauswahl eingesetzt. Hier liegen die potentiellen Innovationen bereits als ausformulierte Konzepte, Prototypen oder sogar als voll funktionsfähige Produkte vor. Bei der Evaluation Clinic lassen sich drei Typen unterscheiden: 1) die klassische Evaluation Clinic, 2) die günstigere und schneller umzusetzende Mini Clinic und 3) das Online-Format, die Online Clinic.

4.2.1   Klassische Evaluation Clinic

Ihr Zweck ist die Vermeidung der in Kapitel 2 erwähnten Fehler erster und zweiter Art (Eliashberg et al., 1997). Das Ziel der Evaluation Clinics liegt primär darin, geeignete Informationen zu generieren, die das Risiko einer Fehlentscheidung mindern und somit als konkrete Entscheidungshilfe zu fungieren, inwieweit im weiteren Verlauf des Innovationsprozesses bestimmte Produktkonzepte weiterverfolgt, modifiziert, oder eingestellt werden sollen. Betrachtungsgegenstand sind daher keine abstrakte, weitgefasste Themenstellungen mehr, sondern konkrete, zu bewertende Produktkonzepte.

Wie bei der Insight Clinic durchlaufen die Testpersonen einen mehrstufigen Prozess. Dabei werden Ihnen mit Hilfe von Visualisierungen, Prototypen oder Mock-ups bis zu 25 Produktkonzepte durch einen Moderator vorgestellt. Im Anschluss haben die Teilnehmer die Möglichkeit, die Prototypen selbst auszuprobieren und ausführlichen zu testen, wobei ihnen der Moderator bei Verständnisproblemen schnell und unkompliziert helfend zur Seite steht. Diese ausführliche Lernphase zur potentiellen Innovation führt zu einem tiefgehenden Verständnis bei den Teilnehmern und ermöglicht ihnen eine verlässliche Bewertung der Konzepte und Prototypen. Die Bewertung an sich kann über Fragebögen erfolgen, welche die Teilnehmer direkt vor Ort an zur Verfügung gestellten PCs ausfüllen. Bei der Bewertung wirkt das Prinzip der Triangulation, und die in Kapitel 3.2.3 vorgestellten Methoden kommen zum Einsatz. Um stabile Ergebnisse für einige der eingesetzten Analysemethoden (z.B. Conjoint-Analysen) zu erhalten ist eine Anzahl zwischen 150 bis 300 Personen notwendig. Begleitend zum Fragebogen können offene Fragen, Interviews und Gruppendiskussionen tiefer gehende Informationen zu den Bewertungen der Teilnehmer liefern. Aufgrund der zusätzlichen Erhebung von personenbezogenen Daten können detaillierte Informationen zum Adoptionsverhalten und Involvement der Zielgruppe ermittelt werden, die eine Einordnung der Konzepte nach kurz-, mittel-, und langfristiger Relevanz für die Innovations-Roadmap ermöglichen. Eine Observation der Teilnehmer beim Testen von Prototypen kann zudem Auskünfte über deren Lernverhalten liefern und bietet erste Aufschlüsse zur Bedienungsfreundlichkeit der Produkte.

Die Evaluation Clinic bietet sich insbesondere an, um aus einer Vielzahl an Produkteigenschaften die erfolgsversprechendsten zielgruppenspezifisch zu identifizieren. Durch die eingesetzte Methodenvielfalt werden die Konzepte von unterschiedlichen Seiten beleuchtet und es wird eine fundierte Bewertung erreicht. Die intensive Lernphase verhindert, dass Konzepte aus mangelndem Verständnis abgelehnt werden und beugt so dem Risiko des Inkrementalismus vor. Die Menge der geprüften Konzepte erlaubt jedoch nur einen beschränkten Detaillierungsgrad der Bewertung pro Konzept. Ist das Ziel, weitergehende Informationen beispielsweise zu Adoptionsbarrieren oder zu Detailthemen zu erlangen, ist die Evaluation Clinic nur bedingt geeignet.

4.2.2   Mini Clinic

Die sogenannte Mini-Clinic stellt eine Variante der klassischen Evaluation Clinic dar. Die Mini Clinic soll ein zeitnahes Feedback zu – beispielsweise in Workshops – entwickelten Produktideen ermöglichen. Dementsprechend liegen die Ideen nur in konzeptioneller Form vor, z.B. als ausformulierte Konzepte unterstützt durch Storyboards. Diese werden den Testpersonen durch einen Moderator erläutert, wobei wiederum die Möglichkeit für Rückfragen und Interaktion besteht. Ziel der Evaluation ist es, über einfache Skalenabfragen und offene Fragen erste Informationen zur Attraktivität und Relevanz der Konzepte zu gewinnen.

Neben der zeitnahen und weniger ausführlichen Bewertung der Produktideen ist die Kosteneffizienz ein wesentlicher Bestandteil der Mini Clinic. Zum einen wird auf komplexes Fragebogendesign und Prototypen verzichtet, zum anderen ist die notwendige Teilnehmeranzahl aufgrund der geringeren Komplexität der eingesetzten Methoden wesentlich geringer.

4.2.3   Online Clinic

Eine ebenfalls kostengünstigere Variante der klassischen Evaluation Clinic ist die Online Clinic, die die Vorteile einer Evaluation Clinic mit denen einer Online-Befragung kombiniert. Die Testpersonen werden dazu über eine E-Mail zu einer Onlinebefragung eingeladen. Dies ist komfortabler für die Probanden, da sie von jedem beliebigen Ort zu jeder Zeit an der Studie teilnehmen können. Zudem lässt sich auf diese Weise kostengünstig eine größere Anzahl an Testpersonen adressieren. Die interaktive Komponente der Evaluation Clinic kann durch das Bereitstellen verschiedenster Kommunikationskanäle für die Teilnehmer auch bei der Online-Variante erreicht werden. Dazu werden etwa eine Hotline für Rückfragen, ein Diskussionsforum oder ein Live-Chat verwendet, so dass die Probanden Verständnisfragen bezüglich der vorgestellten Konzepte oder zum Fragebogen klären können. Allerdings ist die zeitliche Bereitschaft der Testpersonen zur Teilnahme an einer Online Studie begrenzt, so dass das Ausfüllen des Fragebogens nicht länger als 30 Minuten dauern sollte. Aufgrund dieser Einschränkung können auch hier nicht viel mehr als fünf bis zehn Produktkonzepte abgeprüft werden. Dabei gilt es, den Trade-Off zwischen der Anzahl zu evaluierender Anwendungsfälle und der gewünschten Tiefe der Produktbewertung zu finden. Einerseits ist eine einfache Bewertung ähnlich der Mini Clinic anhand von Skalenfragen vorstellbar, anderseits lassen sich bei einer geringen Anzahl von Konzepten die Werkzeuge der klassischen Evaluation Clinic wie etwa eine Conjoint- oder Kano-Analyse anwenden. Die Online Clinic verfolgt ebenfalls das Ziel der Kosteneffizienz, welches sich durch das Onlineformat sowie die geringere Länge des Fragebogens gut realisieren lässt.

4.3   Deep Dive Clinic

Ebenso zur Phase der Produktauswahl gehörend, unterzieht die Deep Dive Clinic die in der Evaluationsphase ausgewählten Konzepte einer detaillierten Prüfung.

Im besonderen Fokus liegen hierbei die Identifizierung und Analyse von Akzeptanzbarrieren. Die Akzeptanz einer Innovation ist eine Vorstufe der Übernahme oder Adoption. Akzeptanz kann definiert werden als Ausdruck einer subjektiven Einstellung eines Individuums gegenüber einem Sachverhalt, die eine positive Bereitschaft bzw. ein Verhalten impliziert (Hecker, 1997). Innovationswiderstand ist eine Form immanenten Widerstandes gegen Veränderung und basiert auf funktionalen bzw. psychologischen Barrieren (Ram/Sheth, 1989). Je höher der Neuigkeitsgrad einer Innovation ist, desto wahrscheinlicher sind Widerstände und Ablehnungen seitens der Zielkunden. Eine frühzeitige Identifikation potenzieller Akzeptanzbarrieren ermöglicht konkrete Maßnahmen zu deren Reduktion. In der Deep Dive Clinic werden die Akzeptanzbarrieren entlang verschiedener Berührungspunkte, sogenannter Touchpoints, (s.a. Rogers, 2003) identifiziert. Als Touchpoints werden die Schnittstellen eines Produkts, einer Marke oder einer Dienstleistung mit einem Kunden vor, während und nach dem Kauf bezeichnet. Dies können beispielsweise Kontakte mit dem Verkaufspersonal am POS (Point of Sales), Mailings oder verschiedene Werbeformate sein (Spengler/Wirt, 2009). Im schon bekannten, moderierten und interaktiven Studiendesign werden auch in der Deep Dive Clinic die Probanden durch verschiedene Stationen geführt, in denen jeweils ein möglicher Touchpoint fokussiert wird. An den jeweiligen Stationen werden mögliche Barrieren, welche im Zusammenhang mit den ausgewählten Touchpoints auftreten können, identifiziert. Dies können z.B. im Bereich der Produktbekanntheit Wissens- oder Verständnisbarrieren oder in der Kaufsituationen Distributionsbarrieren sein. Auch bei den Konzepten selber können Barrieren in Form von fehlendem Vertrauen in das Konzept oder Wettbewerberpräferenzen bestehen. Ein weiteres Informationsdefizit bei Innovationen betrifft die Preisbereitschaft potenzieller Kunden. Die Preisbereitschaft basiert vor allem auf dem wahrgenommenen Nutzen, den eine Innovation dem Kunden bietet. Bei komplexen Innovationen ist der Nutzen für die Zielkunden oft schwer abzuschätzen. Die Ermittlung von Informationen zur Preisbereitschaft der Zielkunden stellt daher eine besondere Herausforderung dar (Bergstein/Estelami 2002). Hier kann bspw. die Anwendung der Price-Sensitivity-Meter-(PSM) Methode (Van Westendorp, 1976) helfen, erste Aussagen zur Preisbereitschaft zu ermitteln.

Neben der Untersuchung der Barrieren können durch eine intensiven Kommunikation mit den Kunden detaillierte, weitergehende Informationen, z.B. zur Nutzerfreundlichkeit, zu Produktmodifikationen oder zu bestmöglichen Bündelung von Einzelfunktionen, erhoben werden.

Die Deep Dive Clinic ermöglicht eine vielschichtige und detaillierte Bewertung zum Produkt und dessen Benutzerfreundlichkeit. Aufgrund der umfangreichen Analyse lassen sich dabei jedoch nicht viel mehr als fünf potentielle Innovationen testen.

Tab. 4.1 zeigt eine Übersicht der unterschiedlichen Clinic Formate und ihrer Eigenheiten.

Clinic Art	Phase	Ziel	Betrachtungsgegenstand	Anzahl zu testender Konzepte
Insight Clinic	Exploration	Generierung von Customer Insights und Identifikation aktueller, latenter und zukünftiger Bedürfnisse	weitergefasste Themenstellung wie z.B. gesellschaftliche oder wirtschaftliche Trends	–
Evaluation Clinic klassische Evaluation Clinic	frühe Auswahl	Identifizierung der erfolgsversprechendsten Konzepte aus einer größeren Menge möglicher Konzepte	ungetestete Produktkonzepte	bis zu 25 Konzepte
Evaluation Clinic Mini Clinic	frühe Auswahl	Identifizierung der erfolgsversprechendsten Konzepte aus einer größeren Menge möglicher Konzepte	ungetestete Produktkonzepte	bis zu 25 Konzepte
Evaluation Clinic Online Clinic	frühe Auswahl	Identifizierung der erfolgsversprechendsten Konzepte aus einer begrenzten Menge möglicher Konzepte	ungetestete Produktkonzepte	bis zu zehn Konzepte
Deep Dive Clinic	späte Auswahl	eingehende Bewertung einer ausgewählten kleineren Anzahl von Konzepten	als erfolgsversprechend eingestufte Produktkonzepte	bis zu fünf Konzepte

Anzahl der teilneh- menden Testpersonen	Methoden	Anschauungsmaterial
bis zu 30 Personen	Methoden, welche auf ein tiefes Ver- ständnis der Kundenperspektive zielen, wie z.B. Tiefeninterviews sowie Me- thoden, welche eine Öffnung des Vor- stellungsraumes bei den Kunden be- wirken sollen.	–
150 bis 300 Personen	Qualitativ: Interviews, Fokusgruppen Quantitativ: Fragebögen mit einfachen Skalenfragen, offenen Fragen sowie komplexen Methoden wie Conjoint Analysen, Kano-Analysen oder AttrakDiff.	Illustrationen, Story Boards, Prototypen, Mock-Ups
60 bis 100 Personen	Fragebögen mit einfachen Skalen- und offenen Fragen	Illustrationen und Stroy Boards
150 und mehr Personen	Fragebögen mit einfachen Skalenfra- gen, offenen Fragen sowie komplexen Methoden wie Conjoint Analysen, Kano-Analysen oder AttrakDiff.	Illustrationen und Stroy Boards
150 bis 300 Personen	Qualitativ: Interviews, Fokusgruppen Quantitativ: Fragebögen mit einfachen Skalen, offenen Fragen sowie komple- xen Methoden wie Conjoint Analysen, Kano-Analysen oder AttrakDiff.	Prototypen, Mock-Ups, Illustrationen, Story Boards

Output	Stärken/Schwächen	Besonderheit
eine breite Auswahl an Customer Insights, welche wertvolle Informationen zu aktuellen, latenten und zukünftigen Kundenbedürfnissen liefern	+ ermöglicht tiefes Verständnis der Kundenperspektive zur Themenstellung + Identifikation von latenten und zukünftigen Bedürfnissen – keine konkreten Aussagen zu Produktideen	–
zielgruppenspezifische Aussagen zur Attraktivität der Konzepte, Präferenzen, Informationen zur Roadmap-Planung, erste Aussagen zur Bedienungsfreundlichkeit bei Prototypen	+ konkrete Aussagen über die Attraktivität der Dienste und somit Ermöglichung einer Selektion + konkrete Aussagen für die weitere Roadmap-Planung – Detailthemen können nicht abgefragt werden.	–
Aussagen zur Attraktivität der Dienste und Präferenzen	+ konkrete Aussagen über die Attraktivität der Dienste und somit Ermöglichung einer Selektion + kostengünstig – Detailthemen können nicht abgefragt werden.	günstige Variante der Evaluation Clinic
zielgruppenspezifische Aussagen zur Attraktivität der Konzepte, Präferenzen, Informationen zur Roadmap-Planung	+ konkrete Aussagen über die Attraktivität der Dienste und somit Ermöglichung einer Selektion + kostengünstig – Anzahl der zu testenden Konzepte ist begrenzt.	Online Format günstige Variante der Evaluation Clinic
profunde Bewertung der einzelnen Konzepte. Informationen zu Adoptionsbarrieren, Preisbereitschaft, Bedienungsfreundlichkeit, detaillierte und vielschichtige Aussagen zur Attraktivität	+ vielschichtige und detaillierte Bewertung der abgefragten Konzepte – Anzahl der zu testenden Konzepte ist stark begrenzt.	–

Tab. 4.1   Unterschiedliche Clinic Formate und ihre Eigenheiten

5   Fallbeispiele

Im Folgenden werden exemplarisch ein Fallbeispiel einer Evaluation Clinic und einer Online Clinic aus der Telekommunikationsindustrie präsentiert. Die vorgestellten Clinics wurden in der zentralen Innovationsabteilung der Deutschen Telekom, den Deutsche Telekom Laboratories, durchgeführt.

5.1   Interactive Mobile TV (IMTV) – Evaluation Clinic

Um die Loyalität ihrer Kunden zu erhöhen, bieten Mobilfunkanbieter zunehmend interaktive mobile TV Formate an. Sie gelten als Schlüsselservice und Alleinstellungsmerkmal für zukünftige Umsatzgenerierung (Seong, 2008; Barrett, 2006). Interactive Mobile TV (IMTV) zielt darauf ab, das klassische, passive lineare Fernsehverhalten durch ein stärker nichtlineares TV-Erlebnis abzulösen, welches auch über mobile Endgeräte nutzbar ist.

Die Deutsche Telekom Laboratories führten eine Reihe von Evaluation Clinics mit potentiellen IMTV Kunden durch, um empirische Daten zur Bewertung von 18 neuen Services zu erlangen. Um eine ausreichende Größe zur Präferenzmessung zu erhalten, wurden insgesamt 180 Testpersonen rekrutiert, die gemäß der Konzern-Kundensegmentierung in fünf Segmente mit je 36 Personen aufgeteilt wurden. Die Clinic gliederte sich in drei Module: mobile entertainment, interactive mobile TV Services und mobile TV. Zunächst durchliefen die Teilnehmer jeweils eine intensive Lernphase, in der die IMTV-Dienste mit Hilfe von Visualisierungen und Demonstratoren ausführlich erklärt wurden. Zusätzlich wurden Hand-outs verteilt, welche den Probanden bei der folgenden Befragung als Gedächtnisstütze dienten. Anschließend wurden die Teilnehmer um eine Bewertung der vorgestellten Dienste gebeten. Die Fragen waren in Form eines Online-Fragebogens programmiert, welchen die Probanden an ihnen zur Verfügung stehenden Lap-Tops ausfüllen konnten. Auf Basis dieser Fragen wurden eine Adaptive-Conjoint-Analyse und eine Choice-Based-Conjoint-Analyse durchgeführt, um Aussagen zu Nutzenerwartungen der separaten Attribute der einzelnen Dienste zu erlangen.

Die Evaluation Clinic ermöglichte die Identifikation von vier Diensten als sehr erfolgsversprechend. Diese wurden im weiteren Produktentwicklungsprozess implementiert. Elf Dienste erwiesen sich als nicht weiter verfolgungswürdig. Zudem konnten drei strategische Adaptionsgruppen definiert werden (early adopters, majority und laggards; siehe dazu auch Rogers, 2003). Die adoptionsspezifischen Präferenzen dienten der Erstellung von kurz-, mittel- und langfristigen Roadmaps.

5.2   Social Network – Online Clinic

Soziale Netzwerkseiten, wie etwa Facebook oder LinkedIn, erfreuen sich zunehmender Beliebtheit. So verzeichnen Mitglied-Communities weltweit die höchsten Zuwachsraten unter den populärsten Internetaktivitäten (Nielsen, 2009). Aufgrund der stetig steigenden Anzahl an Anbietern wird es für den Nutzer zunehmend schwierig, in der Verwaltung der einzelnen Netzwerke, in denen er Mitglied ist, den Überblick zu behalten.

Die Deutsche Telekom entwickelt verschiedene Dienste, um die Verwaltung unterschiedlicher sozialer Netzwerkseiten zu vereinfachen. Eine Online Clinic sollte eine kundenorientierte Weiterentwicklung dieser Dienste bei der Ausformulierung der Lastenhefte ermöglichen. Insgesamt wurden fünf Dienste durch 300 Personen beurteilt, die bereits in verschiedenen Netzwerken registriert waren. Um die fehlende Live Moderation und Interaktion mit den Testpersonen auszugleichen, wurden verschiedene Kommunikationskanäle zur Verfügung gestellt. Fragen konnten bei einer für diesen Zweck eingerichteten Hotline und E-Mail-Adresse platziert sowie in einem eigens dafür eingerichteten Forum untereinander und mit einem Moderator besprochen werden. Zudem wurden offene Fragen eingebaut, um den Teilnehmern möglichst zahlreiche Gelegenheiten zu geben, sich frei und verbal zu äußern. Die clinic-typische Lernphase erfolgte über eine Präsentation der Dienste via Storyboards, welche die Produktidee in Bildfrequenzen darstellten, und durch eine detaillierte schriftliche Erläuterung der einzelnen Funktionalitäten. Im Fragebogen wurde die Attraktivität der Dienste mit Hilfe der Kano-Analyse, dem AttrakDiff-Modell sowie mit offenen und geschlossenen Antwortformaten mehrdimensional abgefragt. Eine Conjoint-Analyse (Best-Worse-Measurement) half, die Einzelfeatures und Dienste zu priorisieren, während Zahlungsbereitschaft durch die PSM-Methode von van Westendorp erhoben wurde. Die in der Online Clinic evaluierten Konzepte konnten klar priorisiert werden. Ein Konzept wurde als besonders attraktiv identifiziert. Die Konzepte trafen jedoch auch insgesamt auf allen Bewertungsebenen auf eine hohe Kundenakzeptanz. Es konnten drei klar differenzierbare Segmente gebildet (Begeisterte, Interessierte und Ablehner) sowie Erkenntnisse zu wahrgenommenen Wettbewerbern, Preisvorstellungen und Bedürfnissen bei der Nutzung von sozialen Netzwerken gewonnen werden.

6   Einfluss auf die Innovationsergebnisrechnung

Die in den Clinics erfassten Aussagen zur Zahlungsbereitschaft der Nutzer liefern in Verbindung mit Marktdaten erste Beiträge zur Innovationserfolgsrechnung. Um aber den gesamten Beitrag von User Clinics messen zu können ist ein Instrument nötig, welches systematisch die Kosten und Vorteile von User Clinics erfasst.

Während für technische Projekte bereits projektorientierte Methoden zur Werterfassung etabliert sind, fehlen ähnliche Ansätze in der bestehenden Literatur zur Nutzerforschung (Bias/Mayhew, 2005). Die Entwicklung eines neuen Ansatzes birgt dabei verschiedene Herausforderungen: User Clinics helfen, Fehlinvestitionen zu vermeiden oder Ideen zu priorisieren. Ihr Beitrag lässt sich jedoch schwer einer Wertmessung zuführen und wird in der langfristigen Betrachtung spekulativ. Zudem können Clinic-Ergebnisse, die eine Abschätzung des erwarteten Wertbeitrags eines Entwicklungsprojektes auch mindern können, zu Interessenkonflikten führen.

Drei Wege einer Wertmessung sind vorstellbar, mit denen prinzipiell Kunden integrierende Methoden (und nicht nur User Clinics) gemessen werden können:

1. Ein qualitativer Bewertungsansatz: eine qualitative Beschreibung, welche Ziele und Resultate, Herausforderungen und Probleme, sowie den daraus resultierenden Wertbeitrag die angewandte Methode beinhaltet.
2. Ein ressourcenbezogener Ansatz: die Anzahl der in ein Projekt investierten Personentage wird als Grundlage der Wertmessung veranschlagt. Der Anteil der investierten Personentage im Verhältnis zu den Personentagen des Gesamtprojektes entspricht dabei dem Wertanteil der eingesetzten Methode im Projekt.
3. Ein anteilsbasierter Ansatz: ein a priori festgelegter Anteil des Gesamtprojekterlöses wird für die entsprechende Kunden integrierende Methode als Wertbeitrag angesetzt. Die Größe dieses Anteils hängt von der Komplexität der Methode und der Qualität und Signifikanz der Ergebnisse ab.

Alle Ansätze sind für bestimmte Projekte passend. Bei einer Vielzahl unterschiedlicher Projekte ist eine Kombination aus dem qualitativen Bewertungsansatz und dem anteilsbasierten Ansatz eine praktikable Lösung. Sie funktioniert folgendermaßen: ein fester Anteil wird auf Basis der Komplexität der Methode und der Signifikanz der Ergebnisse kalkuliert. Berücksichtig man den Gesamt-Erlös eines Innovationsprojektes, kann von diesem nun der festgelegte Anteil für die Kunden integrierende Methode (oder Methodenbündel) abgezogen werden. Die Komplexität der Methode wird dabei durch die investierten (internen und externen) Personentage zum Ausdruck gebracht und kann beispielsweise in vier Kategorien unterteilt werden. Die Relevanz der Ergebnisse und der Grad zur Reduktion der Marktunsicherheit hängt von der Bewertung des Projektleiters ab und kann z.B. in sechs Kategorien unterteilt werden.

Tab. 6.1 zeigt die Verteilung der Komplexität und der Ergebnissignifikanz am Beispiel von User Clinics:

Methode	Ausmaß der Komplexität	Reduktion der Marktunsicherheiten und Einfluss der Ergebnisse	Wertanteil in Prozent
Insight Clinic	1–3	2–4	2–12
Evaluation Clinic Klassische Evaluation Clinic	2–4	5–6	10–24
Evaluation Clinic Mini Clinic	1–3	4–6	4–18
Evaluation Clinic Online Clinic	2–3	4–6	8–18
Deep Dive Clinic	2–4	5–6	10–24

Tab. 6.1   *Verschiedene Clinic Formate und ihre Anteilsspannen zur Erfolgsrechnung*

Wenn beispielsweise der Wert eines Projekts 100 Einheiten beträgt und eine Insight Clinic (Komplexität 1 und Relevanz 3) zur Bedürfnis-Spezifikation sowie eine Deep Dive Clinic (Komplexität 3 und Einfluss 5) durchgeführt wurden, beträgt der Anteil 18 Prozent (1 x 3 + 3 x 5) vom gesamten Projekterlös.

Der Vorteil dieses Ansatzes ist, dass Aufwand und Ergebnisse der angewandten Methode erfasst werden. Er liefert einen konkreten Wert, um den Beitrag einer bestimmten Methode messbar zu machen, und ist einfach zu implementieren. Allerdings hängt der Wertbeitrag von einer subjektiven Bewertung sowie von der Korrektheit der Erlösannahme des Innovationsprojektes ab.

7   Zusammenfassung

User Clinics können dazu beitragen, Schwächen der traditionellen Marktforschung zu überwinden, insbesondere die Tendenzen zum Inkrementalismus und zur Orientierung an Gegenwart und Vergangenheit. Lernpsychologisch wurde die theoretische Diskussion erweitert und untermauert. Während einer Lernphase mit Visualisierungen und Prototypen und durch die Interaktion mit dem Produkt, mit Moderatoren und untereinander lernen die Kunden die noch unbekannte Produktideen kennen. So sind sie in der Lage, valide zu bewerten. Im Sinne der Triangulation wird die Fragestellung von unterschiedlichen Seiten beleuchtet und analysiert. Drei Clinic-Arten wurden unterschieden: 1) Die Insight Clinic liefert Customer Insights sowie Informationen zu aktuellen, latenten und zukünftig möglichen Bedürfnissen. 2) Die Evaluation Clinic untergliedert sich in drei Formate: die klassische Evaluation Clinic, die Mini Clinic und die Online Clinic. Die klassische Evaluation Clinic erlaubt eine zielgruppengerechte Identifizierung erfolgsversprechender Produktkonzepte aus einer größeren Konzeptauswahl sowie deren kurz-, mittel- und langfristige Einordnung in die Innovations-Roadmap. Die günstige Mini Clinic liefert zeitnah erste Bewertungen zu schnell generierter

Prototypen und Konzepte, während die Online Clinic auf kostengünstige Art und Weise detaillierte Information zur Attraktivität einer begrenzten Anzahl von Konzepten erhebt. 3) Im Rahmen einer Deep Dive Clinic erfolgt schließlich eine umfangreiche Wissensvermittlung, um den Adoptionsprozess einer geringen Anzahl Konzepte realitätsnah zu simulieren und mögliche Barrieren aufzuzeigen.

Die vorgestellte Value-Tracking-Methode basiert auf der Komplexität der eingesetzten Clinic-Art und der resultierenden Reduktion der Unsicherheit und liefert einen Beitrag zur Innovationserfolgsrechnung. Die User Clinic fand in der Bewertung von neuen New Media und Online – Diensten in der Telekommunikationsindustrie Anwendung, wobei diese empirischen Projekte die Performanz der User Clinic verdeutlichten und ihren Beitrag zur Innovationserfolgsrechnung illustrierten. Viele Köche verderben den Brei, doch viele Gourmets wissen zu kosten.

Verantwortliche Mitarbeiter vor allem aus den Bereichen Entwicklung, Marketing und Vertrieb, aber auch weitere Stakeholder, erhalten mit Hilfe der User Clinic qualifizierte Rückmeldungen zu Innovationsvorschlägen. Einschränkend ist festzuhalten, dass Untersuchungsdesign, Organisation und Durchführung von Live-Clinic-Formaten mit vielen Teilnehmenden relativ großen Aufwand und Kosten bereiten. Aufgrund der begrenzten Stichprobengröße und damit Repräsentativität können User Clinics nicht umfassend Markterfolg prognostizieren. Ihr Motto könnte frei nach Keynes lauten: Es ist besser, ungefähr richtig, als exakt falsch zu liegen.

Quellenverzeichnis

Alam, I. (2006): Removing the fuzziness from the fuzzy front-end of service innovations through customer interactions. In: Industrial Marketing Management, 35 (4), S. 468–480.

Anderson, J.R. (1996): Kognitive Psychologie. Heidelberg/Berlin: Spektrum Akademischer Verlag.

Backhaus, K. / **Erichson**, B. / **Plinke**, W. / **Weiber**, R. (2006): Multivariate Analysemethoden – Eine anwendungsorientierte Einführung. Berlin/Heidelberg: Springer.

Barrett, J. (2006): Mobile TV in Europe: Who needs a Standard? In: A Parks Associates White Paper, S. 1–9.

Bennet, R. C. / **Cooper**, R. G. (1979): Beyond the Marketing Concept. In: Business Horizon, 22 (3), S. 76–83.

Bergstein, H. / **Estelami**, I. (2002): A survey of emerging technologies for pricing new-to-the-world products. In: Journal of Product & Brand Management, 11 (4/5), S. 303–318.

Bias, R. G. / **Mayhew**, D. J. (2005): Cost-Justifying Usability: An Update for the Internet Age. Boston: Morgan Kaufmann.

Binsack, M. (2003): Akzeptanz neuer Produkte. Vorwissen als Determinante des Innovationserfolgs. Wiesbaden: DUV.

Braunstein, C. / **Hoyer**, W. / **Huber**, F. (2000): Der Means End-Ansatz. In: Herrmann, A. / **Hertel**, G. / **Virt**, W. (Hrsg.): Kundenorientierte Produktgestaltung. München: Vahlen.

Breuer, H. (1998): Technische Innovation und Altern – Leitbilder und Innovationsstile bei der Entwicklung neuer Informations- und Kommunikationstechnologien für ältere Menschen. In: WZB-Papers FS II 98. Wissenschaftszentrum Berlin für Sozialforschung, S. 1–80.

Brockhoff, K. (2003): Customers` perspectives of involvement in new product development. In: International Journal of Technology Management, 26 (5/6), S. 464–481.

Cornish, S. (1997): Product Innovation and the Spatial Dynamics of Market Intelligence: Does Proximity to Markets Matter? In: Economic Geography, 73 (2), S. 143–165.

Day, G. S. (2002): Managing the market learning process. In: Journal of Business & Industrial Marketing, 17 (4), S. 240–252.

Durgee, J. F. / **O`Connor**, G. C. / **Veryzer**, R. W. (1998): Using mini-concepts to identify opportunities for really new product functions. In: Journal of Consumer Marketing, 15 (6), S. 525–543.

Ekström, K. M. / **Karlsson**, M. (2001): Customer Oriented Product Development? An exploratory study of four swedish SME`s. In: FE-rapport, 2001–380, Göteborg, S. 1–30.

Edelmann, W. (2000): Lernpsychologie. Weinheim: Beltz Psychologie Verlags Union.

Eliashberg, J. / **Lilien**, G. L. / **Rao**, V. R. (1997): Minimizing technological oversights: A marketing research perspective. In: Garud, R., / Nayyar, R. P. / Shapira, Z. B. (Hrsg.): Technological innovation: oversights and foresights. New York: Cambridge University Press.

Ernst, H. (2001): Erfolgsfaktoren neuer Produkte. Grundlagen für eine valide empirische Forschung. GUV: Wiesbaden.

Finsel, E. / **Bach**, C. (1993): Autoclinic. Entscheidungshilfe im Rahmen des Produktentwicklungsprozesses in der Automobilindustrie? In: Planung und Analyse, (4), S. 54–57.

Flick, U. (2008): Triangulation. Eine Einführung. Wiesbaden: VS Verlag für Sozialwissenschaften.

Haimerl, E. / **Mayer de Groot**, R. / **Seibert**, K. (2001): Marktforschung für „echte“ Innovationen: Probleme und Lösungsansätze. In: Planung & Analyse, (5), S. 62–69.

Hartmann, A. / **Sattler**, H. (2002): Commercial Use of Conjointanalysis in Germany, Austria and Switzerland. Universität Hamburg, Working Paper No. 6.

Hassenzahl, M. / **Burmester**, M. / **Koller**, F. (2003): AttrakDiff: Ein Fragebogen zur Messung wahrgenommener hedonischer und pragmatischer Qualität. In: Szwillus G. / Ziegler, J. (Hrsg.): Mensch & Computer 2003: Interaktion in Bewegung. Stuttgart: B. G. Teubner.

Hassenzahl, M. / **Burmester**, M. / **Koller**, F. (2008): Der User Experience (UX) auf der Spur: Zum Einsatz von www.attrakdiff.de. In: Brau, H. / Diefenbach, S. / Hassenzahl, M. / Koller, F. / Peissner, M. / Röse, K. (Hrsg.): Usability Professionals 2008. Stuttgart: German Chapter der Usability Professionals Association.

Hauschildt, J. (1994): Die Innovationsergebnisrechnung – Instrument des F&E-Controlling. In: Betriebs-Berater, 49 (15), S. 1017–1020.

Hecker, F. (1997): Die Akzeptanz und Durchsetzung von Systemtechnologien. Marktbearbeitung und Diffusion am Beispiel der Verkehrstelematik. Dissertation, Universität Saarbrücken.

Hinterhuber, H. H. / **Matzler**, K. / **Bailom**, F. / **Sauerwein**, E. (1997): Un modello semi-qualitativo per la valutazione della soddisfazione del cliente. In: Micro and Macro Marketing, (4), S. 127–143.

Hoeffler, S. (2003): Measuring Preferences for Really New Products. In: Journal of Marketing Research, 40 (4), S. 406–420.

Kano, N. / **Seraku**, N. / **Takahashi**, F. / **Tsuji**, S. (1984): Attractive quality and must-be quality. Hinshitsu. In: The Journal of the Japanese Society for Quality Control, (4), S. 39–48.

Kleinaltenkamp, M. (1996): Customer Integration – Kundenintegration als Leitbild für das Business-to-Business Marketing. In: Kleinaltenkamp, M. / Fließ, S. / Jacob, F. (Hrsg.): Customer Integration. Von der Kundenorientierung zur Kundenintegration. Wiesbaden: Gabler Verlag.

Kärkkäinen, H. / **Pippo**, P. / **Uumalainen**, K. / **Tuominen**, M. (2001): Assessment of hidden and future customer needs in Finnish business-to-business companies. In: R&D Management, 31 (4), S. 391–407.

Katz, G. M. (2004): The Voice of the Customer. In: Belliveau, P. / Griffiin, A. / Sommermeyer, S. M. (Hrsg.): The PDMA Toolbook 2 for New Product Development. New Jersey: Wiley, John & Sons.

Kunkel, D. (2006): How to host Car Clinic. In: Ward's Dealer Business, 40 (1), S. 44–45.

Martin, J. (1995): Ignore your customer. In: Fortune, (5/1), S. 83–86.

Mason, K. / **Harris**, L. C. (2005): Pitfalls in Evaluating Market Orientation: An Exploration of Executives' Interpretations. In: Long Range Planning, 38 (4), S. 373–391.

Nielsen (2009): Global Faces and Networked Places: A Nielsen report on Social Networking's New Global Footprint. URL: ⸌ http://blog.nielsen.com/nielsenwire/wp-content/uploads/2009/03/nielsen_globalfaces_mar09.pdf, Stand: 08.2009.

Prahalad, C. K. / **Ramaswamy**, V. (2000): Wenn Kundenkompetenz das Geschäftsmodell mitbestimmt. In: Harvard Business Manager, 22 (4), S. 64–75.

Ram, S. / **Sheth**, J. N. (1989): Consumer Resistance to Innovations: The Marketing Problem and its solutions. In: Journal of Consumer Marketing, 6 (2), S. 5–14.

Rogers, E. M. (2003): Diffusion of Innovations. New York: Free Press.

Seong, S. (2008): Mobile TV in Japan. Ovum report, S. 1–18.

Slater, S. F. / **Mohr**, J. J. (2006): Successful Development and Commercialization of Technological Innovation: Insights Based on Strategy Type. In: Journal of Product Innovation Management, 23 (1), S. 26–33.

Spengler, Ch. / **Wirt**, W. (2009): Maximising the impact of marketing and sales activities. In: io new management, (3). URL: http://www.accelerom.com/fileadmin/pdf/ Accelerom_Maximising-impact-marketing-sales_io-new-management_2009.pdf, Stand: 09.2009.

Stadler, K. (1993): Conjoint Measurement. In: Planung & Analyse, S. 32–38.

Tauber, E. M. (1974): How Market Research Discourages Major Innovation. In: Business Horizons, 17 (3), S. 22–26.

Teichert, T. (2000): Conjointanalyse. In: Herrmann, A. / Homburg, C. (Hrsg.): Marktforschung: Ziele Vorgehensweise und Methoden. Wiesbaden: Gabler.

Trott, P. (2002): Innovation Management and New Product Development. Harlow, Essex: Prentice Hall.

Westendorp Van, P. (1976): NSS-Price Sensitivity Meter (PSM): A new approach to study consumer perception of price. Proceedings of the ESOMAR Venice Congress, S. 140–66.

Wind, J. / **Mahajan**, V. (1997): Issues and Opportunities in New Product Development: An Introduction to the Special Issue. In: Journal of Marketing Research, 34 (1), S. 1–12.

II Technologiecontrolling und Innovationserfolgsrechnung im Rahmen des Technologie-Life-Cycle

Wilhelm Schmeisser / Mario Solte

8 Einleitung

Innovationen sind heute mehr als nur ein Schlagwort. Sie bilden den entscheidenden Wettbewerbsfaktor in Zeiten übersättigter Märkte und intensivem globalen Wettbewerb. Innovationen haben sich vor diesem Kontext zu einer der wichtigsten strategischen Ressource herausgebildet.[3] „Innovationen basieren auf Wissen, Kreativität und unternehmerischem Gespür. Unternehmen nutzen im Innovationsprozess Erfahrungen und arbeiten mit einem Portfolio von „Innovationen der Vergangenheit". Eine wichtige Fähigkeit eines Unternehmens ist es deshalb, einen existierenden Bestand an Produkten, Verfahren und Wissen optimal zu vermarkten und darauf aufbauend schrittweise oder in manchen Fällen auch radikal „Neues" zu kreieren."[4] Das Schaffen von „Neuem" und vor allem die erfolgreiche Vermarktung, um letztlich einen Wertschöpfungsbeitrag zum Unternehmenserfolg zu leisten, ist ein langer und beschwerlicher Weg. Nur wenn es Unternehmen gelingt, alle Aktivitäten innerhalb des Innovationsprozesses zielgerichtet zu koordinieren und die strategisch und technologisch gesetzten Zielsetzungen zu erreichen, kann es gelingen erfolgreiche Innovationen hervorzubringen. Um dies zu erreichen, müssen im Unternehmen die benötigten organisatorischen Rahmenbedingungen geschaffen werden. Da Innovationen vor allem aus Kreativität entstehen, müssen Handlungsspielräume für innovative kreative Kräfte eingeräumt werden. Mit diesen Handlungsspielräumen sind aber zugleich Gefahren der nicht gegebenen Wirtschaftlichkeit verbunden. Es bedarf daher auch Planungs- und Kontrollinstrumente zur Überwachung des Innovationsprozesses. Hier bedarf es eines effektiven und integrierten Innovationscontrollings, um Kostenexplosionen und Terminüberschreitungen zu verhindern.[5]

---

[3] Vgl. Erner/Presse (2008), S. 21
[4] Spielkamp/Rammer (2006), S. 18
[5] Vgl. Littkemann (2005), S. 5

Das vorliegende Kapitel setzt sich mit ausgewählten Instrumenten des Innovationscontrollings auseinander. Ziel ist es Instrumente aufzuzeigen, um vor allem die ökonomischen Risiken zu beherrschen, die mit Innovationsvorhaben einhergehen. Darüber hinaus gelangen Wirtschaftlichkeitsüberlegungen in den Vordergrund der Betrachtung. Es müssen hierfür Instrumente aufgezeigt werden, die einen auf den Markt ausgerichteten Innovationsprozess methodisch unterstützen, um wirtschaftlich rentable Innovationen zu schaffen. Ziel ist es, bereits in frühen Phasen durch geeignete Instrumente nicht erreichbare Wirtschaftlichkeit und/oder Rentabilität zu vermeiden.

9   Terminologische Grundlagen zum Technologiemanagement und zur Innovation

9.1   Zum Innovationsbegriff

In der betriebswirtschaftlichen und ökonomischen Literatur gibt es zahlreiche Definitionen für den Begriff der Innovation. Es ist daher notwendig, diesen Begriff zunächst präzise zu bestimmen.

Hauschildt definiert Innovationen als „...qualitativ neuartige Produkte oder Verfahren, die sich gegenüber einem Vergleichszustand „merklich" – wie auch immer das zu bestimmen ist – unterscheiden."[6] Die Neuartigkeit kommt hierbei in neu bestimmten oder verknüpften Zweck- und Mittelkombinationen zum Ausdruck. Innovationen sind als Prozess anzusehen, der von der Ideengenerierung bis zur erfolgreichen Verwertung reicht.[7]

Die Vorstufe einer Innovation stellt eine Invention (Erfindung) dar. Erst wenn eine Invention einer wirtschaftlichen Nutzung zugeführt wird, spricht man von einer Innovation. Die wirtschaftliche Nutzung bezeichnet sowohl das Einführen von neuen Produkten am Markt (Produktinnovationen) als auch die Verwertung im innerbetrieblichen Leistungsprozess (Prozess- oder Verfahrensinnovationen).[8]

---

[6]   Hauschildt/Salomo (2007), S. 7
[7]   Vgl. Littkemann (2005), S. 8
[8]   Vgl. Corsten/Gössinger/Schneider (2006), S. 11

Zur Bestimmung des Innovationsbegriffs bzw. des Innovationsgehalts eines betrieblichen Entscheidungs- und Durchsetzungsproblems verwendet Hauschildt folgende vier Dimensionen:[9]

- Inhaltliche Dimension: Was ist neu?
- Intensitätsdimension: Wie neu?
- Subjektive Dimension: Neu für wen?
- Prozessuale Dimension: Wo beginnt, wo endet die Neuerung?

Um letztlich zu bestimmen, was innovativ ist, müssen diese vier Dimensionen zusammenfassend analysiert werden.[10]

9.2   Innovationsarten

Zur Bestimmung der inhaltlichen Dimension einer Innovation bestehen in der Literatur zahlreiche Ansätze zur Klassifizierung. Im Folgenden wird nach drei Differenzierungsarten unterschieden: dem Gegenstandsbereich, dem Neuheitsgrad und dem Auslöser. Im Rahmen des Technologiecontrollings hat eine Differenzierung dahingehend Relevanz, da die einzelnen inhaltlichen Dimensionen mit unterschiedlichen Anforderungen an die Instrumente einhergehen. Die Art der Innovation ist also als ein entscheidender Einflussfaktor auf die Ausgestaltung des Technologiecontrollings anzusehen.[11]

9.2.1   Differenzierung nach dem Gegenstandsbereich

Bereits Anfang des letzten Jahrhunderts beschrieb Schumpeter in seiner „Theorie der wirtschaftlichen Entwicklung" eine Typologie zur Unterscheidung von Innovationen. Er verwendet in diesem Zusammenhang den Begriff „Innovation" zunächst nicht, sonder umschreibt ihn mit „Durchsetzung neuer Kombinationen".[12]

Die Typologisierung nach Schumpeter ist immer noch maßgeblich. Es lässt sich jedoch eine Tendenz zur Einteilung der Innovationen in Produktinnovationen, Prozess- bzw. Verfahrensinnovationen und Struktur- bzw. Sozialinnovationen erkennen. Diese Einteilung findet sich auch in der Typologisierung von Schumpeter wider.[13]

Vor dem Hintergrund immer kürzer werdender Produktlebenszyklen bestimmen Produktinnovationen maßgeblich die Wettbewerbsfähigkeit eines Unternehmens. Produkte sind hierbei die am Markt angebotenen Leistungen. Diese können sowohl materiell als auch immateriell

---

[9]   Hauschildt/Salomo (2007), S.8ff.
[10] Vgl. Hauschildt/Salomo (2007), S. 8
[11] Vgl. Gemünden/Littkemann (2007), S. 5f.
[12] Vgl. Hauschildt/Salomo (2007), S. 11
[13] Vgl. Stippel (1999), S. 9

sein. Durch ihre spezifischen Eigenschaften und Funktionen dienen Sie zur Befriedigung der Kundenbedürfnisse. Durch Produktinnovationen will das Unternehmen Erlöse über den Markt generieren. Hierfür müssen Kunden gewonnen und sich gegenüber dem Wettbewerb behauptet werden.[14] Je nach Innovationsgrad bestehen unterschiedliche Formen von Produktinnovationen. Durch neue Funktionen, neue Funktionsprinzipien oder zusätzliche Produktfunktionen werden völlig neue Produkte geschaffen. Produktinnovationen können aber auch durch Veränderung von bestehenden Produkten in Form von Produktvariation[15] oder Produktdifferenzierung[16] entstehen.[17]

Prozessinnovationen zielen auf die Verbesserung des innerbetrieblichen Leistungserstellungsprozesses ab. Sie beziehen sich hierbei sowohl auf materielle, als auch auf informationelle Prozesse.[18] „Im Mittelpunkt von Prozessinnovationen stehen die Neu- oder Umgestaltung durchgängiger Geschäftsprozesse des Unternehmens sowie die Anwendung neuer Verfahren bei den Kernprozessen, insbesondere die Anwendung neuer technologischer Verfahren zur Herstellung der Produkte (Verfahrensinnovationen)."[19] Sie führen so zu einer Erhöhung der Produktivität, einer verbesserten Produktqualität und zu Kostensenkungen in der Produkterstellung.[20]

Struktur- und Sozialinnovationen beziehen sich auf die Organisationsstruktur und den gesamten Humanbereich eines Unternehmens. Strukturinnovationen beinhalten Verbesserungen in der Ablauf- und Aufbauorganisation. Sozialinnovationen betreffen direkt den Menschen und sein Verhalten im Unternehmen.[21] Mögliche Ansatzpunkte im Bereich der Sozialinnovationen sind z.B. die Entwicklung neuer Formen der Arbeitsgestaltung oder eine Veränderung des Arbeitsinhalts um physische und psychische Belastungen der Arbeitnehmer zu vermeiden.[22]

Trotz der Differenzierung der Innovationen in diese drei Gegenstandsbereiche sei an dieser Stelle angemerkt, dass die drei Innovationsarten nicht losgelöst voneinander auftreten. Es können z.B. durch Produktinnovationen neue Prozessinnovationen nötig sein oder aber Sozialinnovationen ausgelöst werden. Empirische Studien deuten darauf hin, dass sich die Bedeutung von Produkt- und Prozessinnovationen mit dem Reifegrad der Industrie verändern bzw. gegenseitig substituieren. So suchen Unternehmen in jungen Industrien qualitative Differen-

---

[14]   Vgl. Gemünden/Littkemann (2007), S. 5

[15]   Die Produktvariation bezeichnet die Änderung von bereits im Markt eingeführten Produkten, um sich den sich ändernden Nachfragebedürfnissen anzupassen. Ein typisches Beispiel ist z.B. die Einführung eines Nachfolgemodells im Automobilbereich. Vgl. Meffert/Burmann/Kirchgeorg (2008), S. 457

[16]   Bei der Produktdifferenzierung werden zeitlich parallel mehrere Produktvarianten im Markt angeboten, um gleichzeitig unterschiedliche Marktsegmente zu bearbeiten. Im Gegensatz zur Produktvariation vergrößert sich dadurch die Anzahl der Produkte. Vgl. Meffert/Burmann/Kirchgeorg (2008), S. 457

[17]   Vgl. Pleschak/Sabisch (1996), S. 14f.

[18]   Vgl. Pleschak/Sabisch (1996), S. 20

[19]   Pleschak/Sabisch (1996), S. 21

[20]   Vgl. Pleschak/Sabisch (1996), S. 14

[21]   Vgl. Vahs/Burmeister (2005), S. 78f.

[22]   Vgl. Pleschak/Sabisch (1996), S. 23

zierungsvorteile durch Produktinnovationen. In reifen Branchen treten Kosten-/Preisvorteile durch Prozessinnovationen in den Vordergrund. Die Abb. 9.1 verdeutlicht die unterschiedliche Bedeutung von Produkt- und Prozessinnovationen im Zeitverlauf bzw. dem Reifegrad der Industrie grafisch.[23]

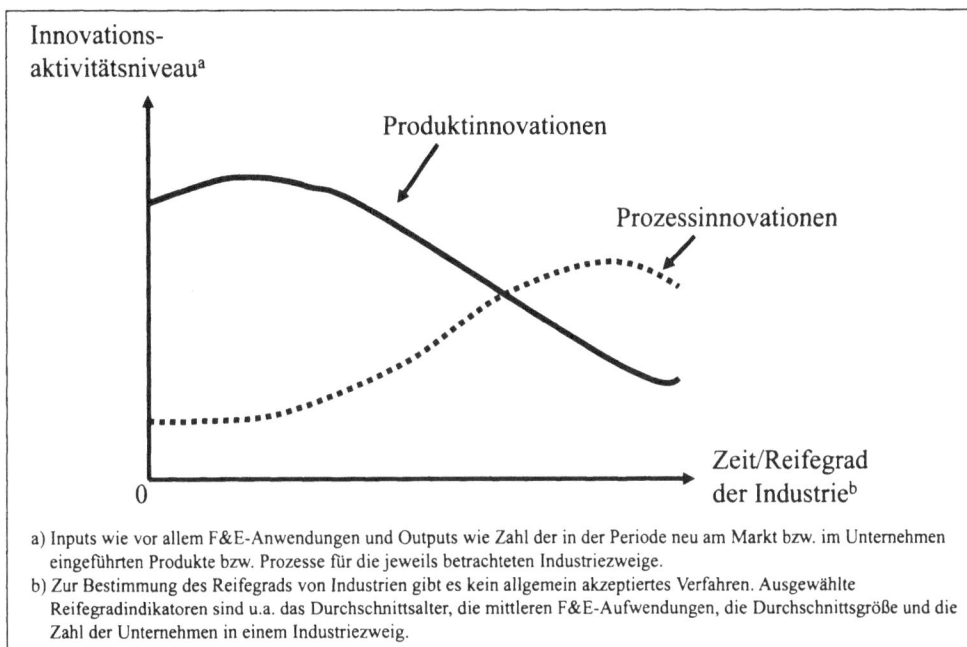

a) Inputs wie vor allem F&E-Anwendungen und Outputs wie Zahl der in der Periode neu am Markt bzw. im Unternehmen eingeführten Produkte bzw. Prozesse für die jeweils betrachteten Industriezweige.
b) Zur Bestimmung des Reifegrads von Industrien gibt es kein allgemein akzeptiertes Verfahren. Ausgewählte Reifegradindikatoren sind u.a. das Durchschnittsalter, die mittleren F&E-Aufwendungen, die Durchschnittsgröße und die Zahl der Unternehmen in einem Industriezweig.

Abb. 9.1   *Veränderte Bedeutung von Produkt- und Prozessinnovationen eines Industriezweigs im Zeitablauf*[24]

9.2.2   Differenzierung nach dem Neuheitsgrad

Differenzierungsmerkmal stellt bei dieser Form der Unterscheidung der Innovationsgrad[25] dar. Er misst die „Neuheit" einer Innovation. Unterschieden werden die zwei Grundformen Basisinnovationen und Verbesserungsinnovationen. Basisinnovationen besitzen den höchsten Innovationsgrad. Sie unterscheiden sich erheblich vom bisherigen Zustand. Verbesserungsinnovationen resultieren aus Veränderungen bzw. Weiterentwicklung bereits bestehender Produkte oder Prozesse.[26] Unter Anwendung der Sichtweise der Zweck-Mittel-Beziehung stellen Basisinnovationen somit radikale Innovationen dar, welche vollkommen neuartige Zweck-Mittel-Verknüpfungen besitzen. Verbesserungsinnovationen verändern hingegen nur das Verhältnis der Zweck-Mittel-Kombination. Sie werden daher auch als inkrementelle

---

[23] Vgl. Gerpott (2005), S. 39
[24] Gerpott (2005), S. 40; in Anlehnung an: Utterback (1994)
[25] Vgl. ausführlich Schlaak (1999), S. 33–37
[26] Vgl. Mensch (1975), S. 55; zitiert. nach Stippel (1999), S. 11

Innovationen bezeichnet.[27] Da inkrementelle Innovationen aus Veränderungen des bereits Bekannten entstehen, besitzen sie für das Unternehmen ein wesentlich geringeres Risiko als radikale Innovationen. Zudem sind sie auch, was die Einsatzmöglichkeiten betrifft, von allen Marktteilnehmern leichter einzuschätzen.[28] „Sie sollen zuerst im Sinne eines Qualitätsmanagements oder Kontinuierlichen Verbesserungsprozesses (KVP) auf eine Effizienzsteigerungen und Produktivität hinwirken. Aufgrund des Reifegrades der Produkte bleibt nur ein geringer technologischer Spielraum für substanziell Neues und die Positionierung erfolgt über Produktmerkmale, die eher Zusatznutzen stiften, und Services."[29] Sie entstehen daher aus einem Sicherheitsdenken der Unternehmen und dienen meist der Absicherung der Wettbewerbsposition im betreffenden Markt. Radikale Innovationen besitzen deutlich höhere Innovationsrisiken, bieten hierdurch aber auch mehr Marktchancen für das Unternehmen. So können durch sie erhebliche Wettbewerbsvorteile generiert werden, bisher unbefriedigte Nachfragebedürfnisse gestillt und somit neue Märkte geschaffen oder erobert werden.[30]

Bei der Differenzierung nach dem Neuheitsgrad kommt der subjektiven Dimension (Neu für wen?) des Innovationsbegriffes eine entscheidende Bedeutung zu. So sind radikale Innovationen sowohl neu für den Markt als auch das Unternehmen. Sie stellen im Rahmen des Technologiecontrollings das am schwierigsten zu beherrschende „Objekt" dar. Inkrementelle Innovationen sind im Gegensatz weder für das Unternehmen noch für den Markt neu.[31]

9.2.3   Differenzierung nach dem Auslöser

Eine weitere Unterteilung von Innovationen kann nach der Form des Auslösers vorgenommen werden. Hierbei findet eine Unterteilung nach zweckinduzierten Innovationen (Marketpull-Innovationen) und mittelinduzierten Innovationen (Technology-push-Innovationen) statt. Market-pull-Innovationen werden durch ein konkretes Kundenbedürfnis oder Problem vom Markt ausgelöst. Sie besitzen daher eine eher hohe Erfolgswahrscheinlichkeit.[32] Technologie-push-Innovationen entstehen aus neu entwickelten Technologien, für welche am Markt nach Anwendungen gesucht wird. Sie zeichnen sich durch einen höheren Innovationsgrad als Market-pull-Innovationen aus.[33] Technologie-push-Innovationen treffen überwiegend nicht auf einen aufnahmebereiten Markt. Sie besitzen daher im Vergleich zu Marketpull-Innovationen vergleichsweise geringe Erfolgsaussichten.[34] Weitere Unterschiede dieser beiden Differenzierungskriterien sind in Abb. 9.2 zusammengefasst.

---

[27]   Vgl. Stippel (1999), S. 11
[28]   Vgl. Meffert/Burmann/Kirchgeorg (2008), S. 409f.
[29]   Spielkamp/Rammer (2006), S. 11
[30]   Vgl. Meffert/Burmann/Kirchgeorg (2008), S. 409f.
[31]   Vgl. Spielkamp/Rammer (2006), S. 33f.
[32]   Vgl. Vahs/Burmeister (2005), S. 80
[33]   Vgl. Voigt (2008), S. 374
[34]   Vgl. Vahs/Burmeister (2005), S. 80

	Technology-push	Market-pull
Ausgangspunkt	technisches Merkmal Erfindung	offenes oder latentes Kundenbedürfnis
Repräsentiert durch ...	technische Produktbeschreibung	Marktlücke, z.B. in der Produktroadmap
Streben nach ...	Akzeptanzpotentialen	technische Realisierung
Hilfsmittel	z.B. Technologieportfolio	z.B. Quality Function Deployment
Engpass der Innovation	Marktkommunikation	Entwicklung

Abb. 9.2   Technologie-push- versus Market-pull-Innovationen[35]

9.3   Ökonomische Eigenschaften von Innovationen

Innovationen stellen aufgrund ihrer spezifischen Eigenschaften Unternehmen vor große Herausforderungen. Um ein effektives Technologiecontrolling umsetzen zu können, muss man sich mit diesen spezifischen Eigenarten vertraut machen. Aus Sicht des Rechnungswesens und Controllings sind folgende Eigenschaften von Innovationen von besonderer Bedeutung:[36]

- Innovationen sind Investitionen. Anfänglich erhebliche Ausgaben werden getätigt um in zukünftigen Perioden Einnahmen zu realisieren.
- Zusätzlich besteht zwischen den getätigten Ausgaben und den erwarteten Einnahmen ein großer Zeithorizont. Auch unter diesem Aspekt haben Innovationen einen Investitionscharakter.
- Innovationen sind stets immaterielle Investitionen, da ihnen kein physisches Investitionsobjekt zugrunde liegt.
- Innovationsvorhaben besitzen immer ein erhöhtes Risiko für einen Misserfolg. Sie führen das innovierende Unternehmen häufig auf ein noch unbekanntes Sachgebiet. Im Gegensatz zu vertrauten Produkten und Verfahren ist die Möglichkeit des Prognostizierens von Zahlungsströmen bedeutend geringer.
- Auch wenn sich Innovationen als Projekt isolieren lassen, erwächst ihre Erfolgswirkung erst aus der Zusammenarbeit mit anderen Produktionsfaktoren und Potentialen der Unternehmung.

---

[35]   Voigt (2008), S. 375
[36]   Vgl. Hauschildt (1992), S. 53f.

- Innovationsprozesse ziehen sich oftmals über einen sehr langen Zeitraum hinweg. Es kommt zu vielfältigen Umwegen und Irrwegen. Das Ende dieser Prozesse ist meist nicht vorhersehbar. Nebeneffekte wie z.B. Lerneffekte aufgrund von Fehlversuchen sind nicht bewertbar und prognostizierbar.
- Aus Innovationen entstehen neue Produkte oder Verfahren. Es entstehen somit technologisch bestimmbare Objekte oder Prozessdarstellungen, die durchaus Gegenstand des Rechtsverkehrs sein können und somit den Charakter eines selbstständigen Vermögensgegenstandes erlangen können. Dennoch ist das Wesen einer Innovation durch diese technischen oder rechtlichen Verwertungsformen nicht hinreichend charakterisiert, da hierdurch die neuartige Verknüpfung von Zwecken und Mitteln nicht zum Ausdruck gebracht wird.

Aus der Sicht des Rechnungswesens und des Controllings sind Innovationen also als immaterielle Investitionen anzusehen. Sie sind wie alle Investitionsvorhaben im Bezug auf Planung und Durchführung mit einem erheblichen Risiko verbunden. Sie eröffnen aber auch die Möglichkeit, überdurchschnittlich hohe Renditen zu erwirtschaften.[37]

9.4   Innovationsrisiken

Wie aus den Definitionen zum Innovationsbegriff ersichtlich wird, handelt es sich bei Innovationen immer um etwas Neues, was sich im Vergleich zu einem Ausgangszustand mehr oder weniger stark verändert. Das Merkmal der Neuheit bzw. der Grad der Veränderung reicht aber alleine noch nicht aus, um eine Behandlung von Innovationsvorhaben außerhalb von Routineabläufen zu rechtfertigen. Es sind vielmehr gewisse Erfolgsrisiken, die dies erforderlich machen. Es können hierbei zwei Formen festgestellt werden. Zum einen ein technisches Risiko und zum anderen ein wirtschaftliches Risiko. Diese Risiken gilt es im Rahmen des Innovationsmanagements und Innovationscontrollings zu beherrschen und letztlich zu minimieren.[38]

Untersuchungen von Mansfield aus dem Jahre 1971 verdeutlichen das Ausmaß bzw. die Höhe dieser Erfolgsrisiken bei Innovationsvorhaben (siehe Abb. 9.3). So ergaben seine Untersuchungen, dass von 100 F&E-Projekten 57 Prozent zu einem technischen und nur 12 Prozent zu einem wirtschaftlichen Erfolg führten. Als wirtschaftlich erfolgreich definierte er Innovationsvorhaben, die im Vergleich zu einer risikolosen Geldanlage einen höheren Ertrag erwirtschafteten. Da lediglich rund 20 Prozent aller technisch erfolgreichen Innovationsvorhaben zu einem wirtschaftlichen Erfolg führten, ist das wirtschaftliche Risiko somit sehr viel höher als das technische.[39]

---

[37] Vgl. Littkemann (2005), S. 14
[38] Vgl. Stippel(1999), S. 13
[39] Vgl. Mansfield (1971), S. 41ff.

Es sei an dieser Stelle angemerkt, dass sich die Untersuchungen von Mansfield aus dem Jahr 1971 nicht eins zu eins auf heutige Innovationsvorhaben übertragen lassen. Die allgemeine Tendenz, vor allem beim Verhältnis zwischen technischen und wirtschaftlichen Erfolg, bleibt aber bestehen. Die Innovationserfolgsquoten liegen allerdings eher im Bereich von 1 und 2 Prozent. Das wirtschaftliche Risiko ist also bedeutend größer als bei reinen F&E-Projekten. Dies hat die Ursache darin, dass F&E-Projekte wesentlich stärker vorselektiert werden als Innovationsprojekte.[40]

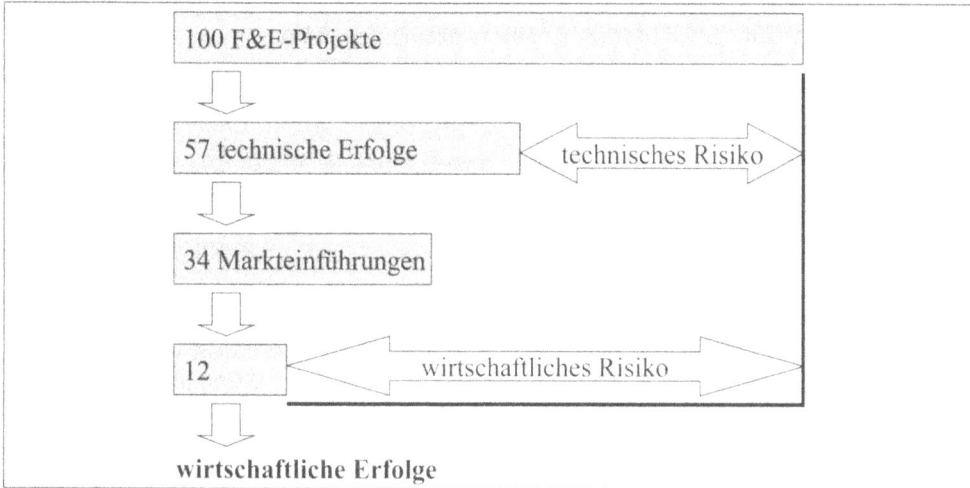

100 F&E-Projekte

57 technische Erfolge — technisches Risiko

34 Markteinführungen

12 — wirtschaftliches Risiko

wirtschaftliche Erfolge

Abb. 9.3   Erfolgswahrscheinlichkeit von F&E-Projekten[41]

9.4.1   Technisches Risiko

Technische Risiken ergeben sich aus den technologischen Anforderungen, die eine Innovation an das Unternehmen stellt. Hierbei besteht die Unsicherheit darin, ob das Unternehmen in der Lage ist, diese Anforderungen im Unternehmen umzusetzen. Risiken ergeben sich aus einem nicht ausreichend vorhandenen Know-how in der Forschung und Entwicklung, in der Produktion oder aus fehlenden personellen Kapazitäten. Die Höhe des technischen Risikos wird entscheidend durch die Höhe des Innovationsgrads bestimmt. So können bei Verbesserungsinnovationen die technischen Möglichkeiten noch recht gut abgeschätzt werden. Bei Basisinnovationen ist dies hingegen nicht mehr so einfach möglich.[42]

9.4.2   Wirtschaftliches Risiko

Wirtschaftliche Risiken ergeben sich aus der Durchsetzung am Markt. Die Unsicherheit besteht darin, ob sich ein technisch erfolgreiches Produkt bei den Kunden durchsetzen

---

[40] Vgl. Granig (2005), S. 133ff.
[41] Commes/Lienert (1983), S. 349
[42] Vgl. Stippel (1999), S. 13

kann.[43] Verstärkt wird dieses Risiko vor allem durch die teilweise sehr langen Zeiträume vom Beginn des Innovationsvorhabens bis zur Markteinführung. So kann sich in dieser Zeit die erwartete Marktnachfrage verändern oder Konkurrenzprodukte die eigenen überflüssig machen.[44] Entscheidende Einflussgrößen für die Höhe des wirtschaftlichen Risikos sind der Erfüllungsgrad der Kundenanforderungen und die Höhe des Innovationsgrads. Je höher der Innovationsgrad ist, desto mehr wird die Imitation durch die Konkurrenz erschwert und der Wettbewerbsvorteil gesichert.[45]

9.4.3   Konsequenzen der Innovationsrisiken

Scheitern Innovationsvorhaben aufgrund der technischen und wirtschaftlichen Risiken, kann das erhebliche Auswirkungen auf das gesamte Unternehmen haben. Die bereits investierten Mittel sind in der Regel verloren. Schwerwiegender dürfte allerdings der mögliche Verlust der Wettbewerbsfähigkeit wiegen, verursacht durch das Wegbrechen zukünftiger Erfolgspotentiale wie neue Produkte, Dienstleistungen und Prozesse um sich im Wettbewerb zu behaupten und Gewinne realisieren zu können.[46] Im Rahmen eines ganzheitlichen Innovationscontrollings gilt es also die Innovationsrisiken abschätzbar zu machen und zu minimieren. Durch eine frühe Integration in den Innovationsprozess muss vor allem das wirtschaftliche Risiko minimiert werden. Dies kann durch eine konsequente Marktausrichtung realisiert werden. Denn nur marktgerechte Innovationen in Bezug auf Kosten, Qualität und Zeit werden zu erfolgreichen Innovationen führen.

9.5   Innovationserfolgsfaktoren

Unterschieden wird eine Innovation von einer Intention durch ihren wirtschaftlichen Nutzen. Diese wirtschaftliche Nutzung kann z.B. die Verwertung im Unternehmen sein (Prozessinnovation) oder die erfolgreiche Einführung eines neuen Produktes am Markt (Produktinnovation) sein. Letztlich soll eine Innovation die gesetzten Unternehmens- und Gewinnziele erreichen. Da nur in der ex-post Betrachtung festgestellt werden kann ob eine Innovation erfolgreich ist, empfiehlt sich die Berücksichtigung von geeignete Erfolgsfaktoren. So kann bereits im Innovationsprozess sichergestellt werden, dass ein Innovationsvorhaben erfolgreich wird. Übergeordnet lässt sich feststellen, dass Produktinnovationen nur dann erfolgreich sein können, wenn:[47]

- die Markt- und Kundenanforderungen erfüllt werden,
- die Kostengerechtigkeit eingehalten wird und
- sie zum richtigen Zeitpunkt in den Markt eingeführt werden.

---

[43]   Vgl. Stippel (1999), S. 13
[44]   Vgl. Daum (2007), S. 37
[45]   Vgl. Stippel (1999), S. 13
[46]   Vgl. Granig (2005), S. 138
[47]   Vgl. Stippel (1999), S. 15

Cooper konnte hierzu in empirischen Untersuchungen 15 weitere Erfolgsfaktoren identifizieren, welche für Produktinnovationen in den untersuchten Firmen entscheiden waren:[48]

- Produkt mit einzigartigen Vorteilen für den Kunden und klarem USP.
- Konsequente Marktorientierung.
- International ausgerichtetes Produkt.
- frühen Phasen des Innovationsprozesses ist besondere Aufmerksamkeit zu schenken.
- klare Definition der Innovation bzgl. Inhalten und Anforderungen.
- es muss ein solider Marketingplan bestehen um eine erfolgreiche Markteinführung zu gewährleisten.
- erfolgreiche Innovationen benötigen eine innovationsfreundliche Unternehmensorganisation und -kultur.
- Unterstützung durch das Top-Management.
- Ausnutzung und Vorhandensein der benötigten Kernkompetenzen.
- attraktive Märkte müssen anvisiert werden.
- Kriterien für einen frühzeitigen Projektabbruch müssen festgelegt werden, um sich auf die erfolgsversprechendsten Projekte zu konzentrieren.
- Ausführungsqualität und Vollständigkeit von Kernaufgaben müssen laufend kontrolliert werden.
- optimale Mittelverwendung.
- die Zeit bis zum Markteintritt (Time-to-Market) ist so kurz wie möglich zu gestalten, ohne die Ausführungsqualität negativ zu beeinflussen.
- der Innovationsprozess ist klar zu untergliedern.

Es ist daher auch die Aufgabe des Innovationscontrollings, soweit wie möglich die Instrumente auf diese Erfolgsfaktoren hin abzustimmen bzw. zur Zielerreichung beizutragen.

9.6   Ausbreitung von Innovationen

Mit der Einführung von Innovationen am Markt werden Innovationen nicht zeitgleich von allen Interessenten übernommen. Man spricht in diesem Zusammenhang von einer Diffusion. Die Diffusion ergibt sich aus positiven Übernahmeentscheidungen seitens der Interessenten und ist ein kumulativer Vorgang. Die Übernahmeentscheidungen lassen sich in eine Hersteller- und Nachfrageseite einteilen. So spricht man auf der Herstellerseite von einem Imitationsprozess, auf der Nachfrageseite von einem Adoptionsprozess.[49]

Entscheidend für eine schnelle Diffusion ist der richtige Einsatz der absatzpolitischen Instrumentarien. Die Markteinführung ist also innerhalb des Innovationsprozesses entsprechend durch die Ausarbeitung des „Marketing-Mix" vorzubereiten. Da sowohl der Adoptionsprozess als auch der Diffusionsprozess ein sich über die Zeit erstreckender Vorgang ist,

---

[48]   Vgl. Cooper (2002), S. 86
[49]   Vgl. Corsten/Gössinger/Schneider (2006), S. 11

schlägt sich dies im Produktlebenszyklusverlauf nieder.[50] Abb. 9.4 verdeutlicht den Zusammenhang zwischen der Adoption und der Diffusion. Die Diffusionskurve ergibt sich dabei aus der Addition der einzelnen Adoptionsentscheidungen. Es wird überwiegend davon ausgegangen, dass der Kurvenverlauf der Adoptionskurve als eine Normalverteilung angesehen werden kann. Hieraus ergibt sich für die Diffusionskurve ein logistischer Verlauf.[51] Empirische Untersuchungen[52] ergaben allerdings, dass eine Normalverteilung nicht als allgemeingültig angesehen werden kann. Der Kurvenverlauf wird auch stark vom betrachteten Objekt beeinflusst. So ergaben Untersuchungen für PC und Telefongeräte lineare und exponentielle Kurvenverläufe.[53]

In Abhängigkeit vom Zeitpunkt der Übernahme der Innovation durch den Nachfrager findet eine Unterteilung in verschiedene Typen statt. Man unterscheidet nach „Innovatoren", „Frühe Übernehmer", „Frühe Mehrheit", „Späte Mehrheit" und „Nachzügler".

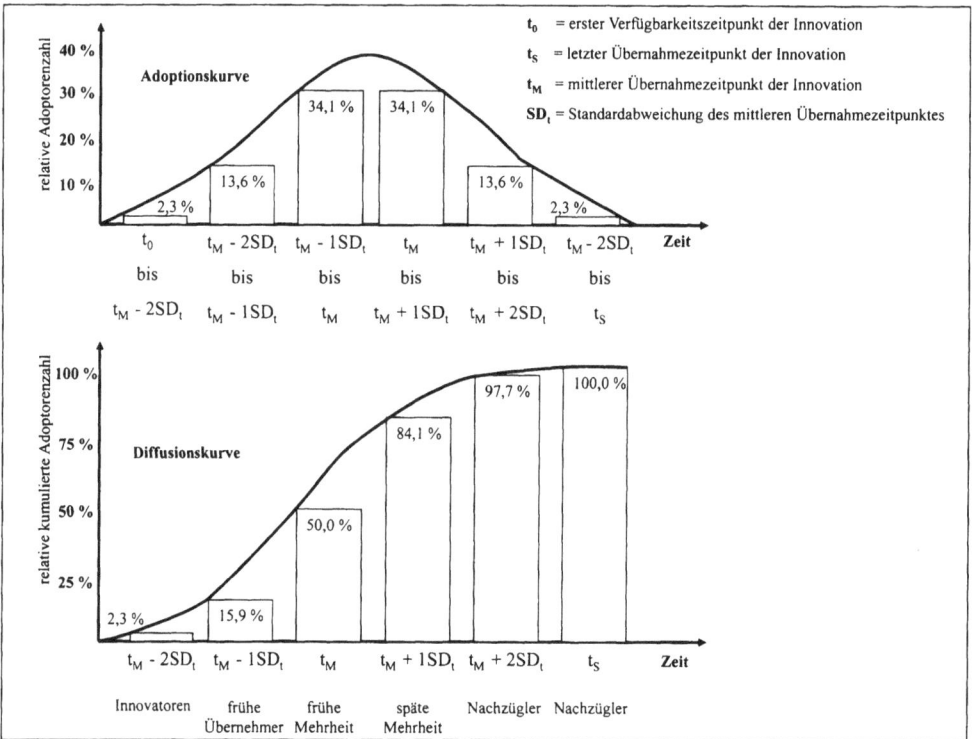

Abb. 9.4   Adoptions- und Diffusionskurve[54]

[50]   Vgl. Voigt (2008), S. 439f.
[51]   Vgl. Tiefel (2007), S. 28
[52]   Siehe dazu die Studien von Weiber (1992) und Weiber (1995)
[53]   Vgl. Tiefel (2007), S. 29
[54]   Tiefel (2007), S. 28

Entscheidend für den Verlauf des Diffusionsprozesses ist die Erstkäufer- und die Wiederhol-käuferrate. Die Erstkäuferrate lässt sich entscheidend durch die Instrumente des Marketings beeinflussen. Die Wiederholkäuferrate hängt hingegen vom relativen Produktnutzen der Innovation ab.[55]

Entscheidenden Einfluss auf das Adoptionsverhalten der Übernehmer hat das Adoptionsob-jekt. Hier sind vor allem die Kosten- und Nutzenvorteile zu nennen, die den Übernehmern durch die Innovation entstehen. Daneben ist als weiterer Faktor die Komplexität der Innova-tion entscheidend. Dies umschreibt die „Schwierigkeit des Verstehens". Der Übernehmer muss die Innovation verstehen. Je komplexer diese ist, desto schwieriger gestaltet sich dies.[56]

Die Ausbreitung von Innovationen hat besondere Relevanz im Rahmen des Innovationscon-trollings dahingehend, dass durch sie der zeitliche Anfall der Umsatzerlöse bestimmt wird. Die Betrachtung der Diffusions- und Adoptionsprozesse kann daher vor allem bei der Erstel-lung von Wirtschaftlichkeitsrechnungen in den frühen Phasen des Innovationsprozesses nicht außer Acht gelassen werden.

10 Zum Innovationsprozess

Prozessmodelle sind fester Bestandteil des Innovations- und Technologiemanagements. Sie finden hierbei sowohl in der technischen und betriebswirtschaftlichen Forschung als auch in der Praxis Anwendung. In der Forschung finden sie Einsatz, um empirisch beobachtete Akti-vitäten abzubilden oder zu veranschaulichen. In der Praxis dienen sie als Managementtool, um Prozesse zu standardisieren und zu steuern.[57]

Da es sich bei Innovationen, im Gegensatz zu Intentionen, nicht um zeitpunktbezogene Er-eignisse handelt, ist es notwendig diese als Prozess zu behandeln. Eine Untergliederung des Innovationsprozesses erleichtert und ermöglicht zudem eine phasenbezogene Steuerung und Überwachung. In der Literatur bestehen zahlreiche Innovationsprozessmodelle. Diese unter-scheiden sich in der Höhe ihres Abstraktionsniveaus und in der Schwerpunktsetzung inner-halb des Innovationsgeschehens.[58]

Bereits die Controller-Leitbild Definition der IGC macht deutlich, dass das Verständnis des Innovationsprozesses auch für das Technologiecontrolling von grundlegender Bedeutung ist. So definiert sie in einem Unterpunkt Controlling als Schaffung von Strategie-, Ergebnis-,

---

[55] Vgl. Trommsdorf (2001)
[56] Vgl. Corsten/Gössinger/Schneider (2006), S. 201f.
[57] Vgl. Verworn/Herstatt (2000), S. 2
[58] Vgl. Vahs/Burmeister (2005), S. 85

Finanz- und Prozesstransparenz, um somit das Unternehmen zu einer höheren Wirtschaftlichkeit zu führen.[59]

Innovationscontrolling bzw. Technologiecontrolling muss Geschäftsprozesse und deren betriebswirtschaftliche Logik im Hinblick auf das Erreichen der gesetzten strategischen, wirtschaftlichen und finanziellen Ziele steuerbar machen. Es bedarf eines klaren Bildes über die einzelnen Phasen des Innovationsprozesses. Die Aufgabe des Controllings ist es, methodisches und betriebswirtschaftliches Know-how zur Verfügung zu stellen, um dieses klare Bild zu erreichen.[60]

Der Innovationsprozess beinhaltet alle Aktivitäten, von der Idee bis zur erfolgreichen Markteinführung. Er endet nicht mit der reinen Markteinführung, sondern erst mit dem Erreichen des durch die Unternehmensziele gesetzten und erwarteten Markerfolgs. Wird dieser nicht sofort realisiert, sind im Rahmen der Innovationsprozessnachsteuerung Modifikationen z.B. durch nachträgliche Produktveränderungen vorzunehmen. Erst mit Erreichen der gesetzten Ziele kann die Innovation in die Routinearbeit der zuständigen Abteilungen übergeben werden.[61]

Das Prozessmodell von Voigt (Abb. 10.1) unterteilt den Innovationsprozess in fünf Phasen. Zunächst ist die Ableitung des Innovationsbedarfes vorzunehmen. Dieser folgt die Ideenfindung, -bewertung und -auswahl. Sind die entsprechenden Ideen ausgewählt worden, erfolgen im nächsten Schritt die Produkt- und Prozessentwicklung und der Produktionshochlauf. Den Abschluss findet der Innovationsprozess letztendlich mit der Einführung des Produktes am Markt. Begleitet wird der Innovationsprozess durch ein ganzheitliches integriertes Innovationscontrolling.

---

[59]   Vgl. IGC (2009)
[60]   Vgl. Daum (2007), S. 44
[61]   Vgl. Stippel (1999), S. 21f.

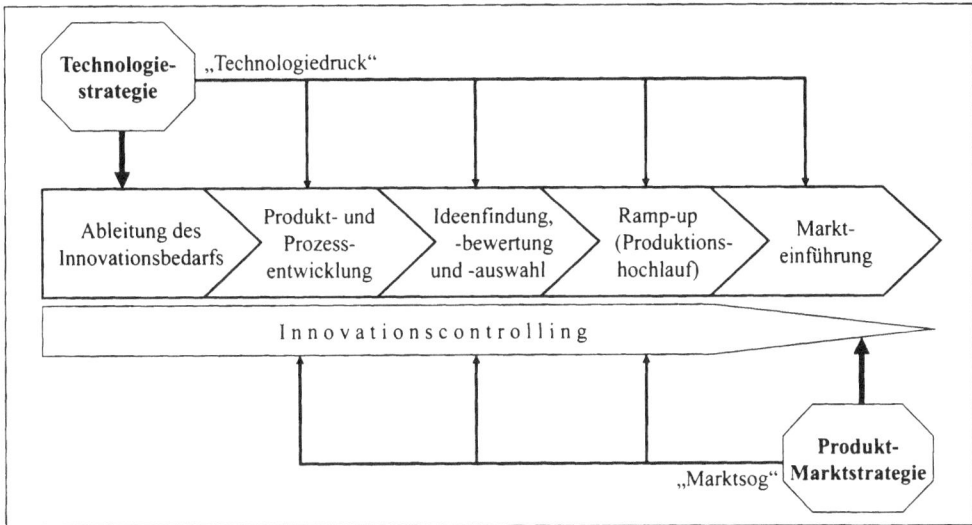

Abb. 10.1   Der Innovationsprozess[62]

Entscheidenden Einfluss auf den Innovationsprozess haben die Technologie- und die Pro-dukt-Markt Strategie. Der Innovationsprozess steht somit im Spannungsfeld zwischen „Technologiedruck" und „Marktsog". Die Auswirkungen der Technologiestrategie sind be-sonders stark in den frühen Phasen des Innovationsprozesses, die der Produkt-Markt-Strategie eher in den späteren Phasen.[63]

Die Technologiestrategie gibt insbesondere folgende Vorgaben für den Innovationsprozess:[64]

- sie bestimmt die in den Innovationen einzusetzenden Eigen- und Fremdtechnologien.
- sie bestimmt die nicht mehr zu verwendenden Technologien.
- sie gibt die Herkunft der Technologien vor und damit ihre Zugriffsform.
- sie bestimmt das Timing des Technologieeinsatzes.

Als Hilfsmittel zur Entscheidungsfindung sind die Ergebnisse der Technologielebenszyklus-analyse[65] zu verwenden.

Durch die Produkt-Markt-Strategie werden dagegen folgende Prämissen für den Innovati-onsprozess gesetzt:[66]

---

[62]   Voigt (2008), S.380
[63]   Vgl. Voigt (2008), S. 379
[64]   Vgl. Voigt (2008), S.379f.
[65]   Vgl. Abschnitt 12
[66]   Vgl. Voigt (2008), S. 380

- die Produkt- und Leistungsfelder, für die das Unternehmen entsprechende Produkte und Leistungen konkretisieren muss.
- die ausgewählten Absatzmärkte und Marktsegmente, auf welche die zukünftigen Produkte und Leistungen konzeptionell auszurichten sind.
- die wettbewerbsstrategische Ausrichtung: Die Form der gewählten Wettbewerbsstrategie bestimmt hierbei die Innovationsanstrengungen einer Unternehmung. Wird eine Kostenführerschaftsstrategie angestrebt, so sind die Innovationsanstrengungen auf Kostensenkung auszurichten. Hingegen fordert die Differenzierungsstrategie neue Produkte und Varianten, um so am Markt durch neue Produktmerkmale und -vorteile Wettbewerbsvorteile zu erlangen.

Daneben setzen aber auch die Unternehmensstrategien und die Funktionsstrategien Rahmenbedingungen für den Innovationsprozess bzw. seiner Ausrichtung. Durch ersteres können z.B. Rahmenbedingungen über gemeinsame Entwicklungsvorhaben gemacht werden in Form von Joint Ventures. Funktionsstrategien können Rahmenbedingungen durch die Festlegung der Wertschöpfungstiefe oder aber auch der Beschaffungsstrategie vorgeben.[67] „Schon durch diese wenigen Beispiele wird deutlich, dass die strategischen Entscheidungen (auch) durch den Innovationsprozess konkretisiert und damit ein Stück weit umgesetzt werden. Er stellt eine Brücke zwischen dem strategischen und dem operativen, „unmittelbar wertschöpfenden" Leistungsprozess des Industriebetriebs dar."[68]

10.1   Ableitung des Innovationsbedarfs

Zunächst ist innerhalb des Innovationsprozesses durch eine Situationsanalyse der Innovationsbedarf zu ermitteln. „Produkt- und Prozessinnovationen sind kein Selbstzweck, sondern „Mittel zum Zweck" und dienen der Erreichung der gesetzten (Wertsteigerungs-)Ziele. Insofern liegt es nahe, den Innovationsbedarf aus diesen Zielen abzuleiten."[69] Betrachtet wird hierbei das komplette Unternehmensumfeld. Dies schließt sowohl marktseitig die Nachfrager, als auch Lieferanten und Wettbewerber mit ein. Durch Soll-Ist-Analysen werden mögliche Probleme identifiziert. Diese können sich aus veränderten Kundenbedürfnissen, technologischem Fortschritt und dem Unternehmen selbst ergeben. Der Soll-Zustand wird dabei durch die strategischen Unternehmensziele bestimmt bzw. den daraus abgeleiteten Strategien zur Zielerreichung. Dem Innovationsprozess vorgelagert ist also die Identifizierung eines Problems welches gelöst werden soll.[70]

---

[67]   Vgl. Voigt (2008), S. 380f.

[68]   Voigt (2008), S. 381

[69]   Voigt (2008), S. 387

[70]   Vgl. Vahs/Burmeister (2005), S. 93

Geeignete Instrumente zur Ermittlung des Innovationsbedarfes sind die strategische Lücken-
analyse, die (Berliner) Balanced Scorecard, die Portfolio-Analyse und das Produktlebenszyk-
lus-Konzept.[71]

10.2   Ideenfindung, -bewertung und -auswahl

Im nächsten Schritt müssen Ideen gesammelt, bewertet und ausgewählt werden. Für die
Ideengenerierung kommen unterschiedlichste Kreativitätstechniken zum Einsatz. Nach der
Ideenerfassung und -speicherung schließt sich ein sogenanntes Screening an. Dies dient
dazu, die erfassten und gespeicherten Ideen im Bezug auf ihre Relevanz zur ursprünglichen
Problemstellung hin zu untersuchen. Der anschließenden Ideenbewertung und -auswahl ist
größte Aufmerksamkeit zu schenken. Wenig erfolgversprechende Ideen müssen in dieser
Phase möglichst früh eliminiert werden.[72] Zur Ideenbewertung kommen Kriterien wie Kun-
dennutzen, Wettbewerbsvorteil, Marktvolumen und Machbarkeit/Risiken in Betracht, welche
in Abb. 10.2 dargestellt sind.[73] Bei der Ideenbewertung und -auswahl ist das Innovationsmanagement mit den relevanten Informationen durch das Innovationscontrolling zu versorgen.
Aufgrund des noch geringen Produktbezugs kommen vornehmlich qualitative Instrumente
zum Einsatz.

Kundennutzen	Wettbewerbsvorteile
• erkennbarer Vorteil • Wer für den Kunden	• Zeit, Kosten, Qualität • für Kunden wichtiges Merkmal/ vom Kunden wahrgenommen • Dauerhaftigkeit/Schützbarkeit
Marktvolumen	**Machbarkeit/Risiken**
• Lebenszyklus • Marktvolumen • Marktpartner • Alternativmärkte regional/global	• technisch • ökonomisch

Abb. 10.2   Bewertungskriterien im Ideenauswahlprozess[74]

10.3   Produkt- und Prozessentwicklung

Die ausgewählten Ideen müssen im Anschluss in die Praxis umgesetzt werden. Je nach Neuheitsgrad ist dies mit einem hohen oder niedrigen Ressourcenaufwand verbunden. Liegt ein
hoher Neuheitsgrad vor, so bietet sich eine Umsetzung als Projekt an. Beim niedrigen Neu-

[71]   Vgl. Voigt (2008), S. 387f.
[72]   Vgl. Vahs/Burmeister (2005), S. 93ff.
[73]   Vgl. Voigt (2008), S. 402
[74]   Voigt (2008), S. 402

heitsgrad ist eine Integration in die Routineprozesse ohne den Aufbau einer eigenständigen Innovationsstruktur möglich.[75]

Die Produkt- und Prozessentwicklung nimmt einen besonders wichtigen Stellenwert im Innovationsprozess ein. Voigt unterteilt diese Phase in drei Bereiche, die Vorentwicklung, die Serienentwicklung und die Prozessentwicklung. Die Vorentwicklung erfolgt noch produktlinien- und kundenübergreifend. Erst in der Serienentwicklung werden anschließend marktgerechte bzw. kundenspezifische Produkte konzipiert. Parallel findet die Prozessentwicklung statt. Hier werden die nötigen Produktionsprozesse geschaffen oder bestehende modifiziert, um die neuen oder veränderten Produkte produzieren zu können.[76]

Die Produkt- und Prozessentwicklung wurde in zahlreichen Studien als kritischer Erfolgsfaktor im Bezug auf die Festlegung von Produktqualität, Kosten und Zeit für den weiteren Produktlebenszyklus ermittelt. So werden in dieser Phase 75–85 Prozent der kumulativen Produktlebenskosten festgelegt, währenddessen nur 5–7 Prozent der Kosten bis dahin angefallen sind. Des Weiteren können in späteren Phasen Termine, Qualitäten und Kosten nur noch sehr schwer beeinflusst werden. Es ist daher von entscheidender Bedeutung, bereits in der Entwicklungsphase Zeit-, Kosten- und Qualitätspotentiale in Produkte und Prozesse anzulegen. Nur so können effiziente und effektive Produkte geschaffen und Wettbewerbsvorteile realisiert werden.[77] Die Abb. 10.3 verdeutlicht diese Sachverhalte im Zeitverlauf grafisch. Um in dieser Phase eine konsequent auf den Markt und die Kundenbedürfnisse ausgerichtete Entwicklung zu gewährleisten, bietet sich der Einsatz des Target Costing an.

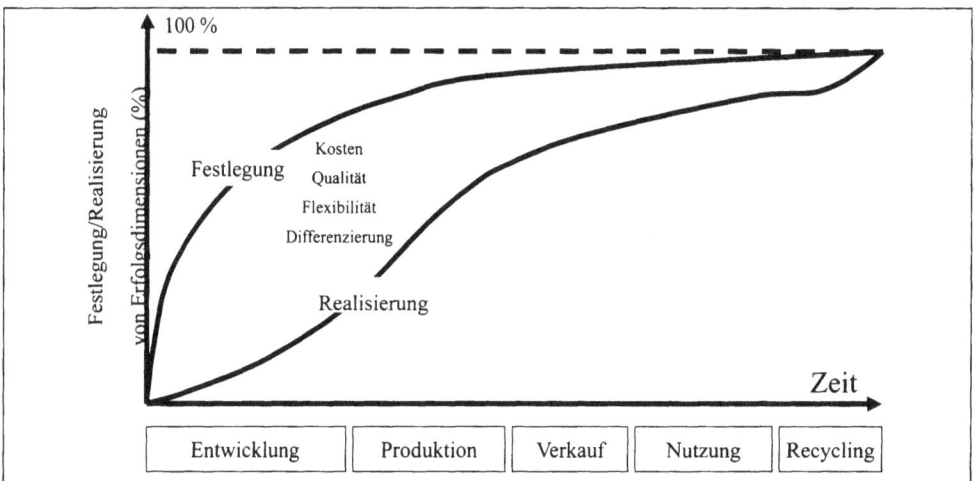

Abb. 10.3   *Festlegung und Realisierung von Erfolgsdimensionen in der Produktentwicklung*[78]

[75]   Vgl. Vahs/Burmeister (2005), S. 95
[76]   Vgl. Voigt (2008), S. 412
[77]   Vgl. Specht/Beckmann/Amelingmeyer (2002), S. 4f.
[78]   Herstatt/Verworn (2007), S. 6; in Anlehnung an: Specht et al. (2002), S. 5

10.4 Produktionshochlauf (Ramp-up)

Als Bindeglied zwischen der erfolgreichen und abgesicherten Markteinführung und der Produkt- und Prozessentwicklung ist der Produktionshochlauf zu sehen. Eine besondere Relevanz hat diese Phase in der (Groß-)Serienfertigung. Er beschreibt hierbei die Zeitspanne vom Anlauf der Produktion bis zum Erreichen der geplanten Stückzahlen (Time-to-Volume).[79] Abb. 10.4 veranschaulicht diesen doch sehr komplexen Teilprozess. Ein Produkt durchläuft hierbei verschiedene Phasen im Produktionsprozess, von der Vorserie bis zum „Job No. 1".

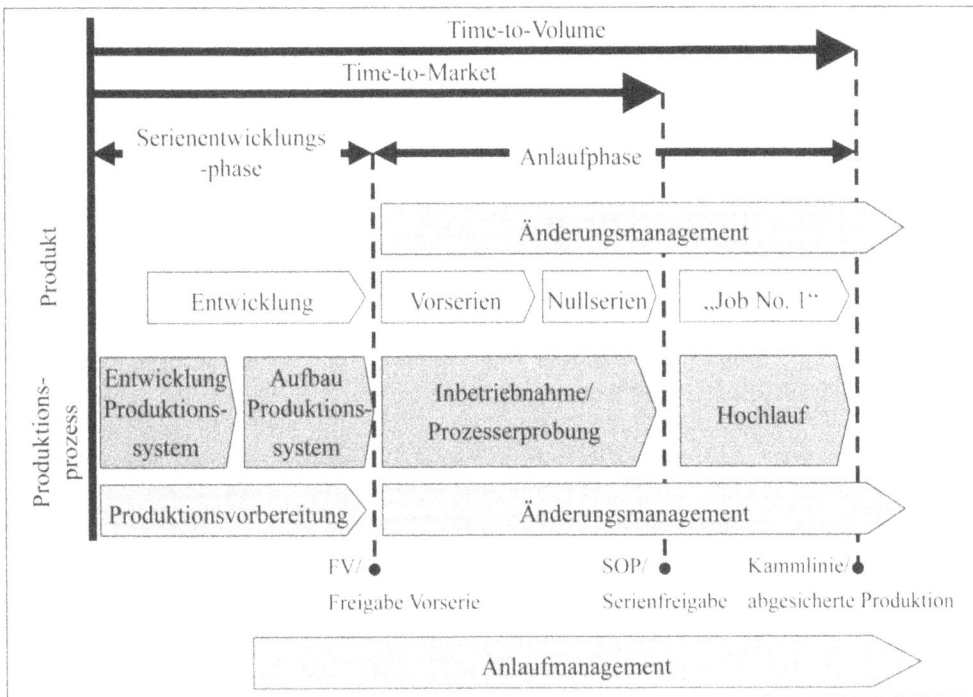

Abb. 10.4   Inbetriebnahme und Produktionshochlauf[80]

Die besondere Relevanz dieser Phase ist vor allem darin zu sehen, dass in der Hochlaufphase nicht unter voller Ausnutzung der Produktionskapazitäten produziert werden kann. Da sich dies unweigerlich auf die Kostenstrukturen der produzierten Güter auswirkt, ist es erforderlich, die Hochlaufphase so kurz wie möglich zu gestalten. Verstärkt wird dieses Erfordernis durch die immer kürzer werdenden Produktlebenszyklen.[81]

---

[79] Vgl. Voigt (2008), S. 434
[80] Voigt (2008), S. 432; in Anlehnung an: Kuhn et al. (2002), S. 8
[81] Vgl. Voigt (2008), S. 434f.

Die wachsende ökonomische Bedeutung einer effektiven und effizienten Hochlaufphase innerhalb des Innovationsprozesses wird auch durch folgende Tatbestände unterstrichen:[82]

- Zunahme von Neuprodukten/Varianten und der damit zunehmenden Zahl an Produktionshochläufen.
- die Produkt- und Prozesskomplexität nimmt zu.
- sich ständig verkürzende Produktlebenszyklen verringern die Zeit bis zur Amortisation.
- die Anforderungen an möglichst kurze Entwicklungszeiten verringern die Zeit für Produktionsvorbereitungen und Tests.
- Erfahrungskurveneffekte müssen möglichst schnell realisiert werden um Kostennachteile im Wettbewerb zu vermeiden.
- ein verspäteter Markteintritt und ein damit verbundener dauerhafter Wettbewerbsnachteil muss vermieden werden.

10.5   Markteinführung

Mit der erfolgreichen Einführung am Markt beginnt der Marktzyklus des Produktes. Aus der Intention entsteht die Innovation. Mit der Etablierung am Markt und der Wandlung von einer „Neuheit" in eine „Bekanntheit" endet der Innovationsprozess.[83] An dieser Stelle beginnt der Diffusion- und Adoptionsprozess der Innovation.

Wie bereits in Abb. 10.1 zu sehen ist, sollte der gesamte Innovationsprozess von einem auf diesen Prozess ausgerichteten Innovationscontrolling begleitet werden. Je nach Fortschritt innerhalb des Innovationsprozesses kommen unterschiedliche Instrumente zum Einsatz. In den frühen Phasen finden überwiegend strategische Instrumente, in den späteren Phasen operative Instrumente ihren Einsatz. Zur weiteren Behandlung dieser Thematik sei auf das Abschnitt 12 verwiesen.

11   Technologielebenszyklus

Neben Produktlebenszyklen spielen Technologielebenszyklen im Rahmen von Innovationsvorhaben eine große Rolle. Sie sind den individuellen Produktlebenszyklen übergeordnet. Die Betrachtung der Technologielebenszyklen ist dahingehend bedeutend, dass Technologietrends früh genug erkannt werden müssen. Hierauf werden letztlich die Entscheidungen getroffen, auf welchen Technologien zukünftige Produktinnovationen basieren.[84]

---

[82]   Vgl. Voigt (2008), S. 435
[83]   Vgl. Voigt (2008), S. 379
[84]   Vgl. Stippel (1999), S.61f.

Technologielebenszyklusmodelle gehen dabei von der Annahme aus, dass Technologien bestimmte Entstehungs-, Wachstums- und Degenerationsprozesse durchlaufen. Es bestehen in der wissenschaftlichen Literatur verschieden Modelle zur Darstellung von Technologielebenszyklen, die an dieser Stelle aufgrund der Vielzahl nicht näher dargestellt werden sollen. Sie besitzen allerdings gemeinsam folgende Grundannahmen:[85]

- Technologien erreichen im Zeitablauf eine Leistungsgrenze, an der sie durch einen Wechsel auf neue leistungsfähigere Technologien abgelöst werden sollten.
- neue Technologien haben durch Anlaufprobleme anfangs einen geringen Leistungszuwachs pro Zeit- oder Ressourceneinheit. Nach Erreichen einer „kritischen Wissensmasse" nimmt dieser aber schnell zu.

Das Modell von Arthur D. Little unterteilt den Technologielebenszyklus in vier Phasen, Entstehung, Wachstum, Reife und Alter. Diesen Phasen können Technologieklassen zugeordnet werden.[86]

Die Klassifizierung findet dazu nach der Stärke der Wettbewerbsbeeinflussung und dem Ausmaß der Integration in neue Produkte oder Prozesse statt. Unterschieden werden neue Technologien, Schrittmacher-, Schlüssel- und Basistechnologien.[87]

Neue Technologien haben noch keinerlei Einfluss auf die Wettbewerbsposition. Sie sind auch noch nicht in Produkte oder Prozesse integriert. Aus ihnen können Schrittmachertechnologien werden oder sie können verworfen werden. Schrittmachertechnologien besitzen den stärksten Einfluss auf die Wettbewerbsfähigkeit. Aufgrund ihrer Neuheit sind sie noch nicht sehr stark in Produkte und Prozesse integriert. Schrittmachertechnologien lassen sich daher der Entstehungsphase im Lebenszyklus zuordnen. Schlüsseltechnologien besitzen eine starke Integration in Produkte und Prozesse und beeinflussen dadurch im hohen Maße die Wettbewerbsfähigkeit eines Unternehmens. Sie lassen sich der Wachstumsphase im Lebenszyklus zuordnen. Basistechnologien sind der Reifephase im Lebenszyklus zuzuordnen. Sie sollten in absehbarer Zeit durch neue Technologien ersetzt werden, da sie ihren wettbewerbspolitischen Einfluss verloren haben.[88]

Die Abb. 11.1 verdeutlicht die wettbewerbspolitischen Bedeutungen der Technologien im Zeitablauf. Aus den Technologieklassen lassen sich letztlich Investitionsempfehlungen für das Unternehmen ableiten.

---

[85]   Vgl. Gerpott (2005), S. 114
[86]   Vgl. Gerpott (2005), S. 114
[87]   Vgl. Corsten/Gössinger/Schneider (2006), S. 344f.
[88]   Vgl. Corsten/Gössinger/Schneider (2006), S. 345

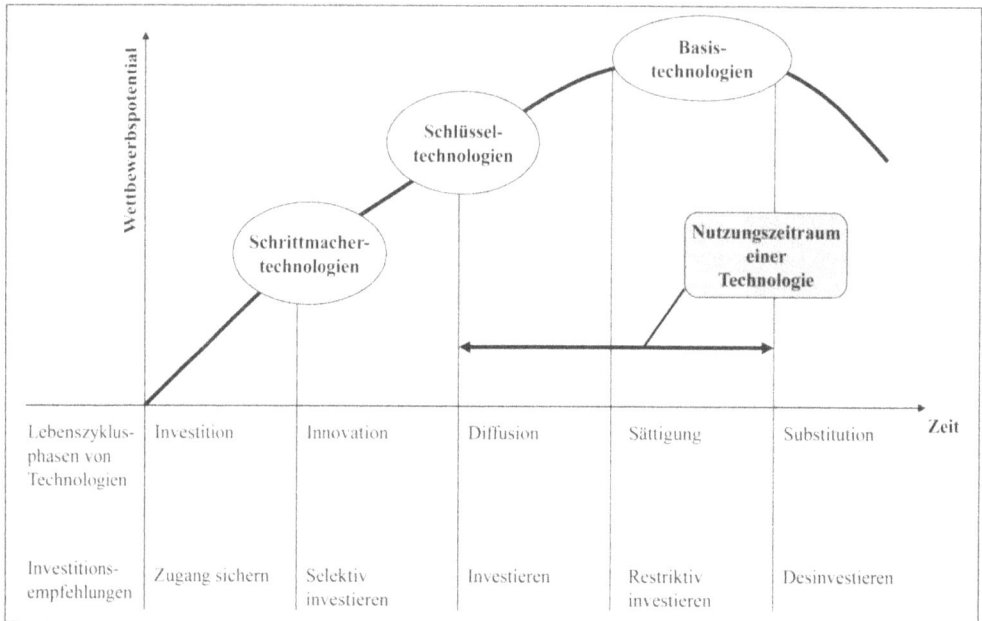

Abb. 11.1   Lebenszyklus von Technologien[89]

Verkürzte Produktlebenszyklen verbunden mit langen Entwicklungszeiten haben Technologien zu einem entscheidenden Wettbewerbsfaktor werden lassen. Auch in bisher weniger technologiegetriebenen Märkten hat die Technologiekomponente eine größere Bedeutung gewonnen. Technologien ermöglichen die Erschließung von neuen Märkten und Geschäftsfeldern.[90]

Wettbewerbsvorteile durch neue Technologien ergeben sich dabei vor allem aus folgenden Aspekten:[91]

- Technologien bilden die Grundlage für neue Produktentwicklungen, die Problemlösungen zur Bedürfnisbefriedigung darstellen, das Leistungsangebot erweitern oder Leistungsmerkmale von bestehenden Produkten verbessern.
- Prozesstechnologie-Innovationen haben unmittelbaren Einfluss auf die Höhe der Herstellkosten. Durch sie können Rationalisierungsmaßnahmen in der Fertigung realisiert werden, um die Kostenführerschaft im Markt zu erreichen.
- Technologische Markteintrittsbarrieren können durch Alternativ- bzw. Substitutionstechnologien überwunden werden.
- durch die Entwicklung und Anwendung von Systemtechnologien wird eine Übernahme der Systemführerschaft für komplexe Produkte bzw. Produktionssysteme ermöglicht.

---

[89] Wildemann (2009), S. 233
[90] Vgl. Hofbauer/Körner/Nikolaus/Poost (2009), S. 44
[91] Vgl. Pleschak/Sabisch (1996), S. 90

- die Technologische Kompetenz eines Unternehmens stellt einen entscheidenden Image-faktor dar. Vor allem im Investitionsgüterbereich übt diese Kompetenz einen entscheidenden Einfluss auf die Kaufentscheidung der Kunden aus.
- das technologische Know-how der Mitarbeiter ist eine wichtige Grundlage für die flexible Integration von Technologien in neuen Anwendungsfelder und Innovationen.

Die große Bedeutung der Technologiekomponente muss sich dementsprechend in der Beachtung im Rahmen eines wirkungsvollen Innovationscontrollings wieder finden. Die Betrachtung ist dabei im Rahmen des strategischen Technologiecontrollings zur Unterstützung des Innovationsmanagements vorzunehmen.

12 Technologiecontrolling

Das Technologiecontrolling hat in den vergangenen Jahren einen stetigen Bedeutungszuwachs erfahren. Bei der Entwicklung von Neuprodukten stehen Unternehmen zunehmend unter einem hohen Druck. Sie benötigen daher Instrumente, um die Entwicklung von Neuprodukten effektiv und effizient überwachen und steuern zu können.

Vier wesentliche Entwicklungen verdeutlichen die steigende Bedeutung des Innovationscontrollings:[92]

- gesättigte Märkte und der Wandel vom Verkäufer- zum Käufermarkt fordert eine stärkere Differenzierung von den Unternehmen. Um erfolgreich am Markt bestehen zu können, müssen Produkte gestiegenen Kundenanforderungen genügen. Immer kürzer werdende Produktlebenszyklen und ein starker Wettbewerb verschärft die Tendenz zur Produktdifferenzierung.
- durch eine wachsende Komplexität der Produkte und die verkürzten Produktlebenszyklen fordern Innovationsvorhaben zunehmend mehr finanzielle Ressourcen.
- durch die wachsende technische Komplexität der Produkte und durch einen möglichst kurzen Time-to-Market steigt das Entwicklungsrisiko.
- eine voraussichtliche Annäherung des Handelsgesetzbuches an die International Financial Reporting Standards durch das Bilanzrechtsmodernisierungsgesetz könnte eine Aktivierung von Entwicklungsaufwendungen ermöglichen. Diese Informationsanforderungen müssen von einer Kostenrechnung bzw. einem Controlling umgesetzt werden können.

Im Vergleich zum klassischen F&E-Controlling sind die Aufgaben und der Wirkungsbereich des Innovationscontrollings sehr viel weiter gesteckt. Ein wirkungsvolles und ganzheitliches Innovationscontrolling muss daher die folgenden Erweiterungen erfahren haben:[93]

---

[92] Vgl. Möller/Janssen (2009), S. 89

- es bedarf sowohl einer operativen als auch einer strategischen Perspektive.
- Zielgrößen müssen aus dem Markt abgeleitet werden.
- neben der Kosten- und Erlösdimension müssen die Zielgrößen um eine Zeit- und Leistungsdimension ergänzt werden.
- des Weiteren müssen als Planungs- und Kontrollgrößen sowohl finanzielle als auch nicht-finanzielle Kennzahlen zum Einsatz kommen.

12.1   Ziele des Technologiecontrollings

Die Ziele des Innovationscontrollings können aus den Managementzielen Kosten, Zeit und Qualität abgeleitet werden. Als Gestaltungsparameter dienen die Prozesskosten, der Zeitaspekt und die Qualitätskriterien. Diese müssen mit Hilfe des Innovationscontrollings optimiert werden, um einen effektiven und effizienten Innovationsprozess zu gewährleisten.[94] Es müssen dabei sowohl die technischen als auch die betriebswirtschaftlichen Ziele verfolgt werden. Der Innovationscontroller nimmt deswegen sowohl die Rolle des Innovators, als auch die Rolle des Investors ein.[95]

Im Bezug auf die Prozesskosten übernimmt das Innovationscontrolling die Aufgabe, wertschöpfende und wertvernichtende Teilprozesse innerhalb des Innovationsprozesses zu identifizieren. Mittels dieser Informationen kann der Innovationsprozess auf die Einhaltung von prozessübergreifenden und phasenspezifischen Kostenzielen überwacht und gesteuert werden. Mögliche Instrumentarien, die dem Innovationscontrolling hierfür zur Verfügung stehen, sind die Prozesskostenrechnung, das Target Costing und das Life Cycle Costing. Aufbauend auf den gelieferten Informationen können die kritischen Teilprozesse intensiver Kostenkontrollen durch das Innovationsmanagement unterzogen werden. Bei Produktinnovationen fällt hier das Augenmerk vor allem auf die frühen Phasen des Innovationsprozesses.[96]

Der Zeitaspekt hat neben den Prozesskosten durch immer kürzer werdende Produktlebenszyklen zunehmend an Bedeutung gewonnen. Es ist daher nicht ausreichend Innovationsprozesse allein nach Kostenaspekten zu optimieren. Der Innovationsprozess muss auch unter dem Gesichtspunkt der Entwicklungs- und Durchlaufzeit optimiert werden. Dies geschieht durch Änderungen in der Prozessstruktur und durch Optimierung im Bereich der Mitarbeiter und Sachmittel. Das Innovationscontrolling muss die zeitkritischen Teilprozesse identifizieren und Zielvorgaben im Bezug auf die Entwicklungs- und Durchlaufzeit vorgeben. Dem Innovationsmanagement obliegt dann die Optimierung und Gestaltung im Rahmen des Innovationsprozesses.[97] Als Effekte einer Reduzierung der Entwicklungs- und Durchlaufzeit sind eine schnellere Marktbelieferung, die Identifizierung von Verschwendung und Blindleistung,

---

[93] Vgl. Stippel (1999), S. 39

[94] Vgl. Schön (2001), S. 118f.

[95] Vgl. Vahs/Burmeister (2005), S. 284

[96] Vgl. Schön (2001), S. 119f.

[97] Vgl. Schön (2001), S. 120f.

eine Erhöhung der Wirtschaftlichkeit und Rentabilität des Anlagevermögens, sowie eine Steigerung des Problemlösungsdrucks zu nennen.[98]

Als drittes Kriterium dient die Qualität des Innovationsprozesses. Dem Innovationscontrolling obliegt die Überwachung der gesetzten Qualitätsanforderungen über den gesamten Innovationsprozess hinweg. Der Qualitätsaspekt bezieht sich nicht nur auf das Ergebnis, sondern auch auf die Prozessqualität.[99]

12.2   Aufgaben des Technologiecontrollings

Die Aufgabe des Technologiecontrollings kann als Führungsunterstützung des Innovationsmanagements innerhalb des betrieblichen Innovationsprozesses verstanden werden.[100] Ihm kommt hierbei die Aufgabe der Planung, Steuerung und Kontrolle zu, um so Ergebnistransparenz innerhalb der gesamten Innovationswertschöpfungskette zu schaffen.[101] Das Management erhält so jederzeit Einblick in den Erfolg eines Innovationsprojekts und kann dadurch über die Fortführung des Innovationsvorhabens entscheiden. Damit einher geht die Auswahl geeigneter Verfahren und Instrumente. Das Innovationscontrolling trifft hierbei die Auswahlentscheidungen. Die Instrumente und Verfahren müssen zum einen auf die Bedingungen des Innovationsvorhabens abgestimmt sein. Zum anderen müssen sie in der Lage sein den Innovationserfolg korrekt abbilden zu können.[102]

Das Innovationscontrolling ist grundsätzlich immer an die spezifischen Rahmenbedingungen des Unternehmens anzupassen. Es lassen sich jedoch an dieser Stelle typische Aufgabenfelder benennen.

Das Innovationscontrolling übernimmt Informations- und Koordinationsaufgaben innerhalb des Innovationsprozess. Hierunter fallen die Koordination und Bereitstellung von Informationen für die entsprechenden am Prozess beteiligten Bereiche. Die Informationen müssen für die entsprechenden Empfänger aufbereitet werden. Da größtenteils technisch orientierte Empfänger die Informationen benötigen, müssen die steuerungsrelevanten betriebswirtschaftlichen Größen verständlich aufbereitet werden. Des Weiteren übernimmt das Innovationscontrolling die Schnittstellenkoordination, um so einen optimalen Prozessablauf zu gewährleisten. Dies erfolgt sowohl unter zeitlichen, als auch finanziellen und personellen Gesichtspunkten.[103]

---

[98]   Vgl. Wildemann (2009), S. 9

[99]   Vgl. Schön (2001), S. 121

[100]   Vgl. Stippel (1999), S. 39

[101]   Vgl. Horváth (2009), S. 790

[102]   Vgl. Littkemann (2005), S. 7

[103]   Vgl. Vahs/Burmeister (2005), S. 286

Zu den Planungs- und Kontrollaufgaben zählen das Festlegen von technischen, zeitlichen und ökonomischen Zielgrößen in Zusammenarbeit mit den betroffenen Bereichen wie F&E, Produktion, Marketing und Vertrieb. Den Schwerpunkt bilden dabei die wirtschaftlichen Zielgrößen.[104] Im Vordergrund stehen die Erreichung von Effektivität (Erreichung der gesetzten Ziele), als auch die der Effizienz (Vermeidung von Unwirtschaftlichkeiten) im Innovationsmanagement.[105] Das Innovationscontrolling übernimmt sowohl strategische als auch operative Aufgaben. So übernehmen Innovationscontroller die Aufgabe der Abstimmung der einzelnen Tätigkeiten innerhalb des Innovationsprozesses im Bezug auf die Einhaltung der gesetzten Innovations- und Unternehmensstrategien.[106]

Als dritten Bereich sind Beratungsaufgaben zu nennen. Hierunter fallen zum einen die beratenden Funktionen für das Management und die Projektverantwortlichen.[107] Zum anderen liefert das Innovationscontrolling die benötigten Instrumente und das Methodenwissen mit dem Ziel, die Innovationsprojekte im Bezug auf Leistungsfortschritt, Kosten- und die Termineinhaltung hin zu bewerten. Auf Grundlage dieser Informationen können letztendlich die Innovations- und Projektportfolios gesteuert werden.[108]

12.3   Instrumente und Verfahren des Technologiecontrollings

Dem Innovationscontrolling steht eine ganze Bandbreite an Verfahren und Instrumenten innerhalb des betrieblichen Innovationsprozesses zur Verfügung. Resultierend aus der Eigenart einer mangelnden Datensicherheit in den frühen Phasen des Innovationsprozesses, stehen je nach Fortschritt im Innovationsprozess unterschiedliche Instrumente zur Auswahl. So ist das Innovationscontrolling in den frühen Phasen überwiegend strategisch ausgerichtet und bedient sich hierzu eher an qualitativen und semi-quantitativen Verfahren. Mit dem Fortschreiten der Forschungsphase und dem Beginn einer anwendungsorientierten Entwicklung wandeln sich die Aufgaben des Innovationscontrollings. Es stehen nunmehr eher operative Aspekte im Vordergrund. Quantitative Verfahren sind nun die Hauptcontrollinginstrumente. Diese müssen allerdings die spezifischen Eigenarten eines Innovationsprozesses berücksichtigen.[109] Eine Übersicht über mögliche Instrumente zum Einsatz im Technologiecontrolling vermittelt die Abb. 12.1.

[104] Vgl. Vahs/Burmeister (2005), S. 286
[105] Vgl. Littkemann (2005), S. 12
[106] Vgl. Möller/Janssen (2009), S. 90f.
[107] Vgl. Vahs/Burmeister (2005), S. 287
[108] Vgl. Möller/Janssen (2009), S. 90f.
[109] Vgl. Keim/Littkemann (2005), S. 122f.

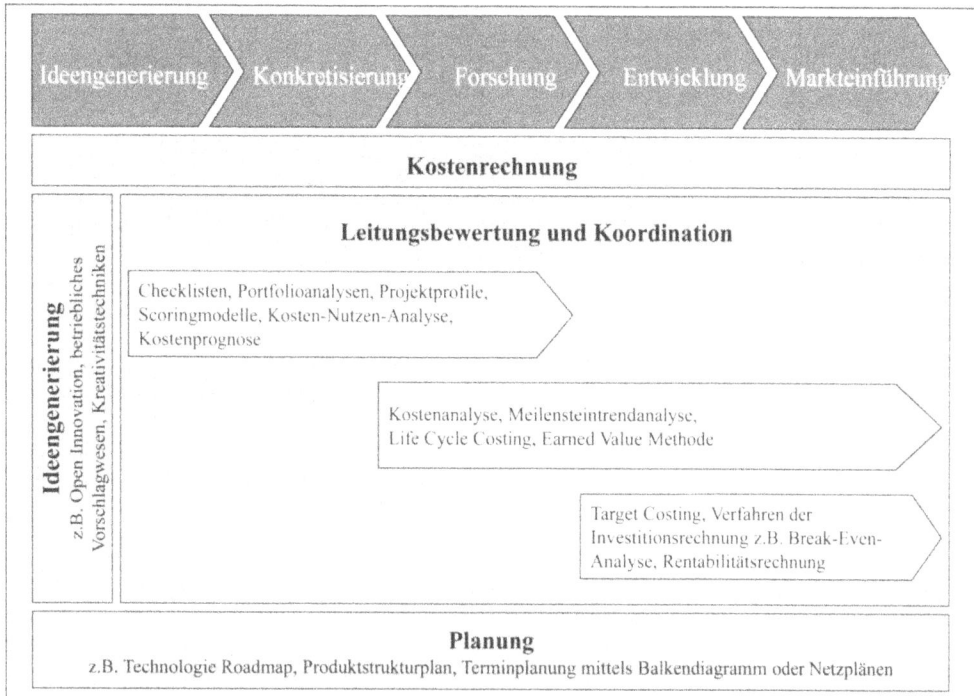

Abb. 12.1   Instrumente des Technologiecontrollings[110]

12.4   Arten des Technologiecontrollings

12.4.1   Strategisches Technologiecontrolling

Es lässt sich eine Differenzierung des Technologiecontrollings nach der zeitlichen Reichweite vornehmen. Daher ist das Technologie-/Innovationscontrolling in der frühen Phase des Innovationsprozesses strategisch geprägt. Mit dem Fortschreiten des Innovationsprozesses treten anschließend operative Aspekte in den Vordergrund.[111]

Das strategische Technologiecontrolling ist langfristig orientiert und übernimmt die Aufgaben der strategischen Planung sowie die Kontrolle der Umsetzung der Geschäftsstrategien. Hierunter fallen Aufgaben der Globalsteuerung, während das operative Controlling die Feinsteuerung übernimmt.[112] Der Fokus des strategischen Technologiecontrollings liegt auf Größen, die die langfristige Existenz des Unternehmens sichern. Hierzu bedient es sich primär an

---

[110] Möller/Janssen (2009), S. 91

[111] Vgl. Ziegenbein (2007), S. 190

[112] Vgl. Ziegenbein (2007), S. 190

qualitativen Informationen aus dem Unternehmensumfeld. Quantitative Größen spielen nur eine untergeordnete Rolle. Die Hauptaufgabe des strategischen Innovationscontrollings liegt in der Auswahl der richtigen Innovationsprojekte.[113]

Innovationen haben eine entscheidende Wirkung auf Wettbewerbspotentiale und damit auf die Stellung des Unternehmens im Markt. Zwischen den ersten Ideen und der Markteinführung liegen allerdings häufig sehr große Zeiträume. Das strategische Technologiecontrolling versucht diese großen Zeiträume zu überbrücken und Handlungsvorschläge für das Management abzuleiten.[114] Um diese Funktionen zu leisten bestehen zwei Herausforderungen an den Controller:[115]

- aufgrund der großen Zeiträume müssen zukünftige Entwicklungen abgeschätzt werden, was sich als äußert schwierig darstellt.
- das Controlling muss sich darüber bewusst sein, dass die Einfluss- und Gestaltungsmöglichkeiten in den frühen Phasen des Innovationsprozesses am wirkungsvollsten und größten sind.

Die Ziele und Aufgaben des strategischen Innovationscontrollings liegen in einer Sicherung des Zielsystems des Innovationsmanagements. Hier unterstützt das Innovationscontrolling das Innovationsmanagement durch die Informationsversorgung mit strategisch relevanten Daten. Es übernimmt Koordinationsaufgaben wie z.B. die Überführung der strategischen Innovationsplanung in operative Ziele und Steuerungsgrößen für die operative Innovationsplanung. Zu den weiteren Aufgaben ist die Analyse von Innovationsfeldern, die Schaffung der Voraussetzungen für die Innovationstätigkeit und die Definition von Innovationszielen und -strategien zu sehen.[116]

12.4.2   Operatives Technologiecontrolling

Gegenüber dem strategischen Technologiecontrolling ist das operative Innovationscontrolling kurzfristiger ausgerichtet. Hier rückt das Gewinnziel und damit zusammenhängend die Aufrechterhaltung der Liquidität in den Mittelpunkt der Betrachtung. Das Innovationscontrolling ist für die Informationsversorgung des Managements mit relevanten Daten zur effizienten Gewinnsteuerung zuständig. Gewinne, Umsätze, Kosten und Deckungsbeiträge müssen geplant und überwacht werden. In regelmäßigen Abständen sind Abweichungsanalysen zu erstellen und auszuwerten. Mit Hilfe dieser Informationen kann der Innovationsprozess überwacht und bei Abweichungen Korrekturmaßnahmen ergriffen werden.[117]

---

[113] Vgl. Granig (2005), S. 180
[114] Boutellier/Völker/Voigt (1999), S. 29
[115] Boutellier/Völker/Voigt (1999), S. 29
[116] Vgl. Horváth (1998), S. 250; zitiert nach Granig (2005), S. 181
[117] Vgl. Bösch (2007), S. 42

Cooper definiert zur Gestaltung des betrieblichen Innovationsprozesses folgende Aufgaben für das operative Innovationscontrolling:[118]

- Überwachung und Gewährleistung der Qualität bei der Durchführung des Innovationsprozesses.
- scharfe Fokussierung und das Setzen von Prioritäten.
- möglichst parallel ablaufende Prozesse mit dem Fokus auf einer Minimierung des Time-to-Market.
- bereichsübergreifendes Teamwork.
- Umsetzung einer strikten Marktorientierung und Integration von Bewertungen durch den Kunden.
- Sicherstellung des Wettbewerbsvorteils bei der Entwicklung von Produkten und Prozessen.

13 Ausgewählte Instrumente des Technologiecontrollings

Zielsetzungen des Technologiecontrollings sind die Gestaltung marktgerechter Produkte und die Optimierung auf Effizienz und Effektivität. Außerdem sollen die vorgestellten Instrumente möglichst frühzeitig Wirtschaftlichkeitsanalysen von Innovationsvorhaben ermöglichen.

Im ersten Teil wird die Prozesskostenrechnung erläutert. Der Schwerpunkt liegt bei diesem Instrument auf der Schaffung von Transparenz in den indirekten Bereichen. Da diese durch Innovationsvorhaben stark beansprucht werden, ist diese Transparenz für eine verursachungsgerechte Kalkulation zwingend erforderlich.

Im zweiten Teil folgt das Instrument des Target Costing. Der Grundgedanke dieses Konzepts liegt in der marktgerechten Gestaltung von Innovationen. Dies geschieht durch die optimale Gestaltung von Produkteigenschaften und -kosten. Für die Ermittlung der Kosten greift diese Methodik idealerweise auf die Daten der Prozesskostenrechnung zurück.

Im dritten Teil wird das Instrument des Product Life Cycle Costing vorgestellt. Hier liegen Wirtschaftlichkeitsberechnungen im Vordergrund. Das Instrument soll also die Frage beantworten, ob Innovationsvorhaben letztlich Gewinne realisieren können oder ein Projektabbruch erforderlich ist um nicht Verluste einzufahren.

---

[118] Vgl. Cooper (2002), S. 128

Sofern nichts anderes angegeben, wird für die weitere Betrachtung von Produktinnovationen ausgegangen.

13.1   Prozesskostenrechnung

13.1.1   Entwicklungsgründe

Sich verändernde Marktbedingungen und Kostenstrukturen waren der Auslöser für die Entstehung der Prozesskostenrechnung. Sie entstand aus der Kritik heraus, dass herkömmliche Kostenrechnungssysteme wie die Vollkostenrechnung den sich verändernden Bedingungen der Kostenverschiebungen nicht gerecht werden können. Und zwar sowohl bei der Kalkulation als auch bei der Kostenplanung und -kontrolle.[119]

Herkömmliche Systeme der Kostenrechnung nahmen als Bezugsgröße für Verrechnung der Gemeinkosten die Beschäftigung in der Fertigung als wichtigste Einflussgröße. Die Verrechnung erfolgte über Einsatzgrößen wie Materialgemeinkosten, Fertigungseinzelkosten oder Herstellkosten. Eine spezifische Inanspruchnahme der indirekten Bereiche durch die Kostenträger fand also keine Berücksichtigung.[120]

Die Entwicklung von Verkäufer- zu Käufermärkten führte zu neuen Anforderungen an Unternehmen und die Systeme der Kostenrechnung. Unternehmen waren durch den gestiegenen Wettbewerbsdruck gezwungen, ihr Produkt- bzw. Absatzprogramm an den Markt anzupassen. Dies führte zu steigenden Variantenzahlen, kürzer werdenden Produktlebenszyklen und hohen Anforderungen an die Produktqualität und Lieferzeiten. Die herkömmlichen Systeme der Kostenrechnung wurden noch unter den Bedingungen relativ homogener Fertigungs- und Absatzprogramme entwickelt. Durch die steigenden Variantenzahlen trafen diese Bedingungen nicht mehr zu. Während im Fertigungsbereich durch Outsourcing die Fertigungstiefe noch verringert werden konnte, stiegen die Leistungen in den indirekten Leistungsbereichen hingegen stark an. Zu diesen Bereichen zählen z.B. die Forschung und Entwicklung, die Beschaffung, der Vertrieb oder die Logistik. Der Gemeinkostenanteil an den Gesamtkosten stieg somit stetig an.[121]

Als zweiter Faktor für die Veränderung der Kostenstrukturen kam der Anstieg der fixen Kosten hinzu. Hierzu zählen jene Kosten, welche kurzfristig nur sehr schwer oder gar nicht beeinflussbar sind. Der Anstieg der fixen Kosten ist vor allem auf personalintensive Prozesse in den indirekten Bereichen und auf den Einsatz neuer Fertigungstechniken zurückzuführen.

---

[119] Vgl. Kremin-Buch (2007), S. 34
[120] Vgl. Schweitzer/Küpper (2008), S. 347f.
[121] Vgl. Schweitzer/Küpper (2008), S. 347f.

Diese führten zu einem höheren Automatisierungsgrad. Gleichzeitig aber auch zu einem Anstieg der Kapitalintensität im Bereich der Anlagen und Maschinen.[122]

Bedingt durch diese Entwicklungen gerieten die bisherigen Bestimmungsgrößen für die Verrechnung der Gemeinkosten in die Kritik, da sie zu ungenauen Kosteninformationen führten. Es mussten vielmehr neue Einflussgrößen gefunden werden, welche eine verursachungsgerechte Verrechnung ermöglichten. So zeigte sich durch Analysen, dass Automatisierungsgrad, Variantenanzahl, Teilevielfalt und die Komplexität der Produkte entscheidende Kosteneinflussgrößen darstellen. Hier setzt die Prozesskostenrechnung an. Sie versucht die Gemeinkosten nicht über die Produktionsmenge zu verrechnen, sondern über die Aktivitäten (Prozesse) welche die indirekten Bereiche in Anspruch nehmen.[123]

13.1.2   Merkmale

Das Merkmal der Prozesskostenrechnung liegt in der besonderen Verrechnung der Gemeinkosten. Dies geschieht nicht über die wertmäßig ermittelten Bezugsgrößen der einzelnen Kostenstellen, sondern über abgegrenzte Prozesse und deren mengenmäßige Inanspruchnahme der indirekten Bereiche.[124] Eine Prozesskostenrechnung definiert sich also als „ein System der Kostenrechnung, das Gemeinkosten von Vorgängen (Aktivitäten) über quantitative Bezugsgrößen (driver) verrechnet, welche Maßausdrücke für die Vorgänge (Aktivitäts)mengen darstellen bzw. als solche definiert werden."[125] Die Kostenstellen treten in den Hintergrund und die kostenstellenübergreifenden Prozesse gelangen in den Mittelpunkt der Betrachtung bzgl. Kostenverursachung. Dies setzt natürlich eine korrekte Abgrenzung der einzelnen Prozesse voraus. Die weitere Verrechnung fixer und variabler Gemeinkosten erfolgt schließlich über die Prozessbezugsgrößen (driver) und Prozesskoeffizienten.[126]

13.1.3   Zielsetzung der Prozesskostenrechnung

Aus den veränderten Marktbedingungen entwickelten sich Verschiebungen in den Kostenstrukturen von Unternehmen. Hieraus resultieren unter Anwendung der herkömmlichen Systeme der Kostenrechnung, wie der traditionellen Vollkostenrechnung oder der Grenzplankostenrechnung, fehlerhafte Kosteninformationen. Diese können letztlich zu strategischen Fehlentscheidungen führen, indem falsche Produkte aus dem Produktionsprogramm genommen werden. Es lassen sich daher folgende Zielsetzungen aus der Kritik an den herkömmlichen Kostenrechnungssystemen ableiten:[127]

---

[122] Vgl. Schweitzer/Küpper (2008), S. 347f.

[123] Vgl. Schweitzer/Küpper (2008), S. 348

[124] Vgl. Schweitzer/Küpper (2008), S. 349

[125] Schweitzer/Küpper (2008), S. 349

[126] Vgl. Schweitzer (2008), S. 349

[127] Vgl. Kremin-Buch (2007), S. 36; Horváth (1995), S. 715

- Beanspruchungsgerechte Kalkulation durch eine verbesserte, verursachungsgerechte Verteilung der Gemeinkosten auf die Produkte.
- verbesserte Kalkulationsgenauigkeit bereits in den frühen Phasen des Innovationsprozesses.
- Sicherstellung eines effizienten Ressourcenverbrauchs.
- Erhöhung der Leistungstransparenz.
- Erhöhung der Kostentransparenz.

Somit wird ein verbessertes Gemeinkostencontrolling möglich. Die Erhöhung der Transparenz bietet Möglichkeiten zu Rationalisierungs- bzw. Kostensenkungsmaßnahmen in den indirekten Bereichen.[128] Des Weiteren liefert die Prozesskostenrechnung die Grundlage für die Prozessoptimierung, da neben finanziellen auch nicht-finanzielle Größen wie Zeit und Qualität erfasst werden.[129]

Um Innovationen erfolgreich am Markt positionieren zu können, zeigt die Prozesskostenrechnung also bereits bei der Konzeption Optimierungsmöglichkeiten auf. Im konkreten Fall sind dies Ansatzpunkte für nötige Prozessinnovationen, um letztlich kostenoptimale Innovationen hervorzubringen.

13.1.4   Effekte der Prozesskostenrechnung

Der Einsatz der Prozesskostenrechnung führt, im Vergleich zur traditionellen Zuschlagskalkulation, zu drei Effekten: dem Allokationseffekt, dem Komplexitätseffekt und dem Degressionseffekt.

Allokationseffekt
Dieser Effekt kommt durch den Wechsel von wertmäßigen auf mengenbezogene Bezugsgrößen bei der Zuordnung der Gemeinkosten auf die Produkte zustande. Relevant sind also nicht mehr die wertorientierten Zuschlagsbasen wie Material- oder Lohneinzelkosten, sondern die spezifische Inanspruchnahme betrieblicher Ressourcen durch die Produkte. So wird vermieden, dass die Zuordnung der Gemeinkosten durch die Höhe der Einzelkosten bestimmt wird. Dies hat zur Folge, dass teure Güter mit hohen Gemeinkosten beaufschlagt werden und günstige mit niedrigen Gemeinkosten. Der Aufwand der z.B. durch Beschaffung oder Lagerung verursacht wird, wird schließlich nicht durch die wertmäßige Höhe der Einzelkosten determiniert, sondern durch die Inanspruchnahme der erforderlichen Prozesse. [130]

Komplexitätseffekt
Die Komplexität von Produkten und deren Varianten ist entscheidend für die Inanspruchnahme der indirekten Bereiche und hat damit unmittelbaren Einfluss auf die Kostenverursachung durch die Produkte. Die traditionelle Zuschlagskalkulation lässt die Komplexität der

---

[128] Vgl. Kremin-Buch (2007), S. 36
[129] Vgl. Mayer (1993), S. 80
[130] Vgl. Coenenberg/Fischer/Günther (2007), S. 145

Produkte völlig unberücksichtigt, da sie die Kosten proportional zur Höhe der Zuschlagsbasis verrechnet. Komplexe Produkte mit vielen Bauteilen beanspruchen die indirekten Bereiche aber viel stärker als einfache Produktvarianten. Letztlich kann dies bei der Zuschlagskalkulation dazu führen, dass Produkte mit niedriger Komplexität zu teuer und Produkte mit hoher Komplexität zu billig angeboten werden. Dies kann zu gravierenden Fehlsteuerungen im Produktprogramm des Unternehmens führen. Da die Prozesskostenrechnung in der Lage ist die Komplexitätskosten verursachungsgerecht zu verrechnen, spricht man hierbei vom Komplexitätseffekt.[131]

Degressionseffekt
Der dritte Effekt, der durch die Prozesskostenrechnung realisiert werden kann, ist der Degressionseffekt. Dieser Effekt besagt, dass sich mit steigenden Stückzahlen die anteiligen Gemeinkosten pro Stück verringern. Sehr gut lässt sich dieser Effekt anhand eines Bestellvorganges verdeutlichen. Die Kosten der Bestellung bzw. für den Bestellprozess sind nicht durch die Bestellmenge determiniert. Wird eine größere Menge bestellt verringern sich die Stückkosten, während bei der Zuschlagskalkulation immer ein konstanter Gemeinkostenprozentsatz pro Stück verrechnet wird.[132]

13.1.5 Zur Relevanz der Prozesskostenrechnung bei Innovationsvorhaben

Wie bereits dargelegt, legt die Prozesskostenrechnung ihren Fokus auf die indirekten Bereiche des Unternehmens. Sie dient der Schaffung von Kosten- und Leistungstransparenz und schafft somit die Grundlage für mögliche Kostensenkungs- und Rationalisierungsmaßnahmen.

Führt man sich die Eigenarten von Innovationsvorhaben vor Augen, so wird schnell deutlich, dass sie sehr stark die indirekten Bereiche beanspruchen. Dies ergibt sich z.B. aufgrund der Beanspruchung der F&E-, Beschaffungs-, Qualitätssicherungs- oder Produktionsvorbereitungsprozesse. Die Prozesskostenrechnung kann hier also einen entscheidenden Beitrag dazu leisten, die Kostenbetrachtung entscheidungsorientiert abzubilden.[133] „Damit kann der gesamte Innovationsprozess einem prozessorientierten Kostenmanagement unterzogen werden bei gleichzeitiger Transparenz über die potentiellen Auswirkungen auf Prozesslaufzeit oder Prozessqualität."[134]

---

[131] Vgl. Coenenberg/Fischer/Günther (2007), S. 146f.
[132] Vgl. Coenenberg/Fischer/Günther (2007), S. 147
[133] Vgl. Sure (2008), S. 35
[134] Sure (2008), S. 35

13.1.6   Anwendung der Prozesskostenrechnung

Die Prozesskostenrechnung lässt sich in sechs aufeinander folgende Schritte einteilen:[135]

1. Tätigkeitsanalyse,
2. Prozessdefinition und Bildung einer Prozesshierarchie,
3. Ermittlung von Kostentreibern/Bezugsgrößen,
4. Ermittlung von Kostentreibermengen,
5. Planung der Prozesskosten,
6. Ermittlung von Prozesskostensätzen.

Tätigkeitsanalyse
Bevor Prozesse definiert werden können, müssen durch Analysen die einzelnen Tätigkeiten[136] erfasst und analysiert werden. Im zweiten Schritt werden sie über Teilprozesse zu Hauptprozessen zusammengeführt. Da die Tätigkeitsanalyse sehr aufwendig ist, sollte es sich bei den Tätigkeiten um homogene und repetitive Tätigkeiten handeln. Nur so können die ermittelten Prozesskostensätze auch für andere Vorhaben Anwendung finden und müssen nicht immer neu kalkuliert werden. Die Analyse der Tätigkeiten und ihr entsprechender Zeitbedarf bedient sich verschiedener Erhebungsmethoden. Zum einen kann auf vorhandene Informationsquellen wie Organigramme oder Arbeitsprozessbögen zurückgegriffen werden. Zum anderen können spezielle Erhebungen wie Interviews, Selbstaufschreibung, Dauerbeobachtungen oder Multimomentverfahren erforderlich sein. Die Tätigkeitsanalyse ist nicht auf die reine Erhebung beschränkt. Es können bereits in dieser Phase die Tätigkeiten analysiert und nicht wertsteigernde Tätigkeiten (non value activities) nach Möglichkeit eliminiert werden.[137] Bei Innovationsvorhaben handelt es sich meist um komplett neue Tätigkeiten und Prozesse. Je nach Innovationsgrad kann daher nur eingeschränkt auf vorhandene Daten zurückgegriffen werden.

Prozessdefinition und Bildung einer Prozesshierarchie
Im nächsten Schritt finden die Aggregation der Tätigkeiten in Teilprozesse und anschließend Hauptprozesse statt. Teilprozesse sind kostenstellenbezogene Prozesse. Sie beziehen sich auf eine Kette von Tätigkeiten, die von einer Kostenstelle geleistet werden. So ist z.B. die „Auftragskommissionierung" ein Teilprozess der Kostenstelle „Lager". Aus einzelnen kostenstellenbezogenen Teilprozessen werden schließlich Hauptprozesse definiert. Diese sind kostenstellenübergreifend auf eine Leistung ausgerichtet. So ist der Teilprozess „Auftragskommissionierung" ein Teil des Hauptprozesses „Fertigungsauftragsabwicklung". Die Verdichtung der einzelnen Prozesse führt schließlich zu einer Prozesshierarchie.[138] Neben der Erfassung von Tätigkeiten und der Aggregation zu Teil- und Hauptprozessen, sind die Teilprozesse auch in leistungsmengeninduzierte Prozesse (lmi-Prozesse) und leistungsmengenneutrale

---

[135] Kremin-Buch (2007), S. 40

[136] Tätigkeiten sind hierbei ressourcenverbrauchende Vorgänge in den einzelnen Kostenstellen. Vgl. dazu Kremin-Buch (2007), S. 40

[137] Vgl. Kremin-Buch (2007), S. 40ff.

[138] Vgl. Kremin-Buch (2007), S. 45

Prozesse (lmn-Prozesse) zu unterscheiden. Diese Unterscheidung ist dahingehend wichtig, da nur für die lmi-Prozesse im nächsten Schritt Kostentreiber gesucht werden. Die lmn-Prozesse werden hingegen nur nach Maßgabe der lmi-Prozesse geschlüsselt.[139]

Die Unterscheidung in Teil- und Hauptprozesse ist das eigentlich Neue an der Prozesskostenrechnung im Vergleich zur flexiblen Plankostenrechnung. Außerdem bietet diese Unterscheidung entscheidende Vorteile:[140]

- die bestehenden Organisationsstrukturen können beibehalten werden, da keine Umstellung bei der bestehenden Kostenstellengliederung erforderlich ist.
- die Reduzierung auf wesentliche Hauptprozesse erleichtert dem Management die Steuerung und Entscheidungsfindung.
- durch die Kopplung der Haupt- und Teilprozesse lassen sich die Auswirkungen von Veränderungen leichter nachvollziehen und vorhersagen.

Ermittlung der Kostentreiber

Die Kostentreiber stellen die eigentlichen Bezugsgrößen bei der Verrechnung der Gemeinkosten innerhalb der Prozesskostenrechnung dar. Gefragt wird nach den Kosteneinflussgrößen auf die indirekten Bereiche. Kostentreiber sind also die quantitativen Merkmale, welche unmittelbaren Einfluss auf die Höhe der in den Tätigkeiten, Teil- oder Hauptprozessen anfallenden Kosten haben.[141] Tabelle 1 zeigt Beispiele für Kostentreiber in unterschiedlichen Wertschöpfungsstufen des Innovationsprozesses.

Als zentrale Größe der Prozesskostenrechnung sollten die ermittelten Kostentreiber folgende Anforderungen erfüllen:[142]

- einfache Ablesbarkeit aus den verfügbaren Informationsquellen.
- Proportionalität zur Beanspruchung der Ressourcen und damit der Kosten.
- Proportionalität zur Outputmenge an Produkten.
- Durchschaubarkeit und Verständlichkeit.

Aus diesen Anforderungen wird deutlich, dass die Ermittlung von Kostentreibern die schwierigste und kreativste Phase bei der Einführung einer Prozesskostenrechnung ist.[143]

---

[139] Vgl. Kremin-Buch (2007), S. 47f.

[140] Vgl. Mayer (1993), S. 83

[141] Vgl. Kremin-Buch (2007), S. 48

[142] Coenenberg/Fischer/Günther (2007), S. 136

[143] Vgl. Coenenberg/Fischer/Günther (2007), S. 136

	Prozesse	Kostentreiber
Entwicklung/Konstruktion	Neuteile einführen	Anzahl Neuteile
	Teile verwalten	Anzahl aktive Teilenummern
	Produktänderungen durchführen	Anzahl Änderungen
	Teile liquidieren	Anzahl Liquidationen
Beschaffungslogistik	Angebote für neue Teile einholen	Anzahl Neuteile
	Rahmenverträge abschließen	Anzahl Rahmenverträge
	Beschaffung Material	Anzahl Bestellungen
	Waren einlagern	Anzahl Warenzugänge
	Wareneingangsprüfung	Anzahl der Prüfungen
	Prüfung Lieferantenrechnungen	Anzahl Rechnungen/ Rechnungspositionen
	Lieferanten betreuen	Anzahl Lieferanten
Produktionslogistik	Arbeitspläne erstellen	Anzahl Fertigungsaufträge
	Fertigungsauftragskommissionierung	Anzahl Stücklistenpositionen
	Fertigungsaufträge steuern	Anzahl Operationen im Arbeitsplan
Vertriebslogistik	Kundenaufträge erfassen	Anzahl Kundenaufträge
	Kundenaufträge kommissionieren	Anzahl Lieferungen
	Kundenaufträge fakturieren	Anzahl Kundenfakturen
	Sondergeschäfte abwickeln	Anzahl Sondergeschäfte
Verwaltung und Verkauf	Neuprodukte einführen	Anzahl Neuprodukte
	Key Account Management	Anzahl Key Accounts
	Angebote bearbeiten	Anzahl erstellte Angebote
	Niederlassungen betreuen	Anzahl Niederlassungen

Tab. 13.1   Kostentreiber im Innovationsprozess[144]

---

[144] Boutellier/Völker/Voigt (1999), S. 117

Ermittlung von Kostentreibermengen
Nach der Definition der relevanten Prozesse und der Ermittlung der Kostentreiber müssen als dritter Faktor noch die Kostentreibermengen ermittelt werden. Diese sind die messbaren Einflussgrößen auf die leistungsmengeninduzierten Prozesse. Sie sind die Schlüsselgrößen, welche den Verbrauch an Ressourcen und die Höhe der Kosten determinieren. Für den Hauptprozess Auftragsabwicklung wäre also der Kostentreiber die Aufträge. Die Kostentreibermenge die Anzahl der Aufträge.

Planung der Prozesskosten
Im Anschluss an die Ermittlung der Kostentreibermengen findet die Ermittlung der Prozesskosten statt. Die Prozesskosten sind in erster Linie die in den Kostenstellen anfallenden Personalkosten. Sie beinhalten aber auch z.B. Raum-, Strom- und kalkulatorische Kosten wie Abschreibungen.[145] Die Planung der Prozesskosten findet in der Praxis überwiegend über eine retrograde Ermittlung statt. Die Basis bildet hierbei das Kostenstellenbudget. Dieses wird anschließend z.B. über Mannjahre[146] auf die einzelnen Prozesse geschlüsselt. Alternativ kann eine analytische Planung der Prozesskosten vorgenommen werden. Dieses aufwendigere Verfahren betrachtet nicht die Ist-Kosten der Vergangenheit sondern arbeitet mit Planzahlen. Es werden also aufgrund von Planprozessmengen alle Kostenarten neu geplant. Man bedient sich hierbei technisch-kostenwirtschaftlicher Analysen.[147] Da Innovationsvorhaben teilweise völlig neue Prozesse erfordern, kann man sich nur beschränkt auf Vergangenheitswerte stützen. So wird ein hoher Innovationsgrad eine analytische Planung der Prozesskosten erforderlich machen. Bei einem niedrigen Innovationsgrad bietet sich die retrograde Ermittlung an.

Tab. 13.2 stellt die Ermittlung der Prozesskosten beispielhaft für die Kostenstelle Entwicklung/Konstruktion dar. Es wird zur Errechnung ein Kostenstellenbudget von 600.000 EUR angenommen. Dies ergibt einen Wert von 100.000 EUR für ein Mannjahr.

---

[145] Vgl. Coenenberg/Fischer/Günther (2007), S. 139

[146] Unter einem Mannjahr versteht man die Arbeitsleistung, welche eine Person für gewöhnlich innerhalb eines Jahres leistet. Ein Mannjahr kann also auch mit einem Mitarbeiter gleichgesetzt werden. Vgl. Kremin-Buch (2007), S. 57

[147] Vgl. Kremin-Buch (2007), S. 57

Hauptprozesse	Kosten-treiber	Kostentrei-bermenge	Mann-jahre	Imi-Prozesskosten	Imn-Prozesskosten
Neuteile Einführen	Anzahl Neuteile	70	0,7	140.000 EUR	
Teile verwalten	Anzahl aktive Teilenr.	1500	0,9	90.000 EUR	
Produktänderungen durchführen	Anzahl Änderungen	50	1,8	180.000 EUR	
Teile liquidieren	Anzahl Liquidationen	100	0,9	90.000 EUR	
Abteilung leiten			1		100.000 EUR
Summe			6	500.000 EUR	100.000 EUR

Tab. 13.2 *Planung der Prozesskosten*[148]

Ermittlung von Prozesskostensätzen
Auf Basis der ermittelten Prozesskosten aus Tab. 13.2 können nun die Prozesskostensätze ermittelt werden. Der Prozesskostensatz errechnet sich dabei wie folgt:

$$Pr\,ozesskostensatz = \frac{Pr\,ozesskosten}{Pr\,ozessmenge}$$

Formel 13.1.1: Berechnung des Prozesskostensatz

Die Ermittlung erfolgt nach dem Durchschnittsprinzip. Methodisch wird auf der Divisionskalkulation aufgebaut. Es findet demnach keine Trennung in Einzel- und Gemeinkosten bzw. fixe und variable Kosten statt.[149] Gemäß der Unterscheidung in lmi- und lmn-Prozesse werden zwei Prozesskostensätze gebildet. Der lmi-Prozesskostensatz und der Umlagesatz (lmn-Prozesskostensatz). Die Addition dieser beiden Sätze ergibt jeweils den Gesamtprozesskostensatz.[150]

Für den lmi-Prozess „Neuteile einführen" errechnen sich nach Anwendung der Formel 13.1.1 Kosten in Höhe von 2.000 EUR pro eingeführtes Neuteil.

Damit die Prozesskostenrechnung im Sinne einer Vollkostenrechnung alle Kosten berücksichtigt, müssen auch die lmn-Kosten Berücksichtigung finden. Dies geschieht durch das Bilden von Umlagesätzen. Die lmn-Kosten werden im Verhältnis der lmi-Kosten verteilt.[151]

---

[148] In Anlehnung an: Kremin-Buch (2007), S. 59
[149] Vgl. Coenenberg/Fischer/Günther (2007), S. 140
[150] Vgl. Kremin-Buch (2007), S. 60
[151] Vgl. Kremin-Buch (2007), S. 60

Der Umlagesatz (Formel 13.1.3) errechnet sich wie folgt über den Zuschlagssatz (Formel 13.1.2):

$$\left(\frac{\sum lmn - Pr\,ozesskosten}{\sum lmi - Pr\,ozesskosten} \right) \times 100 = Zuschlagsatz\ in\ Pr\,ozent$$

Formel 13.1.2: Berechnung des Zuschlagssatz

Umlagesatz = lmi – Kostensatz × Zuschlagssatz in Pr ozent

Formel 13.1.3: Berechnung des Umlagesatz

Im Ausgangsbeispiel betragen die lmn-Kosten 100.000 EUR, verursacht durch die Abteilungsleitung. Für den Hauptprozess „Neuteile einführen" errechnet sich ein Umlagesatz von 400 EUR pro Neuteil bzw. ein Zuschlagssatz von 20 Prozent. Für die Hauptprozesse aus dem Ausgangsbeispiel ergeben sich folgende Gesamtprozesskostensätze (siehe Tab. 13.3).

Haupt-prozesse	lmi-Prozess-kosten	lmn-Prozess-kosten	Kosten-treiber-mengen	lmi-Prozess-kosten-satz	Umlage-satz	Gesamt-prozess-kosten-satz
Neuteile Ein-führen	140.000 EUR		70 EUR	2.000 EUR	400 EUR	2.400 EUR
Teile verwal-ten	90.000 EUR		1.500 EUR	60 EUR	12 EUR	72 EUR
Produkt-änderungen durchführen	180.000 EUR		50 EUR	3.600 EUR	720 EUR	4.320 EUR
Teile liquidie-ren	90.000 EUR		100 EUR	900 EUR	180 EUR	1.080 EUR
Abteilung leiten		100.000 EUR				

Tab. 13.3   Gesamtprozesskostensätze[152]

13.1.7   Prozessorientierte Kalkulation

Die ermittelten Gesamtprozesskostensätze stehen nun für die verursachungsgerechte Produktkalkulation zur Verfügung. Hierzu muss allerdings vorher analysiert werden, welche Prozesse durch ein Produkt in Anspruch genommen werden. Bei direkt zurechenbaren Prozessen, also Prozessen die produktnah sind, ist die Kalkulation leicht möglich. Schwierigkei-

---

[152] In Anlehnung an: Kremin-Buch (2007), S. 59

ten bereiten hingegen produktferne Prozesse. Hier muss die Zurechnung wieder über Umschlüsselung, z.B. über die Stückzahlen, erfolgen.

13.1.8   Kritische Würdigung

Die Prozesskostenrechnung stellt ein wirksames Instrument zur Schaffung von Transparenz in den indirekten Bereichen dar. Da Innovationsvorhaben oft sehr personalintensive Prozesse sind und sie dementsprechend die indirekten Bereiche stark beanspruchen, bietet sich die Anwendung der Prozesskostenrechnung an. Durch die zusätzlich geschaffene Transparenz können Prozessoptimierungen vorgenommen und überflüssige Prozesse eliminiert werden. Positiv zu nennen sind auch die Effekte der Prozesskostenrechnung, die in Abschnitt 13.1.4 bereits erläutert wurden. Darüber hinaus hilft die Prozesskostenrechnung die bei der Vollkostenrechnung in die Kritik geratene Proportionalisierung von Gemeinkosten zu vermeiden. Die Kosten können verursachungsgerecht zugerechnet werden und müssen nicht willkürlich über wertmäßige Größen geschlüsselt werden.

Dennoch ist die Anwendung der Prozesskostenrechnung nicht frei von Problemen. Probleme können sich bei der Ermittlung von Kostentreibern bei produktfernen Prozessen ergeben, wie diese im Entwicklungsbereich teilweise vorkommen.[153] Da Innovationen oft völlig neue Prozesse benötigen, ist es nicht immer möglich auf bereits bestehende Daten zuzugreifen. So kann es erforderlich sein, dass neue Daten für die Innovation erhoben werden müssen. Dies führt in Unternehmen zu zusätzlichem Aufwand. Es sollten an dieser Stelle daher Kosten-Nutzen Überlegungen zur Anwendung der Prozesskostenrechnung angestellt werden.

13.2   Target Costing

Die im Rahmen des Innovationsprozesses hervorgebrachten bzw. ausgewählten Ideen müssen im Anschluss systematisch und marktorientiert umgesetzt werden. Es bedarf eines Detailkonzeptes, das den Marktanforderungen und Marktgegebenheiten entspricht. Es müssen die Anforderungen der Kunden bzgl. der Produktleistung und des Produktpreises erfüllt werden. Aber auch der Zeitpunkt der Markteinführung muss Berücksichtigung finden, um nicht von den Konkurrenten überholt zu werden. Um diese Leistungs-, Kosten- und Zeitziele zu erreichen bietet sich die Methodik des Target Costing an, die im Folgenden näher erläutert wird.[154]

13.2.1   Ursprung des Target Costing

Die Ursprünge des Taget Costing lassen sich in Japan finden. Dort wurde es 1965 von Toyota entwickelt und seit den 1970er Jahren in japanischen Unternehmen angewendet. Es trägt dort die Bezeichnung „genka kikaku". Target Costing ist ein Ansatz des Kostenmanage-

---

[153] Vgl. Kremin-Buch (2007), S. 87
[154] Vgl. Stippel (1999), S. 99ff.

ments. Es verbindet die konsequente Marktorientierung mit bestehenden Instrumenten des Kostenmanagements wie z.B. der Wertanalyse oder Design to costs.[155] Die zentrale Fragestellung lautet „Was darf ein Produkt kosten?" (Market-Driven Costing) und nicht mehr „Was wird ein Produkt kosten?" (Technology-Driven Costing).

Den Anstoß zur Entwicklung dieses Kostenmanagementkonzeptes gab der Verlust der Wettbewerbsfähigkeit japanischer Unternehmen in den 1970er Jahren. Es bedurfte einer Methodik, um die Wettbewerbsfähigkeit und die Gewinnsituation wieder zu sichern bzw. zu verbessern.[156]

Durch englische Publikationen von Hiromoto im Jahre 1988 fand das marktorientierte Target Costing Konzept erstmals Beachtung im internationalen Raum. Er sah das wirtschaftliche Management von Innovationen als Schlüssel zur Wettbewerbsfähigkeit. Erst das Erreichen der Anforderungen bzgl. Zeit, Qualität und Kosten bringt einen wirtschaftlichen Erfolg im intensiven Wettbewerb.[157]

13.2.2 Definition und Ziele des Target Costing

In der Literatur bestehen zahlreiche Definitionen des Begriffes Target Costing. Sie variieren jeweils in ihrem Umfang der Begriffsbestimmung. Horváth et al. definiert Target Costing wie folgt:

„Unter Target Costing verstehen wir ein umfassendes **Bündel von Kostenplanungs-, Kostenkontroll- und Kostenmanagementinstrumenten**, die schon in den frühen Phasen der Produkt- und Prozessgestaltung zum Einsatz kommen, um die **Kostenstrukturen** frühzeitig im Hinblick auf die Marktanforderungen **gestalten** zu können. Daher verlangt der Target Costing Prozess die **kostenorientierte Koordination** aller am Produktentstehungsprozess beteiligten Bereiche."[158]

Es lassen sich folgende wesentliche Zielsetzungen des Target Costing festlegen:[159]

* konsequente Marktorientierung des gesamten Unternehmens, im speziellen auch des Kostenmanagements.
* Markt- und zielorientierte Forschung- und Entwicklung.
* bereits frühzeitiger Einsatz des Kostenmanagements mit besonderem Fokus auf die Entstehungsphase.
* Dynamisierung des Kostenmanagements durch laufende Kontrolle im Bezug auf die Erreichung der Kostenziele.

---

[155] Vgl. Horváth/Niemand/Wolbold (1993), S. 3
[156] Vgl. Kremin-Buch (2007), S. 117
[157] Vgl. Seidenschwarz (1993), S. 6f.
[158] Horváth/Niemand/Wolbold (1993), S. 4
[159] Vgl. Horváth/Niemand/Wolbold (1993), S. 4

Letztlich also eine Steigerung oder ein Erhalt der Produktrentabilität vor dem Hintergrund steigender Wettbewerbsintensitäten.[160]

13.2.3   Einsatzgebiete des Target Costing

Besondere Bedeutung sollte den frühen Phasen der Produktentwicklung gezollt werden, da hier bereits ca. 70 Prozent der Kosten des späteren Produktes festgelegt werden. Hier kann das Target Costing einen entscheidenden Beitrag zur Entwicklung kostenoptimierter Produkte und Prozesse leisten.[161] Durch die strikte Marktorientierung können effektiv Struktur- und Technologieveränderungen aus dem Markt abgeleitet werden. Mit Hilfe dieser Informationen werden Anregungen und Forderungen für unternehmensinterne innovative Veränderungsprozesse angestoßen.[162] Durch den frühzeitigen Einsatz des Target Costing im Lebenszyklus eines Produktes können entscheidende Beeinflussungsmöglichkeiten im Bezug auf den Kostenanfall aufgezeigt werden. Mögliche Ansatzpunkte sind in diesem Kontext:[163]

- Make or buy Entscheidungen
- Auswahl des Fertigungsverfahrens
- Festlegung der verwendeten Materialien
- Einsatz von Typung und Normung
- Minimierung der Teilevielfalt
- Reduzierung der Entsorgungskosten durch Einbezug des Entsorgungszyklus.

Traditionelle Kostenmanagementsysteme setzten hier im Vergleich zu spät an. Sie konzentrieren sich auf die Produktion, also dort wo das traditionelle Rechnungswesen ansetzt. Die Grundsatzentscheidungen bzgl. der Produkt- und Prozessstrukturen werden allerdings in den frühen Phasen der Produktentstehung getroffen.[164] Die Abb. 13.1 verdeutlicht diesen Sachverhalt.

---

[160] Vgl. Seidenschwarz (2008), S. 617
[161] Vgl. Horváth/Niemand/Wolbold (1993), S. 5
[162] Vgl. Seidenschwarz (2008), S. 617
[163] Vgl. Kremin-Buch (2007), S. 119
[164] Vgl. Seidenschwarz (1993), S. 83

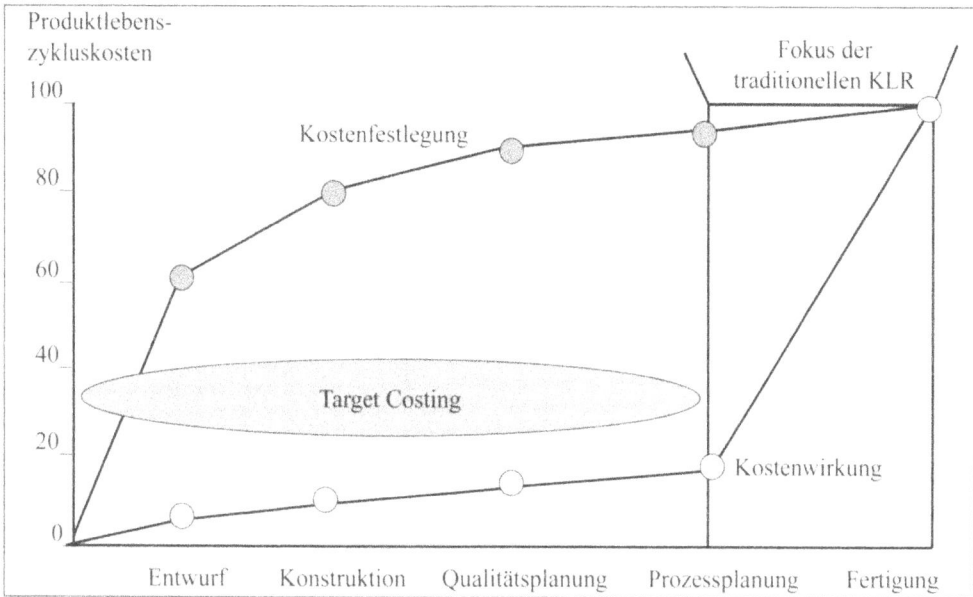

Abb. 13.1 *Kostenfestlegung und Kostenanfall in der Produktentwicklung*[165]

Neben dem Einsatz in der Produktentwicklung findet das Target Costing auch Verwendung bei der Kostensenkung von existierenden Produkten, bei der Planung von Produktionsprozessen und bei der Effizienzsteigerung in den indirekten Bereichen.[166] Wie die Methodik des Target Costing in die Produkt- und Prozessentwicklung integriert werden kann zeigt die Abb. 13.2. Das Target Costing wird dabei als eine zielorientierte Teilkomponente der Produkt- und Prozessentwicklung aufgefasst.[167]

[165] Horváth (2010)
[166] Vgl. Horváth/Niemand/Wolbold (1993), S. 5
[167] Vgl. Specht/Beckmann/Amelingmeyer (2002), S. 176

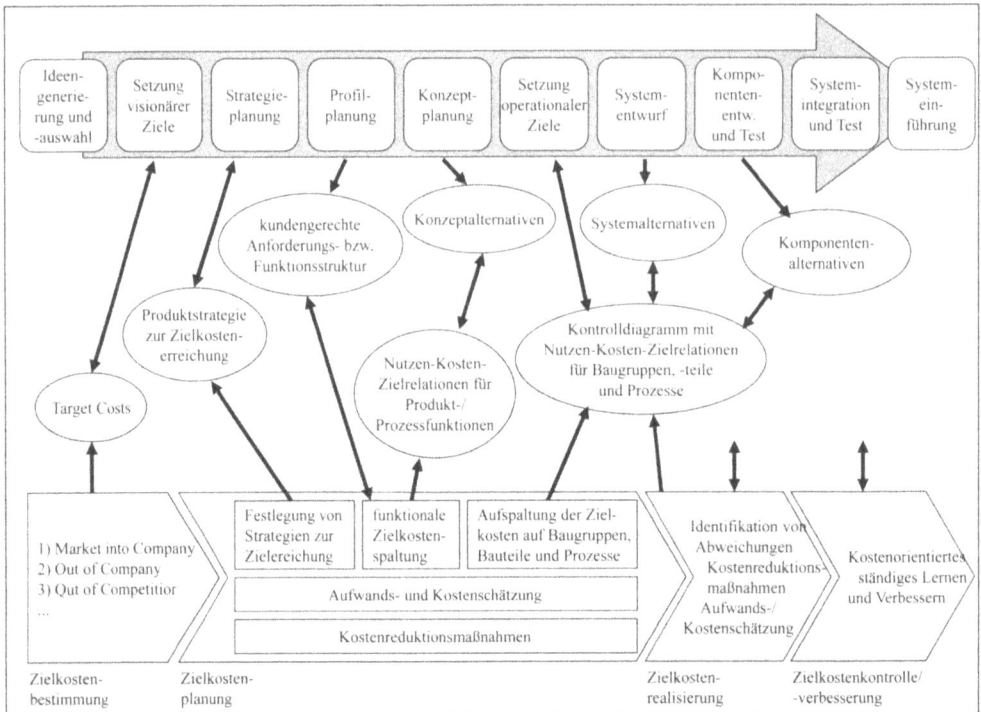

Abb. 13.2   Beitrag des Target Costing zur Produkt- und Prozessentwicklung[168]

13.2.4   Schematische Vorgehensweise des Target Costing

Die idealisierte Vorgehensweise beim Target Costing soll an dieser Stelle kurz vorgestellt werden, bevor im nächsten Schritt die konkrete Umsetzung erläutert wird.

Ausgangspunkt des Target Costing stellt der vom Markt erlaubte Zielpreis dar (Target Price). Er symbolisiert die Preisbereitschaft der Kunden und setzt sich aus der Umsatzrendite (Target Margin) und den zulässigen Kosten (Allowable Costs) zusammen.[169] Die Allowable Costs stellen beim „Market into Company" Verfahren die maximal vom Markt erlaubten Kosten dar die ein Produkt unter Beachtung von Kundenanforderungen und den Konkurrenzprodukten kosten darf.[170] Sie beinhalten alle Kosten, welche über die gesamte Produktlebenszeit anfallen. Da die Allowable Costs zusammengefasste Kosten für ein ganzes Produkt darstellen, müssen sie einer Kostenspaltung nach Funktionen und Komponenten unterworfen werden.[171]

---

[168] In enger Anlehnung an: Specht/Beckmann/Amelingmeyer (2002), S. 171

[169] Vgl. Seidenschwarz (1993), S. 116

[170] Vgl. Horváth/Niemand/Wolbold (1993), S. 13

[171] Vgl. Coenenberg/Fischer/Günther (2007), S. 530

Im nächsten Schritt sind die Drifting Costs zu ermitteln. Die Drifting Costs sind die Kosten, die ein Produkt bei Aufrechterhaltung vorhandener Technologie- und Verfahrensstandards im Unternehmen kosten würde (Herstellkosten zu Vollkosten).[172]

Da die Drifting Costs in der Regel über den Allowable Costs liegen, gilt es hier Kostensenkungen zu realisieren. Sind die Drifting Costs zu hoch, werden die Produkteigenschaften von den Kunden mit einer zu geringen Preisbereitschaft honoriert. Das Produkt ist zu aufwendig konstruiert und übertrifft die Kundenanforderungen. Da es sich bei den Zielkosten um Vollkosten handelt, müssen auch die Drifting Costs auf Vollkostenbasis ermittelt werden. Sie müssen sowohl die Einzelkosten, als auch die Gemeinkosten der direkten und indirekten Bereiche enthalten. Hier bietet sich die Integration der Prozesskostenrechnung an. Durch sie können die Gemeinkosten verursachungsgerecht zugerechnet werden.[173]

Nach Ermittlung der relevanten Größen gilt es ein Produktkonzept zu konkretisieren, das die vom Kunden gewünschten Leistungsmerkmale besitzt und die Preisbereitschaft der Kunden berücksichtigt. Es muss außerdem kostenmäßig konkurrenzfähig am Markt platziert werden können. Diese festgelegten Kosten werden als Zielkosten (Target Costs) bezeichnet.[174]

Die Zielkosten sollten innerhalb der Bandbreite zwischen den Allowable Costs und den Drifting Costs festgelegt werden. Die Höhe der notwendigen Kostensenkungen ergibt sich aus der Differenz zwischen den Target Costs und den Drifting Costs. An welcher Stelle die Target Costs festgelegt werden hängt von der Methodik der Zielkostenermittlung ab.[175]

13.2.5 Methoden der Zielkostenermittlung

Die Zielkosten können nach unterschiedlichen Methoden ermittelt werden. Unter Zielkosten versteht man in diesem Kontext: „An Kundenanforderungen und Wettbewerbsbedingungen ausgerichtete Plankosten in Abhängigkeit marktnotwendiger Technologie- und Verfahrensanpassungen im Unternehmen (unternehmensbezogene Dynamikkomponente) und der erwarteten Marktentwicklung (marktbezogene Dynamikkomponente) bezogen auf die Lebensdauer für ein Produkt vorgegebene Qualität."[176]

Unterschieden werden folgende fünf Arten der Zielkostenermittlung:[177]

- Market into Company,
- Out of Company,
- Into and out of Company,

---

[172] Vgl. Seidenschwarz (1993), S. 117
[173] Vgl. Kremin-Buch (2007), S. 120
[174] Vgl. Coenenberg/Fischer/Günther (2007), S. 530
[175] Vgl. Joos-Sachse (2004), S. 236
[176] Seidenschwarz (1993), S. 117
[177] Vgl. Horváth/Niemand/Wolbold (1993), S. 10

- Out of Standard Costs,
- Out of Competitor.

Der Ansatz des „Market into Company" stellt die eigentliche Reinform des Target Costing dar. Die Kosten des Produktes werden direkt aus dem Markt abgeleitet. Hierfür finden Methoden der Marktforschung und Konkurrenzanalyse Anwendung.[178] Es werden dadurch sowohl die Kundenanforderungen als auch die Wettbewerbsbedingungen in der Zielpreisbestimmung berücksichtigt. Bei der Produktmerkmalsbestimmung treten allerdings die Kundenwünsche in den Vordergrund. Bei diesem Verfahren entsprechen die Target Costs den Allowable Costs.[179]

Das Verfahren des „Out of Company" setzt im Unternehmen an. Die Zielkosten werden anhand von vorhandenen Ressourcen, Kapazitäten und Technologien abgeleitet. Die sich aus den Unternehmensressourcen ergebenen Zielkosten erreichen über einen Gewinnaufschlag den Zielpreis am Markt. Eine konsequente Marktorientierung fehlt dieser Methode völlig. Es hat sich daher aus diesem Mangel eine Mischform zwischen dem „Market into Company" und dem „Out of Company" herausgebildet. Dieses Verfahren wird als „Into and Out of Company" bezeichnet.[180] Bei der „Out of Company" Methode stellen die Drifting Costs die Entscheidungsgrundlage für die Ermittlung der Target Costs dar.

Das Verfahren des „Out of Standard Costs" generiert die Zielkosten ebenfalls aus den gegebenen Ressourcen eines Unternehmens. Sie werden aus den Ist-Kosten bestehender Produkte abgeleitet. Es unterscheidet sich aber dahingehend, dass mögliche Kostensenkungsmöglichkeiten durch Prozessinnovationen mit einbezogen werden, die zum Betrachtungszeitraum schon abschätzbar sind. Hierunter fallen neue Technologien, Verfahren oder Konstruktionen.[181]

Beim „Out of Competitor" Verfahren werden die Zielkosten aus den Kosten der Konkurrenz abgeleitet. Die Marktpreise der Wettbewerber bilden dabei die Ausgangsbasis. Die Orientierung an den Konkurrenten führt allerdings zwangsweise dazu, dass man sich mit der Position des Zweitbesten zufrieden geben muss.[182]
Die Wahl des Verfahrens zur Ermittlung der Zielkosten steht nicht losgelöst von der Höhe des Innovationsgrades. So fehlen bei radikalen Innovationen Informationen über den möglichen Absatzpreis. Da es keine vergleichbaren Produkte am Markt gibt, steht auch die Marktforschung vor erheblichen Problemen. Zudem bestehen oft die Schwierigkeiten, dass bei radikalen Innovationen die Kunden den Nutzen eines Produktes nur sehr schwer monetär bewerten können. Neben der Reinform des „Market into Company"-Verfahrens haben daher

---

[178] Vgl. Horváth/Niemand/Wolbold (1993), S. 10
[179] Vgl. Seidenschwarz (1993), S. 116
[180] Vgl. Stippel (1999), S. 107
[181] Vgl. Stippel (1999), S. 107
[182] Vgl. Stippel (1999), S. 107

auch die anderen Verfahren eine Existenzberechtigung.[183] Da es sich bei dem „Market into Company"-Verfahren allerdings um die Reinform des Target Costing handelt, wird im Weiteren diese Methode zugrunde gelegt.

13.2.6 Vorgehensweise bei der Anwendung des Target Costing im Rahmen eines Technologiecontrollings

Bestimmung der Funktions-/Eigenschaftsstruktur eines Produktes

Ein Produkt lässt sich durch zwei Kriterien charakterisieren. Zum einen die Produktleistung und zum anderen der Produktpreis. Vor der Ermittlung des Zielpreises sind daher die Produkteigenschaften bzw. Produktfunktionen festzulegen. Im Rahmen eines marktorientierten Produktkonzeptes müssen bereits bei der Konzeption die Marktanforderungen einbezogen werden. Für eine weitere Betrachtung im Rahmen des Target Costing ist das Innovationsobjekt allerdings noch weiter zu analysieren. Konkret muss eine Aufspaltung in Komponenten oder Funktionen erfolgen.[184]

Im Rahmen von Innovationsvorhaben sollte das Produkt als ein Bündel von Funktionen aufgefasst werden. Dies ist nötig, da bei Innovationen keine bestehenden Strukturen im Unternehmen vorhanden sind oder neue geschaffen werden sollen. Auch bei inkrementellen Veränderungen empfiehlt sich nur bedingt ein Rückgriff auf bestehende Strukturen um Platz für Neuerungen zu schaffen. Die Produktleistung wird also nicht mehr als eine Kombination von Komponenten verstanden, sonder auf die Funktionsebene herunter gebrochen. Dies bietet zugleich zwei Vorteile. Zum einen stellt es die direkte Verbindung zu den Anforderungen der Kunden an ein Produkt her. Zum anderen schafft diese Sichtweise größere Spielräume für eine innovative Produktgestaltung. Dies ist dadurch begründet, da die reine Funktionssichtweise weitaus größere Chancen zur Findung von alternativen Funktionsrealisierungsmöglichkeiten bietet.[185]

Unterschieden wird nach einer marktorientierten und einer technisch orientierten Aufspaltung. Für den Kunden relevant sind nur die Gesamtfunktionen. Sie stellen die Produktfunktionen dar, aus denen der Kunde einen Nutzen zieht und welche er bewerten kann. Im Rahmen der Produktgestaltung bilden sie das eigentliche Ziel. Die technische Sicht leitet aus den Gesamtfunktionen weitere Teilfunktionen ab. Aus diesen Teilfunktionen gilt es geeignete Realisierungsmöglichkeiten zu finden. Dies geschieht mittels Kreativitätstechniken im Rahmen der frühen Phasen des Innovationsprozesses. Als Ergebnis sind geeignete Komponenten zu entwickeln, welche die Erfüllung der Gesamtfunktionen realisieren. Für die weitere Betrachtung wird dies als gegeben angesehen, da eine tiefere Betrachtung den Rahmen dieser Arbeit sprengen würde.[186] Im Anschluss an die Festlegung der Funktions- und Eigenschafts-

---

[183] Vgl. Joos-Sachse (2004), S. 236ff.

[184] Vgl. Stippel (1999), S. 149

[185] Vgl. Stippel (1999), S. 148ff.

[186] Vgl. Stippel (1999), S. 156–173

struktur findet die Ermittlung der Zielkosten statt. Es wird also der Frage nachgegangen, „Was darf ein Produkt kosten?"

Ermittlung des Zielpreises

Den Ausgangspunkt für eine retrograde Kalkulation im Rahmen des Target Costing stellt der vom Markt erlaubte Zielpreis (Target Price) dar. Er repräsentiert die Preisbereitschaft der potentiellen Kunden.[187] Die Preisbereitschaft setzt sich dabei aus der Gesamtheit der für den Kunden nutzbaren Funktionen zusammen.[188] Der Zielpreis muss mit Hilfe der Marktforschung, z.B. unter Anwendung einer Conjoint Analyse[189], bestimmt werden. Ebenso sind die geplanten Stückzahlen zu bestimmen. Bei der Ermittlung des Zielpreises muss der gesamte Produktlebenszyklus betrachtet werden. Dies ist von Relevanz, da sich die Absatzpreise im Zeitverlauf verändern können. Je nach gewählter Preisstrategie kann dies zu sinkenden oder steigenden Absatzpreisen führen.[190]

Ermittlung der Zielkosten

Vom ermittelten Zielpreis wird der angestrebte Zielgewinn abgezogen. In der Praxis setzt sich der Zielgewinn häufig aufgrund der einfacheren Ermittlung aus der geplanten Umsatzrentabilität zusammen.[191] Die Höhe der Umsatzrentabilität bemisst sich an den Werten der Konkurrenz oder an der unternehmensintern festgelegten Höhe im Rahmen der strategischen Innovationsplanung.[192] In der Praxis werden zur Vorgabe und Ableitung des Zielgewinns u.a. auch Modellrenditerechnungen bzw. Sensitivitätsanalysen genutzt. Die Abb. 13.3 zeigt die seit Jahren von der BMW AG verwendete Modellrenditerechnungen mit Hilfe einer Sensitivitätsspinne. Untersucht werden dabei die Intensitäten, die die einzelnen Faktoren wie Preis, Volumen, Produktkosten etc. auf die Umsatzrendite ausüben.[193]

---

[187] Vgl. Kremin-Buch (2007), S. 120

[188] Vgl. Internationaler Controller Verein eV. (2003), S. 16

[189] „Unter Conjoint Analyse (synonym: Verbundmessung, Conjoint Measurement) sind all diejenigen dekompositionellen Analyseverfahren zu subsumieren, welche aus den globalen Präferenzurteilen eines Individuums für eine Menge von multiattributiv beschriebenen produktpolitischen Alternativen bzw. Testimuli die Parameter eines vorher spezifizierten Präferenzstrukturmodells schätzen." Meyer (2003), S. 171

[190] Vgl. Joos-Sachse (2004), S. 238

[191] Vgl. Joos-Sachse (2004), S. 239f.

[192] Vgl. Stippel (1999), S. 150

[193] Vgl. Internationaler Controller Verein eV. (2003), S. 16

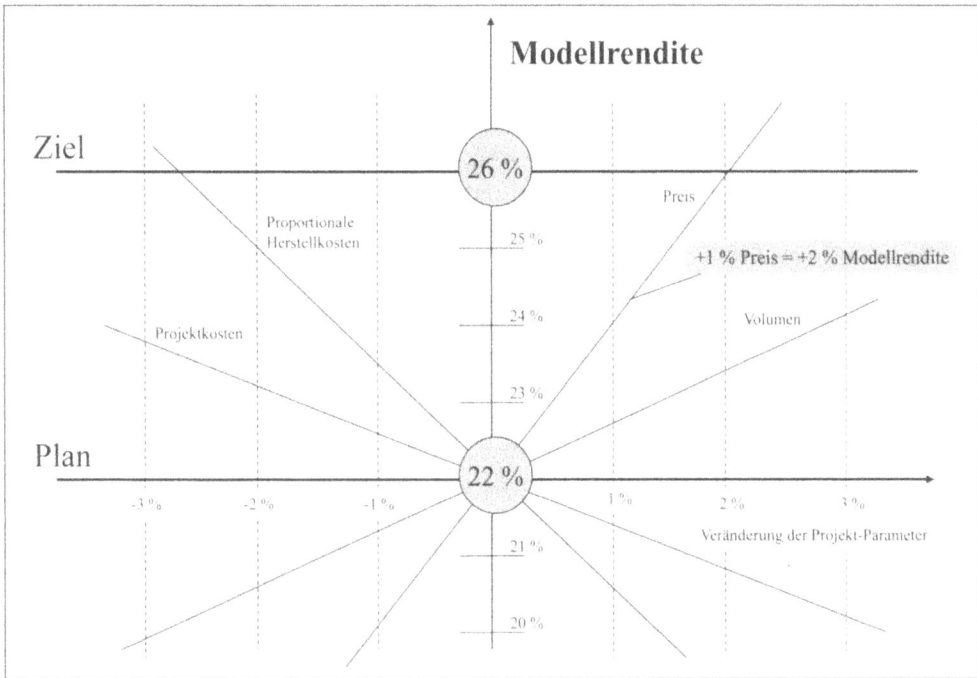

Abb. 13.3   Sensitivitätsspinne zur Modellrendite[194]

Aus der Differenz zwischen dem ermittelten Zielpreis und dem Zielgewinn ergeben sich die vom Markt erlaubten Kosten (Allowable Costs). Im Rahmen des „Market into Company"-Verfahrens können diese Kosten mit den Zielkosten (Target Costs) gleichgesetzt werden.[195] Bei den ermittelten Zielkosten handelt es sich um Erzeugnisvollkosten. Sie erhalten sowohl die Einzelkosten, als auch die Gemeinkosten der direkten und indirekten Bereiche.[196]

Für die rechnerische Betrachtung im Rahmen dieses Kapitels wurden für ein geplantes Innovationsvorhaben Zielkosten in Höhe von 90.000 EUR ermittelt.

Zielpreis (Target Price)	120.000 EUR
– Zielgewinn (25 Prozent)	30.000 EUR
Zielkosten	**90.000 EUR**

Aufspaltung der Zielkosten
Für die weitere Umsetzung von Optimierungs- und Kostensenkungsmaßnahmen sind die ermittelten Zielkosten zu stark komprimiert. Sie beziehen sich jeweils auf ein Produkt als Ganzes. Dies führt bei komplexen Produkten zu Problemen bei der Durchsetzung von Kostensenkungspotentialen, da mit steigender Komplexität auch die Anzahl der betroffenen

---

[194] Quelle: Internationaler Controller Verein eV. (2003), S. 17
[195] Vgl. Horváth/Niemand/Wolbold (1993), S. 11
[196] Vgl. Joos-Sachse (2004), S. 240

Verantwortlichen im Unternehmen steigt. Es wird daher bei Zielkostenüberschreitungen sehr schwierig, die Verantwortlichen auszumachen.[197]

Es bedarf daher einer Aufspaltung der Zielkosten in kleinere Teile. Die Aufspaltung kann nach zwei Methoden erfolgen, der Komponenten- und der Funktionsmethode. Bei der Komponentenmethode werden die Zielkosten auf einzelne Baugruppen und Komponenten aufgespalten. Dieses Verfahren bietet sich vor allem für geringfügige Produktänderungen an, da eine kostenoptimale Erfüllung der Kundenwünsche meist nicht erreicht wird.[198]

Bei der Funktionsmethode findet die Spaltung nach Produktfunktionen statt. Es wird also eine Verbindung zwischen den am Markt erwarteten Funktionen und den Produktkomponenten hergestellt.[199] Diese Methode fordert zu Beginn eine Definition von Produktfunktionen, welche vom Markt gefordert werden. Die Funktionen können dabei direkt aus den Kundenanforderungen, z.B. durch eine Conjoint Analyse, oder aus ähnlichen Produkten der Konkurrenz abgeleitet werden. Die ermittelten Funktionen müssen im Anschluss einer Nutzenbewertung unterzogen werden. Diese gibt Auskunft darüber, welcher Nutzen den einzelnen Funktionen beigemessen wird. Über die sich ergebene Reihenfolge können im Anschluss über Teilgewichte die Zielkosten aufgespalten werden. Letztlich stellen auch bei dieser Methode die Komponenten die kleinste Einheit bei der Zielkostenverteilung dar. Im Gegensatz zur Komponentenmethode werden sie bei der Funktionsmethode allerdings über die Marktgewichtung abgeleitet.[200]

Die Funktionsmethode unterstellt, dass sich die Komponentenkosten im Nutzenbeitrag der Komponenten zum gesamten Produktnutzen wieder finden müssen. Trägt also eine Komponente zu 45 Prozent zum Gesamtnutzen bei, so müssen auf diese Komponente auch 45 Prozent der Zielkosten entfallen.[201] Die weitere Festlegung der Komponentenzielkosten erfolgt in einem zweistufigen Verfahren:[202]

- die Zielkosten werden auf die einzelnen Funktionen aufgespalten. Die Aufspaltung erfolgt nach der durch die Conjoint Analyse ermittelten Wertschätzungen durch die Kunden.
- anschließend werden die funktionsbezogenen Zielkosten auf die Komponenten verteilt. Dies findet nach Maßgabe der Funktionserfüllung durch die Produktkomponenten statt.

Die Vorgehensweise der Zielkostenspaltung lässt sich wie folgt darstellen:

---

[197] Vgl. Kremin-Buch (2007), S. 123
[198] Vgl. Horváth/Niemand/Wolbold (1993), S. 13
[199] Vgl. Horváth/Niemand/Wolbold (1993), S. 13
[200] Vgl. Stippel (1999), S. 110f.
[201] Vgl. Joos-Sachse (2004), S. 241
[202] Vgl. Joos-Sachse (2004), S. 241f.

Mit Hilfe der Conjoint Analyse werden die spezifischen Nutzenanteile der einzelnen Funktionen am Gesamtnutzen ermittelt. In Tab. 13.4 ist das Ergebnis dieser Analyse für drei Funktionen zu sehen.

	Funktion 1	Funktion 2	Funktion 3
Anteil am Gesamtnutzen	0,3 (=30 %)	0,5 (=50 %)	0,2 (=20 %)

Tab. 13.4   Ergebnis der Conjoint-Analyse[203]

Im Anschluss findet die Analyse der Funktionserfüllung durch die einzelnen Komponenten statt. Die Zuordnung muss dabei in interdisziplinären Teams stattfinden. Der Input über die Funktionserfüllung muss vor allem von den Entwicklerteams gegeben werden. Das Ergebnis findet sich in Tab. 13.5 wieder. Es wurde analysiert, dass die Funktion 1 zu 20 Prozent durch die Komponente 1 und zu 80 Prozent durch Komponente 2 realisiert wird.

	Funktion 1	Funktion 2	Funktion 3
Komponente 1	0,2 (= 20 %)	0,4 (= 40 %)	–
Komponente 2	0,8 (= 80 %)	0,2 (= 20 %)	0,65 (= 65 %)
Komponente 3	–	0,4 (= 40 %)	0,35 (= 35 %)
Summe:	1,0 (= 100 %)	1,0 (= 100 %)	1,0 (= 100 %)

Tab. 13.5   Analyse der Funktionserfüllung durch die Komponenten[204]

Aus den ermittelten Werten kann zur Zielkostenspaltung nun eine Funktionskostenmatrix aufgestellt werden (siehe Tab. 13.6). Hierzu werden die prozentualen Anteile der Funktionen am Gesamtnutzen mit den Nutzenbeiträgen der Komponenten gewichtet. Anschließend werden für die einzelnen Komponenten die Quersummen aus den Nutzenbeiträgen berechnet. Für die Komponente 1 ergibt sich daraus ein summarischer Nutzenbeitrag von 26 Prozent. Geht man von Gesamtzielkosten in Höhe von 90.000 EUR aus, so ergeben sich Komponentenzielkosten für die Komponente 1 in Höhe von 23.400 EUR.[205]

---

[203] Eigenes Zahlenbeispiel in Anlehnung an: Joos-Sachse (2004), S. 243ff.
[204] Eigenes Zahlenbeispiel in Anlehnung an: Joos-Sachse (2004), S. 243ff.
[205] Vgl. Joos-Sachse (2004), S. 243ff.

	Funktion 1	Funktion 2	Funktion 3	Nutzenanteil der Komponenten
Komponente 1	0,2x0,3= 0,06 (= 6 %)	0,4x0,5= 0,20 (= 20 %)	–	0,26 (= 26 %)
Komponente 2	0,8x0,3= 0,24 (= 24 %)	0,2x0,5= 0,10 (= 10 %)	0,65x0,2= 0,13 (= 13 %)	0,47 (= 47 %)
Komponente 3	–	0,4x0,5= 0,20 (= 20 %)	0,35x0,2= 0,07 (= 7 %)	0,27 (= 27 %)
Nutzenanteil der Funktionen	0,30 (= 30 %)	0,50 (= 50 %)	0,20 (= 20 %)	1,0 (= 100 %)

Tab. 13.6   Ermittlung der prozentualen Zielkostenanteile mit Hilfe der Funktionskostenmatrix[206]

Die prozentualen Zielkostenanteile werden im Anschluss in absolute Werte überführt. Die ermittelten Komponentenzielkosten können nun als Vorgaben für die weitere Entwicklung marktgerechter Produkte eingesetzt werden.

	Funktion 1	Funktion 2	Funktion 3	Nutzenanteil der Komponenten
Komponente 1	5.400 EUR	18.000 EUR	–	23.400 EUR
Komponente 2	21.600 EUR	9.000 EUR	11.700 EUR	42.300 EUR
Komponente 3	–	18.000 EUR	6.300 EUR	24.300 EUR
Nutzenanteil der Funktionen	27.000 EUR	45.000 EUR	18.000 EUR	90.000 EUR

Tab. 13.7   Ermittlung der absoluten Zielkostenanteile mit Hilfe der Funktionskostenmatrix[207]

Ermittlung der Herstellkosten
Nachdem durch die Vorgaben der Zielkosten ein Rohentwurf für ein Produkt erarbeitet wurde, gilt es die Herstellkosten (Drifting Costs) auf Vollkostenbasis zu ermitteln. Da zu diesem Zeitpunkt das Produkt noch nicht vollkommen zu Ende entwickelt ist, beruhen die Werte teilweise auf Kostenschätzungen. Sofern möglich, können zur Vereinfachung auch Kosten von Komponenten eines eventuell vorhandenen Vorprodukts herangezogen werden. Bei radikalen Innovationen dürfte dies aber nur sehr begrenzt möglich sein.[208] Bei der Kostenschätzung stellt der Detaillierungsgrad der Produktentwicklung das entscheidende Einfluss-

---

[206] Eigenes Zahlenbeispiel in Anlehnung an: Joos-Sachse (2004), S. 243ff.
[207] Eigenes Zahlenbeispiel in Anlehnung an: Joos-Sachse (2004), S. 243ff.
[208] Vgl. Coenenberg/Fischer/Günther (2007), S. 530

kriterium dar. So sind in der frühen Phase der Produktentwicklung die Einflussmöglichkeiten auf die Produktkosten am größten. Im Gegenzug ist aber der Informationsstand über das künftige Produkt noch sehr gering. Die Kostenschätzungen der Herstellkosten sind daher mit großen Ungenauigkeiten behaftet. Dies erfordert vom Target Costing eine konstruktionsbegleitende Kostenrechnung. Die Kalkulationsergebnisse müssen mit einem steigenden Detaillierungsgrad ständig überprüft und ggf. angepasst werden.[209]

Die ermittelten Herstellkosten sind im Anschluss auf die Produktkomponenten aufzuschlüsseln und es sind die prozentualen Kostenanteile zu berechnen. Tab. 13.8 zeigt das Ergebnis der Ermittlung der Herstellkosten (Drifting Costs) und die entsprechenden Kostenanteile an den Gesamtkosten von 100.000 EUR.

	Herstellkosten	Kostenanteil
Komponente 1	36.000 EUR	36 %
Komponente 2	50.000 EUR	50 %
Komponente 3	14.000 EUR	14 %
Summe:	100.000 EUR	100 %

Tab. 13.8   Aufschlüsselung der Herstellkosten[210]

Ableitung des Zielkostenindexes
Um eine weitere Steuerung im Rahmen des Target Costing zu ermöglichen und ggf. Kostensenkungspotentiale aufzuzeigen, sind abschließend die komponentenspezifisch ermittelten Nutzenbeiträge aus Tab. 13.6 und die Kostenanteile auf Herstellkostenbasis aus Tab. 13.8 gegenüber zu stellen. Aus diesen Werten lassen sich die Zielkostenindexe für die einzelnen Komponenten errechnen. „Der Zielkostenindex ist eine Kennzahl für die Abweichung zwischen Marktbedeutung und Kostenverursachung. Liegt er über eins, ist die Komponente mit u.U. zu geringen Mitteleinsatz realisiert, liegt er unter eins, ist die Komponente zu teuer umgesetzt."[211]

Der Zielkostenindex berechnet sich wie folgt:

$$\text{Zielkostenindex} = \frac{\text{Prozent Nutzenanteil}}{\text{Prozent Kostenanteil zu Herstellkosten}}$$

Formel 13.2.1: Ermittlung des Zielkostenindexes

Unter Anwendung der Formel 13.2.1 wurde in Tab. 13.9 der jeweilige Zielkostenindex für die Komponenten des Ausgangsbeispiels ermittelt.

---

[209] Vgl. Joos-Sachse (2004), S. 248f.

[210] Eigenes Zahlenbeispiel

[211] Joos-Sachse (2004), S. 248

	Nutzenanteil	Kostenanteil	Zielkostenindex
Komponente 1	26 %	36 %	0,72
Komponente 2	47 %	50 %	0,94
Komponente 3	27 %	14 %	1,93

Tab. 13.9   Berechnung des Zielkostenindex[212]

Als besonders geeignet für eine Visualisierung des Kostenindex gilt das Zielkostenkontroll-diagramm (Abb. 13.4). Da der Wert 1 für eine praktische Umsetzung zu streng ist, wird eine Zielkostenzone definiert. Also ein Toleranzbereich in dem sich die einzelnen Komponenten wiederfinden müssen.[213] Die Zielkostenzone wird dabei von der Höhe des Parameter q bestimmt, da die Zielkostenzone über die folgenden Funktionen bestimmt wird:

$$y_1 = \left(x^2 - q^2\right)^{0,5}$$
$$y_2 = \left(x^2 + q^2\right)^{0,5}$$

Formel 13.2.2: Aufstellen der Zielkostenzone[214]

Die Größe des Toleranzbereichs wird mit zunehmender Bedeutung der Komponenten immer kleiner. Dies soll bei der Konzentration auf die bedeutsamen Komponenten helfen.[215] Entscheidend für die Festlegung der Höhe des Parameters q ist das Erfahrungspotential des Unternehmens mit dem Produkt und die Höhe der Differenz der Drifting Costs zu den Allowable Costs anzusehen.[216] Bei radikalen Innovationen mit einem entsprechend geringerem Erfahrungspotential sollte der Toleranzbereich größer gewählt werden.

---

[212]   Eigenes Zahlenbeispiel in Anlehnung an: Coenenberg/Fischer/Günther (2007), S. 542
[213]   Vgl. Coenenberg/Fischer/Günther (2007), S. 542
[214]   Joos-Sachse (2004), S. 247
[215]   Vgl. Joos-Sachse (2004), S. 246
[216]   Vgl. Coenenberg/Fischer/Günther (2007), S. 543

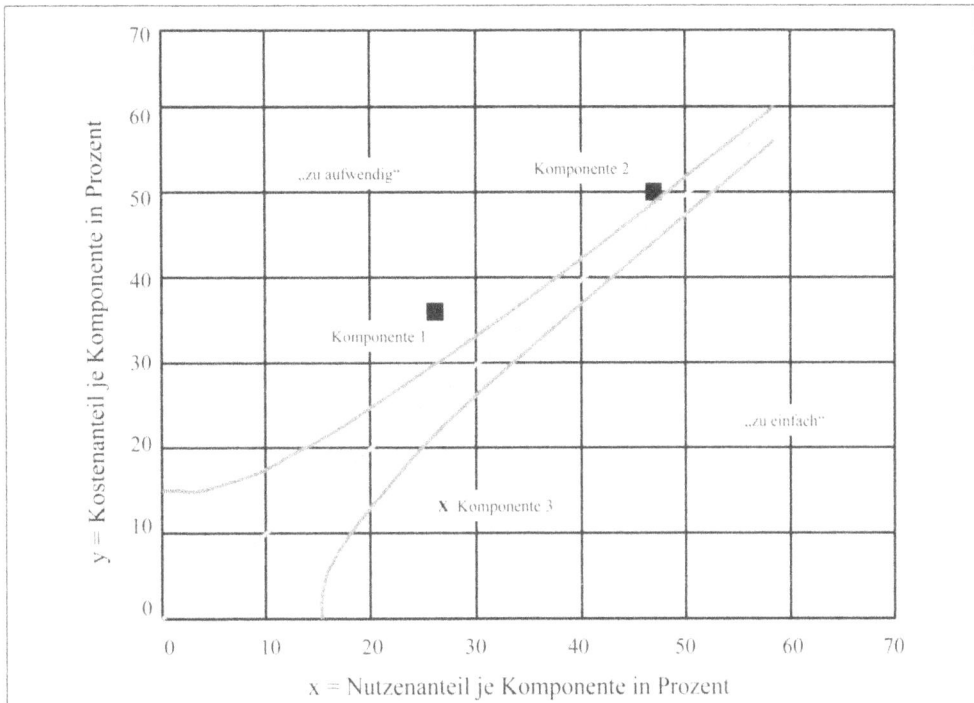

Abb. 13.4 Zielkostenkontrolldiagramm[217]

Für alle drei Komponenten aus dem Ausgangsbeispiel besteht noch Verbesserungsbedarf. Da die Komponenten 1 und 2 oberhalb der Zielkostenzone liegen besteht ein Kostenreduktionsbedarf. Die Kosten für diese Komponenten sind aus Kundensicht zu hoch bzw. die Produktfunktion wird nicht im entsprechenden Maße honoriert.[218] Für die Komponente 3 ist zu untersuchen, ob der Nutzen durch Funktionsverbesserungen gesteigert werden kann. Dadurch kann der Vorteil gegenüber Konkurrenzprodukten gesteigert und so der besondere Vorteil des Produktes herausgestellt werden (USP).[219]

Ermittlung des Kostenreduktionsbedarfs
Um den Kostenreduktionsbedarf zu ermitteln sind die Drifting Costs und die Alowable Costs zu vergleichen. Als Differenz ergibt sich der Kostenreduktionsbedarf. Für die weitere Berechnung wird davon ausgegangen, dass Alowable Costs in Höhe von 90.000 EUR ermittelt wurden. Da die Drifting Costs mit 100.000 EUR kalkuliert wurden, besteht insgesamt ein Kostenreduktionsbedarf in Höhe von 10.000 EUR. Entsprechend der Nutzenanteile der einzelnen Komponenten ist der Kostenreduktionsbedarf für die einzelnen Komponenten zu berechnen.

---

[217] Eigene Darstellung in Anlehnung an: Coenenberg/Fischer/Günther (2007), S. 542
[218] Vgl. Kremin-Buch (2007), S. 130
[219] Vgl. Kremin-Buch (2007), S. 131

	Nutzen-anteil	Kosten-anteil auf Basis DC	DC Kos-tenanteil in EUR	Nutzenkon-former Kos-tenanteil auf Basis AC in EUR	DC-Kosten-anteil auf Basis AC	Kosten-redukti-onsbedarf in EUR
Komponente 1	26 %	36 %	36.000	23.400	40,0 %	12.600
Komponente 2	47 %	50 %	50.000	42.300	55,6 %	7.700
Komponente 3	27 %	14 %	14.000	24.300	15,6 %	-10.300
Summe	100 %	100 %	100.000	90.000	111 %	10.000

Tab. 13.10   Ermittlung des Kostenreduktionsbedarfs[220]

Für die Komponente 1 wurde ein Kostenreduktionsbedarf von 12.600 EUR ermittelt. Für die Komponente 2 ein Kostenreduktionsbedarf von 7.700 EUR. Die Komponente 3 ist aufgrund ihres Nutzenanteils zu billig. Hier ist nach einer möglichen Funktionsverbesserung zu suchen.

Realisierung des Kostenreduktionsbedarfs
Der ermittelte Kostenreduktionsbedarf muss im Anschluss durch geeignete Maßnahmen und Verfahren umgesetzt werden. Die Maßnahmen sind dabei so lange zu wiederholen, bis die geforderten Zielkosten erreicht worden sind. Sollte dieses Ziel nicht erreicht werden, ist unter Beachtung der strategischen Unternehmensziele ggf. ein Projektabbruch vorzunehmen.

Mögliche Verfahren zur Kostenreduzierung zeigt die Abb. 13.5. Die Verfahren lassen sich dabei nach ihren jeweiligen Ansatzpunkten untergliedern. Zu unterscheiden ist die Beeinflussung der Produktkosten, der Produktinnovationszeit und der Produktqualität.

Als Hauptinstrument zur Zielkostenreduzierung wird traditionell die Wertanalyse angesehen. Ziel dieses Instrumentes ist es, die Funktionen des betrachteten Objekts unter Kostenaspekten zu optimieren, um somit den Wert des Objekts zu steigern.[221]

Methoden zur Beeinflussung von Produktkosten	Methoden zur Senkung der minimalen Time-to-Market	Methoden zur Beeinflussung der Produktqualität
• Wertanalyse und -gestaltung • Gemeinkostenwertanalyse • Prozesskostenmanagement • Target Costing • Benchmarking	• Simultaneous Engineering • Rapid Prototyping • Tätigkeitsanalyse • Parallelforschung • Überlappung	• Produktgestaltung • Wertanalyse und -gestaltung • Quality Function Deployment • Fehler-Möglichkeits- und Einfluß-Analyse

Abb. 13.5   Ansatzpunkte zur Beeinflussung des finanziellen Innovationserfolgs[222]

---

[220] Eigenes Zahlenbeispiel in Anlehnung an: Coenenberg/Fischer/Günther (2007), S. 542
[221] Stippel (1999), S.117

Darüber hinaus bieten sich Überlegungen über Make or Buy Entscheidungen an. Es können zur Kostenreduzierung einzelne Komponenten an Zulieferer ausgelagert werden.[223] Das Unternehmen kann sich dadurch auf die Komponenten beschränken, bei denen es die nötigen Kernkompetenzen besitzt, um kostengünstig produzieren zu können.

Einen weiteren Ansatzpunkt zur Kostenreduzierung bietet sich aus der Integration der Prozesskostenrechnung. So können durch mögliche Prozessoptimierung weitere Kosteneinsparungen realisiert werden.

13.2.7   Kritische Würdigung

Das Instrument des Target Costing hilft im Rahmen des Innovationscontrollings sämtliche Unternehmensaktivitäten und den Innovationsprozess auf den Markt auszurichten. Dies ist vor allem vor dem Hintergrund stark umkämpfter und globalisierte Märkte von großer Wichtigkeit. Neben dieser Markt- und Kundenorientierung sorgt das Target Costing für klare Zielvorgaben auf der Kostenseite. Es schafft eine Kostentransparenz und zwingt zur unternehmensinternen Kostenoptimierung, da die Kosten nicht mehr über die Preise am Markt abgewälzt werden können.[224] Führt man sich die Innovationsrisiken vor Augen, so sind vor allem Instrumente zur Beherrschung des wirtschaftlichen Risikos von großer Bedeutung. Das Target Costing kann hier effektiv zur Verminderung dieses Risikos eingesetzt werden, da es bereits in der Konzeptionsphase die Marktanforderungen in den Innovationsprozess integriert bzw. integrieren hilft.

Es lassen sich daraus folgende positive Beeinflussungen auf den Innovationserfolg durch das Target Costing festhalten:[225]

- Bereitstellung von Marktinformationen. Target Costing zwingt zur Beschaffung von Prognoseinformationen vom Markt, was mögliche Misserfolgsursachen durch mangelnde Kunden- und Konkurrenzorientierung vermeiden hilft.
- frühzeitige Ausschöpfung von Kostensenkungspotentialen durch Kostenvorgaben, Kostenprognosen und Kostenkontrollen.
- Verbesserung des innerbetrieblichen Informationsaustausches durch Verbesserung unternehmensinterner Schnittstellenkommunikation.
- Gestaltung marktgerechter Produkte und Vermeidung von Over-Engineering.
- Motivation der Beteiligten durch Zielvorgaben.

Es bestehen jedoch Schwächen bei der Methodik des Target Costing, mit welchen sich Unternehmen konfrontiert sehen. Die Zielpreisermittlung findet häufig unter subjektiven Gesichtspunkten statt. Dies kann zu Anzweifelungen der Zielkosten durch die Mitarbeiter und

---

[222]   In Anlehnung an: Meyer (2003), S. 108

[223]   Vgl. Coenenberg/Fischer/Günther (2007), S. 562ff.

[224]   Vgl. Kremin-Buch (2007), S. 177f.

[225]   Vgl. Meyer (2003), S. 261ff.

somit zu einem Motivationsproblem in Bezug auf Kostensenkungsmaßnahmen führen.[226] Darüber hinaus ist die Zielpreisermittlung vor allem bei radikalen Innovationen nur sehr schwer vorzunehmen, vor allem, wenn der eigentliche Nutzen vom Kunden nicht richtig eingeschätzt werden kann. Je nach Komplexität des Produktes ist das Target Costing mit einem hohen Ermittlungsaufwand verbunden. Außerdem bedarf es einen hohen Koordinationsaufwand zwischen den einzelnen Abteilungen des Unternehmens. Absatzveränderungen und Kapazitätsengpässe finden keine Berücksichtigung.[227]

Vor allem bei radikalen Innovationen ist das Target Costing nur mit Einschränkungen oder in abgeschwächter Form einzusetzen. Seidenschwarz beschreibt dazu einen zweistufigen Ansatz des Target Costing. So wird das Target Costing in den ersten innovativen Schritten nur begleitend angewendet und geht erst im zweiten Schritt in ein „klassisches" Target Costing über. Es steht nicht dominant im Vordergrund, um die kreativen Kräfte bei der Entstehung von radikalen Innovationen mit zu viel Methodik und Kostenbeschränkungen zu behindern. Daneben spielen auch wettbewerbspolitische Überlegungen eine Rolle, wenn durch radikale Innovationen möglichst schnell ein Vorsprung im Markt erarbeitet werden soll.[228]

13.3   Product Life Cycle Costing

Ein weiteres Instrument zur Anwendung im Rahmen des Innovationscontrollings stellt das Product Life Cycle Costing dar. Das Konzept wird kurz vorgestellt. Im zweiten Teil wird anschließend auf den investitionsorientierten Einsatz eingegangen. Ziel ist es, möglichst frühzeitig Wirtschaftlichkeitsrechnungen von Innovationsvorhaben zu ermöglichen, um nicht wirtschaftlichen Entwicklungen entgegenzuwirken.

13.3.1   Herkunft und Bedeutung des Konzeptes

Erste Ansätze des Life Cycle Costing (i.F. kurz: LCC) stammen aus den USA. Es wurde dort anfänglich im militärischen Bereich, bei Bauinvestitionen und anderen Großprojekten eingesetzt. Ziel war es, neben den anfänglichen Investitionskosten, auch die Folgekosten mit einzubeziehen. Das LCC ermöglichte somit eine lebenszyklusbezogene Gesamtschau auf das Investitionsobjekt.[229]

Aus dem ursprünglichen Konzept entwickelten sich zahlreiche Anwendungsmöglichkeiten. So fand die Methode auch Anwendung bei der Wirtschaftlichkeitsbetrachtung von Produkten. Die Bezeichnung trägt dann häufig den Namen Product Life Cycle Costing (i.F. kurz: PLCC). Ziel des PLCC ist es, sämtliche Kosten- und Erlöse über den gesamten Produktle-

---

[226] Vgl. Kremin-Buch (2007), S. 178
[227] Vgl. Kremin-Buch (2007), S. 178
[228] Vgl. Seidenschwarz (2008), S. 617
[229] Müller/Uecker/Zehbold (2006), S. 253

benszyklus hinweg zu erfassen.[230] Die Produkte werden dabei als Investitionsobjekte aufgefasst um Erfolgspotentiale ganzheitlich zu planen, zu steuern und zu optimieren.[231]

Das PLCC unterteilt sich in zwei Perspektiven, die Hersteller- und Kundenperspektive. Im Rahmen der Herstellerperspektive hat das PLCC das Ziel, sämtliche über den Lebenszyklus eines Produktes anfallenden Kosten und Erlöse zu erfassen und zu minimieren. Die Kundenperspektive betrachtet die Anschaffungs- und Folgekosten eines Produktes aus Sicht des Kunden. Das PLCC soll hier die benötigten Informationen für oder gegen eine Anschaffung liefern, indem es nicht nur die Anschaffungskosten sondern auch die späteren Folgekosten in die Entscheidung mit einbezieht.[232]

Daneben haben sich noch weitere Anwendungsmöglichkeiten herausgebildet. So findet das Konzept z.B. unter dem Begriff „Customer Life Cycle Costing" in der Analyse von Kundenbeziehungen Anwendung.[233]

Die weitere Betrachtung im Rahmen dieser Arbeit beschränkt sich auf die Anwendung des LCC im Rahmen der Wirtschaftlichkeitsbetrachtung von Produkten bzw. Produktinnovationen aus der Herstellerperspektive.

Die lebenszyklusorientierte Kosten- und Erlösrechnung hat aufgrund sich verändernder Marktbedingungen zunehmend an Bedeutung gewonnen. Es lassen sich folgende Gründe nennen:[234]

- die Marktzyklen der Produkte werden immer kürzer.[235] Verursacht wird dies durch die hohe Technologiedynamik, sich schnell verändernde Kundenanforderungen und die Erfordernis Marktanteile über eine zunehmende Produktdifferenzierung abzusichern.
- die Kosten bis zur Markteinführung sind stark gestiegen. Dies lässt sich hauptsächlich auf gestiegene Entwicklungskosten zurückführen, da vom Markt immer komplexere Produkte gefordert werden. Durch die sich verkürzenden PLZ steigt die Entwicklungszeit relativ stetig an.
- Gesetze und Verordnungen führen zu steigenden Kosten, welche für die Unternehmen nach dem Verkauf entstehen. Zu nennen sind hier Kosten für die Entsorgung, die von den Unternehmen getragen werden müssen und eine Ausweitung der Haftungs- und Gewährleistungsbestimmungen.

---

[230] Vgl. Coenenberg/Fischer/Günther (2007), S. 572
[231] Vgl. Zehbold (2001), S. 42
[232] Vgl. Coenenberg/Fischer/Günther (2007), S. 572–577
[233] Vgl. Coenenberg/Fischer/Günther (2007), S. 577–589
[234] Vgl. Joos-Sachse (2004), S. 228
[235] Vgl. dazu und verweisend auf entsprechende Studien Zehbold (1996), S. 119ff.

13.3.2   Integrierte Produktlebenszyklus

Als Grundlage bedient sich das LCC an dem Modell des integrierten Produktlebenszyklus. Dieser betrachtet nicht nur den reinen Marktzyklus[236] eines Produktes, sondern wird durch einen Entstehungszyklus[237] und einen Nachsorgezyklus[238] ergänzt. Somit wird eine Betrachtung des gesamten Lebenszyklus gewährleistet. Aufgrund der frühen Integration durch die Betrachtung des Entstehungszyklus eignet sich die Methodik sehr gut für die Anwendung im Rahmen der Planung, Umsetzung und Optimierung von Innovationsvorhaben. Die Abb. 13.6 verdeutlicht die Phasen des integrierten Produktlebenszyklus und die mit den Phasen verbundenen Aktivitäten.

Enstehungszyklus	Marktzyklus	Nachsorgezyklus
• Umfeldanalyse, Ideensuche • Alternativenauswahl • Forschung • Entwicklung • Vorbereitung von Produktion und Absatz	• Markteinführung • Marktdurchdringung • Marktsättigung • Marktdegeneration	• Garantie • Watung, Reparatur • Entsorgung

Abb. 13.6   Lebenszyklus eines Produktes[239]

Die Phasen laufen bei der Einzelbetrachtung eines Produktes stets sequentiell ab. Betrachtet man allerdings die Gesamtheit aller Produkte über den Lebenszyklus hinweg, so kommt es zu Überlappungen. Nach der Markteinführung können noch Entwicklungsarbeiten nötig sein, da nachträglich Produktmodifikationen durchgeführt werden müssen. Es entstehen also noch Auszahlungen in der Marktphase, die der Vorlaufphase zugeordnet sind. Genauso verhält es sich mit den Auszahlungen des Nachsorgezyklus, da die Nachsorgeverpflichtungen bereits mit dem ersten verkauften Produkt beginnen.[240] Die Abb. 13.7 stellt das Modell des integrierten Produktlebenszyklus nach Riezler dar. Es zeigt, dass über den gesamten Lebenszyklus Ein- und Auszahlungen in unterschiedlicher Höhe anfallen.

---

[236] Der Marktzyklus bezeichnet im Allgemeinen den Zeitraum von der Einführung eines Produktes am Markt bis zur Einstellung des Verkaufs.

[237] Als Synonym wird auch Entstehungsphase oder Vorlaufphase verwendet.

[238] Als Synonym wird auch Nachlaufphase verwendet.

[239] Kremin-Buch (2007), S. 181

[240] Vgl. Joos-Sachse (2004), S. 229

Einzahlungen
Auszahlungen

Beginn Serienproduktion — Einzahlungen

Ende Serienproduktion

Zahlungen der Verlaufphase (– – –)
Zahlungen der Marktphase (——)
Zahlung der Nachlaufphase (·········)

Auszahlungen

Auszahlungen

Auszahlungen — Einzahlungen

Zeit

Suche alternativer Problemlösungsidee	Alternativenbewertung und auswahl	Vorentwicklung	Serienentwicklung/ Konstruktion	Produktions und Absatzvorbereitung	Investitionen in Spezialbetriebsmittel etc.	Markteinführung, Produktionsanlauf	Marktdurchdringung	Marktsättigung	Marktdegeneration	Anlagenabbruch, veräußerung

Gewährleistung, Ersatzteilgeschäft

Produktentsorgung

VORLAUFPHASE	MARKTPHASE (NUTZUNGSPAHSE)	NACHLAUFPHASE

PRDUKTLEBENSZYKLUS (Projektlebenszyklus)

grobe Lebenszyklusrechnung · · · verfeinerte Lebenszyklusrechnung · · · · · · projektbegleitende Lebenszyklusrechnung

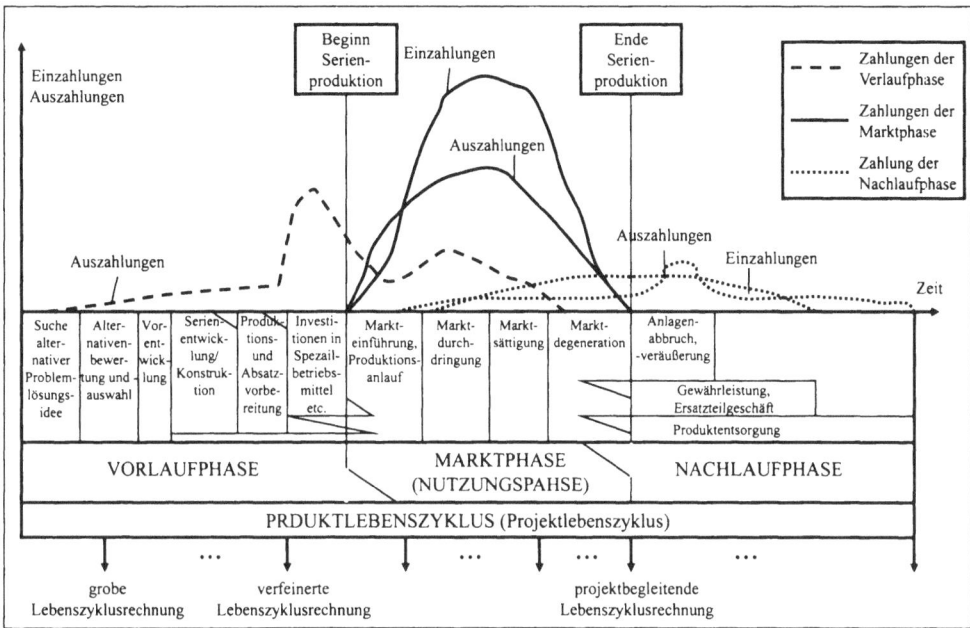

Abb. 13.7 Integrierter Produktlebenszyklus[241]

Neben der Überlappung der Phasen des integrierten Produktlebenszyklus bestehen zwischen den Phasen auch Wechselwirkungen. Diese werden als Trade-Offs bezeichnet. Eine Kostensenkungsmaßnahme führt in der Entstehungsphase auch zu einer Kostenänderung in den folgenden Phasen.[242] Untersuchungen von Schields und Young kamen zu der Erkenntnis, dass eine zusätzliche Geldeinheit in der Entwicklungsphase für die Produktkonzeption und -konstruktion zu acht bis zehn Geldeinheiten Kostenersparnis im Produktions- und Vertriebsbereich führt.[243] Hier bestehen Ansätze für die Optimierung von Innovationen im Bezug auf die Wirtschaftlichkeit. Allerdings sollten an dieser Stelle auch die negativen Auswirkungen für einen verspäteten Markteintritt Berücksichtigung finden, die u.U. durch eine Verlängerung der Entwicklungszeit verursacht werden können.

13.3.3 Kategorien von Lebenszykluskosten und -erlösen

Entsprechend der Phasen lassen sich bestimmte Kosten und Erlöse identifizieren. Typische Kosten und Erlöse stellt die Abb. 13.8 dar.

---

[241] Riezler (1996), S. 9

[242] Vgl. Ziegenbein (2007), S. 261

[243] Vgl. Shields/Young (1991), S. 39; zitiert nach Kremin-Buch (2007), S. 193

Entstehungszyklus		Marktzyklus		Nachsorgezyklus	
Vorlaufkosten	Vorlauferlöse	begleitende Kosten	begleitende Erlöse	Folgekosten	Folgeerlöse
- technologische Vorlaufkosten (F&E) - vertriebliche Vorlaufkosten (z.B. Marktforschungskosten) - sonstige Vorlaufkosten (z.B. Organisation) - Anpassungs-/ Änderungskosten (z.B. Produktverbesserung)	- Subventionen für F&E - Steuervergünstigungen durch F&E	- Einführungskosten (Ersteinführung, Relaunch) - laufende Kosten - Auslaufkosten	- Aktionserlöse - laufende Erlöse - Abbauerlöse	- Wartungskosten - Reparaturkosten - Garantiekosten - Kosten für Ausmusterung - Kosten für Entsorgung - Kosten für Verwertung - sonstige Folgekosten (z.B. Ersatzteilhaltung)	- Wartungserlöse - Reparaturerlöse - Verwertungserlöse aus dem Recycling - sonstige Erlöse (z.B. Ersatzteilerlöse)

Abb. 13.8   Lebenszyklusbezogene Kosten- und Erlöskategorien[244]

In der traditionellen Kostenrechnung findet eine Unterteilung in Vorlauf- und Folgekosten nicht statt. Die unter diese Kategorien fallenden Kosten werden zumeist als Gemeinkosten gesammelt und auf die in der gleichen Periode produzierten Produkte verteilt. Diese Periodisierung der Kosten führt allerdings dazu, dass die Vorlauf- und Folgekosten auf Produkte verteilt werden, welche mit ihrer Entstehung nichts zu tun haben. Es kommt letztlich zum Ausweis falscher Periodenergebnisse, was zu falschen strategischen Entscheidungen im Unternehmen führen kann.[245] Das PLCC hilft diese Mängel zu beseitigen indem es eine mehrperiodische Planung, Steuerung und Kontrolle der gesamten Produktkosten ermöglicht.[246]

13.3.4   Prognose der Lebenszykluskosten und -erlöse

Bei der Anwendung des PLCC stellt die Ermittlung bzw. Prognose zukünftiger Erlöse und Kosten die größte Herausforderung dar. Besonders in den frühen Phasen des Innovationsprozesses bestehen nur eingeschränkte Möglichkeiten zur Aufstellung einer Prognose. Daneben kann es im gesamten Zeitablauf zu Kosten- und Erlösveränderungen kommen, was sich unmittelbar auf den Erfolg des Innovationsvorhabens auswirken kann.

Es kann durch Prozessoptimierung zu direkten Einsparungen innerhalb des Innovationsprozesses kommen. Ein früherer Markteintritt führt zu früheren Rückflüssen. Dies wirkt sich positiv auf die Erlössituation aus. Genauso kann es zu höheren Erlösen kommen, wenn die Diffusion und Adoption der Innovation im Markt schneller als prognostiziert stattfindet.[247]

---

[244] Kremin-Buch (2007), S. 182

[245] Vgl. Joos-Sachse (2004), S. 229f.

[246] Vgl. Kremin-Buch (2007), S. 183

[247] Vgl. Ziegenbein (2007), S. 263

In der Initiierungsphase des Innovationsprozesses ist ein konkreter Produktbezug noch nicht klar zu erkennen. Der Erfolg ist daher sowohl technisch als auch wirtschaftlich schwer abzuschätzen. Die Analyse beschränkt sich überwiegend auf die Erhebung vom Marktpotentialen und Gesamtinvestitionskosten. Aufgrund der mangelnden Datenbasis finden Investitionsrechnungen in dieser Phase noch keine Anwendung.[248]

Nach der erfolgreichen Ideenauswahl kann die konkrete Produktentwicklung begonnen werden. Mit der zunehmenden Konkretisierung des Produktkonzeptes steigen die Möglichkeiten der Erlös- und Kostenprognosen. Hauptprobleme bestehen hier in der Abgrenzung der Gemeinkosten gegenüber anderen Innovationsprojekten.[249] Hier bietet sich daher der Ansatz der Prozesskostenrechnung an, um eine größtmögliche Transparenz zu schaffen.

Mit dem Beginn des Marktzyklus wird die Datenbasis zunehmend klarer. Informationen liefert nun das interne Rechnungswesen. Im Zeitverlauf ist die Datenbasis des PLCC fortlaufend anzupassen, da im Zeitverlauf die Kosten- und Erlöse zunehmend präziser ermittelt bzw. prognostiziert werden können.

Prognose der Lebenszykluserlöse
Für die Planung der Erlöse sind zunächst Umsatzprognosen über den gesamten Lebenszyklus vorzunehmen. Die Umsatzprognosen lassen sich aus den Absatzmengen und dem Absatzpreis ermitteln. Marktstrategische Überlegungen (z.B. die gewählte Marktstrategie) sollten dabei in der Planung Berücksichtigung finden.[250]

Der Absatzpreis kann mit der Methode des Target Costings ermittelt werden. So wird sichergestellt, dass sich die Marktanforderungen im gewählten Absatzpreis wieder finden. Auch hier kann wie bereits aufgeführt die Conjoint Analyse notwendige Marktdaten liefern.

Im nächsten Schritt müssen die Absatzmengen ermittelt werden. Hierzu muss der potentielle Zielmarkt analysiert werden. Die Bewertung der Marktannahmen stellt im Rahmen von Innovationsvorhaben einen entscheidenden Faktor dar. Falsche Marktannahmen haben einen weitaus größeren negativen Einfluss auf den Erfolg von Innovationsvorhaben als falsch prognostizierte Entwicklungskosten. Eine richtige Bewertung des Marktpotentials hat daher eine entscheidende Bedeutung bei der Bewertung von Innovationsprojekten.[251] Um Umsatzgrößen aus dem Markt abzuleiten sind diese zunächst zu analysieren und zu segmentieren. Die Marktattraktivität leitet sich aus dessen Wachstum, dem Marktpotential und der Wettbewerbsintensität ab.[252] Anhand dieser Kriterien ist der relevante Markt zu identifizieren bzw. festzulegen. Es sind Entscheidungen zu treffen, ob nur einzelne Marktsegmente oder der Markt als Ganzes bearbeitet werden soll. Diese Entscheidung ist allerdings meist schon

---

[248] Vgl. Erner/Presse (2008), S. 30f.
[249] Vgl. Erner/Presse (2008), S. 31
[250] Vgl. Zehbold (1996), S. 233f.
[251] Vgl. Granig (2005), S. 112
[252] Vgl. Specht/Beckmann/Amelingmeyer (2002), S. 98

durch die Grundbeschaffenheit der Innovation bestimmt. Im Anschluss ist eine quantitative Bestimmung des Marktvolumens bzw. Marktpotentials vorzunehmen.[253]

Der Aufwand und die Möglichkeiten der Erhebung von Marktvolumen bzw. Marktpotential und den entsprechenden Absatzmengen sind abhängig vom Innovationsgrad der Innovation. Bei Innovationsvorhaben können die, die nur für das Unternehmen neu sind, Marktvolumen und Entwicklungsfähigkeit relativ einfach mittels Marktforschung aus dem Markt abgeleitet werden. Hilfsmittel sind hierbei statistische Auswertungen wie die Trendextrapolation oder die Regressionsanalyse. Ergänzt werden müssen diese Informationen durch Schätzungen des eigenen Marktanteils. Input für diese Schätzungen können der eigene Vertrieb, der Handel oder auch direkt die Nachfrager liefern.[254]

Bei Verbesserungsinnovationen bietet sich eine ähnliche Vorgehensweise an. Zusätzlich kann die Planung durch unternehmensintern vorhandene Daten des Vorgängerproduktes unterstützt werden. Die für das Vorgängerprodukt vorhandenen Umsätze und Absatzmengen sind aufgrund veränderter Absatzpreise bedingt durch die Verbesserung anzupassen.[255]

Bei radikalen Innovationen, die sowohl neu für den Markt als auch das Unternehmen sind, gestalten sich die Absatzprognosen schwieriger. Hier können nicht direkt Informationen aus dem Markt abgeleitet werden. Da Marktbeobachtungen weitgehend fehlen, muss auf zukunftsgerichtete Marktanalysemethoden zurückgegriffen werden. Auch die Notwendigkeit der Preisgestaltung verstärkt in diesem Kontext die Unsicherheit über die Entwicklung der Absatzmengen. Die Ermittlung der Absatzmengen kann bei Marktneuheiten mit der Methodik der Analogieanalyse erfolgen. Hierzu werden auf anderen Märkten gewonnene Erfahrungen mit spezifischen Modifikationen auf den eigenen Markt übertragen.[256]

Beispielhaft wird in Abb. 13.9 die Ermittlung des Nettoumsatzes aus dem Marktpotential bzw. dem Marktvolumen anhand eines Beispiels aus der Pharmaindustrie dargestellt. Hierdurch soll ersichtlich werden, wie viele verschiedene Faktoren für eine Umsatzprognose relevant sein können und wie umfangreich die Bestimmung ist.

Als Ergebnis steht nun das prognostizierte Umsatzvolumen zur Verfügung. Da dieses für den gesamten Marktzyklus des Produktes geplant wurde, muss anschließend eine Verteilung auf die einzelnen Phasen des Produktlebenszyklus stattfinden. Die Verteilung über den Produktlebenszyklus ist mit Hilfe der Ergebnisse der Adoptions- und Diffusionsforschung vorzunehmen.[257]

---

[253] Vgl. Erner/Presse (2008), S. 34
[254] Vgl. Zehbold (1996), S. 234
[255] Vgl. Zehbold (1996), S. 234
[256] Vgl. Schirmer (1990), S. 900 f.; zitiert nach Zehbold (1996), S. 234f.
[257] Vergleich hierzu ausführlich Bishof (1997), S. 89ff.

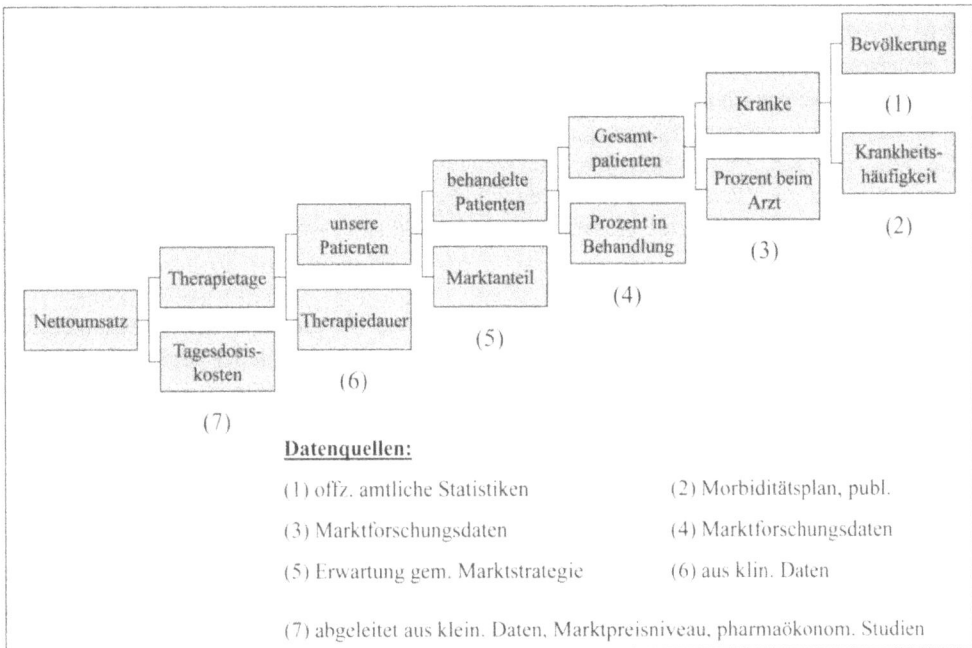

Abb. 13.9   Bestimmung des erwarteten Produktumsatzes[258]

Prognose der Lebenszykluskosten

Neben den Lebenszykluserlösen müssen auch die Lebenszykluskosten ermittelt bzw. prognostiziert werden. Für weitere Wirtschaftlichkeitsbetrachtungen müssen sie außerdem getrennt nach ihrem zeitlichen Anfall gegliedert werden. Es ist also eine Unterteilung in Vorlaufkosten, begleitende Kosten, und Nachlaufkosten vorzunehmen. Je nach zeitlichem Anfall sind auch die Kostenschätzungen in den frühen Phasen des Innovationsprozesses mit einem großen Unsicherheitsfaktor belastet. Dies gilt vor allem für die Kosten des Nachleistungszyklus und des Marktzyklus.[259] Entscheidend für die Genauigkeit der Kostenprognosen ist auch in diesem Fall die fortschreitende Konkretisierung des Produktkonzepts. Die Werte zur Beurteilung sollten daher im Zeitablauf bei größeren Änderungen aktualisiert werden.

Voraussetzung für die Ermittlung der Kosten ist ein funktionierendes Projektcontrolling für das Innovationsvorhaben. Dies ermöglicht eine am grundlegenden Aufbau von Rechnungssystemen orientierte Erhebung, Zurechnung und Bewertung von anfallenden Kosten über den gesamten Lebenszyklus.[260]

Die Prognose der Vorleistungskosten lässt sich aufgrund des relativ kleinen Zeithorizonts noch relativ einfach bewerkstelligen. Hier entstehen primär Personalkosten für die Bereiche

---

[258] Boutellier/Völker/Voigt (1999), S. 140

[259] Vgl. Voigt (2001), S. 62

[260] Vgl. Erner/Presse (2008), S. 24ff.

F&E, Vertrieb und Verwaltung. Daneben werden Produktionsvorbereitungs- und Marktein-
führungskosten verursacht.[261] Bei radikalen Innovationen sind u.U. Investitionen in Form
von Spezialmaschinen o.a. nötig. Sofern diese auch außerhalb des zu bewertenden Innovationsvorhabens Verwendung finden, müssen hier die Probleme der Zurechnung und Bewertung gelöst werden. Durch die starke Inanspruchnahme der indirekten Bereiche empfiehlt
sich der Einsatz der Prozesskostenrechnung. Da die Planzahlen der Vorleistungskosten nicht
direkt von den prognostizierten Absatzzahlen abhängig sind, sind sie dadurch auch weniger
mit Unsicherheiten behaftet.

Für die Prognose der Kosten des Marktzyklus muss auf die prognostizierten Absatzzahlen
zurückgegriffen werden. Die Herstellkosten der Marktphase sind von der geplanten Ausbrin-
gungsmenge und ihrer zeitlichen Verteilung abhängig. Daneben müssen Lern- und Erfahrungskurveneffekte bei der Prognose der Herstellkosten einbezogen werden.[262] Für die indirekten Bereiche wie Verwaltung und Vertrieb ist wieder auf die Prozesskostenrechnung
zurückzugreifen. Wartungskosten sind aufgrund von Erfahrungswerten zu prognostizieren.

Da die Phase des Nachleistungszyklus zeitlich sehr weit entfernt ist, bestehen auch hier große Unsicherheiten. Da überwiegend Kosten für die Entsorgung anfallen sind auch hier die
geplanten Absatzzahlen für eine Prognose der Nachleistungskosten heranzuziehen.

Risikoabschätzungen und Alternativrechnungen
Die Kosten- und Erlösprognosen sind mit großen Unsicherheiten bzgl. ihres Anfalls behaftet.
Es ist daher sinnvoll, Risikobetrachtungen und Alternativrechnungen durchzuführen. Im
Rahmen von Innovationsvorhaben bietet sich die Anwendung von Sensitivitätsanalysen, die
Bestimmung der Kapitalwiedergewinnungszeit oder die Simulation von alternativen Szenari-
en an.[263]

Sensitivitätsanalysen untersuchen die Auswirkung von Veränderungen einer der Inputgrößen
(z.B. veränderte Absatzmengen) auf die Zielgrößen (z.B. den Kapitalwert eines Innovationsvorhabens). Die übrigen Inputgrößen sollten jeweils konstant gehalten werden, um im Ergebnis die kritischen Inputgrößen zu ermitteln. Durch das Aufstellen von pessimistischen
und optimistischen Varianten können letztlich die mit den Abweichungen von den Planwer-
ten verbundenen Chancen und Risiken ermittelt werden.[264]

Die Simulation von Szenarien untersucht ebenfalls Veränderungen in den angenommenen
Bedingungen. Es werden allerdings mehrere Bedingungen gleichzeitig verändert. Unterschiedliche Marktszenarien können aufgestellt werden. Dies kann sich z.B. auf Untersuchun-

---

[261] Vgl. Voigt (2001), S. 60

[262] Vgl. Riezler (1996), S. 204

[263] Vgl. Riezler (1996), S. 220f.

[264] Vgl. Riezler (1996), S. 221

gen im Bezug auf Veränderungen in der Dauer des Marktzyklus beziehen oder in einer Verschiebung des Time-to-Market Zeitpunktes.[265]

Die Ermittlung der Kapitalwiedergewinnungszeit bietet sich bei Innovationsvorhaben an, bei denen die Länge des Marktzyklus sehr unsicher ist. Sie ermittelt den Amortisationszeitpunkt des Innovationsvorhabens, also den Zeitpunkt bei dem die Auszahlungen der Vorlaufphase durch die Einzahlungsüberschüsse des Umsatzprozesses gerade gedeckt sind.[266]

13.3.5   Hauptaufgaben des Product Life Cycle Costing

Zusammenfassend können folgende Hauptaufgaben des PLCC festgehalten werden.

Durch die frühe Integration im Rahmen des Entstehungszyklus übernimmt es die Aufgabe der frühzeitigen Beeinflussung und Steuerung des Produktlebenserfolgs. Ziel ist es, bereits in den frühen Phasen die Produktlebenszykluskosten zu minimieren. Die Notwendigkeit der frühzeitigen Kostenbeeinflussung beruht dabei auf dem Zusammenhang zwischen Kostenfestlegung und Kostenanfall. So haben Untersuchungen[267] ergeben, dass in der Entwicklung und Konstruktion bereits ca. 70 Prozent der Gesamtkosten des Produktes festgelegt werden.[268] Die Abb. 13.10 zeigt den Zusammenhang zwischen Kostenfestlegung und Kostenanfall als Ergebnis einer Untersuchung des Vereins Deutscher Ingenieure.

Bereiche	Kostenfestlegung	Kostenanfall
Entwicklung und Konstruktion	70 %	6 %
Arbeitsvorbereitung und Fertigung	20 %	36 %
Einkauf und Materialwirtschaft	7 %	40 %
Vertrieb und Verwaltung	3 %	18 %

Abb. 13.10   Anteile unterschiedlicher Bereiche an Kostenfestlegung und Kostenanfall bezogen auf die Produktselbstkosten[269]

Unter dem Gesichtspunkt der Kostengestaltung gilt es also auch im Rahmen des PLCC die Auswirkungen auf den späteren Kostenanfall abzuschätzen. Da sich zu hohe Herstellkosten unmittelbar auf den am Markt geforderten Preis auswirken, sollen so nicht den Marktanforderungen bzgl. der Preisgestaltung entsprechende Produkte vermieden werden. Hier kann durch eine Erhöhung der Kosten im Bereich der Entwicklung- und Konstruktion der spätere Kostenanfall entscheidend reduziert werden.[270]

---

[265] Vgl. Riezler (1996), S. 223
[266] Vgl. Riezler (1996), S. 214f.
[267] Vgl. Verein Deutscher Ingenieure (1987), S.3
[268] Vgl. Zehbold (1996), S. 167ff.
[269] Verein Deutscher Ingenieure (1987), S.3; zitiert nach Kremin-Buch (2007), S. 183
[270] Vgl. Zehbold (1996), S. 170

Neben der Kostenbeeinflussung und -gestaltung hat das PLCC als zweite Hauptaufgabe eine
laufende Wirtschaftlichkeitsbetrachtung der Produkte zu ermöglichen. Diese muss sich über
den gesamten Produktlebenszyklus beziehen. Vor allem sind in dieser Wirtschaftlichkeitsbetrachtung auch die Investitionen im Vorleistungsbereich zu berücksichtigen.[271]

13.3.6   Investitionsorientierter Ansatz des Product Life Cycle Costing

Kapitalwertmethode

Charakterisierung und Vorgehensweise
Die Kapitalwertmethode als dynamisches Investitionsrechnungsverfahren prüft die Vorteilhaftigkeit von Investitionen. Um diese Vorteilhaftigkeit zu überprüfen, werden die Ein- und
Auszahlungen über den gesamten Lebenszyklus hinweg gegenüber gestellt.[272] Dabei spielt
der Zeitpunkt der Ein- und Auszahlung eine entscheidende Rolle. Die Kapitalwertmethode
berücksichtigt den Zeitwert des Geldes. Dieser besagt, dass eine Einzahlung in der Zukunft
weniger Wert ist, als eine Einzahlung heute. Die Einzahlung heute könnte ja gewinnbringend
angelegt werden, also Zinserträge realisieren.[273]

Um den Zeitwert des Geldes zu berücksichtigen arbeitet die Kapitalwertmethode mit einem
Kalkulationszinssatz. Mit diesem Zinssatz werden zukünftige Ein- und Auszahlungen auf
den Beginn des Planungszeitraums abgezinst.[274] „ Der Kalkulationszinssatz ist die subjektive
Mindestverzinsungsanforderung des Investors an sein Investitionsobjekt."[275] Hieraus ergibt
sich der Barwert der Ein- und Auszahlungen. Die Differenzen aus den Ein- und Auszahlungen symbolisieren die finanziellen Überschüsse (Cashflows).[276] Der Cashflow ist eine absolute Kennzahl der Innenfinanzierung. Er gibt Auskunft darüber, in welcher Höhe dem Unternehmen freie finanzielle Mittel zur Verfügung stehen, um Investitionen, Ausschüttungszah-
lungen oder Schuldentilgungen vornehmen zu können. Der Cashflow kann daher auch als
Indikator für die Finanzkraft des Unternehmens angesehen werden.[277]

Innovationsvorhaben erstrecken sich häufig über sehr lange Zeiträume. In den frühen Phasen
fallen i.d.R. nur Auszahlungen an, verursacht durch die Entwicklungsanstrengungen. Einzahlungen können im benötigten Umfang erst mit der Markteinführung realisiert werden. Aus

---

[271] Vgl. Zehbold (1996), S. 171

[272] Vgl. Däumler (2003), S. 44

[273] Vgl. Kremin-Buch (2007), S. 186

[274] Vgl. Götze (2008), S. 71

[275] Däumler (2003), S. 30

[276] Vgl. Kremin-Buch (2007), S. 188

[277] Vgl. Schmeisser (2006), S. 100

diesem Grund verursachen Innovationsvorhaben in den frühen Phasen meist negative Cash-flows.[278]

Der Kapitalwert der Investition ergibt sich aus der Summe der Differenz der Barwerte der Ein- und Auszahlungen, also die Summe aus den finanziellen Überschüssen (Cashflows). Ist der Kapitalwert der Investition gleich null, so erreicht die Investition genau die gewünschte Mindestverzinsung. Bei einem Kapitalwert größer als null, wird neben der Mindestverzin-sung, zusätzlich ein Investitionsgewinn erzielt. Bei einem negativen Kapitalwert wird die gewünschte Mindestfinanzierung nicht erreicht. Die Investition ist daher negativ zu beurtei-len.[279] In der Konsequenz sollte eine Investition mit negativem Kapitalwert abgelehnt wer-den. Im Bezug auf Innovationsvorhaben sollten weitere Überlegungen angestellt werden. Zum einen ist durch weitere Entwicklungsanstrengungen zu versuchen, die Einzahlungen der späteren Phasen zu steigern. Ggf. kann auch eine Senkung der Herstellkosten realisiert wer-den. Des Weiteren sollten weitere mögliche positive Effekte durch die Innovation berück-sichtigt werden. So kann hierdurch der Eintritt in neue Marktsegmente geschaffen werden. Es gilt dann, Informationen über die Möglichkeiten der Technologie bzw. Entwicklung des Marktes zu gewinnen. Durch die gewonnenen Informationen und die Erfahrung können weitere Produkte entwickelt und ein zusätzlicher Unternehmensgewinn realisiert werden.[280] Es sind daher auch immer die Unternehmensstrategien in den Entscheidungsprozess mit einzubeziehen. Zusammenfassend lässt sich der Kapitalwert gemäß Formel 13.3.1 aus der Summe der Differenz zwischen den Ein- und Auszahlungen der jeweiligen Periode multipli-ziert mit dem Abzinsungsfaktor berechnen.

$$KW = \sum_{t=0}^{n} E_t \left(1 + i\right)^{-t} - \sum_{t=0}^{n} A_t \left(1 + i\right)^{-t}$$

KW = Kapitalwert

E_t = Einzahlungen

A_t = Auszahlungen

t = Zeitpunkt

Formel 13.3.1: Berechnung des Kapitalwerts

Abzinsungsfaktor

Würde man den Kapitalwert durch reine Addition der zukünftigen Cashflows errechnen, so würde dies folgende Nachteile nach sich ziehen. Der Zeitwert des Geldes und das Risiko der Investition würde nicht berücksichtigt werden. Da die Schätzung der Ein- und Auszahlungen eines Innovationsvorhaben mit gewissen Unsicherheiten bzgl. Höhe und zeitlichem Anfall verbunden sind, ist dieses Innovationsrisiko durch die Höhe des gewählten Abzinsungs-faktors zu berücksichtigen. Der Abzinsungsfaktor diskontiert die zukünftigen Cashflows auf

---

[278] Vgl. Schmeisser (2008), S. 94

[279] Vgl. Dillerup/Albrecht (2005), S. 2

[280] Vgl. Boutellier/Völker/Voigt (1999), S. 145

den Zeitpunkt des Projektstarts. Die Cashflows werden hierzu durch den Term (1 + Kalkulationszinssatz)^t dividiert. Die Höhe des Kalkulationszinssatzes richtet sich zum einen nach den Kapitalkosten, zum anderen nach dem spezifischen Risiko der Investition. Je weiter die Cashflows in der Zukunft generiert werden, desto größer sind das Risiko und der kumulierte Zins. Dieser Aspekt wird dadurch berücksichtigt, dass der Divisor mit dem Exponent t (Zeitpunkt der Ein- und Auszahlung) potenziert wird.[281] In der Höhe des Kalkulationszinssatzes spiegelt sich die Einschätzung des erwarteten Ertragsniveaus des Innovationsvorhabens wider. Je höher der Kalkulationszins gewählt wird, desto niedriger ist das erwartete Ertragsniveau.[282]

Der Abzinsungsfaktor berechnet sich aus folgender Formel:

$$\text{Abzinsungsfaktor} = (1 + i)^{-t}$$

i = Kalkulationszinssatz

t = Zeitpunkt

Formel 13.3.2: Der Abzinsungsfaktor

Entscheidenden Einfluss auf den Kapitalwert und somit die Beurteilung der Wirtschaftlichkeit eines Innovationsvorhabens hat der Kalkulationszinssatz. Er muss zum einen die Kapitalkosten der Innovation berücksichtigen. Zum anderen aber auch das Risiko und die Unsicherheiten, die mit dem Innovationsvorhaben und den Prognosen der zukünftigen Ein- und Auszahlungen verbunden sind. Zur Ermittlung der Kapitalkosten kann auf das Modell des Weight Average Cost of Capital (WACC) zurückgegriffen werden. Bei diesem Modell werden die durchschnittlichen Kapitalkosten unter Berücksichtigung der Kapitalstruktur ermittelt. Die Kapitalkosten setzen sich demnach aus den anteiligen Kosten des Eigenkapitals und den anteiligen Kosten des Fremdkapitals zusammen.[283] Das Modell geht dabei von der Prämisse aus, dass Fremdkapital, aufgrund steuerlicher Absetzbarkeit der Fremdkapitalzinsen, günstiger ist als Eigenkapital. Die Fremdkapitalkosten werden durch die durchschnittlich laufenden Zinskosten bestimmt.[284] Die Berechnung erfolgt dabei über die Formel 13.3.3.

---

[281] Vgl. Volkart (2007), S. 186f.

[282] Vgl. Schmeisser (2008), S. 94f.

[283] Vgl. Volkart (2007), S. 188

[284] Vgl. Schmeisser (2008), S. 95

$$r_G = r_E \frac{EK}{FK} + r_F(1-s)\frac{FK}{GK}$$

r_G = durchschnittliche Kapitalkosten (WACC)

r_E = Kostendes Eigenkapitals

r_F = Kosten des Fremdkapitals

s = Steuersatz

$\dfrac{EK}{GK}$ = Eigenkapitalquote

$\dfrac{FK}{GK}$ = Fremdkapitalqoute

Formel 13.3.3: Ermittlung der Kapitalkosten mit dem WACC-Modell[285]

Die Eigenkapitalkosten können mit dem Capital Asset Pricing Model (CAPM) ermittelt werden (Formel 13.3.4).

$$r_E = r_B + \beta(\mu - r_B)$$

r_E = Kosten des Eigenkapitals

r_B = risikoloser Basiszins

β = Betafaktor

$\beta(\mu - r_B)$ = Risikoprämie

$\mu - r_B$ = allgemeines Marktrisiko

Formel 6.3.4: Berechnung der Eigenkapitalkosten nach dem CAPM[286]

Die Kosten des Eigenkapitals bemessen sich bei diesem Modell aus einem risikolosen Basiszins und einer Risikoprämie. Diese Risikoprämie setzt sich aus einem allgemeinen Marktrisiko und einem Betafaktor zusammen. Der Betafaktor symbolisiert das finanzielle Risiko und das branchenspezifische Unternehmensrisiko. Er ist also an die entsprechende Finanzierungsstruktur und das mit dem Innovationsvorhaben verbundene Unternehmensrisiko anzupassen.[287]

Daneben sollten sich die mit den Prognosen der Zahlungsströme verbundenen Unsicherheiten in der Ermittlung des Kapitalwerts wieder finden. Die Ergebnisse aus den in Kapitel „Risikoabschätzungen und Alternativrechnungen" vorgestellten Methoden der Risikoabschätzung müssen sich daher auch im Abzinsungsfaktor wieder finden.

---

[285] Schmeisser (2008), S. 95; in Anlehnung an: Wöhe (2002), S. 659

[286] Schmeisser (2008), S. 96; in Anlehnung an: Wöhe (2002), S. 659; Schmeisser (2010)

[287] Vgl. Ossadnik/Wolf/Kossen (2009), S. 121

Däumler merkt allerdings zu Recht an, dass der Kalkulationszinssatz nicht mit zu vielen Aufgaben überladen werden sollte. Ihm obliegt primär die Aufgabe, die Zeitpunkte der Zahlungen miteinander vergleichbar zu machen. Risiken und Unsicherheiten sollten daher bereits bei der Höhe der Prognose der Zahlungsströme Berücksichtigung finden.[288]

Anwendung der Kapitalwertmethode im Product Life Cycle Costing
Im folgenden Kapitel soll die Ermittlung des Kapitalwerts rechnerisch dargestellt werden. Es wird vom folgenden Ausgangsbeispiel ausgegangen:

Ein Unternehmen möchte ein neues Gerät der medizinischen Diagnostik auf den Markt bringen. Eine Marktsegmentierung ermittelte als einen Zielmarkt größere Arztpraxen und kleinere Krankenhäuser. Die Absatzprognosen der Marktforschung ermittelten als Absatzmenge eine Kleinserie in der Auflage von 1000 Stück bei einem Planungshorizont von 10 Jahren.[289]

Um eine Kapitalwertberechnung zu ermöglichen, müssen im ersten Schritt die Ein- und Auszahlungen über den gesamten Lebenszyklus ermittelt werden. Für das Ausgangsbeispiel wurden folgende Ein- und Auszahlungen (in Mio. EUR) geschätzt und auf die entsprechenden Jahre verteilt (Tab. 13.11).

Jahr	Entstehungszyklus			Marktzyklus					Nachsorgezyklus		
	2008	2009	2010	2011	2012	2013	2014	2015	2016	2017	Σ
Einzahlungen											
Verkauf				94	99	87	77	89			446
Wartung				45	50	57	68	75	64	45	404
Auszahlungen											
Entwicklung	11	14	18	14	28	18	5				108
Investitionen		12	18	19	22						71
Herstellung				38	40	35	30	31			174
Vertrieb				20	12	27	15	8			82
Wartung				14	17	25	18	15	12	8	109
Entsorgung									11	11	22
Verwaltung	15	15	15	23	23	23	23	23	18	18	196

Tab. 13.11 Aufstellung der Zahlungsreihe[290]

---

[288] Vgl. Däumler (2003), S. 33f.
[289] Vgl. Kremin-Buch (2007), S. 186; in Anlehnung an: Coenenberg/Fischer/Schmitz (1994), S. 2ff.
[290] In Anlehnung an: Kremin-Buch (2007), S. 187

Der Entstehungszyklus betrifft die Jahre 2008 bis 2010. In ihm fallen nur Auszahlungen für die Entwicklung, Investitionen in Betriebsmittel und Verwaltungskosten an. Die Kosten der indirekten Bereiche wurden mit Hilfe der Prozesskostenrechnung ermittelt. Die Markteinführung ist im Jahr 2011 geplant. Hier werden erstmals Einzahlungen durch Verkauf und Wartung realisiert. Gleichzeitig fallen Auszahlungen für die Herstellung, den Vertrieb und die Wartung an. Durch nachträgliche Produktanpassungen werden in dieser Phase Auszahlungen für die Entwicklung verursacht. Im Nachsorgezyklus werden nur noch Einzahlungen durch die Wartung generiert. Durch die Notwendigkeit der Entsorgung und den damit verbundenen Verwaltungskosten fallen in diesem Bereich Auszahlungen an.[291]

Zur Ermittlung des Kapitalwerts wird die Differenz aus der Summe aller Einzahlungen abzüglich der Summe aller Auszahlungen gebildet. Durch die Multiplikation mit dem Abzinsungsfaktor errechnen sich die Barwerte der Investition. Unter Anwendung der Rechenoperationen errechnen sich aus den Werten der Tab. 13.11 die nachfolgenden Werte der Tab. 13.12. Der Kalkulationszinssatz wurde im Beispiel mit 12 Prozent festgelegt.

Zeitpunkt (t)	Auszahlungen (A)	Einzahlungen (E)	Nettoein- zahlungen	Abzinzungs- faktor (12 %)	Barwerte (12 %)
	I	II	III = II − I	IV	V = III * IV
0	26	0	−26	1	−26
1	41	0	−41	0,892857	−36,607137
2	51	0	−51	0,797194	−40,656894
3	128	139	11	0,71178	7,82958
4	142	149	7	0,635518	4,448626
5	128	144	16	0,567427	9,078832
6	91	145	54	0,506631	27,358074
7	77	164	87	0,452349	39,354363
8	41	64	23	0,403883	9,289309
9	37	45	8	0,36061	2,88488
				Kapitalwert:	−3,020367

Tab. 13.12   Berechnung des Kapitalwerts[292]

Die Auswertung des Produktkonzepts ergibt einen negativen Kapitalwert von −3,02. Das Innovationsvorhaben erreicht somit nicht die gewünschte Mindestverzinsung von 12 Prozent. Es sind also ggf. Modifikationen vorzunehmen um eine Mindestverzinsung von 12 Prozent zu erreichen. Ansätze hierzu bieten sich in der Produktentwicklung. So könnten durch Pro-

---

[291] Vgl. Kremin-Buch (2007), S. 186
[292] In Anlehnung an: Däumler (2003), S. 71

duktmodifikationen die Herstellkosten gesenkt und so die Rentabilität gesteigert werden. Marktpolitische Überlegungen rechtfertigen u.U. ein Absenken der gewünschten Mindestverzinsung. Wenn man z.B. unbedingt auf dem Zielmarkt präsent sein möchte, rechtfertigt dies ein Unterschreiten der gewünschten Mindestverzinsung. Es ist allerdings zu bedenken, dass bei einer Finanzierung durch Fremdkapital die Mindestverzinsung nicht unter den Fremdkapitalzinsen liegen darf. Dies würde das Unternehmen langfristig in den Bankrott treiben. Zur Ermittlung der tatsächlichen Verzinsung des Produkts bietet sich die interne Zinsfußmethode an, die im Folgenden erläutert wird.

Interne Zinsfußmethode
Die interne Zinsfußmethode kann als Fortsetzung der Kapitalwertmethode angesehen werden. Da das Innovationsvorhaben aus dem obigen Beispiel die Mindestverzinsung von 12 Prozent nicht erreicht hat, soll nun mit Hilfe der internen Zinsfußmethode die tatsächliche Verzinsung ermittelt werden. Der interne Zinsfuß ist dabei der Zinssatz, bei dem der Kapitalwert gleich Null ist.[293] Zur Ermittlung des internen Zinsfußes wird die Formel zur Berechnung des Kapitalwerts gleich Null gesetzt und nach r aufgelöst (Formel 13.3.5).

$$0 = \sum_{t=0}^{n} (E_t - A_t)(1 + r)^{-t}$$

Formel 13.3.5: Berechnung des internen Zinsfußes

Da im Ausgangsbeispiel zum PLCC die Rückflüsse nur ungleichmäßig auftreten und der gesuchte Wert in einer höheren Potenz auftritt, erfolgt die näherungsweise Bestimmung des internen Zinsfußes durch lineare Interpolation.[294]

Die Ermittlung des internen Zinsfußes erfolgt über zwei Versuchszinssätze r_1 und r_2. Die Versuchszinssätze sind dabei so zu wählen, dass die dazugehörigen Kapitalwerte K_1 und K_2 unterschiedliche Vorzeichen besitzen. Da im Ausgangsbeispiel bei einem Zinssatz von 12 Prozent (r_2) ein negativer Kapitalwert von –3,02 (K_2) resultiert, ist für einen positiven Kapitalwert ein kleinerer Zinssatz zu wählen. Es wird an dieser Stelle ein Versuchszinssatz von 11,3 Prozent (r_1) gewählt. Hieraus bestimmt sich unter Anwendung der Kapitalwertformel ein positiver Kapitalwert in Höhe von 0,25. Die effektive Verzinsung des zu überprüfenden Produkts liegt dementsprechend zwischen 11,3 Prozent und 12 Prozent.[295]

Es kann nun mit Hilfe der Formel 13.3.6 eine erste Nährungslösung bestimmt werden.

$$r_3 = r_1 + \frac{K_1}{K_1 - K_2}(r_2 - r_1)$$

Formel 13.3.6: Bestimmung der ersten Nährungslösung

---

[293] Vgl. Däumler (2003), S. 83
[294] Vgl. Kremin-Buch (2007), S. 192
[295] Vgl. Kremin-Buch (2007), S. 193

Die weiteren Nährungslösungen lassen sich analog ermitteln durch:

$$r_4 = r_1 + \frac{K_1}{K_1 - K_2}(r_3 - r_1)$$

$$r_{5-n} = ana\log$$

Formel 13.3.7: Bestimmung der folgenden Nährungslösung

Durch einsetzen der zwei ermittelten Kapitalwerte und der zwei Zinssätze errechnet sich bereits bei der ersten Interpolation ein Zinssatz $r_3 = 11,3535$ Prozent. Die jährliche Verzinsung des Produktes liegt demnach unter 12 Prozent bei 11,3535 Prozent.

Auf Basis dieses Wertes können nun weitere Überlegungen zur Verbesserung der Rentabilität des Innovationsvorhabens angestellt werden. Hier kann auf die Instrumente des Target Costings zur Kostenreduzierung zurückgegriffen werden. Sollten keine weiteren Optimierungsmöglichkeiten mehr möglich sein, so ist ggf. unter Berücksichtigung der Unternehmensstrategien eine Abbruchentscheidung zu treffen.

13.3.7 Kritische Würdigung

Bei der Entwicklung von Produktinnovationen sehen sich Unternehmen mit großen Risiken konfrontiert. Große Misserfolgswahrscheinlichkeiten kombiniert mit einem hohen Ressourcenaufwand erfordern Instrumente, um die wirtschaftlichen Risiken von Innovationsvorhaben zu minimieren. Das PLCC bietet in diesem Kontext bereits in den frühen Phasen der Ideenbewertung Wirtschaftlichkeitsanalysen durchzuführen. Wenig erfolgsversprechende Produktkonzepte können so bereits in den frühen Phasen aussortiert werden. Dies ist von besonderer Relevanz, da zu diesem Zeitpunkt noch relativ wenig finanzielle Mittel investiert worden sind. Erfolgversprechende Konzepte können durch den integrierten Einsatz der Instrumente optimiert und auf den Markt hin abgestimmt werden.

Kennzeichnend für Innovationsvorhaben sind lange Zeiträume von der Ideengenerierung bis zur Markteinführung. Für die Betrachtung im Rahmen des PLCC bietet sich daher der investitionsorientierte Ansatz an. Er bietet darüber hinaus einige Vorteile gegenüber der eher kurzfristig orientierten Kostenrechnung. So wird nicht der wertmäßige Kostenbegriff und die dadurch verursachte Periodisierung der Kosten verwendet. Stattdessen werden die Rechengrößen Ein- und Auszahlungen betrachtet.[296]

Der Vorteil, dass möglichst frühzeitig Wirtschaftlichkeitsanalysen von geplanten Innovationsvorhaben erstellt werden können, ist aber auch mit Problemen verbunden. Diese ergeben sich aus den Unsicherheiten, die mit den Prognosen der Kosten und Erlöse bzw. Ein- und Auszahlungen verbunden sind. Große Probleme entstehen dabei, wenn sich die Absatzzahlen

---

[296] Vgl. Kremin-Buch (2007), S. 184ff.

anders entwickeln als die Planzahlen. Dies kann letztlich dazu führen, dass erfolgsverspre-chende Innovationen doch zu finanziellen Einbußen führen.

Kritisch ist auch die Wahl des Kalkulationszinsfußes zu sehen, da diese auf subjektiven Ein-schätzungen beruht.[297] Darüber hinaus ist die Interpretation des Kapitalwerts und der Cash-flows mit Vorsicht vorzunehmen. Im dargestellten Beispiel führt das Innovationsvorhaben zu einem negativen Kapitalwert. Folgt man der festgelegten Entscheidungsregel bei der Kapi-talwertberechnung, so würde dieses Innovationsvorhaben abgelehnt werden. Dies kann aller-dings zu gravierenden Fehlentscheidung führen. Die Probleme ergeben sich dabei aus fal-schen Annahmen im Bezug auf das Unternehmen und die Investition in die Innovation. Es darf nicht davon ausgegangen werden, dass die Ertragslage auch ohne Investition in die In-novation konstant bleibt. Dies ist aufgrund des starken Wettbewerbs häufig nicht der Fall. Werden Investitionen in neue Technologien versäumt, besteht die Gefahr hinter den techni-schen Fortschritt zurück zu fallen, was zu einer Verschlechterung der Ertragslage führen kann. Es ist daher nicht sinnvoll die prognostizierten Cashflows der Innovation mit den Cashflows ohne die Investition zu vergleichen. Ein Vergleich bietet sich daher nur mit Alter-nativen an, die anders als „nichts zu tun" lauten.[298]

Da das PLCC (Product Life Cycle Costing) als quantitatives Verfahren alle qualitativen Aspekte der Innovationsvorhaben nicht mit betrachtet, ist es sinnvoll ergänzende Methoden für diese Aspekte einzusetzen. Hier bietet sich bspw. eine Nutzwertanalyse[299] an.[300]

13.4   Integration von PLCC, Target Costing und Prozesskostenrechnung

Die drei vorgestellten Instrumente des Innovationscontrollings besitzen unterschiedliche Schwerpunkte in ihrer Anwendung. Die Prozesskostenrechnung konzentriert sich auf die indirekten Bereiche, schafft dort Leistungstransparenz und zeigt mögliche Ansätze für Pro-zessinnovationen auf. Das Target Costing setzt bei der konsequent auf den Markt ausgerich-teten Produktgestaltung an. Um zusätzlich eine auf den gesamten Lebenszyklus bezogene Betrachtung zu ermöglichen, kann das Target Costing durch ein umfassendes PLCC unter-stützt werden.

Die Abb. 13.11 verdeutlicht den Zusammenhang zwischen Target Costing und der Prozess-kostenrechnung. Die Prozesskostenrechnung als Kostenrechnungsverfahren kann bei der Integration in das Target Costing als wertvoller Datenlieferant angesehen werden. Darüber

---

[297] Vgl. Vahs/Burmeister (2005), S. 215

[298] Vgl. Christensen/Kaufman/Shih (2008), S. 54

[299] Eine Nutzwertanalyse ist eine Methode zur Bewertung von Entscheidungsalternativen. Es kommt dabei ein mehrdimensionales Zielsystem aus qualitativen und quantitativen Zielkriterien zum Einsatz. Vgl. dazu ausführ-lich Vahs/Burmeister (2005), S.205–209

[300] Vgl. Vahs/Burmeister (2005), S. 215

hinaus ist es gerade vor dem Hintergrund der aktuellen Kostenstrukturen mit hohen Gemein-
kostenanteilen von besonderer Relevanz, die Prozesskostenrechnung in die Methodik des
Target Costing einzubeziehen.[301] Da das Target Costing eine Vollkostenrechnung erfordert,
hilft die Prozesskostenrechnung fehlerhafte Entscheidungen aufgrund der Problematik, die
mit der Schlüsselung von Gemeinkosten verbunden sind, zu vermeiden. Dies schafft sie
dadurch, dass die Gemeinkosten nicht willkürlich geschlüsselt, sondern verursachungsgerecht über die Prozesse zugerechnet werden.[302] Die Prozesskostenrechnung schafft die benötigte Transparenz in den indirekten Bereichen und gibt Auskunft darüber, welche Kosten
durch die Inanspruchnahme der Prozesse verursacht werden. Mit Hilfe dieser Information
können im Rahmen des Target Costing die Drifting Costs verursachungsgerecht kalkuliert
werden. Dies ist möglich, da die Prozesskostenrechnung die benötigten Kosten für die Inanspruchnahme der indirekten Bereiche bzw. Prozesse liefert. Sie gibt also z.B. Auskunft darüber, was die Anlage eines Neuteils kostet oder welche Kosten mit einem Beschaffungsvor-
gang verbunden sind. Bei der Konzeption des Produktes führt die Integration der Prozesskostenrechnung also dazu, dass die Gemeinkostenkonsequenzen durch die Konstruktion bewusst
gemacht werden.[303] Dies führt in Konsequenz dazu, dass im Sinne des Target Costing folgende Fragestellung aufgeworfen wird: „Wie viele Neuteile oder Produktvarianten eines neu
zu planenden Produktes kann man sich überhaupt leisten, wenn die Gesamtkosten (incl. der
in Anspruch genommenen Gemeinkosten) einen Betrag X nicht überschreiten dürfen?"[304]

---

[301]   Vgl. Horváth/Niemand/Wolbold (1993), S. 23

[302]   Vgl. Internationaler Controller Verein e.V. (2003), S. 21

[303]   Vgl. Mayer (1993), S. 77

[304]   Mayer (1993), S. 77

Target Costing	**Prozesskostenrechnung**
integrierte Produkt- und Kostenplanungsmethodik in der Entwicklungsphase	Kostenrechnungsverfahren für Gemeinkosten (Planung, Steuerung und Verrechnung von Gemeinkostenprozessen)
Untersuchung der vom Markt gewünschten Leistungen und des erzielbaren Preises	Analyse der abteilungsübergreifenden Prozesse im Gemeinkostenbereich und deren Cost Driver
Bestimmung der erlaubten Kosten	Zuordnung von Teilprozessen aus den Kostenstellen einschließlich deren Kapazitäten und Kosten
Herunterbrechen der Target Costs über Produktfunktionen auf Produktkomponenten	Strukturierung des gesamten Gemeinkostenvolumens nach Prozessen, deren Kosten und Kosteneinflussfaktoren
Planung der Komponentenkosten differenziert nach - Fremdbezugskosten - Fertigungskosten - verrechnete Investitionen - verrechnete Gemeinkosten	Verwendung der Prozesskosten - für die Budgetplanung und -steuerung in den Gemeinkostenbereiche - für das Kostenmanagement - für die verursachungsgerechte Produktkalkulation - im Rahmen des Traget Costing, um Neuprodukte gemeinkostenoptimal zu gestalten
Festlegung des Feindesigns	Aufbau eines integrierten Gemeinkostenmanagements auf Basis von Prozesskosten

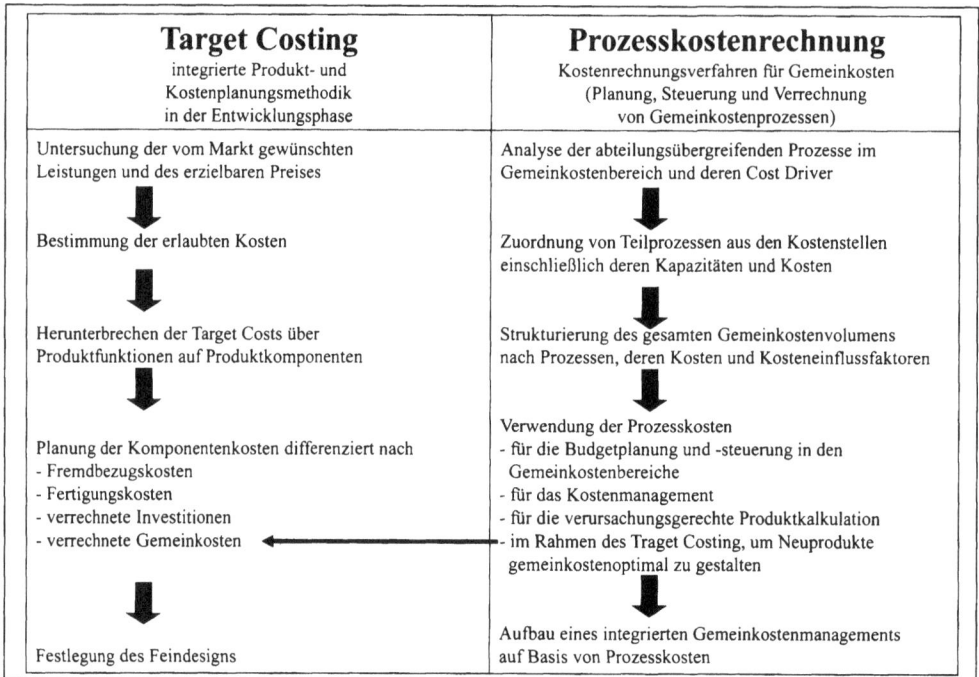

Abb. 13.11   *Zusammenhang zwischen Target Costing und Prozesskostenrechnung*[305]

Mit dem Target Costing ist allerdings nur bedingt eine dynamische Sicht der Kosten verbunden. So werden Veränderungen im Zeitablauf, z.B. sich ändernde Beschaffungspreise oder Erfahrungskurveneffekte nur teilweise und sehr vereinfacht berücksichtigt. Service und Recyclingkosten finden ebenso keine Beachtung in der Anwendung des Target Costing.[306] Um Wirtschaftlichkeitsbeurteilungen für Innovationsprojekte zu realisieren, bedarf es also einer Unterstützung des Target Costing durch dynamische Investitionsrechnungen. Hier bietet sich der investitionsorientierte Ansatz des PLCC an. Durch das PLCC wird das Target Costing um eine mehrperiodige Rechnung ergänzt. Dies ist auch dahingehend notwendig, da bei Innovationsvorhaben Erlöse (Einzahlungen) erst in den Folgeperioden erfolgen.[307] Die Aufgaben dieser Methodik liegen in der Kontrolle der Zielkosten und in der Überwachung des Produkterfolgs über die gesamten Lebensphasen hinweg. So ist gewährleistet, dass bei Änderungen möglichst frühzeitig Gegenmaßnahmen eingeleitet werden können.[308] Das investitionsorientierte PLCC sollte also übergreifend als Rechenansatz mit den Managementprinzipien des Target Costing verbunden werden. Dies ermöglicht zum einen eine konsequente auf den Markt und Kundenbedürfnisse ausgerichtete Produktentwicklung. Zum anderen können

---

[305]   Mayer (1993), S. 79

[306]   Vgl. Horváth/Niemand/Wolbold (1993), S. 23

[307]   Vgl. Kremin-Buch (2007), S. 220

[308]   Vgl. Kremin-Buch (2007), S. 204

möglichst frühzeitig Erfolgsprognosen aus dem PLCC als Zielvorgaben in die Produktentwicklung und für die kontinuierliche Verbesserung in der Marktphase abgeleitet werden.[309]

14 Zusammenfassung

Als ein Instrument zur wirtschaftlichen Gestaltung von Innovationsvorhaben wurde das Instrument der Prozesskostenrechnung vorgestellt. Ansatzpunkt dieses Instrumentes sind die indirekten Bereiche der Unternehmung. Gerade weil diese bei Innovationsvorhaben sehr stark beansprucht werden, ist der Prozesskostenrechnung eine große Relevanz zuzusprechen. Durch sie kann hier die benötigte Transparenz geschaffen werden. Die identifizierten und monetär bewerteten Prozesse können auf ihre Wirtschaftlichkeit hin untersucht werden. Nicht wirtschaftliche Prozesse werden identifiziert und können eliminiert oder verbessert werden. Die Prozesskostenrechnung liefert somit Ansatzpunkte für nötige Prozessverbesserungen bzw. -innovationen. Die durch die Prozesskostenrechnung ermittelten Daten stellen darüber hinaus wertvolle Informationen für die Integration in das Target Costing dar.

Mit dem Target Costing wird ein weiteres Instrument zum Einsatz im Rahmen eines ganzheitlichen Innovationscontrollings dargestellt. Dieses Instrument hilft durch seine konsequente Marktorientierung bei der Gestaltung von Innovationen. So ermöglicht das Target Costing bereits in den frühen Phasen des Innovationsprozesses, die Innovationen auf die Kundenanforderungen in Bezug auf Kosten und Leistungsmerkmale hin zu entwickeln und auszurichten. Gerade vor dem Hintergrund stark umkämpfter Märkte ist dies unerlässlich. Die mit Innovationsvorhaben einhergehenden wirtschaftlichen Risiken können dadurch entscheidend reduziert werden. Um die Verschiebungen in den Kostenstrukturen auch im Target Costing beanspruchungsgerecht darzustellen, ist der Einbezug der Prozesskostenrechnung sinnvoll. Die durch das Target Costing abgeleiteten Kostenvorgaben berücksichtigen somit verursachungsgerecht die mit der Innovation in Anspruch genommenen Gemeinkosten. Es können bereits in der frühen Phase erforderliche Prozessverbesserungen bei der Entwicklung von Innovationen aufgezeigt werden. Zusammenfassend bleibt festzuhalten, dass die Stärken des Target Costing in der damit verbundenen Denkhaltung und der konsequenten Marktorientierung liegen. Auch die frühzeitige Integration in den Innovationsprozess ist von bedeutender Relevanz. Da sich das Target Costing allerdings primär auf die Kostenseite konzentriert und sich hauptsächlich klassischen Kostenrechnungsverfahren bedient, ist es für eine Wirtschaftlichkeitsbeurteilung von Innovationsvorhaben nur bedingt geeignet. Hier bietet sich der Einsatz des Product Life Cycle Costing an.

Mit dem Product Life Cycle Costing wird ein drittes Instrument im Rahmen des Innovationscontrollings vorgestellt. Es wurde gezeigt, dass mit dem investitionsorientierten Ansatz bereits in den frühen Phasen des Innovationsprozesses Wirtschaftlichkeitsrechnungen aufge-

---

[309] Vgl. Riezler (1996), S. 94

stellt werden können. Das Product Life Cycle Costing betrachtet hierbei den kompletten Lebenszyklus einer Innovation. Diese mehrperiodige Sichtweise ist dahingehend wichtig, da Innovationsvorhaben erst in späteren Perioden zu Erlösen (Einzahlungen) führen. Die Ergebnisse des Product Life Cycle Costing zeigen mögliche Fehlentwicklungen auf und dienen als Entscheidungsgrundlage für eventuell nötige Projektabbrüche. Aufgrund der frühzeitigen Integration innerhalb des Innovationsprozesses können unwirtschaftliche Innovationsvorhaben rechtzeitig erkannt werden. Dies ist dahingehend wichtig, da im Zeitablauf zunehmend finanzielle Mittel investiert werden. Mit dem Product Life Cycle Costing gelingt es zudem, komplexe Sachverhalte für die entsprechenden Empfängergruppen transparent und einfach darzustellen. Dies geschieht beim investitionsorientierten Ansatz in Form des Kapitalwerts. Dies ist allerdings auch als eine Gefahr aufzuführen, da gerade durch Innovationen langfristige Erfolgspotentiale geschaffen werden können und sollen. Eine Abbruchentscheidung aufgrund des Kapitalwerts, vor allem wenn ein negativer Kapitalwert resultiert, ist daher immer mit Vorsicht vorzunehmen um Fehlentscheidungen zu vermeiden.

In Kombination stellen alle drei Methoden ein wirkungsvolles Instrumentarium bei der Anwendung im Rahmen von Innovationsvorhaben dar. Die Konzentration liegt hierbei allerdings auf den finanziellen Aspekten von Innovationsvorhaben. Aufgrund der eben schon erwähnten langfristigen Erfolgspotentiale von Innovationen müssen aber die Unternehmensstrategien mit in die Entscheidungen einbezogen werden. Für diesen Brückenschlag zwischen Finanzen und Strategien sollten daher weitere Instrumente in das Technologiecontrolling integriert werden. Hier bietet sich z.B. der Berliner Balanced Scorecard Ansatz von Schmeisser an.

15   Abkürzungsverzeichnis

CAPM	Capital Asset Pricing Model
F&E	Forschung und Entwicklung
IGC	International Group of Controlling
KVP	Kontinuierlicher Verbesserungsprozess
LCC	Life Cycle Costing
lmi	leistungsmengeninduziert
lmn	leistungsmengenneutral
PC	Personal Computer
PLCC	Product Life Cycle Costing
USP	Unique Selling Proposition (Alleinstellungsmerkmal)
VDI	Verein Deutscher Ingenieure
WACC	Weight Average Cost of Capital

Quellenverzeichnis

Bishof, P. (1997): Produktlebenszyklen im Investitionsgüterbereich. Göttingen: Vandenhoeck & Ruprecht.

Boutellier, R. /**Völker**, R. /**Voigt**, E. (1999): Innovationscontrolling. München, Wien: Hanser.

Bösch, D. (2007): Controlling im betrieblichen Innovationssystem. Hamburg: Verlag Dr. Kovac.

Boysen, K. / **Hohlfeldt**, G. / **Jacob**, H.-J. / **Nehles**, F. / **Wellmann**, R. (Hrsg.) (1992): Der Wirtschaftsprüfer vor innovativen Herausforderungen. Stuttgart: Schäffer-Poeschel Verlag.

Christensen, C.M. / **Kaufman**, S.P. / **Shih**, W.C. (2008): Innovationskiller Kennzahlen. In: Harvard Business Manager, (5), S. 52–63.

Coenenberg, A. G. / **Fischer**, T.M. / **Günther**, T. (2007): Kostenrechnung und Kostenanalyse. 6. Auflage, Stuttgart: Schäffer-Poeschel Verlag.

Coenenberg, A. G. / **Fischer**, T. / **Schmitz**, J. (1994): Target Costing und Product Life Cycle Costing als Instrumente des Kostenmanagements. In: Zeitschrift für Planung, 5, S. 1–38

Commes, M.T. / **Lienert**, R. (1983): Controlling im F&E-Bereich. In: Zeitschrift für Organisation, 52, S. 347–354.

Cooper, R. G. (2002): Top oder Flop in der Produktentwicklung. Weinheim: Wiley-VCH.

Corsten, H. / **Gössinger**, R. / **Schneider**, H. (2006): Grundlagen des Innovationsmanagements. 1. Auflage, München: Vahlen.

Daum, H.-J. (2007): Controlling und Innovation. In: Der Controlling Berater, 1, S. 25–58

Diller, H. (Hrsg.) (2001): Vahlens Großes Marketinglexikon. 2. Auflage, München: Vahlen.

Dillerup, R. / **Albrecht**, T. (2005): Kapitalwertmethode. Freiburg: Rudolf Haufe Verlag, URL: http://isc.hs-heilbronn.de/Publikationen/Kapitalwert-methode.pdf, Stand: 06.06.2009.

Erner, M. / **Presse**, V. (2008): Aufbau und Durchführung der rechnerischen Bewertung von Innovationen dargestellt an einem Fallbeispiel aus der Telekommunikationsindustrie. In: Schmeisser, W. / Mohnkopf, H. / Hartmann, M. / Metze, G. (Hrsg.): Innovationserfolgsrechnung. Berlin, Heidelberg: Springer Verlag.

Freidank, C.-Ch. (2007): Kostenrechnung. 8. überarbeitete. und erweiterte Auflage, München: Oldenbourg Wissenschaftsverlag.

Gemünden, H. G. / **Littkemann**, J. (2007): Innovationsmanagement und -controlling – Theoretische Grundlagen und praktische Implikationen. In: Zeitschrift für Controlling & Management, Sonderheft, 3, S. 4–18.

Gerpott, T. J. (2005): Strategisches Technologie- und Innovationsmanagement. 2. Auflage, Stuttgart: Schäffer-Poeschel Verlag.

Götze, U. (2008): Investitionsrechnung. 6. Auflage, Berlin Heidelberg: Springer.

Granig, P. (2005): Innovationsbewertung. 1. Auflage, Wiesbaden: Gabler.

Hauschildt, J. / **Salomo**, S. (2007): Innovationsmanagement. 4. überarbeitete, ergänzte und aktualisierte Auflage, München: Vahlen.

Hauschild, J. (1992): Ist das Rechnungswesen innovationsfeindlich? In: Boysen, K. / Hohlfeldt, G. / Jacob, H.-J. / Nehles, F. / Wellmann, R. (Hrsg.): Der Wirtschaftsprüfer vor innovativen Herausforderungen. Stuttgart: Schäffer-Poeschel Verlag, S. 51–67.

Herstatt, C. / **Verworn**, B. (2007): Management der frühen Innovationsphasen. 2. überarbeitete und ergänzte Auflage, Wiesbaden: Gabler.

Hofbauer, G. / **Körner**, R. / **Nikolaus**, U. / **Poost**, A. (2009): Marketing von Innovationen – Strategien und Mechanismen zur Durchsetzung von Innovationen. Stuttgart: Kohlhammer.

Horváth, P. (1993): Target Costing. Stuttgart: Schäffer-Poeschel Verlag.

Horváth, P. (1995): Instrumente des F&E-Controlling. In Zahn, E.: Handbuch Technologiemanagement. Stuttgart: Schäffer-Poeschel Verlag, S. 705–723.

Horváth, P. (1998): Controlling. 7. Auflage, München: Vahlen.

Horváth, P. (2008): Controlling. 11. vollständig überarbeitete Auflage, München: Vahlen.

Horváth, P. (2010): Strategieorientiertes Kostenmanagement in der Produktentwicklung. URL: http://www.sfb374.uni-stuttgart.de/forforum2002_vortraege/3_sfb_270202_horvath.pdf, Stand: 25.03.2010.

Horváth, P. / **Niemand**, S. / **Wolbold**, M. (1993): Target Costing und Prozesskostenrechnung. In: Horváth, P.: Target Costing. Stuttgart: Schäffer-Poeschel Verlag, S. 1–28.

IGC   (2009):   Controller-Leitbild.   URL: http://www.igc-controlling.org/DE/_leitbild/leitbild.php, Stand: 30.05.2009.

Internationaler Controller Verein e.V. (Hrsg.) (2003): Controller-Statements Instrumente – Target Costing. Gauting, München: ICV.

Joos-Sachse, T. (2004): Controlling, Kostenrechnung und Kostenmanagement. Wiesbaden: Gabler.

Keim, G. / **Littkemann**, J. (2005): Methoden des Projektmanagements und -controlling. In: Littkemann, J.: Innovationscontrolling. München: Vahlen.

Kremin-Buch, B. (2007): Strategisches Kostenmanagement. 4. überarbeitete Auflage, Wiesbaden: Gabler.

Littkemann, J. (2005): Innovationscontrolling. 1. Auflage, München: Vahlen.

Mansfield, E. (1971): Research and Innovation in the Modern Corporation. In: Granig, P. (2005): Innovationsbewertung. 1. Auflage, Wiesbaden: Gabler.

Meffert, H. / **Burmann**, C. / **Kirchgeorg**, M. (2008): Marketing – Grundlagen marktorientierter Unternehmensführung. 10. vollständig überarbeitete und erweiterte Auflage, Wiesbaden: Gabler.

Meyer, R. (1993): Target Costing und Prozesskostenrechnung. In Horváth, P.: Target Costing. Stuttgart: Schäffer-Poeschel Verlag.

Meyer, J. W. (2003): Produktinnovationserfolg und Target Costing. 1. Auflage, Wiesbaden: DUV.

Müller, A. / **Uecker**, P. / **Zehbold**, C. (Hrsg.) (2006): Controlling für Wirtschaftsingenieure, Ingenieure und Betriebswirte. 2. verbesserte und aktualisierte Auflage, München Wien: Hanser.

Möller, K. / **Janssen**, S. (2009): Performance Measurement von Produktinnovationen. In: Controlling – Zeitschrift für erfolgsorientierte Unternehmensführung, 21/2, S. 89–96.

Ossadnik, W. / **Wolf**, D. / **Kossen**, K. (2009): Optimierte Projektsteuerung durch wertorientierte Produktlebenszyklusrechnung. In: Controlling – Zeitschrift für erfolgsorientierte Unternehmensführung, 21/2, S. 118–125.

Pleschak, F. / **Sabisch**, H. (1996): Innovationsmanagement. 1. Auflage, Stuttgart: Schäffer-Poeschel Verlag.

Riezler, S. (1996): Lebenszyklusrechnung. Wiesbaden: Gabler.

Schmeisser, W., (2006): Finanzierung. URL: http://www.studentensupport.de.

Schmeisser, W., (2010): Corporate Finance und Riskmanagement. München: Oldenbourg Wissenschaftsverlag.

Schmeisser, W. / **Clausen**, L., (2009): Controlling und Berliner Balanced Scorecard Ansatz. München: Oldenbourg Wissenschaftsverlag.

Schmeisser, W. / **Kantner**, A. / **Geburtig**, A. / **Schindler**, F. (2006): Forschungs- und Technologie-Controlling. Stuttgart: Schäffer-Poeschel Verlag.

Schmeisser, W. / **Mohnkopf**, H. / **Hartmann**, M. / **Metze**, G. (Hrsg.) (2008): Innovationserfolgsrechnung, Berlin, Heidelberg: Springer Verlag.

Schmeisser, W. / **Mohnkopf**, H. / **Hartmann**, M. / **Metze**, G. (Hrsg.) (2010): Innovation Performance Accounting, Berlin, Heidelberg, New York: Springer Verlag.

Schmeisser, W., (2008): Innovationserfolgsrechnungen bei der Bewertung pharmazeutischer FuE-Projekte. In: Schmeisser, W. / Mohnkopf, H. / Hartmann, M. / Metze, G. (Hrsg.): Innovationserfolgsrechnung. Berlin, Heidelberg, Springer Verlag, S.69–119.

Schweitzer, M. / **Küpper**, H.-U. (2008): Systeme der Kosten- und Erlösrechnung. 9. Auflage, München: Vahlen.

Seidenschwarz, W. (1993): Target Costing. München: Vahlen.

Seidenschwarz, W. (2008): Die zweite Welle des Target Costing – Renaissance einer intelligenten Entwicklungsmethodik. In: Controlling, 11/11, S. 617–626.

Shields, M. / **Young**, S. (1991): Managing Product Life Cycle Costs: An Organizational Model. In: Journal of Cost Management, Vol. 5, S. 39–52.

Schirmer, A., (1990): Planung und Einführung eines neuen Produktes am Beispiel der Automobilindustrie. In: Zeitschrift für betriebswirtschaftliche Forschung, 42/10, S. 892–907.

Schön, A. (2000): Innovationscontrolling. Frnkfurt am Main: Europäischer Verlag der Wissenschaft.

Sure, M. (2008): Erfolgreiches Innovationsmanagement – Rahmenbedingungen und Instrumente. In: Industrial Engineering, 4, S. 30–35.

Specht, G. / **Beckmann**, C. / **Amelingmeyer**, J. (2002): F&E Management, Kompetenz im Innovationsmanagement. 2. Auflage, Stuttgart: Schäffer-Poeschel Verlag.

Spielkamp, A. / **Rammer**, Ch. (2006): Balanceakt Innovation – Erfolgsfaktoren im Innovationsmanagement kleiner und mittlerer Unternehmen. Dokumentation Nr. 06-04, Mannheim: Zentrum für Europäische Wirtschaftsforschung GmbH, URL: http//: www.ftp://ftp.zew.de/pub/zew-docs/docus/doku-mentation0604.pdf,   Stand: 15.05.2009.

Tiefel, T. (Hrsg.) (2007): Gewerbliche Schutzrechte im Innovationsprozess. 1. Auflage, Wiesbaden: Deutscher Universitäts-Verlag.

Trommsdorf, V. (2001): Innovationsmanagement. In Diller, H. (Hrsg.): Vahlens Großes Marketinglexikon. 2. Auflage, München: Vahlen, S. 661–664.

Trommsdorf, V. / **Steinhoff**, F. (2007): Innovationsmarketing. München: Vahlen.

Utterback, J. M. (1994): Mastering the Dynamics of Innovation. Boston: Harvard Business School Press.

Verein Deutscher Ingenieure (1987): VDI-Richtlinie 2235 – Wirtschaftliche Entscheidungen beim Konstruieren, Methoden und Hilfen.

Voigt, I. (2001): Kosten- und Erfolgswirkungen von Innovationen. In: Kostenrechnungspraxis, Sonderheft 3, S. 60–62.

Voigt, K. (2008): Industrielles Management. 1. Auflage, Berlin, Heidelberg: Springer Verlag.

Vahs, D. / **Burmeister**, R. (2005): Innovationsmanagement. 3. überarbeitete Auflage, Stuttgart: Schäffer-Poeschel Verlag.

Verworn, B./ **Herstatt**, C. (2000): Modelle des Innovationsprozesses. Arbeitspapier Nr. 6, URL: http://www.tu-harburg.de/tim/downloads/arbeits-papiere/Arbeitspapier_6.pdf, Stand: 15.05.2009.

Volkart, R. (2007): Corporate Finance. 3. überarbeitete und erweiterte Auflage, Zürich: Versus.

Weiber, R. (1992): Diffusion von Telekommunikation. Wiesbaden: Gabler.

Weiber, R. (1995): Systemgüter und klassische Diffusionstheorie – Elemente einer Diffusionstheorie für kritische Masse-Systeme. In: Stoetzer, M. W. (Hrsg.): Die Diffusion von Innovationen in der Telekommunikation. Berlin: Springer Verlag, S. 39–70.

Wildemann, H. (2009): Innovationscontrolling – Leitfaden zur Selektion, Planung, Steuerung und Erfolgsmessung von F&E-Projekten. 7. Auflage, München: TCW-Verlag.

Zehbold, C. (1996): Lebenszykluskostenrechnung. Wiesbaden: Gabler, 1996

Zehbold, C. (2001): Life Cycle Costing. In: Kostenrechnungspraxis, Sonderheft 3, S. 41–43.

Ziegenbein, K. (2007): Controlling. 9. Auflage, Ludwigshafen: Kiehl-Verlag.

III Innovationserfolgsrechnung zur Beurteilung von Erfolgspotentialen und Risiken im Rahmen eines strategischen Innovationsmanagements

Innovationserfolgsrechnung mit Hilfe der Produkt Life Cycle Rechnung und DCF-Investitionsrechnung am Beispiel der Windenergietechnologie

Wilhelm Schmeisser / Simon Eichhorn / Oliver Nickel

16 Grundsätzliches

Bei der Berechnung des Shareholder Values hat sich die Unternehmensbewertung als grundlegendes Beschreibungs-, Erklärungs- und Entscheidungsmodell herauskristallisiert. Die Unternehmensbewertung ist als Grundmodell der Innovationserfolgsrechnung zu betrachten. Dieses Unternehmensbewertungsmodell ist überaus zweckmäßig, da dieses Modell sowohl den Wert des Unternehmens als Ganzes als auch einen Teilwert des Unternehmens, d.h. ein Investitionsgut aus Sicht der Anteilseigner (Shareholder) bewerten kann. Andere Sichtweisen, wie die Bewertung über Bilanzen, haben sich als nicht zuverlässig erwiesen. Ein Grund hierfür ist das Bilanzierungsrecht. Weiterhin ist eine solche Bewertung nicht zukunftsorientiert und widerspricht somit den Interessen der Anteilseigner. Für Aktionäre ist nicht nur ein kurzfristig erzielbarer Gewinn entscheidend, sondern die noch bevorstehende Entwicklung des Unternehmens oder des Investitionsgutes in Form einer Innovation sowie die daraus zu erwartenden Überschüsse (Free Cashflows).

Um Überschüsse im Unternehmen zu erzielen, müssen auf die Zukunft hin ausgerichtete strategische Entscheidungen getroffen werden. Um derartige Entscheidungen rational zu fällen, werden Werkzeuge benötigt, die den Einfluss der Innovation auf die Entwicklung des Unternehmenswerts prognostizieren. Die Innovationserfolgsrechnung stellt ein solches Prognosewerkzeug dar, das die Bewertung des zukünftigen Erfolgs von Innovationen ermöglicht. Im Rahmen dieses Beitrages wird die Innovationserfolgsrechnung vorgestellt. Dazu ist es notwendig, die hiermit unmittelbar verbundenen Begriffe „Innovation" und „Innovations-

management" präzise zu erläutern, ebenso die Termini „Erfolgspotentiale", „Erfolgsfaktoren" und „Erfolgsrisiken".

Als erste Innovationserfolgsrechnung wird die Product Life Cycle Rechnung vorgestellt.
Einführend ist hier der Begriff des „Produktlebenszyklus" zu klären, auf dem die Product
Life Cycle Rechnung basiert. Anschließend wird die Methodik und Durchführung der Rech-
nung dargestellt – zunächst theoretisch, dann anhand einer Beispielrechnung.

Die Beispielrechnung soll eine realitätsnahe Situation widerspiegeln. Dazu wurde das Szena-
rio eines Unternehmens gewählt, das sich auf die Herstellung von Windkraftanlagen spezialisiert hat. Um einen neuen Markt zu erschließen, steht dieses fiktive Unternehmen vor der
Entscheidung für oder gegen die Investition in eine Produktinnovation sich zu entscheiden.
Zunächst wird die Rentabilität dieser Innovation mit der Produkt Life Cycle Rechnung geprüft. Danach wird auf Basis derselben Prämissen die Innovationserfolgsrechnung angewandt. Die Ergebnisse und die Methodik der beiden Verfahren werden verglichen und diskutiert. Ziel dabei ist es, ein Fazit im Sinne einer Anwendungsempfehlung für den Investor
herauszuarbeiten.

17   Theoretische Grundlagen

17.1   Innovation und Innovationsmanagement

17.1.1   Terminologie zur Innovation

Innovation wird oft derart beschrieben, dass Unternehmen in irgendeiner Form etwas „Neues" tun und sich dafür mit Hilfe einer Innovationserfolgsrechnung entscheiden. Dabei heißt
„neu", sowohl eine Änderung der Art des bisherigen Beschäftigungsfeldes als auch nach dem
Grad der Neuheit, die das Unternehmen zu bewältigen hat. Es geht um neuartige Produkte,
Verfahren, Wertschöpfungsketten, Erfolgsfaktoren, Vertragsformen, Vertriebswege oder
Technologien bedingt. Innovation ist wesentlich mehr als eine graduelle Verbesserung und
mehr als ein technisches Problem.[310]

Unter Innovation kann man das „faktische Handeln, mit dem die als neu repräsentierte Idee
realisiert wird" verstehen.[311] Die Innovation stellt die „erstmalige wirtschaftliche Anwen-

---

[310]   Vgl. Hamel (1996)
[311]   Schmeisser et al. (2006)

dung einer neuen Problemlösung dar.[312] Es lassen sich vier Dimensionen angeben, die die Neuartigkeit einer Innovation in ihren verschiedenen Ausprägungen darlegen:[313]

- *inhaltliche Dimension:* Die Inhaltliche Dimension umfasst zum einen das Neue des Objektes an sich. Zum anderen wird der Grad der Neuigkeit in Bezug auf schon vorhandene Objekte betrachtet.
- *subjektive Dimension:* Mit der subjektiven Dimension wird zum Ausdruck gebracht, für wen sich etwas als neu darstellt. Als Beispiel können Nationalstaaten, Branchen oder einzelne Unternehmen genannt werden.
- *prozessuale Dimension:* Im Rahmen der prozessualen Dimension wird der Anfang und das Ende der Neuerung bestimmt. Die einzelnen Phasen, die sich abgrenzen lassen, werden im Zusammenhang mit der Beschreibung des Innovationsprozesses benannt.
- *normative Dimension:* Beim normativen Ansatz wird versucht, eine Relation zwischen der geplanten Neuheit und den sich einstellenden Erfolg für die Definition von Innovation zugrunde zu legen. Dies ist insofern als fraglich anzusehen, als dass es im Voraus nicht möglich ist, den Erfolg oder gar das Zielsystem des späteren Verwenders des neuen Objektes zu bestimmen.

Des Weiteren lassen sich Innovationen nach Objekten gliedern, auf die sich die „Neuheit" bezieht. Es kann sich sowohl um neuartige Produkte als auch z.B. um neue Vertriebswege handeln. Im Allgemeinen werden

- Produktinnovationen und
- Prozessinnovationen

unterschieden. Produktinnovationen dienen der Befriedigung von Bedürfnissen am Markt. Sie wirken entsprechend auf die Effektivität ein und sind demzufolge dem externen Zielsystem zuzuordnen. Prozessinnovationen sind betriebsintern durchzusetzen. Sie dienen der Effizienzsteigerung der Produktion und unterliegen folglich auch internen Zielen.[314] Weitere Bereiche für Innovationen sind z.B. Finanz-, Sozial- oder Organisationsinnovationen.[315]

17.1.2   Innovationsmanagement

Fähigkeiten zur Entwicklung und Beherrschung von (technologischen) Innovationen haben für die Wettbewerbs- und Überlebenschancen von Unternehmen in Industrienationen eine enorme Bedeutung. Durch Innovationen lassen sich neue Produkt-Markt-Felder eröffnen oder auf vorhandenen Märkten Differenzierungs- oder Kostenvorteile gegenüber Konkurrenten erzielen. Das Management von Neuerungen, also die systematische betriebswirtschaftliche Planung, Organisation, (Durch-)Führung und Kontrolle sämtlicher Aktivitäten im Unter-

---

[312] Pleschak/Sabisch (1996)
[313] Vgl. Hauschildt (1994)
[314] Vgl. Schramm (2000)
[315] Vgl. Hauschildt (2004)

nehmen, die primär auf die Generierung und Nutzung technologischer Innovationen gerichtet sind, ist ein komplexes Aufgabenfeld.[316]

Unternehmerisches Handeln als Quelle von Innovationen beinhaltet vor allem kalkulierte Risikobereitschaft, persönliche Verantwortung und die Fähigkeit zur Antizipation von Zukunftsmöglichkeiten. Die Zukunftsmöglichkeiten manifestieren sich im Zusammenwirken von Angebote- und Nachfragekräften. Beide Marktkräfte müssen vorliegen, soll der Innovationsprozess erfolgreich abgeschlossen werden.[317]

Dieser Prozess zur Erlangung und Umsetzung von Innovationen gliedert sich (idealtypisch) in folgende Einzelschritte:[318]

1. Problemsuche
2. Forschung und Entwicklung
3. Markteinführung

Das Management von Innovationen ist Teil der Unternehmensstrategie und kann sich auf Produkte, Dienstleistungen, Fertigungsprozesse, Organisationsstrukturen oder Managementprozesse beziehen. Das Ziel der Innovation ergibt sich aus den Unternehmenszielen und den Anforderungen des gesellschaftlichen und ökonomischen Umfelds. Grundsätzlich steht für jedes innovierende Unternehmen das Erzielen von Wettbewerbsvorteilen gegenüber den Konkurrenten im Fokus der Bemühungen.[319]

Dabei kann einerseits zwischen internen und externen Zielen unterschieden werden, andererseits zwischen wirtschaftlichen, sozialen und gesellschaftlich-kulturellen. Diese Ziele lassen sich über eine erweiterte Form des „magischen Dreiecks"[320], wie in Abb. 17.1, darstellen.

---

[316] Vgl. Gerpott (1999)
[317] Vgl. Albach (1990)
[318] Vgl. Herden (1992)
[319] Vgl. Schmeisser/Schettler (2008)
[320] Vgl. Pleschak/Sabisch (1996)

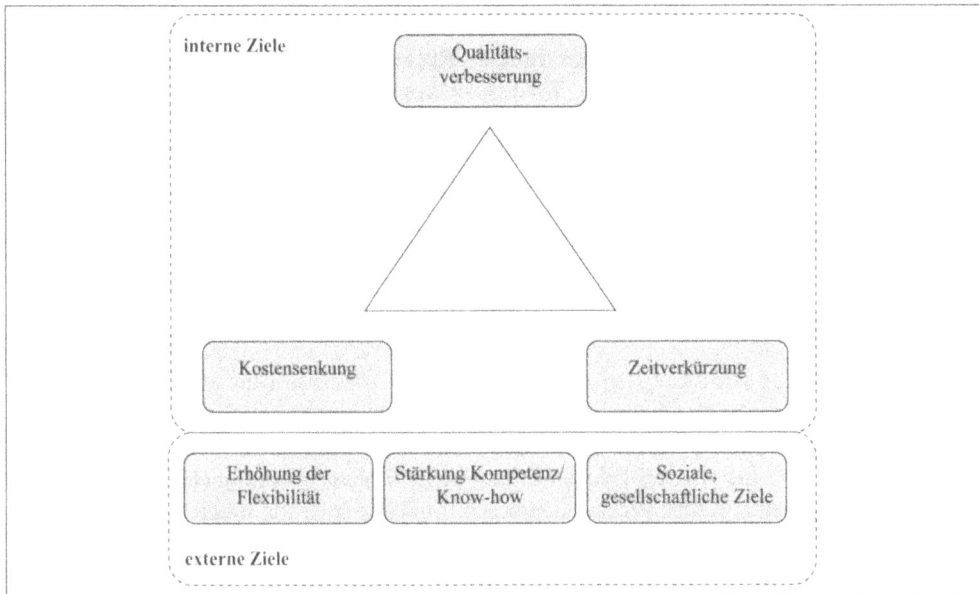

Abb. 17.1   Erweitertes „Magisches Dreieck"

Die konkreten Ziele, die eine Innovation notwendig machen, ergeben sich aus der speziellen Ausgangssituation des innovierenden Unternehmens. Dabei gibt es verschiedene Arten von Innovationen, die sich wie in Tab. 17.1 differenzieren lassen.[321]

Differenzierung nach	Kernfrage	Innovationsart
Gegenstandsbereich	Worauf bezieht sich die Innovation?	1. Produktinnovation 2. Prozessinnovation Organisatorische Innovation 4. Soziale Innovation
Auslöser	Wodurch werden Innovationen ausgelöst/veranlasst?	1. Pull-Innovation 2. Push-Innovation 3. Kombination
Neuigkeitsgrad	Wie neu ist die Innovation?	1. Basisinnovation 2. Verbesserungsinnovation 3. Anpassungsinnovation 4. Imitation 5. Scheininnovation
Veränderungsumfang	Welche Veränderungen werden im Unternehmen erforderlich?	1. Inkrementalinnovation 2. Radikalinnovation

Tab. 17.1   Differenzierungsmerkmale von Innovationen

---

[321] Vgl. Schmeisser/Schettler (2008)

Die Ausprägung Differenzierungsmerkmale, insbesondere der Neuigkeitsgrad und der Veränderungsumfang lassen jedoch keinen direkten Rückschluss auf den zu erwartenden wirtschaftlichen Erfolg der Innovation zu. Tatsächlich konnte ein linearer positiver Zusammenhang zwischen dem Neuigkeitsgrad von Produkten (oder Prozessen) und deren wirtschaftlichem Erfolg nicht nachgewiesen werden.[322] Unternehmen können durch inkrementale und radikale Innovationen, je nach Wettbewerbs-, Nachfrage- und Unternehmenskompetenzsituation, gleichermaßen ihren wirtschaftlichen Erfolg verbessern.

Daraus lassen sich für das Innovationsmanagement in der Praxis drei Schlussfolgerungen ableiten:[323]

1. Innovationsgrade von Produkten und Prozessen eines Unternehmens sind zu optimieren.
2. Situationen in denen sämtliche Produkte und Prozesse eines Unternehmens extrem hohe oder niedrige Neuheitsgrade aufweisen sind i.d.R. zu vermeiden.
3. bei der Prognose der wirtschaftlichen Effekte einer Innovation sind mehr deren inhaltlich direkt begründeten wettbewerbsstrategischen Implikationen als deren Neuheitsgrad an sich zu analysieren.

17.1.3   Innovationsprozess

Der Innovationsprozess lässt sich analytisch anhand einer Kette von Ereignissen aufgliedern. Dabei können sich die einzelnen Phasen überschneiden und ein ständiges „Feedback" zwischen den einzelnen Phasen stattfinden (Abb. 17.2). Grundsätzlich kann man davon ausgehen, dass es zu einer Unterscheidung zwischen Intentionsphase und Innovationsprozess, d.h. von Ideengenerierung und -realisation kommt.[324] Innovationen grenzen sich von Intentionen (reine Erfindungen) durch das Kriterium der erfolgreichen Einführung im Markt (Produktinnovation) oder den Einsatz eines neuen Verfahrens (Prozess- oder Verfahrensinnovation) ab.[325]

Innovationen erzeugen somit einen wirtschaftlichen Wert.

---

[322] Vgl. Brockhoff (1994)
[323] Vgl. Gerpott (1999)
[324] Vgl. Schmeisser et al. (2006)
[325] Vgl. Brockhoff (1992); Bullinger (1994)

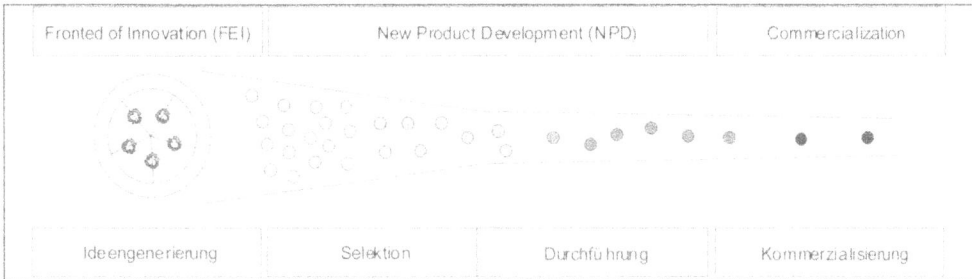

Abb. 17.2   Innovationsprozess[326]

Die einzelnen Phasen unterscheiden sich hinsichtlich der Ausgestaltung der Aufgaben, des Informationsbedarfs, der eingesetzten Managementinstrumente sowie schließlich hinsichtlich des Beitrags zur Bewertung von Innovationen.[327]

Die erste Phase („Frontend of Innovation") zielt vor allem auf die Generierung neuer Ideen und Initiativen. Sie ist häufig durch ein hohes Maß an fehlender Struktur und Unsicherheit gekennzeichnet, so dass Produkt- und resultierende Umsatzerwartungen noch nicht konkret formuliert werden können. Am Ende dieser Phase liegen detaillierte Entwicklungsvorschläge vor. Innerhalb der zweiten Phase („New Product and Process Development") liegt der Aufgabenschwerpunkt auf der Selektion und Entwicklung neuer Produkte und Prozesse mit dem Ziel, greifbare Produkt- und Servicekonzepte zu erstellen. Diese werden häufig durch Prototypen und Demonstranten veranschaulicht. Typischerweise werden im Rahmen einer strukturierten und klar budgetierten Projektorganisation durchgeführt. Bei steigendem Reifegrad der Innovation wird in dieser Phase der Wertbeitrag der Investition für die Unternehmung prognostiziert, wobei i.d.R. die unterschiedlichen Produkt- und Servicekonzepte bewertet werden. Nach dem erfolgreichen Abschluss des Projektentwicklungsprozesses folgt in einem letzten Schritt die Kommerzialisierung der Innovation mit Hilfe standardisierter Markteinführungsprozesse. Dazu greift das Innovationsmanagement auf die klassischen Instrumente des Marketingmixes wie Vertriebs-, Kommunikations- und Preispolitik zurück. In dieser Phase wird der Wertbeitrag weiter differenziert.[328]

Die Bewertung der Innovation basiert in der Initiierungsphase vor allem auf einer Abschätzung der Gesamtinvestitionskosten mit dem prognostizierten Marktpotential. Ökonomische Abschätzungen existieren nur sehr grob und die Datenerhebung konzentriert sich vor allem auf Umsatzvolumina von Gesamt- und Teilmärkten sowie die Aufteilung von Marktanteilen. Genaue Aufwands- und Ertragsabschätzungen können noch nicht vorgenommen werden (Tab. 17.2).

---

[326] Koen et al. (2001)

[327] Vgl. Koen et al. (2001)

[328] Vgl. Schmeisser et al. (2008)

	Initiierung	**Konzeption**	**Kommerziali-sierung**
Bezugs-größe	- Projekt - Gesamtmarkt - Anteil Gesamt-markt - Gesamtinnova-tion	- Projekt - einzelne Produkte - Kundengruppe/ Segment - Geschäftsmodell	- Einzelne Produkte - Kundengruppe/ Segment - Geschäftsmodell - Marketingobjekte und Strategien
Zurech-nung	- nicht oder nur rudimentär be-trachtet, da nur Grobabschätzung dies nicht erfor-dert	- Abgrenzungs-problematik der Kosten → von anderen Projekten, Teilpro-jekten - Abgrenzung der Erlöse → von anderen Produkten	- Abgrenzungs-problematik der Erlöse von anderen Produkten - Kostenverrechnung zunehmend präzi-ser
Bewertung	- Marktpotential - Anteil am Ge-samtmarkt - Gesamtinvesti-tionsausgaben	- projektinduzierte Einnahmen - Ausgaben (ggf. orientiert an Kos-tengrößen) - Pauschalen in Prozent	- Kosten differen-ziert nach - Kostenarten - Produkten - Aktivitäten - Erlösen nach Pro-dukten und Erlös-arten - differenzierte Plan-erfolgsrechnung
Methode	- Marktab-schätzung/Poten-zialanalysen - Kostenabschätz-ungen basierend auf Investitions-ausgabe - Risikoanalysen	- finanzmathema-tische Methoden → statische Ver-fahren (Gewinn-vergleichsrech-nung) → dynamische Verfahren (Kapi-talwertmethode)	- Integration in be-triebliche Kosten- und Ergebnisrech-nung - integriert in be-triebliches Pla-nungssystem

Tab. 17.2   Übersicht Innovationsphasen

In diesem frühen Stadium finden die Methoden der Investitionsrechnung noch keine Anwendung, da diese wesentlich detailliertere Informationen über den zeitlichen Anfall der Eingangsgrößen benötigen. Die Abschätzung beschränkt sich auf bloße Gegenüberstellung von Investitionskosten und dem Umsatz- und Wachstumspotential des adressierten Marktes, ergänzt um risikobezogene Aussagen.[329]

Die Konzeptionsphase dient der Aufstellung und Ausarbeitung des Produkt- und Servicekonzeptes. Aufgrund der Projektorganisation können die Projektkosten direkt durch das Projektcontrolling erfasst und zugeordnet werden. Die schwierigere Aufgabe ist die Abgrenzung von Gemeinkosten gegenüber anderen Projekten und Innovationsvorhaben und Gemeinerlösen von anderen Produkten.[330] Wichtiger Bestandteil innerhalb dieser Phase ist die Analyse und eine detaillierte Prognose der zu erwartenden Erlöse. Demgegenüber werden die zu erwartenden Investitionsausgaben ermittelt und mit den zu erwartenden projektspezifischen Einnahmen verglichen. In der Konzeptionsphase kann mittels der Barwertberechnung vor allem die Kapitalwertmethode als dynamisches Investitionsrechnungsverfahren genutzt werden. Die Ein- und Auszahlungen werden entlang des Produktlebenszyklus gegenübergestellt und zeitlich abgezinst. Das unternehmerische Innovationsrisiko und der Lohn wird mir Hilfe des vorgegebenen Zinssatzes gesteuert.[331]

Spezifizierte Produktkonzepte werden unter Zuhilfenahme des Marketingmixes in den Markt eingeführt. Die Innovationsergebnisrechnung fokussiert in der Phase der Kommerzialisierung auf einzelne Produkte, Serviceangebote, Produktbundles, dedizierte Kundensegmente sowie Vertriebsgebiete. Klare Vorstellungen über Produktionskosten und Zahlungsbereitschaften liegen vor, so dass eine detaillierte Erhebung sämtlicher Daten möglich ist.[332] Es findet eine Verknüpfung zum internen Rechnungswesen statt, wodurch eine umfangreiche Planung und Kontrolle der Kostenseite und der Erlösseite ermöglicht wird.

Nach *Hauschildt* lassen sich die Aufgaben des Innovationsmanagements als die „dispositive Gestaltung von einzelnen Innovationsprozessen" beschreiben.[333] Die Informationsversorgung des Managements ist eine Aufgabe des Innovationscontrollings. Dabei sollte dies phasenübergreifend geschehen. Es steht also der Innovationsprozess im Betrachtungsmittelpunkt. Generell lassen sich drei Ansätze des Innovationscontrollings unterscheiden:[334]

- kontrollorientiertes Innovationscontrolling,
- informationsversorgungsorientiertes Innovationscontrolling,
- koordinationsorientiertes Innovationscontrolling.

---

[329] Vgl. Schmeisser et al. (2008)

[330] Vgl. Schmeisser et al. (2008)

[331] Vgl. Schmeisser et al. (2008)

[332] Vgl. Schmeisser et al. (2008)

[333] Hauschildt (1997)

[334] Vgl. Schramm (2008)

Der kontrollorientierte Ansatz legt den Schwerpunkt auf die Planung und Kontrolle aller Projekte innerhalb der Innovationsprozesse. Das Hauptziel ist es, Veränderungen zu erkennen und entsprechende Gegenmaßnahmen einzuleiten. Der informationsversorgende Ansatz hat die Bereitstellung von Informationen zur Aufgabe. Die Innovationserfolgsrechnung ist ein Instrument, das diesem Ansatz zugeordnet werden kann.[335] Die gelieferten Informationen dienen der Planung und der Kontrolle von Innovationen. Die Erfolgsermittlung basiert dabei auf dem Gedanken, die Projekte als Investitionen aufzufassen. Der koordinationsorientierte Ansatz des Innovationscontrollings hat den Fokus auf das Management von Schnittstellen innerhalb des Innovationsprozesses. Die klassischen Instrumente sind Kennzahlen, Verrechnungspreise und Budgets.

Eine Innovation ist also durch eine qualitativ merkliche Änderung gegenüber einem bisherigen Zustand gekennzeichnet. Um der Besonderheit einer Innovation gerecht zu werden, bedarf es zum einen Instrumente des Innovationsmanagement und des Innovationscontrollings. Zum anderen ist aber auch das Bewusstsein, dass sich etwas um eine Innovation handelt, für die Auswahl der richtigen Instrumente von elementarer Bedeutung.

17.2   Innovationserfolgsrechnung

17.2.1   Grundsätzliches

Übergeordnetes Ziel der Innovationserfolgsrechnung besteht darin, dem Innovator bewusst zu machen, welche (immateriellen) Investitionen der Verwertung einer Innovation am Markt zu verdienen hat. Die Innovationserfolgsrechnung sollte darüber hinaus eine Projekt-, Investitions-, Planungs- und Kontroll- sowie Erfolgsrechung sein.[336]

Neue Produkte und Dienste ermöglichen Unternehmen neue Umsätze zu generieren und neue Märkte zu erschließen. Innovationen sind somit auf der einen Seite die Grundlage für nachhaltiges Unternehmenswachstum, auf der anderen Seite leitet sich aus dem Kostendruck eine weitere Begrenzung der finanziellen Ressourcen ab.[337] Es ist wichtig, dass die Innovation eines Unternehmens erfolgreich in den Markt eingeführt werden kann, um den wirtschaftlichen Erfolg des Unternehmens zu sichern. Aus diesem Grund ist der Erfolg der Innovation, innerhalb des Innovationsprozesses, permanent zu prüfen. Um die Möglichkeiten und Einsatzbreite der Innovationserfolgsrechnungen zu schildern, werden im Folgenden noch wichtige Termini und deren Zusammenhänge erläutert.

---

[335] Vgl. Schramm (2008)
[336] Vgl. Hauschildt (1994)
[337] Vgl. Schmeisser et al. (2008)

17.2.2 Erfolgsfaktoren, Erfolgspotentiale, Erfolgsrisiken

Innovationen unterliegen Risiken oder einer Ungewissheit. Diese Ungewissheit lässt sich in Unsicherheit, wenn keinerlei Anhaltspunkte für nachfolgende Ereignisse bei Einführung einer Technologie bestehen, sowie in Risiko wenn Wahrscheinlichkeiten für das Eintreten bestimmter Ereignisse, also Chancen und Risiken, ermittelbar sind, unterteilen.[338]

Betriebswirtschaftliches Innovationsmanagement zielt ab auf Erfolg.[339] Durch geeignete Managementaktivitäten kann der Erfolg einer Innovation zwar nicht garantiert, jedoch die Chancen auf einen Erfolg erheblich gesteigert werden.[340] Demzufolge ist es wichtig, die Chancen und Risiken zu bewerten und Faktoren für den Erfolg zu definieren, um damit die Erfolgspotentiale und -risiken einer Innovation abzuschätzen und begründete Entscheidungen im Rahmen des Innovationsmanagements zu ermöglichen.

Die Komplexität einer Innovation spielt eine entscheidende Rolle bei Innovationen. Die Komplexität einer Innovation wird vor allem durch den Innovationsgrad dargestellt. Der Innovationsgrad soll den graduellen Unterschied einer Innovation gegenüber dem bisherigen betrieblichen Zustand mess- und bewertbar machen.[341]

Hauschildt führt dazu aus, dass je höher der Grad an Neuartigkeit der Innovation für den bisherigen Betrieb ist,

- desto unklarer wird die Kontur und die Struktur des Innovationsproblems für den Betrieb, und desto schwieriger wird demnach die betriebliche Problemdefinition und deren Problemzerlegung,
- desto höher die Unsicherheit der Erwartungen des Betriebes über die Erwartungsparameter ausfällt, desto schwieriger wird es für den Betrieb demnach, eine Einschätzung des technischen Entwicklungserfolges, der Marktgegebenheiten und über die Reaktion der Umwelt zu treffen,
- desto schwieriger wird es für das Unternehmen Informationen zu beschaffen und eine befriedigende Wissensgenerierung zu gewährleisten, d.h. auch desto problematischer wird der eigentliche Entwicklungsprozess,
- desto höher die Zahl und die Intensität der zu erwartenden Konflikte sind, desto höher wird der Aufwand diese Innovationswiderstände zu überwinden.

Wissenschaftliche Studien zeigen, dass sich beim Zusammenhang zwischen Innovationsgrad und Innovationserfolg widersprüchliche Endergebnisse ergeben.

---

[338] Vgl. Popp/Schmidt (1999)
[339] Vgl. Hauschildt (1991)
[340] Vgl. Lynn et al. (1996)
[341] Vgl. Hauschildt (2004)

Einen positiven Zusammenhang kann *Zhou* nachweisen.[342] Innovationen mit einem hohem Technologieinnovationsgrad bzw. einem hohen Marktinnovationsgrad beeinflussen den Unternehmens- und Produkterfolg positiv. Die Langzeitstudie von *Berth* zeigt, dass radikale Innovationsprojekte eine durchschnittliche Rentabilität von 14,7 Prozent, während inkrementale Innovationen nur eine Rentabilität von 6,9 Prozent aufweisen.[343]

Ein anderes Ergebnis der Studien besteht darin, dass radikale Innovationen zwar die Möglichkeit bieten, sich nachhaltig vom Wettbewerb zu differenzieren und es ist die Chance auf einen überproportionalen Erfolg der Innovation potentiell gegeben. Es wird aber ebenso darauf hingewiesen, dass mit steigendem Innovationsgrad der Zeitaufwand, der Ressourcenverbrauch beider Entwicklung und das Risiko des Scheiterns überproportional stark ansteigen (negativer Zusammenhang). Hauschildt konstatiert: Je höher der Innovationsgrad eines betrieblichen Handelns ist, desto geringer ist die Wahrscheinlichkeit ein effektives und zugleich effizientes Ergebnis erreichen zu können.[344] Damit ist das Ausmaß des Erfolges nach diesen Studien eher ungewiss.

Einen dritten Denkansatz bildet der U-förmige Verlauf des Zusammenhangs zwischen Innovationsgrad und -erfolg. Danach zeigten sich sowohl bei inkrementalen als auch bei radikalen Innovationen vergleichsweise hohe Erfolgsraten (u.a. ROI, Marktanteil), währen sich moderate Innovationen als deutlich weniger erfolgreich herausstellten. Mäßig innovative Produkte verfügen weder über einen ausreichend relativen Vorteil am Markt noch über die Vorteile interner Synergieeffekte.[345]

Ein letzter Ansatz besteht darin, dass die Erfolgschancen eines Produktes mit steigender Innovationshöhe zunächst bis zu dem Punkt des maximal wahrgenommenen Nutzens ansteigen. Überschreitet die Innovationshöhe diesen Punkt, so ist mit sinkenden Erfolgsaussichten (umgekehrter U-förmiger Zusammenhang) der Innovation zu rechnen.[346]

Zusammenfassend ist zu konstatieren, dass die Höhe des betrieblichen Innovationsgrades eher einen negativen Einfluss hat, wobei mit einem hohen Innovationsgrad aus Sicht des Marktes tendenziell eher ein positiver Erfolg verbunden wird. Jedoch weisen Innovationen mit einem hohen Innovationsgrad eher ein hohes Marktrisiko auf. Das beutet, dass ein hoher Innovationsgrad nicht zwangsläufig Erfolg garantiert.

Vielmehr scheint die Entwicklung und Einführung hochgradiger Innovationen ein besonderes Innovationsmanagement zu verlangen. Dabei stellen Unsicherheit ein konstituierendes Merkmal hochgradiger Innovationsprojekte dar und sind häufig sehr komplex.[347] Es hat sich gezeigt, dass der Erfolg einer Innovation entscheidend von den Managementaktivitäten ab-

---

[342] Vgl. Zhou et al. (2005)

[343] Vgl. Berth (2003)

[344] Hauschildt (2004)

[345] Vgl. Kleinschmift/Copper (1991)

[346] Vgl. Kotzbauer (1992)

[347] Vgl. Schmeisser et al. (2008)

hängt. Die Einbindung eines Promoters durch das Innovationsmanagement als moderierender Faktor für die Umsetzung radikaler Innovationen ist notwendig.

Das Promotorenmodell in seiner ursprünglichen Form ist von *Witte* entwickelt worden. Demnach haben bestimmte Schlüsselpersonen erheblichen Einfluss auf den Erfolg eines Innovationsprojektes. Sie sind in der Lage, die Willensbarrieren und die Fähigkeitsbarrieren, die mit dem Novum der Innovation einhergehen, zu überwinden.

Im Ausgangsmodell werden

- Machtpromotoren und
- Fachpromotoren

unterschieden.[348] Der Machtpromotor sorgt dabei für die notwendige Unterstützung des Projektes in der Unternehmenshierarchie, während sich der Fachpromotor mit seinen Spezialkenntnissen für das Überwinden der Fähigkeitsbarrieren verantwortlich zeigt. *Hauschildt* und *Chakrabarti* erweitern das Modell von *Witte* um den Prozesspromotor, der für die notwendige Kommunikation innerhalb der Organisation sorgt. Aus empirischen Untersuchungen verschiedener Konstellationen mit und ohne Promotorenstruktur ist hervorgegangen, dass sich das Nebeneinander von Macht- und Fachpromotor, das so genannte „Gespann-Modell", als am erfolgreichsten darstellt.[349] Außerdem wurden die Existenz des Prozesspromotors und dessen Erfolgsbeitrag nachgewiesen.[350] Im Zusammenhang mit dem Projektmanagement lässt sich nachweisen, dass das Zusammenwirken von Macht-, Fach- und Prozesspromotor besonders bei komplexen, strategischen Projekten, also auch bei Innovationen, von entscheidender Bedeutung ist.

An diesem Punkt ist es wichtig, dass das Innovationsmanagement rechtzeitig erkennt, ob der Grad der Innovation noch in einem gesunden Verhältnis zu den Kosten und den zu erwartenden Gewinnen steht.

Der Erfolg einer Innovation hängt von vielen Faktoren ab. Zur Beurteilung einer Innovation muss zum einen die Sicht des Unternehmens geprüft werden, ob die Idee wirtschaftlich erfolgreich und rentabel ist (Erfindungs- und/oder Patentbewertung) zum anderen ist die Sicht des Kunden zu prüfen, ob er das innovative Produkt bzw. die angebotene Leistung positiv beurteilt und letztlich das Angebot akzeptiert.

Nach *Schramm* kann noch die Unterteilung des Erfolgsrisikos in ein technisches und ein wirtschaftliches Risiko erwähnt werden. Das technische Risiko bezieht sich auf das für die Innovation notwendige F&E-Know-how sowie personelle F&E-Ressourcen oder auch Probleme bei Fertigungstechnologien. Das wirtschaftliche Risiko bezieht sich auf die Marktseite

---

[348] Vgl. Witte (1999)

[349] Vgl. Witte (1999)

[350] Vgl. Hauschildt (2004)

und kommt in der Akzeptanz der Innovation durch den Kunden zum Ausdruck. Weitere wesentliche Kriterien des ökonomisch orientierten Markterfolges sind der finanzielle Erfolg, der Marktanteil und der Imagegewinn einer Innovation.[351] Der technische Erfolg einer Innovation und der Kompetenzgewinn des Unternehmens stellen hingegen wesentliche interne Erfolgskriterien dar.[352]

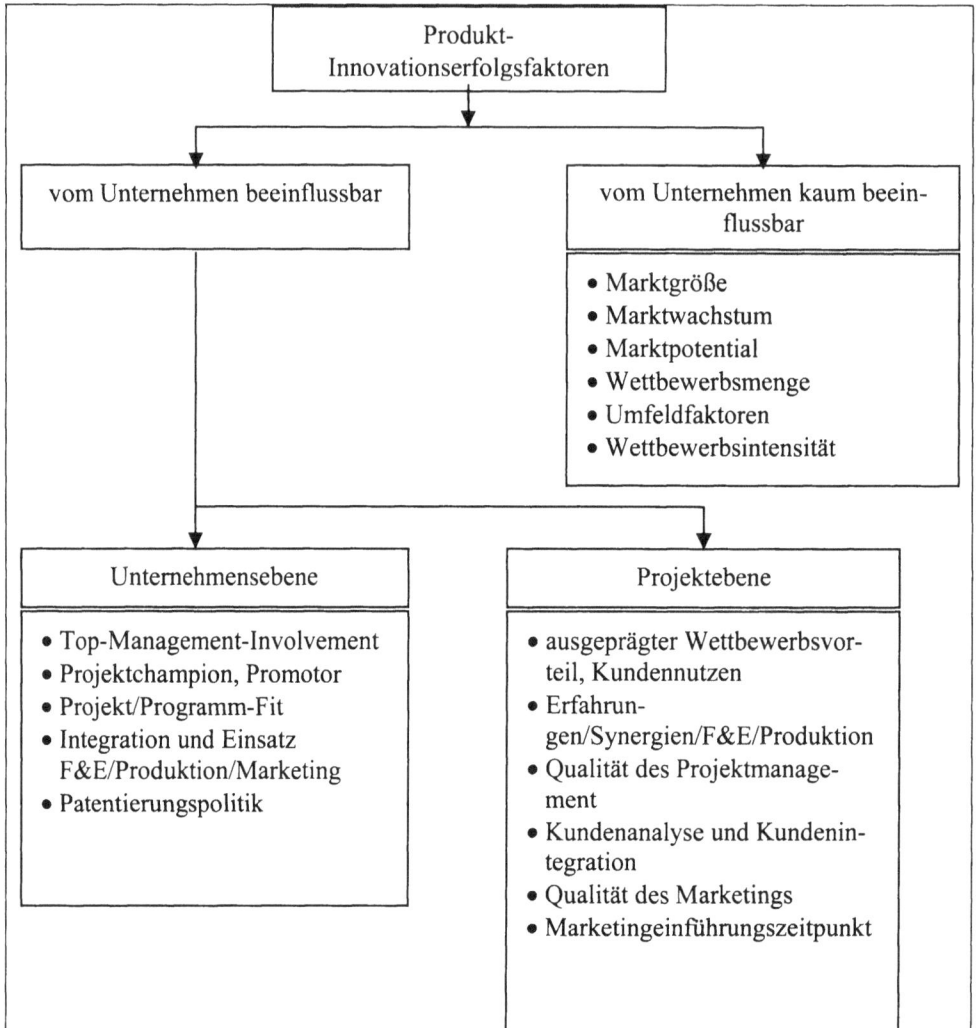

```
                    ┌─────────────────────────┐
                    │        Produkt-         │
                    │ Innovationserfolgsfaktoren │
                    └─────────────────────────┘
```

vom Unternehmen beeinflussbar	vom Unternehmen kaum beeinflussbar
	• Marktgröße • Marktwachstum • Marktpotential • Wettbewerbsmenge • Umfeldfaktoren • Wettbewerbsintensität
Unternehmensebene • Top-Management-Involvement • Projektchampion, Promotor • Projekt/Programm-Fit • Integration und Einsatz F&E/Produktion/Marketing • Patentierungspolitik	**Projektebene** • ausgeprägter Wettbewerbsvorteil, Kundennutzen • Erfahrungen/Synergien/F&E/Produktion • Qualität des Projektmanagement • Kundenanalyse und Kundenintegration • Qualität des Marketings • Marketingeinführungszeitpunkt

Abb. 17.3   *Erfolgsfaktoren von Innovationen nach 25 Jahren Forschung*[353]

---

[351] Vgl. Griffin/Page (1996)

[352] Vgl. Billing (2003)

[353] Trommsdorff/ Steinhoff (2007)

Das Risiko bzw. die Unsicherheit werden maßgeblich durch die Komplexität und die mangelnde Strukturiertheit des Innovationsprozesses bestimmt. Vor allem die frühen Phasen der Innovation werden durch Kreativität und Einfallsreichtum geprägt. Dadurch können kreative Ideen keiner festen Ablaufstruktur zugeordnet werden. Die Tragweite, also insbesondere das Ausmaß der ins Leben zu rufenden Projekte ist ex-ante nicht abschätzbar.[354] Zudem gestaltet sich die Zielbildung als äußerst schwierig. Aufbauend auf der Problemstrukturierung verursacht deren Komplexität ebenso unklare Ziele. Des Weiteren interagieren der Problemlösungsprozess und die Zielbildung. D.h. die Ziele verändern sich im Verlauf des Innovationsprozesses, was dessen Planung und Steuerung erheblich erschwert.[355]

Erfolgsfaktoren wirken in zwei Richtungen. Sie sollen eine strategische „Effektivität" (das Richtige tun) und die operative „Effizienz" (es richtig, also wirtschaftlich, tun) einer Innovation bewerten. Zugleich besteht das Risiko der fehlenden Erfolgspotentiale, d.h. dass durch eine hohe Misserfolgsrate bei den F&E-Projekten jene erfolgsrelevanten Voraussetzungen fehlen, auf deren Basis in Zukunft Gewinne erzielt werden können.[356]

17.2.3   Erfolgsmessung und -beurteilung

Dieser Abschnitt setzt sich mit Fragestellungen zum Innovationserfolg auseinander. Dabei muss zunächst bemerkt werden, dass sich die folgenden Ausführungen auf den Erfolg von Produktinnovationen und nicht auf Prozessinnovationen beziehen, da der Erfolgsbegriff nach Innovationsart unterschiedliche Ausprägungen annimmt.

Die Erfolgsgrößen eines Unternehmens sind Kosten, Zeit und Qualität. Dieses ist das sogenannte „Magische Dreieck". Zusätzlich zu diesen drei Größen kann noch die Flexibilität genannt werden, die die Anpassungsfähigkeit des Unternehmens beschreibt. Der Beitrag von Innovationen zum Unternehmenserfolg wird aus Marktsicht an anderen Kennzahlen gemessen. Die Probleme, die sich bei der Messung des Innovationserfolges ergeben, lassen sich durch folgende vier Fragen ausdrücken:

1. wer hat Interesse an einer Erfolgsbestimmung?
2. wie wird Erfolg definiert?
3. wer misst den Erfolg?
4. zu welchem Zeitpunkt wird der Erfolg gemessen?

Die Bestimmung des Erfolges einer Innovation liegt vor allem im Interesse der Investoren. Der Staat oder idealistisch geprägte Gönner finden hier keinen Einzug in die Betrachtung. *Hauschildt* unterscheidet zwei Arten von Investoren:

---

[354] Vgl. Schramm (2000)
[355] Vgl. Hauschildt (1997)
[356] Vgl. Schmeisser (2006)

- idealtypischer Investor und
- realtypischer Investor.

Für den idealtypischen Investor steht der wirtschaftliche Erfolg von Projektbeginn an im Vordergrund. Während der Projektdauer verlangt er in regelmäßigen Abständen, einen Kapitalwert auszuweisen. Sein Ziel ist ein ständiger Überblick über die Wirtschaftlichkeit der Innovation. Der realtypische Investor hingegen nimmt ein größeres Risiko in Kauf und bewertet das Innovationsprojekt auch hinsichtlich nicht-finanzieller Kriterien, die Rückschlüsse auf spätere Erfolge zulassen.
Von den Vertretern der technischen Seite der Innovation, den Innovatoren, werden auch technische Indikatoren zur Bewertung des Innovationserfolges angewandt. Die Vermittlung zwischen Investoren und Innovatoren obliegt dem Controller. Dieser ist für die Einhaltung aller technischen und ökonomischen Ziele verantwortlich.

Bei der Definition des Innovationserfolges müssen zum einen das Messobjekt und zum anderen die Erfolgskriterien bestimmt werden. *Hauschildt* schlägt eine projektbezogene Sichtweise vor, um die aufgelaufenen Kosten bzw. Auszahlungsströme der Innovation zu separieren, um sie später auf die Produkte umlegen zu können. Dabei ist auch eine Differenzierung des Messobjektes aus verschiedenen betrieblichen Perspektiven möglich. Neben dem einzelnen Projekt können auch mehrere Projekte zusammengefasst werden. Die Kriterien, anhand derer der Erfolg gemessen werden kann, lassen sich in drei Kategorien fassen:

- technische Kriterien,
- ökonomische Kriterien und
- sonstige Kriterien.

Dabei muss jedes Kriterium nach direkten und indirekten Effekten unterteilt werden. Die direkten technischen Kriterien beziehen sich auf die vorgegebenen Spezifikationen, während indirekte Effekte z.B. Erfahrungen aus gescheiterten Projekten sind. Die direkten ökonomischen Effekte können höhere Gewinne oder Umsatzsteigerungen sein. Demgegenüber lassen sich die indirekten Effekte, als Umlage bisheriger Kosten fehlgeschlagener Projekte auf die erfolgreichen Innovationen verstehen, sowie deren Auswirkungen auf den Erfolg einer Innovation bestimmen. Der Punkt sonstige Kriterien beinhaltet meist verschiedene soziale Aspekte.

Controller kommen als Mittler zwischen den Innovatoren und den Investoren für die Messung des Innovationserfolges infrage. Jedoch sind auch andere Personen denkbar. So kann die Messung direkt von Betroffenen vorgenommen werden, um die Akzeptanz der Erfolgsdarlegung zu steigern. Oder aber externe Personen werden mit der Erfolgskontrolle beauftragt, um ein größeres Maß an Objektivität zu erlangen.

Bezüglich der Wahl des Messzeitpunktes besteht das Problem, das so früh wie möglich Zwischenergebnisse ausgewiesen werden sollten, jedoch sich die notwendige Qualität der Daten insbesondere der ökonomischen Erfolgsdaten erst zu einem späteren Zeitpunkt der Innovation einstellen. Eng mit der Wahl des Messzeitpunktes ist auch die Wahl der Referenzgröße, also der Sollgröße, verbunden. Diese muss im Rahmen der Zielformulierung im Voraus festgesetzt werden, um Aussagen über den Erfolg treffen zu können.

Es bleibt festzuhalten, dass zwei Kernproblemstellungen bei der Ermittlung des Erfolges von Innovationen existieren. Zum einen muss man sich generell mit der Messung und Bewertung von Innovationen befassen. Zum anderen stellt sich der Innovationsprozess in seiner spezifischen Erscheinungsform mit den vielen unterschiedlichen Einflussgrößen und Erfolgsfaktoren als Problem dar. Auf der anderen Seite sind es gerade die Charakteristika einer Innovation, die eine Erfolgsrechnung notwendig machen, um den Innovationsprozess besser planen, entscheiden, steuern und kontrollieren zu können.

17.2.4 Innovationserfolgsrechnung

Das Ziel einer Innovationserfolgsrechnung ist es, die aufgelaufenen Kosten/Auszahlungen über alle Phasen des Innovationsprozesses mit den Erlösen/Einzahlungen der Innovationen zu verrechnen. Es soll so die Möglichkeit eröffnet werden, Produkte möglichst genau kalkulieren zu können und den Innovationsprozess abzurechnen.[357]

Für komplexe Projekte wird ein Ansatz vorgeschlagen, der ausgehend von den Methoden des Projektmanagements eine prozessbegleitende Evaluation vornimmt und eine Innovationserfolgsrechnung im Laufe des Projektes integriert.[358] Denn alleine der technische Erfolg rechtfertigt keine Innovation. Der Ausweis des wirtschaftlichen Erfolges wird von den Investoren verlangt. Um diese speziellen Projekte planen, steuern und kontrollieren zu können, ist es notwendig, Teilentscheidungen zu fällen. Der Grund liegt in der ständigen Änderung des Zielsystems durch den sukzessiven Informationszuwachs während des Projektverlaufs. Die klassische Entscheidungstheorie liefert keine Instrumente, um Probleme dieser Art zu behandeln, da diese auf eine vorgegebene Anzahl von Alternativen sowie ein festes Ziel- bzw. Präferenzsystem ausgerichtet sind. Es bedarf also eines anderen Instrumentes, das anhand von Schlüsselereignissen Abbruchs- oder Weiterführungsentscheidungen zulässt. Solche Instrumente finden sich im Projektmanagement. Die Schlüsselereignisse sind die sogenannten „Meilensteine" des Projektstrukturplanes (PSP).

Ein Meilenstein ist definiert als ein festgesetztes Sachergebnis, dass an einem festen Endtermin gekoppelt ist.[359] Anhand dieser Zwischenergebnisse, die projektspezifisch zu planen sind, lässt sich dann eine Beurteilung über den Fortbestand bzw. die Erfolgsaussicht vornehmen. Das langfristige Ziel ist es, „anhand systematisch beobachteter und verknüpfter Orientierungshilfen zunehmend Sicherheit zu gewinnen, dass die Einnahmeerwartungen die realisierten Ausgaben rechtfertigen."[360]

---

[357] Vgl. Schramm (2000)
[358] Vgl. Hauschildt (2004)
[359] Vgl. Platz (1986)
[360] Hauschildt (2004)

Der Begriff des Projektes wird nun explizit im Rahmen der Betrachtungen zum Projektmanagement definiert. Unter einem Projekt versteht man ein Vorhaben, das sich durch die Einzigartigkeit seiner Bedingungen auszeichnet. Im Einzelnen sind das:[361]

- zeitliche Begrenzung,
- finanzielle Begrenzung,
- Komplexität,
- Größe des Vorhabens und
- Zahl der beteiligten Stellen.

Die Instrumente des Projektmanagements sind die Projektplanung, die Projektsteuerung und die Projektüberwachung. Das zentrale Element dieser Instrumente ist der Projektstrukturplan. Dieser ist die Basis für die Kontrolle der Termine, Leistungen und Kosten. Er enthält eine Übersicht über das gesamte Projekt aber auch die Strukturierung in kleinere Teilaufgaben mit den zugehörigen Arbeitspaketen, die zur Erreichung von Zwischen- und Teilergebnissen notwendig sind. Die Darstellung erfolgt meist hierarchisch in einem Baumdiagramm. Der Aufbau des Projektstrukturplan kann verrichtungsorientiert sein, jedoch ist eine objektorientierte Gliederung nach einzelnen Komponenten für den Zweck einer prozessbegleitenden Evaluierung besser geeignet.[362] Der Projektfortschritt wird durch die Meilensteinverfolgung kontrolliert. Hier findet ein Soll-Ist-Vergleich der zuvor festgelegten Ziele statt. Ist der Erfüllungsgrad zufrieden stellend, so werden die nachfolgenden Schritte und die bisherigen Ergebnisse freigegeben.

Es müssen immer die aktuell erforderlichen Erfolgskriterien geplant und kontrolliert werden. Der Innovationserfolg setzt sich innerhalb dieses Konzeptes aus mehreren unterschiedlichen Teilerfolgen zusammen. Dabei wird zum einen auf die Effektivität aber auch auf die Effizienz, also ob die Teilleistung auch wirtschaftlich erbracht wurde, geachtet.[363] Ein wichtiger Aspekt in diesem Zusammenhang ist es, dass sich im Verlauf des Innovationsprozesses der Fokus immer mehr von der Effektivität zur Effizienz verschiebt. Die Phase der Ideenfindung und Projektdefinition ist durch Effektivität geprägt, während in der Entwicklungsphase die Effizienz immer mehr in den Vordergrund rückt. Dem Controller obliegt die Aufgabe, den Übergangsprozess zu koordinieren.

Das prozessbegleitende Planungs- und Kontrollsystem, das *Hauschildt* vorschlägt, versucht die Auswirkungen dieser Risiken rechtzeitig sichtbar zu machen. Es wird sich an den Phasen des Innovationsprozesses orientiert und je Phase werden unterschiedliche Zwischenergebnisse zugrunde gelegt. In der Phase der Ideenfindung und der kreativen Prozesse, also zu Beginn des Innovationsprozesses, fällt es schwer, Messungen vorzunehmen, weil hier viele Aktivitäten in keiner Form dokumentiert werden. Eine Analyse des betrieblichen Vor-

---

[361] Vgl. Ohlhausen/Warschat (1997)
[362] Vgl. Ohlhausen/Warschat (1997)
[363] Vgl. Hauschildt (2004)

schlagswesens sowie eine Messung anhand von Situationen und Publikationen sind Versuche, dieses Problem zu lösen.

In der Forschungs- und Entwicklungs- sowie der Erfindungsphase stellt sich das Messproblem nicht mehr. Hier können physisch existente Prototypen oder Erfüllungsgrade von technischen Spezifikationen zur Messung herangezogen werden. Technische Spezifikationen, die z.B. als Meilenstein festgelegt worden sind, werden auch „Requirements" genannt. Für die Aufstellung von „Requirements" existieren genaue Kriterien, die im Folgenden genannt werden. „Requirements" sollen:[364]

- lösungsneutral,
- identifizierbar,
- verständlich,
- eindeutig und prüfbar und
- realisierbar sein sowie
- Erfordernisse treffen.

Vor Beginn der Phase der Investition, Marketing, Fertigung steht ein technisch fertiges Produkt als Ergebnis für das weitere Vorgehen fest.

Es lässt sich zusammenfassen, dass der prozessbegleitende Ansatz der Evaluierung des Innovationsprozesses der besonders ausgeprägten Unstrukturiertheit und Komplexität einiger Innovationen mit den Instrumenten des Projektmanagements begegnet. Dazu wird zu einer meilensteinorientierten Planung, Steuerung und Kontrolle übergegangen, also eine Projektüberwachung, die über den Fortbestand des Innovationsprojektes anhand des Erreichungsgrades von sogenannten „Requirements" entscheidet. Spätestens nach der Phase der Erfindung wird der Übergang zur lebenszyklusorientierten Innovationserfolgsrechnung notwendig und die Konzentration auf Prognosedaten vor allem ökonomischer Art in den Vordergrund gestellt. Der Vorteil dieses Konzeptes ist die nahtlose Integration in das bestehende Projektmanagement der Unternehmen. Allerdings wächst der Entscheidungsaufwand an.

17.2.5   Projektbewertung mittels DCF-Ansatz

Der Wert eines Projektes hängt entscheidend von seinen Entwicklungskosten und der Wahrscheinlichkeit des Entwicklungserfolges und deren späteren Vermarktung ab.

Für eine zukunftsorientierte Bewertung von F&E-Projekten liegt es nahe, den Projektwert zunächst mit Hilfe des Discounted Cashflow Verfahren (DCF-Verfahren) zu ermitteln.[365] Der DCF-Ansatz gehört zu den Methoden wertorientierter Investitionsanalysen, der so genannten Kapitalwertmethode.[366] In der Methode wird der Kapitalwert (Barwert) einer bevor-

[364] Vgl. Burkert (1986)
[365] Vgl. Wolf (2006)
[366] Vgl. Schmeisser et al. (2008)

stehenden Investition durch Diskontierung der Zahlungsreihe auf den jetzigen Zeitpunkt beurteilt. Mit Hilfe des DCF-Ansatzes lässt sich ein riskoadjustierter Ertragswert durch Diskontierung des Cashflows marktnah ermitteln.[367]

Im ersten Schritt ist es notwendig, eine detaillierte Analyse des zu bewertenden Innovationsprojektes respektive Unternehmens durchzuführen, mit dem Ziel, ein Bewertungsmodell zu erstellen, das den typischen Gegebenheiten und der Umwelt des Innovationsprojektes Rechnung trägt. Für die Bewertung ist es notwendig die prognostizierten finanziellen Daten wie Umsatz, Cashflows, Abschreibungsmodelle, Steuersatz, etc. zu beschaffen bzw. im Rahmen der Innovationserfolgrechnung abzuschätzen.

Die Eruierung der Rahmenbedingen, d.h. der in den vorhergehenden Kapiteln genannten Abschätzung von Erfolgsrisiken, Erfolgschancen und Erfolgspotentiale sind für das Unternehmen zu ermitteln und mit in das Kalkül einzubeziehen.

Um die Zahlungen unterschiedlicher Zeitpunkte vergleichen zu können, werden die Cashflows mit Hilfe von Diskontsätzen auf den aktuellen Zeitwert abgezinst (Barwert). Der Diskontierungsfaktor berücksichtigt dabei die Investitionsrisiken, um das erwartete Ertragsniveau zu repräsentieren.

DCF-Ansatz:

$$UW = \sum_{t=1}^{n} \frac{E[CF_t]}{(1 + WACC)^t}$$

UW = Unternehmenswert (hier : Wert des Innovationsprojektes)

$E[CF_t]$ = Erwartungswert zum Zeitpunkt t

t = Zeitpunkt

Ein positiver Kapitalwert zeigt einen Vermögenszuwachs zum Zeitpunkt t_0 an, nämlich die Kapitalwiedergewinnung, die angestrebte Mindestverzinsung erreicht zu haben und einen Zusatzgewinn zu verzeichnen.[368]

Der Diskontsatz oder Kapitalkostensatz ist eine marktübliche Rendite und Maß für das Risiko, dass die zukünftige Cashflows von Prognosen abweichen können.

Zur Diskontierung der Free Cashflows werden z.B. beim WACC-Ansatz die gewogenen Kapitalkosten herangezogen. Die gewogenen Kapitalkosten lassen sich als Summe aus den gewichteten Eigen- und Fremdkapitalkosten darstellen. In den gewogenen Kapitalkosten wird zusätzlich der Vorteil der steuerlichen Abzugsfähigkeit der Fremdkapitalzinsen (das sogenannte Tax Shield) berücksichtigt. Die gewogenen Kapitalkosten ergeben sich wie folgt:

---

[367] Vgl. Schmeisser et al. (2006)
[368] Vgl. Schmeisser et al. (2008)

Ermittlung der Kapitalkosten mit dem WACC-Modell

$$WACC = r_E \times \frac{EK}{GK} + r_D \times (1-s) \times \frac{FK}{GK}$$

WACC = durchschnittliche Kapitalkosten (weight average cost of capital)

r_E = EK – Kosten nach CAPM

EK = Eigenkapital (Equity)

$\frac{EK}{GK}$ = Eigenkapitalquote

r_D = FK – Kosten nach Steuern

FK = Framkapital (Debt)

$\frac{FK}{GK}$ = Fremdkapitalqoute

s = Steuersatz

Die Ermittlung der Eigenkapitalkosten erfolgt i.d.R. mit dem „Capital Asset Pricing Model" (CAPM). Dabei handelt es sich um das klassische Modell der Kapitalmarkttheorie und es geht von einem vollständigen und vollkommenen Kapitalmarkt aus, auf dem risikoscheue Investoren homogene Risiken und Renditen aller am Markt gehandelten Wertpapiere erwarten.[369]

Der risikolose Basiszinssatz wird in der Regel aus dem Zinssatz öffentlicher, inländischer Anleihen mit einer festen Laufzeit von zehn Jahren abgeleitet.

Für die Ableitung der Risikoprämie wird in der Regel wieder auf das Capital Asset Pricing Model (CAPM) zurückgegriffen. Bei der Ermittlung der Risikoprämie wird zwischen dem unsystematischen Risiko und dem systematischen Risiko unterschieden. Das unsystematische Risiko kann ein einzelner Investor grundsätzlich durch Diversifikation seines Portfolios aus unterschiedlichsten Anlagen (z.B. Aktien) reduzieren. Folglich wird eine Risikoprämie nur für das systematische, dem nicht durch Diversifikation zu beseitigenden, allgemeinen Marktrisiko (Marktrisikoprämie) bezahlt. Das systematische Risiko wird über den sogenannten Beta-Faktor gemessen.

Der Betafaktor gibt den Risikobeitrag einer Investitionsmöglichkeit (z.B. Aktie) im Vergleich zu dem allgemeinen Marktrisiko wieder. Ein Betafaktor größer Eins bedeutet, dass das Risiko der zu bewertenden Investition größer als das Marktrisiko ist und die Rendite der Investition stärker als die Marktrendite schwankt; ein Betafaktor kleiner Eins bedeutet dementsprechend, dass die Rendite der Investition weniger als die Marktrendite schwankt und das Risiko somit kleiner als das Marktrisiko ist.

---

[369] Vgl. Schmeisser et al. (2008)

Berechnung der Eigenkapitalkosten nach dem CAPM

$r_E = i + \beta \times (\mu - i)$

r_E = EK – Kosten nach CAPM

i = risikoloser Basiszinssatz

β = Betafaktor (systematisches Risiko einer Investition

μ = Marktzins

Die zukünftigen Zahlungsüberschüsse werden normalerweise in drei Phasen unterteilt: die erste Phase umfasst die ersten 3 Jahre. Hier kann eine Unternehmung bzw. ein Projekt relativ genau budgetiert werden (Detailplanung). Die zweite Phase betrifft die Zeit zwischen dem 4. und 6. Jahr (Grobplanung). Hier liegen schon weitaus unschärfere Ergebnisse vor. Die dritte Phase ist der „Unendliche Fortführungswert". Hier wird der Wert des Projektes bei dessen Weiterführung über den Planungshorizont hinaus im Zeitpunkt (n) als Barwert einer ewigen Rente angenommen und auf den Bewertungsstichtag umgerechnet.

Die Wertung von Einflussfaktoren auf den Erfolg, also Risiko, Liquidität und Flopgefahr eines Projektes kann innerhalb des Diskontsatzes für die zu erwartenden Cashflows widerge-spiegelt werden:

Risiko	gering	normal	hoch
Bei hoher Liquidität	8 %	10 %	12 %
Bei geringer Liquidität	10 %	11 %	15 %
Zusätzlich mit Ausfallgefahr	14 %	17 %	22 %

Tab. 17.3   Illustration von Diskontsätze für erwartete Free Cashflows[370]

Festzuhalten bleibt, dass mit Hilfe des DCF-Ansatzes ein risikoadjustierter Erwartungswert der Diskontierung des Cashflows marktnah ermittelt werden kann. Wird der DCF-Ansatz für F&E-Projekte angewandt, die sich in der frühen Entwicklungsphase befinden, sind die Cash-flow-Prognosen jedoch mit großer Unsicherheit verbunden.[371]

17.2.6   Projektbewertung mittels Entscheidungsbäume

Eine weitere Bewertungsmethode von komplexen Innovationsprojekten innerhalb der Innovationserfolgrechnung stellen die Entscheidungsbäume dar. Auf diese Art der Bewer-tung wird im Folgenden kurz eingegangen.

Für Innovationsprojekte, die lange Entwicklungszeiten benötigen, mit hohen Fehlschlagrisi-ken verbunden sind und einen kostenintensiven Entwicklungsprozess beinhalten, empfiehlt

---

[370] Universität St. Galen
[371] Vgl. Bussey (2003)

sich die Anwendung von Entscheidungsbäumen.[372] Ebenso dienen sie zur Darstellung von zeitlich und sachlich komplex strukturierten Entscheidungsproblemen unter Berücksichtigung unterschiedlicher Umweltsituationen sowie Handlungsmöglichkeiten und ermöglichen eine flexible Planung. Mit der Lösung eines Problems im Planungszeitpunkt werden gleichzeitig Eventualpläne für Aktionen mit (und ohne) Potentialänderungen in künftigen Perioden erstellt und berücksichtigt. Bei einer Entscheidungsbaumdarstellung einer Innovation, wird deren risikoreiche Struktur ihres Entscheidungskomplexes abgebildet. Beispielsweise die Beziehungen zwischen gegenwärtigen Entscheidungen und deren Auswirkungen auf künftige, nicht beeinflussbare Ereignisse bzw. Umweltsituationen (Zustände, Zufallserscheinungen, Marktsituationen) werden durch diese baumartig verästelte Darstellung graphisch verdeutlicht.[373]

Durch das Entscheidungsbaummodell kann der Investor nicht nur die Einnahmen und Ausgaben, sondern auch die Entwicklungszeit bis zur Marktreife und deren Risiken einbeziehen. Zudem berücksichtigt das Entscheidungsbaummodell die Erfolgswahrscheinlichkeiten im Entwicklungsprozess.

Um die Risiken in den unterschiedlichen Phasen der Entwicklung abzubilden, sind die potenziellen Einnahmen und die Wahrscheinlichkeit des Eintretens für jedes Risiko bin jeder Entwicklungsstufe zu analysieren. Die Risikofaktoren ändern sich mit jeder Entwicklungsstufe in der Entwicklungsphase. Zum einen kann die Erfolgswahrscheinlichkeit auf einer ganzheitlichen Sichtweise aller Risiken geschehen, wobei das Produkt der Wahrscheinlichkeiten für einzelne Risiken ermittelt wird. Zum zweiten ist eine Risikoorientierung möglich, bei der die Zunahme oder die Abnahme der Risiken beobachtet wird. Im Ergebnis soll eine Aussage zur quantifizierten Erfolgswahrscheinlichkeit für jede Entwicklungsphase möglich sein, mit der neben der Wahrscheinlichkeit den Markt erfolgreich zu durchdringen, auch Entscheidungsszenarien zum Abbruch in den unterschiedlichen Phasen der Entwicklung möglich sind.[374]

Das Entscheidungsbaummodell ermöglicht eine Strukturierung des Entscheidungsproblems und die Abb. unterschiedlicher Szenarien. Des Weiteren werden Erfolgsrisiken und die Eintrittswahrscheinlichkeiten zu den unterschiedlichen Phasen der Produktentwicklung jeweils neu bewertet. Die (Folge-)Entscheidungen werden nachvollziehbar und die Erfolgsgrößen quantitativ dargestellt.

---

[372] Vgl. Hahn/Hungenberg (2001); Schmeisser et al. (2008)
[373] Vgl. Hahn/Hungenberg (2001)
[374] Vgl. Schmeisser et al. (2008)

17.3   Product Life Cycle Rechnung

17.3.1   Product Life Cycle

Unter dem Markt-Produktlebenszyklus (eng. Product life cycle) versteht man ein betriebswirtschaftliches Denkkonzept. Dabei wird der Prozess von der Markteinführung eines Produkts bis zur Herausnahme aus dem Markt beschrieben. Die „Lebensdauer" des Produkts
wird innerhalb des Markt-Produktlebenszyklus in fünf Phasen unterteilt.[375] In den einzelnen
Phasen kommt es zu unterschiedlichsten Entwicklungen hinsichtlich der Umsatzerlöse und
Gewinne. Diese Veränderungen sind in Abb. 17.4 graphisch dargestellt.

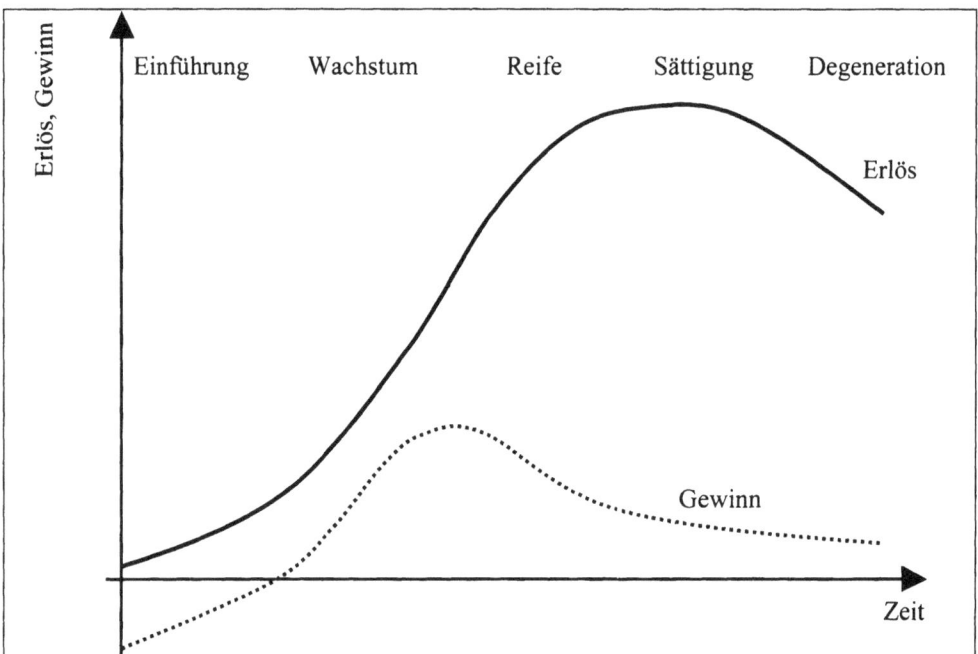

Abb. 17.4   *Entwicklung von Umsatzerlös und Gewinn in den Phasen des Markt-Produktlebenszyklusses*

Zu den Phasen des Produktlebenszyklusses:[376]

1. *Einführung:* Nach Entwicklung und Erprobung wird das Produkt zunächst in relativ kleinen Stückzahlen eingeführt. Der Bekanntheitsgrad ist noch gering und die Vertriebsstruk-
   turen werden aufgebaut. Käufer sind oft vor allem solche, die als Vorreiter/Innovatoren
   bereit sind, etwas für den Imagegewinn mehr zu bezahlen. Es fallen hohe Kosten für
   Werbung und Vertrieb an, so dass sich trotz hoher Produktpreise noch Verluste ergeben.

---

[375] Vgl. Meffert (2007)
[376] Vgl. Meffert (2007)

2. *Wachstumsphase:* Die Marketingmaßnahmen beginnen Erfolg zu zeigen, das Produkt erreicht einen hinreichenden Bekanntheitsgrad, der Umsatz steigt zum Teil sprunghaft an, womit sich erste Gewinne realisieren lassen. Gleichzeitig treten die ersten Mitbewerber am Markt auf.

3. *Reifephase:* Hinter dem Umsatzanstieg versteckt sich nun ein leichter Gewinnrückgang, denn jetzt setzt der Kampf um Marktanteile ein. Preissenkungen helfen, Kunden zu erreichen, denen Schnäppchen wichtiger sind, als zu den ersten Nutzern innovativer Produkte zu gehören.

4. *Sättigungsphase:* Der Kampf um Marktanteile verstärkt sich, die Wettbewerber ziehen sämtliche Register ihres Marketingrepertoires. Das Umsatzvolumen erreicht sein Maximum und die Grenzgewinne werden negativ. Der Verlust an Gewinnen schreitet von nun an fort.

5. *Degenerationsphase:* Umsatz und Deckungsbeitrag gehen bedrohlich zurück und schließlich stirbt das Produkt aus. Ursachen sind der technische Fortschritt, die wirtschaftliche Überholung, gesetzliche Maßnahmen oder eine Trendwende der Mode.

Diese Definition des Markt-Produktlebenszyklusses konzentriert sich auf den Zeitraum in dem das Produkt auf dem Markt angeboten wird. Für eine ganzheitliche, integrierte Produktlebenszyklus-Betrachtung muss jedoch auch der Zeitraum davor, d.h. der Entstehungszyklus und der Zeitraum danach, der Recyclingzyklus, miteinbezogen werden.

17.3.2 PLCM – Product Life Cycle Cost Management

Greift man den ganzheitlichen Ansatz des Product Life Cycle Managements (PLM) aus der Perspektive des Kostenmanagements auf, so führt dies zum Product Life Cycle Cost Management (PLCM). Kern dieses Konzeptes ist die Betrachtung von Kosten über den gesamten Produktlebenszyklus hinweg – von der Produktidee bis zur Entsorgung. Mit dieser umfassenden Sichtweise wird ein entscheidender Mangel der klassischen, periodenbezogenen Kostenrechnung behoben und der Anforderung nach einer ganzheitlichen, perioden- und lebenszyklusübergreifenden Kostenbetrachtung Rechnung getragen.[377]

Da das klassische Produktlebenszyklusmodell rein markt- und käuferbezogen ausgelegt ist, wurde zur Betrachtung von Produkten aus der Herstellerperspektive ein erweitertes Produktlebenszyklusmodell definiert (Abb. 17.5 und Tab. 17.4). Im Gegensatz zur Sicht des einzelnen Käufers sind für den Produzenten sämtliche hergestellten Produkte einer Produktart betrachtungsrelevant – darum enthält das erweiterte Produktlebenszyklusmodell neben der Produktions- und Vermarktungsphase auch den Entstehungs- und Nachsorgebereich.[378]

---

[377] Vgl. Schicker/Mader/Bodendorf (2008)
[378] Vgl. Back-Hock (1988)

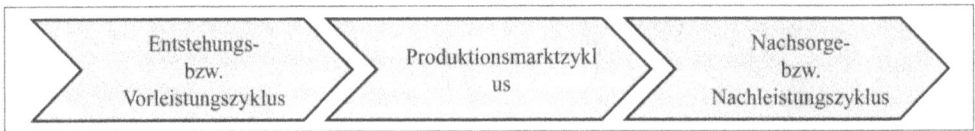

| Entstehungs- bzw. Vorleistungszyklus | Produktionsmarktzyklus | Nachsorge- bzw. Nachleistungszyklus |

Abb. 17.5   Erweitertes Produktlebenszyklusmodell

Entstehungs- bzw. Vorleistungszyklus	Produktions-Marktzyklus	Nachsorge- bzw. Nachleistungszyklus
• Produktkonzept • Marktforschung • Forschung & Entwicklung • Konstruktion • Bau von Spezialwerkzeug • Arbeitsvorbereitung • Produkttest • Nullserie	• laufende Beschaffung von Materialien und Zukaufteilen • Komponentenfertigung • Teile- und Endmontage • Logistikleistungen • Qualitätssicherung • Lagerhaltung • Vertrieb etc.	• Wartung, Reparatur • Entsorgung (Sammelung, Transport, Demontage) • Garantieleistungen • Produktrückruf etc.

Tab. 17.4   Spezifische Handlungen im Zyklus

Der Grundstein für die technologische Überlegenheit und Einzigartigkeit eines Produktes gegenüber Vorgängerprodukten bzw. Konkurrenzprodukten wird im Entstehungszyklus gelegt. Die Entwicklungsdauer und Budgetkontrolle dominieren zwar, dennoch muss bereits hier der Bereich Marketing mit einbezogen werden. Denn durch die Analyse von Kundenwünschen und Absatzchancen kann die Gefahr verringert werden, dass am Markt vorbei entwickelt wird. Darüber hinaus werden parallel zur Entstehung, vor allem jedoch unmittelbar vor und zum Einführungszeitpunkt gezielte Marketingaktivitäten durchgeführt.

Die Beeinflussung und Festlegung der Kostenstruktur erfolgt weitgehend im Entstehungszyklus, obwohl in diesem Zeitraum nur ein geringer Teil der Gesamtkosten entsteht. Der Großteil der – deutlich später im Lebenszyklus anfallenden – Kosten wird also viel früher, nämlich während des Entstehungszyklus festgelegt und kann im weiteren Verlauf immer weniger beeinflusst werden (Abb. 17.6):

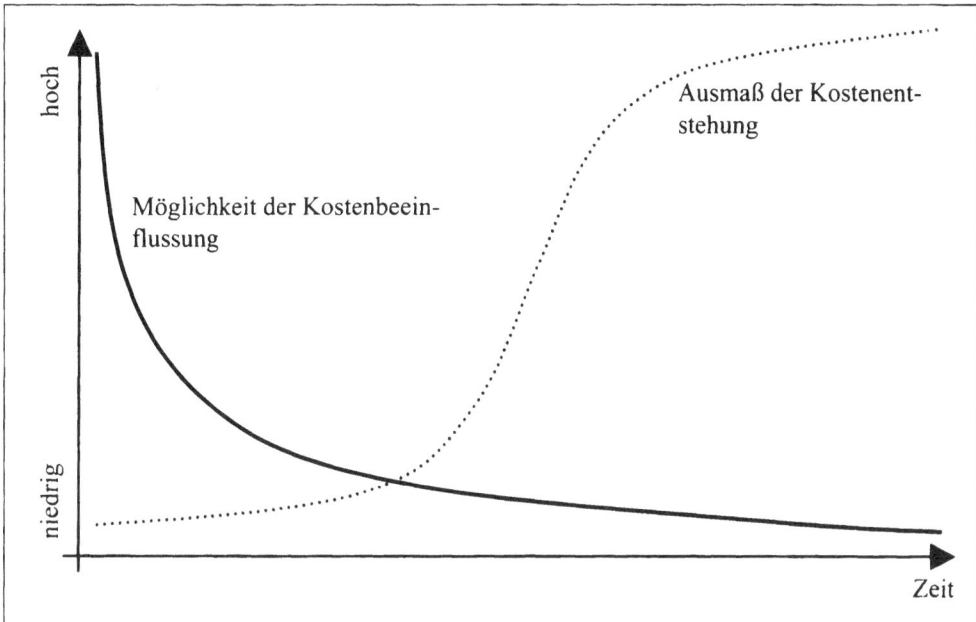

Abb. 17.6   Kostenentstehung und -beeinflussung im Lebenszyklus

Zielsetzung ist es, die für die Unternehmensexistenz maßgeblichen Erfolgspotentiale frühzeitig und ganzheitlich zu planen, zu steuern und zu überwachen. Dabei werden Vor- und Nachleistungskosten (und Erlöse) sachlich richtig ausgewiesen, berücksichtigt und behandelt. Der wesentliche Unterschied zur Investitionsrechnung liegt darin, dass die Folgewirkung von Anfangsentscheidungen betont und über den gesamten Lebenszyklus hinweg dargestellt wird, um eine optimale Gesamtgestaltung zu erzielen.

17.3.3   Product Life Cycle Costing

Erste Ansätze des Life Cycle Costing, als eine erste Form der Innovationserfolgsrechnung, wurden in den USA entwickelt und ursprünglich vor allem bei Großinvestitionen im militärischen Bereich, bei Bauinvestitionen und anderen Großprojekten eingesetzt, mit dem Ziel, neben den anfänglichen Kosten der Investition auch die Folgekosten besser zu berücksichtigen. Denn in einer lebenszyklusbezogenen Gesamtschau auf ein innovatives Investitionsobjekt sollten die Folgekosten (Betriebs- und Wartungskosten, ggf. Entsorgungskosten) nicht unterschätzt werden.

Heute wird der Begriff Life Cycle Costing in der Wissenschaft sehr unterschiedlich diskutiert; ein einheitliches Modell gibt es nicht. Einigkeit besteht lediglich in der Forderung, dass im Rahmen des Life Cycle Costing die Folgekosten und sogenannte Trade-Offs als „Kostensubstitution zwischen den Anfangs- und Folgekosten" berücksichtigt werden sollen.[379] Life

---

[379]   Zehbold (1996)

Cycle Costing ist vielmehr ein zusammenhängendes Konstrukt aus Methoden und Verfahren, das darauf abzielt, die kostengünstigste und damit konkurrenzfähigste Lösung einer Dienstleistung oder eines Produktes zu finden.[380] Anstelle einer an Abrechnungsperioden orientierten, kurzfristigen Kostenrechnung tritt im Rahmen der Lebenszykluskostenrechnung eine strategisch ausgerichtete Kostenkonzeption, die das Gesamtkostendenken implementiert. Eng mit dem Konzept des Design-to-Cost verknüpft, wird der Tatsache Rechnung getragen, dass der größte Teil der Kosten bereits mit der Planung eines Systems festgelegt wird, wogegen dem Nutzer nur eine geringe Anzahl an Freiheitsgraden für Maßnahmen zur Kosteneinsparung zur Verfügung steht. Daher kann eine effektive Lebenszykluskostenrechnung nur dann zum Erfolg führen, wenn nicht nur die mit der Unternehmensführung und dem Unternehmens-Controlling betrauten betriebswirtschaftlichen Managementeinheiten an dem Prozess beteiligt sind, sondern auch die Erfahrung und das Wissen aller am Produktlebenszyklus maßgeblich Beteiligten in die Kostenrechnung mit einfließen.[381]

Das Life Cycle Costing soll innovative Unternehmen in die Lage versetzen:[382]

1. ein genaueres Bild über die langfristige Produktrentabilität zu erhalten,
2. wichtige Entscheidungen (insbesondere preispolitische Entscheidungen) zu fundieren,
3. die Effektivität der Lebenszyklusplanung zu beurteilen,
4. erfolgswirtschaftlichen Auswirkungen von Handlungsalternativen in den frühen Phasen der Produktentstehung zu bewerten,
5. Kosten auf die Produkte umzulegen bzw. den Produkten anzulasten, die von ihnen profitieren.

Hauptziel des Product Life Cycle Costing ist die ganzheitliche Beurteilung sowie Optimierung der Kosten eines Produktes über die gesamte Lebenszeit hinweg. Dazu lassen sich vier essentielle Unterziele formulieren:[383]

1. *Prognoseziel:* Die Folgekosten sowie die nicht-monetären Folgen einer Entscheidung sind zu prognostizieren. So können auch Soll-/Ist-Vergleiche über die Kosten erstellt und analysiert werden.
2. *Abbildungsziel:* Die Gesamtkosten und -erlöse eines Produkts sollen ermittelt und abgebildet werden, um eine Grundlage für Entscheidungen bei der Systemoptimierung darzustellen.
3. *Erklärungsziel:* Das Erkennen und Erklären von Zusammenhängen bei der Entstehung von Folgekosten und nicht-monetärer Konsequenzen ist Voraussetzung für eine Verbesserung des Produktsystems.

---

[380] Vgl. Fabrycky/Blanchard (1991)
[381] Vgl. Fabrycky/Blanchard (1991)
[382] Vgl. Berliner/Brimson (1988)
[383] Vgl. Günter/Kriegbaum (1999)

4. *Gestaltungsziel:* Mit den entstandenen Daten soll es möglich werden, bereits am An-
fangspunkt des Entscheidungsprozesses Möglichkeiten zu Kostengestaltung zu erkennen
sowie Potentiale zur Kostensenkung zu nutzen.

17.3.4   Trade-Off

Mit dem Begriff Trade-Off wird das Abwägen zwischen zwei gegenläufig voneinander ab-
hängigen Aspekten einer Innovation beschrieben, d.h. eine Opportunitätskostenbetrachtung
durchzuführen. Ein Trade-Off liegt dann vor, wenn man eine Verbesserung (oder Erlangung)
eines Aspektes nur unter Inkaufnahme der Verschlechterung (oder des Verlustes) des anderen Aspektes erreichen kann. Grundsätzlich ergibt sich ein Trade-Off zwischen den Anfangs-
und den Folgekosten. So können höhere Anfangskosten einer Innovation zu niedrigeren
Folgekosten führen, wenn beispielsweise ein höherwertiges Material verwendet wird, das
wiederum geringere Instandhaltungskosten aufweist. Dieser Zusammenhang wird in Abb.
17.7 sichtbar.[384]

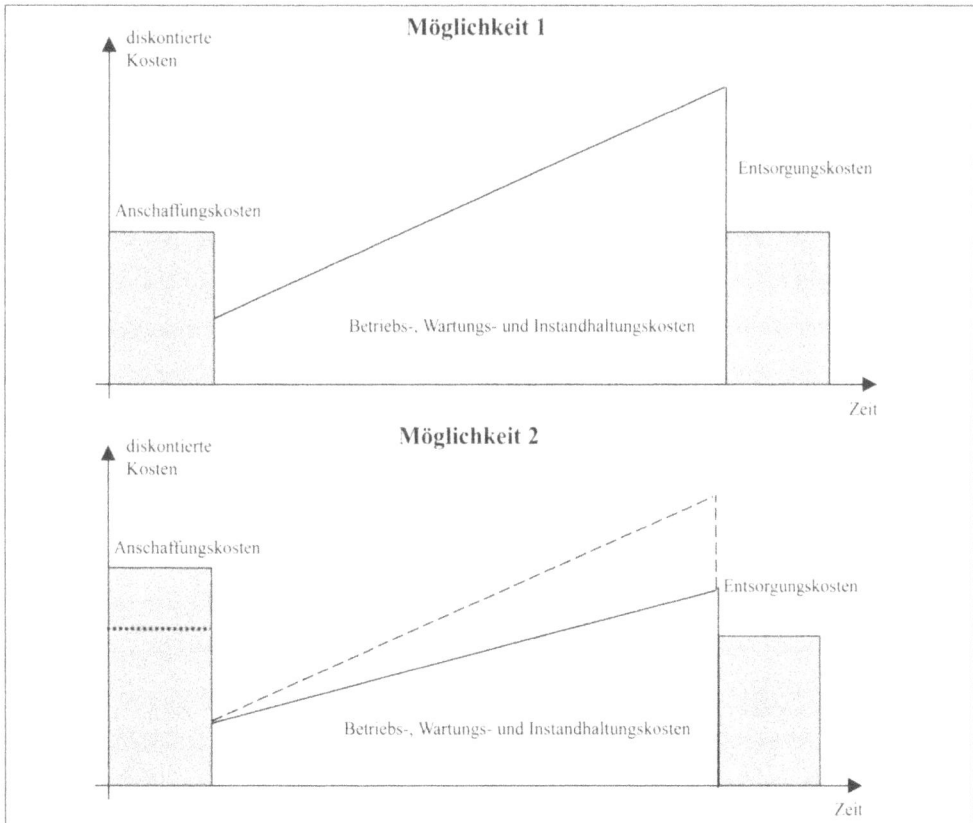

Abb. 17.7   Beispiele für Trade-Offs

---

[384] Baum/Coenenberg/Günther (2004)

Die dargestellten Möglichkeiten illustrieren den Trade-Off zwischen Anschaffungskosten und Betriebs-, Wartungs- und Instandhaltungskosten. Während auf Möglichkeit 1 nur geringe Anschaffungskosten entfallen, sind die Betriebs-, Wartungs- und Instandhaltungskosten hier relativ hoch. Bei Möglichkeit 2 verhält es sich andersherum, den hohen Anschaffungskosten stehen deutlich geringere Betrieb-, Wartungs- und Instandhaltungskosten gegenüber. Für die Gesamtkosten bedeutet dies, dass Möglichkeit 2 nur zu Beginn höhere Kosten aufweist. Nach einer gewissen Betriebszeit werden die Kosten jedoch unter die Kosten von Möglichkeit 1 fallen – hier erfolgt der Trade-Off.

17.3.5   Verfahren des Product Life Cycle Costing

Seit der Verbreitung des Life Cycle Costing in den 1970er Jahren entstanden hierzu vielfältige Verfahren. Beinahe alle diese Verfahren sind nicht grundlegend neu, sie wurden lediglich aus den verschiedenen Bereichen der Betriebswirtschaft z.B. Controlling, Kostenrechnung, Finanzierungsrechnung, Investitionsrechnung, etc. übernommen und an die jeweilige Problemstellung angepasst.[385]

Das Gesamtkonzept unterscheidet sich in der Literatur nur geringfügig, wie z.B. beim Grad der Differenzierung oder der Auswahl ganz bestimmter wirtschaftsmathematischer Verfahren zur Lösung eines bestimmten Problems. Aufgrund der Heterogenität der Untersuchungsobjekte hat sich bis heute kein allgemeingültiges Lebenszyklusmodell durchgesetzt.[386] Insgesamt kann das Vorgehen beim Life Cycle Costing als Ablauf, bestehend aus vier Teilschritten beschrieben werden (Abb. 17.8).[387]

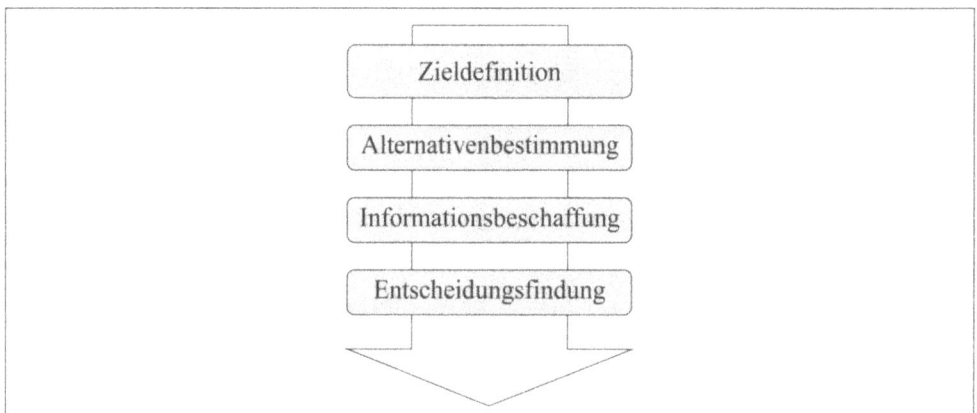

Abb. 17.8   Verfahrensablauf beim Life Cycle Costing

---

[385] Vgl. Günther/Will/Hoppe/Ulmschneider (2004)
[386] Vgl. Jackson (2000)
[387] Vgl. Fabrycky/Blanchard (1991)

1. *Zieldefinition:* Das Untersuchungsziel, für das das Life Cycle Costing durchgeführt wird, ist genau zu beschreiben und zu untersuchen. Durch die Festlegung des Ziels werden Faktoren, die den Analyseverlauf maßgeblich beeinflussen, festgelegt.
   Weiterhin muss aus der Problemstellung eine Zielgröße abgeleitet werden, die mittels finanzmathematischer Verfahren berechnet werden kann. Zielgrößen sind monetärer Art und können auch die Amortisationsdauer, einen inneren Zinsfuß oder den Erfüllungsgrad einer Zielvorgabe beinhalten.

2. *Alternativenbestimmung:* Als Alternative werden Investitionsmöglichkeiten gesehen, die alternativ zur Nicht-Investition existieren. Dabei muss die theoretische Zahl von Alternativen deutlich reduziert werden, um auf eine Zahl praktisch möglicher Alternativen zu kommen. Die so gefilterten Alternativen müssen genau spezifiziert werden, da die Entscheidungsfindung auf diesen Spezifikationen basiert.

3. *Informationsbeschaffung:* Problematisch bei der Informationsbeschaffung ist die schwer vorhersehbare Relevanz von zukünftigen Kosten, das „Problem of total cost visibility". Aus diesem Grund ist es überaus wichtig, die Phasen des Lebenszyklus, die Einfluss auf die Kosten haben, zu identifizieren und daraus die CBS (Cost Breakdown Structure) für das jeweilige System zu entwerfen. Dabei handelt es sich um eine baumähnliche Aufgliederung in Teilaktivitäten, für die während des Lebenszyklus Kosten und Erlöse anfallen.[388] Im nächsten Schritt muss ein Modell entwickelt werden, mittels dessen sich kostenrelevante Handlungen und Ereignisse mathematisch formulieren lassen. Die Komplexität dieses Modells ist dabei sehr stark vom Ziel und dem zu untersuchenden System abhängig.
   Die folgenden Grundsätze sollten bei der Entwicklung eines solchen Kostenmodells eingehalten werden:
   - das Modell sollte transparent sein und alle relevanten Faktoren enthalten.
   - das Modell soll die Veränderlichkeit des Systems über die Lebensdauer widerspiegeln.
   - das Modell soll die Möglichkeit geben, sowohl das Gesamtsystem als auch einzelne Komponenten zu analysieren.
   - das Modell soll so einfach wie möglich gehalten sein.
   - das Modell soll leicht an Veränderungen anpassbar sein.

4. *Entscheidungsfindung:* Die Ergebnisse der Informationsbeschaffung müssen ausgewertet werden, um die Grundlage für eine Investitionsentscheidung zu schaffen. Dazu gibt es eine Vielzahl von verschiedenen Methoden, wie:[389]
   - die Kapitalwertmethode, als zentrales Verfahren für finanzwirtschaftliche Entscheidungen
   - die Break Even Analyse, als Verfahren zur Entscheidungsfindung bei zwei Alternativen mit ähnlichem Kapitalwert, wenn die Liquidität eine wichtige Rolle spielt.

---

[388] Vgl. Mueller/Uecker/Zehbold (2006)

[389] Vgl. Fabrycky/Blanchard (1991)

- die Monte-Carlo-Simulation, zur Entscheidungsfindung, wenn einige Elemente des Modells einer stochastischen Häufigkeitsverteilung unterliegen.
- Sensitivitätsanalyse zur Bestimmung eines System- oder Umfeldparameters auf die Zielgröße, durch Variation des Parameters und Ermittlung der Auswertung auf die Zielgröße.

18   Fallbeispiel

18.1   Prämissen

Im Folgenden wird die Methodik der Innovationserfolgsrechnung als Product Life Cycle Costing anhand eines Rechenbeispiels dargestellt.

Ausgangspunkt ist ein fiktives deutsches Unternehmen, das sich auf das Produkt Windkraftanlagen spezialisiert hat. Das Unternehmen ist dabei sowohl in der Entwicklung und Fertigung maßgeblich beteiligt als auch an der Montage, Aufstellung und Wartung. Das Unternehmen erwägt in den amerikanischen Markt für regenerative Energien zu expandieren. Von einigen amerikanischen Energieunternehmen liegen bereits konkrete Anfragen vor.

Eine erste Prüfung ergab, dass die in Deutschland verwendeten Windkraftanlagen für den vorgesehenen Einsatz in den USA nicht geeignet sind. Als Grund werden die klimatischen Bedingungen gesehen – an den präferierten Einsatzorten in bergigen Regionen liegen einerseits höhere Windgeschwindigkeiten vor und andererseits tritt dort teilweise extreme Kälte auf.

Eine Machbarkeitsstudie zeigte, dass mit einer innovativen, neuen Maschine jedoch durchaus Windkraftanlagen gebaut werden könnten, die für die vorliegenden Rahmenbedingungen geeignet wären. Diese Entwicklung würde dem Unternehmen auf dem bisher unbearbeiteten Markt zudem einen strategischen Vorteil vor den Konkurrenten einbringen.

Der Vertrieb hat einen strategischen Absatzplan erstellt. Auf Basis dieses Absatzplans soll die Rentabilität des Projekts in Anbetracht der antizipierten Einnahmen und Aufwendungen ermittelt werden.

Insgesamt soll das Produkt über fünf Jahre (erwarteter Marktlebenszyklus) verkauft werden (Abb. 18.1).

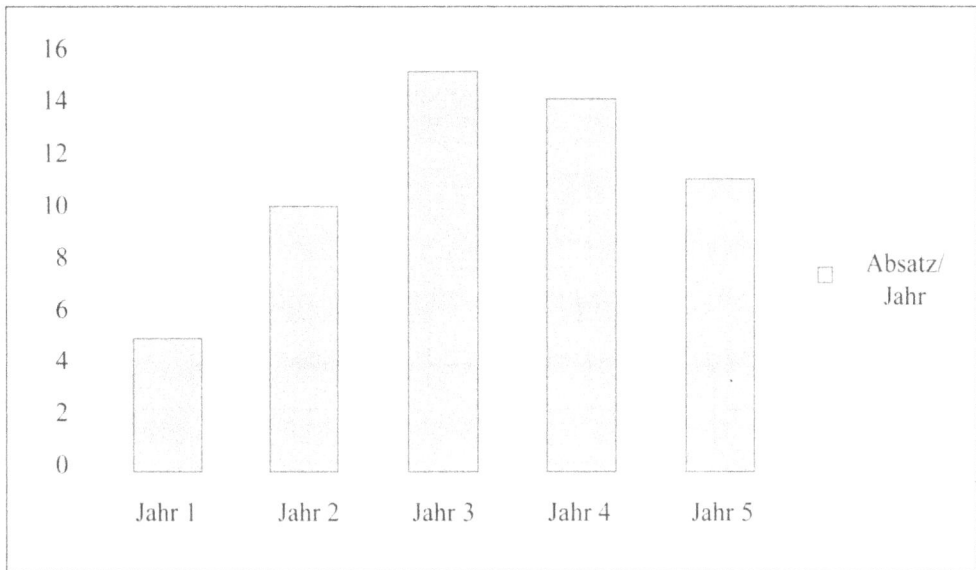

Abb. 18.1   5-Jahres Absatzplan

18.2   Product Life Cycle Costing

Das angeführte Beispiel soll im Rahmen des Product Life Cycle Costing durchgerechnet werden. Dabei soll nach folgenden vier Schritten vorgegangen werden:

1. Zieldefinition
2. Alternativenbestimmung
3. Informationsbeschaffung
4. Entscheidungsfindung

Zieldefinition:
Mittels Product Life Cycle Costing werden die Lebenszykluskosten/Ausgaben/Auszahlungen systematisch ermittelt und mit den Einnahmen/Einzahlungen verglichen und als Cashflows verrechnet. Dabei wird eine Kapitalanlage als Finanzinvestition als Alternativinvestition im Vergleich herangezogen.

Alternativenbestimmung:
Als Alternativinvestition wird ein Bündel von am Kapitalmarkt notierten Unternehmensbe-teiligungen herangezogen. In Kombination mit dem Marktrisiko wurde für diese Investition ein Kapitalisierungszinssatz von 8 Prozent errechnet. Dieser Zinssatz wird auch für die Fi-nanzierung des Projekts mit Fremdkapital angenommen.

Informationsbeschaffung:
Hierzu soll zunächst eine Cost Breakdown Structure erstellt werden. Die Kosten werden dabei in Anlehnung an das erweiterte Produktlebenszyklusmodell aufgesplittet.

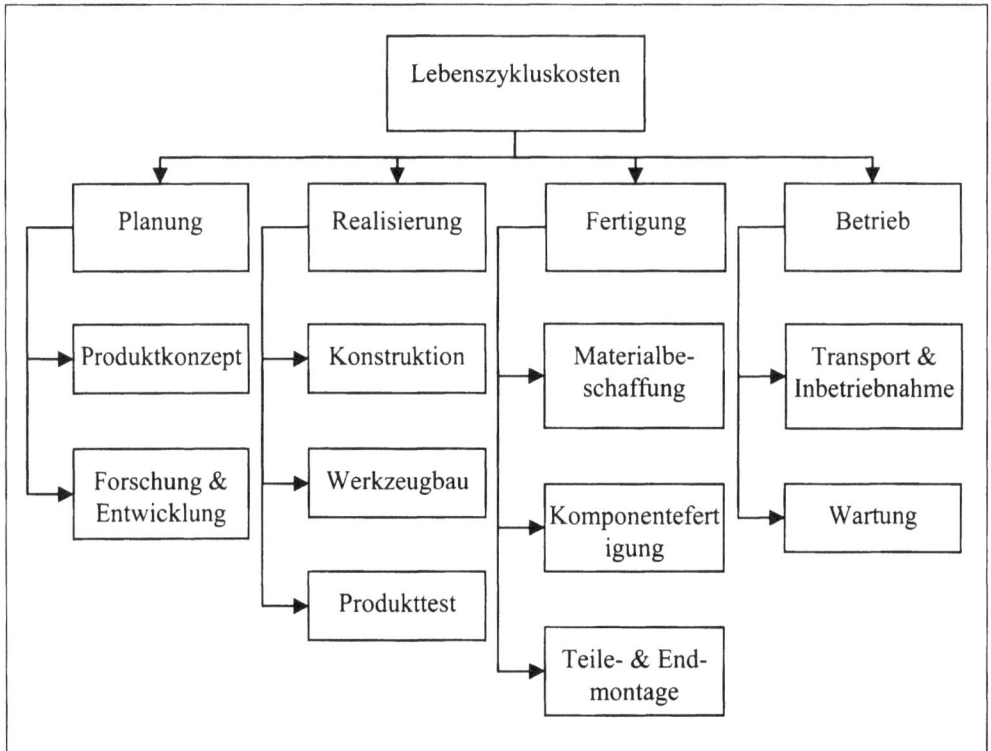

Abb. 18.2   Lebenszykluskosten

Die Planung beinhaltet:
* *Produktkonzept:* Das Produktkonzept ist eine Fortführung der Machbarkeitsstudie und gibt eine detaillierte Übersicht der anstehenden Aufgaben. Die Erstellung wird primär von den Entwicklungsingenieuren bewerkstelligt. Hierfür werden 100.000 EUR veranschlagt.
* *Forschung & Entwicklung:* Nach Fertigstellung des Produktkonzepts kann die Entwicklungsabteilung mit der Grundlagenforschung beginnen. Insgesamt werden für die Entwicklung 5.000 Manntage angesetzt. Pro Manntag entstehen Kosten in Höhe von 330 EUR. Die Gesamtkosten für die Grundlagenforschung werden auf 5.000 x 330 EUR = 1.650.000 EUR festgesetzt.
* Insgesamt entstehen in der Planungsphase damit Gesamtkosten in Höhe von 1.750.000 EUR. Für die Planung wird ein Zeitraum von einem Jahr angesetzt.

Die Realisierung beinhaltet:

- *Konstruktion:* Für die konstruktive Umsetzung werden 3.500 Manntage angesetzt. Pro Manntag entstehen hier Kosten in Höhe von 250 EUR. Die gesamte Konstruktion kostet damit 3.500 EUR x 250 EUR = 875.000 EUR.
- *Bau von Spezialwerkzeugen:* Insbesondere für den Generator und das Getriebe müssen Werkzeuge aufwändig hergestellt werden. Dies wird von einem externen Partner übernommen. Die berechneten Kosten für die Anfertigung der Werkzeuge belaufen sich auf 720.000 EUR.
- *Produkttest:* Bevor die Serienproduktion gestartet werden kann, muss ein Prototyp gebaut und getestet werden. Für Bau und Test des Prototyps werden Kosten in Höhe von 2.200.000 EUR eingeplant.
- Insgesamt entstehen in der Realisierungsphase damit Gesamtkosten in Höhe von 3.795.000 EUR. Die Realisierungsphase soll nach einem weiteren Jahr abgeschlossen sein.

Die Fertigung beinhaltet:

- *laufende Beschaffung von Materialien und Zukaufteilen:* Für jede Windkraftanlage entstehen Kosten von Materialien und Zukaufteilen in Höhe von 890.000 EUR.
- *Komponentenfertigung:* Die eigene Fertigung von Komponenten, insbesondere Teile für Generator und Getriebe verursacht Kosten von jeweils 430.000 EUR pro Windkraftanlage.
- *Teile- und Endmontage:* Die Montage wird auf dem unternehmenseigenen Werksgelände durchgeführt. Dabei wird die Windkraftanlage in wenigen großen und transporttauglichen Baugruppen vormontiert. Die Kosten für die Montage belaufen sich auf 120.000 EUR.
- Insgesamt entstehen in der Fertigungsphase damit Kosten in Höhe von 1.440.000 EUR pro Windkraftanlage.

Der Betrieb beinhaltet:

- *Logistik und Inbetriebnahme:* Der Kaufpreis der Windkraftanlage beinhaltet Transport und Aufbau der Anlagen. Dafür entstehen Kosten in Höhe von 30.000 EUR pro Anlage.
- *Wartung:* Auch die Wartung ist im Kaufpreis enthalten und wird von Spezialisten des deutschen Herstellers übernommen. Insgesamt sollen die Anlagen 20 Jahre betrieben werden. In den ersten 10 Jahren sind dabei in der Regel nur Routinekontrollen notwendig, die jährliche Kosten in Höhe von 20.000 EUR pro Anlage verursachen. Ab dem 11. Jahr bis zum Ende der Betriebszeit sind zunehmend Verschleißerscheinungen zu beobachten – die Wartungskosten werden in diese Zeitraum auf 40.000 EUR pro Jahr und Anlage beziffert.
- Insgesamt fallen pro Anlage einmalige Kosten in Höhe von 30.000.00 EUR an. Zusätzlich entstehen in den Betriebsjahren 2–10 Wartungskosten von 20.000 EUR pro Anlage, in den Jahren 11–20 Wartungskosten in Höhe von 40.000 EUR.

Die Anlagen sollen zum Gesamtpreis von 2.000.000 EUR pro Anlage verkauft werden. Die Kapazitäten des Herstellers sind ausreichend, um die prognostizierten Aufträge im Laufe eines Jahres herzustellen und in Betrieb zu nehmen. Eine Übersichtstabelle soll Einnahmen und Ausgaben (in TEUR) zusammenfassen (Tab. 18.1).

Jahr	Planung	Reali-sierung	Fertigung	Betrieb	Anlagen	davon älter 10 Jahre	Ein-nahmen	EZÜ
0	1.750				0			−1.750
1		3.795			0			−3.795
2			7.200	150	5		10.000	2.650
3			14.400	400	15		20.000	5.200
4			21.600	750	30		30.000	7.650
5			20.160	1.020	44		28.000	6.820
6			15.840	1.210	55		22.000	4.950
7				1.100	55			−1.100
8				1.100	55			−1.100
9				1.100	55			−1.100
10				1.100	55			−1.100
11				1.100	55			−1.100
12				1.100	55	5		−1.100
13				1.200	55	15		−1.200
14				1.400	55	30		−1.400
15				1.700	55	44		−1.700
16				1.980	55	55		−1.980
17				2.200	55	55		−2.200
18				2.200	55	55		−2.200
19				2.200	55	55		−2.200
20				2.200	55	55		−2.200
21				2.200	55	55		−2.200
22				2.200	55	55		−2.200
23				2.200	50	50		−2.200
24				2.000	40	40		−2.200
25				1.600	25	25		−1.600
26				1.000	11	11		−1.000
27				440	0	0		−440

Tab. 18.1   Einnahmen- und Ausgabenübersicht einer Anlage

Entscheidungsfindung:
Die Summe der Einzahlungsüberschüsse ergibt –11.595.000 EUR, die Summe der Ausgaben übersteigt also die der Einnahmen. Allerdings berücksichtigt diese Betrachtung nicht die Abzinsung zukünftiger Ausgaben bzw. Eingaben mittels des Kapitalisierungszinssatze. Mittels der Kapitalwertmethode lässt sich dieser Faktor über Abzinsung der zukünftigen Einzahlungsüberschüsse nachvollziehen. Dabei wird die folgende Formel angewendet.

Ermittlung des Kapitalwertes:

$$C_0 = \sum_{t=0}^{n} \frac{E_t - A_t}{(1+i)^t}$$

E = Einzahlungen

A = Ausazahlungen

i = Zinssatz

n = Periodenanzahl

Die Barwerte des Einzahlungsüberschusses finden sich in der unten stehenden Tab. 18.2:

Jahr	EZÜ	AbF	Barwert zum Zeitpunkt t=0	Jahr	EZÜ	AbF	Barwert zum Zeitpunkt t=0
0	–1.750	0,926	–1.620	16	–1.980	0,270	–535
1	–3.795	0,857	–3.254	17	–2.200	0,250	–551
2	2.650	0,794	2.104	18	–2.200	0,232	–510
3	5.200	0,735	3.822	19	–2.200	0,215	–472
4	7.650	0,681	5.206	20	–2.200	0,199	–437
5	6.820	0,630	4.298	21	–2.200	0,184	–405
6	4.950	0,583	2.888	22	–2.200	0,170	–375
7	–1.100	0,540	–594	23	–2.200	0,158	–347
8	–1.100	0,500	–550	24	–2.200	0,146	–321
9	–1.100	0,463	–510	25	–1.600	0,135	–216
10	–1.100	0,429	–472	26	–1.000	0,125	–125
11	–1.100	0,397	–437	27	–440	0,116	–51
12	–1.100	0,368	–404				
13	–1.200	0,340	–409				
14	–1.400	0,315	–441				
15	–1.700	0,292	–496				

Tab. 18.2   Barwerte des Einzahlungsüberschusses

Daraus ergibt sich ein Kapitalwert von 4.787.000 EUR, bei Fremdfinanzierung (Zinssatz 8 Prozent). Damit ist die Investition in das neue Projekt gemäß Product Life Cycle Costing und Entscheidungsfindung mittels der Kapitalwertmethode rentabel.

18.3   Innovationserfolgrechnung mit dem DCF-Ansatz

Im Folgenden wird beispielhaft die Bewertung eines Innovationsprojektes mittels DCF-Verfahren vorgestellt. Die Annahmen bezüglich der betrieblichen Ausgaben und Einnahmen sind identisch zu den Annahmen aus der Produktlebenszyklusrechnung, um eine Vergleichbarkeit der beiden Berechnungen zu erzielen.

Das DCF-Verfahren mit Hilfe des CAPM kommt in diesem Fall zum Einsatz, da die meisten Hersteller von Windenergieanlagen börsennotierte Unternehmen sind und aus diesem Grund die Bestimmung des Diskontierungssatzes innerhalb dieses Rahmens ohne Problem möglich ist.

Die zukünftigen Zahlungsüberschüsse wurden in drei Phasen unterteilt: die erste Phase umfasst die ersten 5 Jahre. Hier kann das Projekt relativ genau budgetiert werden (Detailplanung). Gemäß den dargestellten Prämissen liegen dem Betrieb des Unternehmens schon konkrete Anfragen vor. Daraufhin der Vertrieb die potenzielle Anzahl an Verkäufen für diesen Windenergieanlagentyp ermittelt. Von einem Ausfall der prognostizierten Menge ist eher nicht auszugehen, da man davon ausgehen kann, dass die Maschinen auch an anderen geografischen Standorten eingesetzt werden können, wo ähnliche extreme Wind- und Wetterbedingungen herrschen. Es ist dabei z.B. an Kanada oder Standorte in China zu denken. Die zweite Phase betrifft die Zeit zwischen dem 6 und 10 Jahr (Grobplanung). Hier liegen schon weitaus unschärfere Ergebnisse vor. Die dritte Phase ist die Phase des „Unendlichen Fortführungswert". Hier wird der Wert des Projektes bei dessen Weiterführung über den Planungshorizont hinaus im Zeitpunkt (n) als Barwert einer ewigen Rente angenommen und auf den Bewertungsstichtag umgerechnet. In der vorliegenden Berechnung wird davon ausgegangen, dass das Unternehmen in dieser Phase keine Maschinen mehr verkauft und nur noch Kosten für den Betrieb entstehen.

Da das innovative Projekt innerhalb des Unternehmens entwickelt wird, ist davon auszugehen, dass nur wenig Fremdkapital für die Entwicklung des Produktes eingesetzt wird. In dem Rechenbeispiel wird von einer Fremdkapitalquote von 10 Prozent ausgegangen.

Zur Berechnung der Eigenkapitalkosten gemäß CAPM wurden folgende Werte angesetzt:

- erwartete Marktrendite des Marktportfolios μ = 10 Prozent
- risikoloser Zinssatz, Basiszinssatz i = 3 Prozent
- Betafaktor des Unternehmens/Projektes systematisches Risiko des Projektes β = 1,2

Für das eingesetzte Kapital erwartet das Unternehmen eine Rendite von 10 Prozent. D.h., tätigt der Windkraftanlagenhersteller eine Investition, erwartet es, bei einem Marktrisiko von 1, eine Rendite von 10 Prozent.

Betafaktor spiegelt das systematische Marktrisiko für die Entwicklung des Projektes wieder. Das Unternehmen weiß aus den Daten der Vergangenheit und den Potenzialen des Marktes für Windenergieanlagen, das für das Projekt, unter den derzeitigen Prämissen, gesetzlichen Rahmenbedingungen zur Förderung der Windenergie in den USA sowie anderen Ländern der Welt, nur ein leicht erhöhtes Risiko besteht. Aus diesem Grund wird für das systematische Risiko des Unternehmens ein Betafaktor von 1,2 angenommen.

Das Discounted Cashflow Verfahren berücksichtigt somit das individuelle Unternehmensrisiko.

Als individueller Steuersatz wird für das Unternehmen vereinfachend ein Wert von $s = 25$ Prozent in der Kalkulation angenommen.

Unter der Nutzung der Formel 2 ergeben sich gewogene Kapitalkosten WACC = 10,9 Prozent.

Grundsätzlich kann davon ausgegangen werden, dass für das Projekt nur ein normales Risiko besteht. Windenergieanlagen sind Maschinen die schon seit Jahrzehnten erfolgreich eingesetzt und betrieben werden. Das technologische Risiko ist dementsprechend gering, da aufgrund der Erfahrungswerte aus dem Betrieb von mehreren tausenden Anlagen genügend Wissen vorhanden ist. Die Entwicklung einer Windenergieanlage für hohe Windgeschwindigkeiten und extreme Witterungsbedingungen, hier besonders niedrige Temperaturen, bedeutet eine Anpassung und innovative Ergänzungen. Technische Lösungen für dieses Problem zu finden, erscheinen möglich.

Das wirtschaftliche Risiko ist auch abschätzbar, da ja konkrete Anfragen aus den USA vorliegen. Es besteht als ein abschätzbares Marktpotential. Risiken bestehen darin, dass ein anderer Hersteller ein ähnliches Segment bedien will und eine Anlage entwickelt und vor dem Unternehmen auf dem Markt bringt. Aber insgesamt ist für diese Innovation von einem normalen Marktrisiko auszugehen.

Der Diskontierungsfaktor (WACC) berücksichtigt die Investitionsrisiken, um das erartete Ertragsniveau zu repräsentieren. Der ermittelte WACC von 10,9 Prozent spiegelt ein normales Risiko wieder und ist für dieses Projekt auch angemessen.

Am Anfang des Betrachtungszeitraumes ergeben sich negative Cashflows. Dies ist begründet auf der anfänglichen Entwicklungszeit, wo keine Einnahmen in das Unternehmen fließen. In dem Zeitraum, wo geplant ist, die WEA zu veräußern, ergeben sich positive Cashflows, die sich nach der Beendigung der Verkaufsphase und zum Übergang in die endgültige Betriebsphase wieder zu negativen Cashflows entwickeln.

Der Abzinsungsfaktor wurde mittels des WACC ermittelt und anschließend wurde die Berechnung des DCF für die einzelnen Phasen durchgeführt.

Im Ergebnis wurde ein gesamter DCF von 4.388.000 EUR ermittelt.

Das Ergebnis ergibt einen positiven Kapitalwert. Ein positiver Kapitalwert zeigt einen Vermögenszuwachs zum Zeitpunkt t_0 an, nämlich die Kapitalwiedergewinnungskosten, die angestrebten Mindestverzinsung und einen Zusatzgewinn.[390]

Die Investition sollte somit durchgeführt werden.

18.4   Kritische Diskussion der Ergebnisse

Im vorliegenden Fall wurden die Innovationserfolgrechung als DCF-Rechnung und die Produktlebenszyklusrechnung aufgrund der geschaffenen Grundlagen in den vorhergehenden Kapiteln an einem Beispiel der Produktinnovation in einem Unternehmen, das ein innovatives Windenergieanlagenmodell herstellen möchte, dargestellt. Die Produktlebenszyklusrechnung stellt die Ausgaben und die Einnahmen ins Verhältnis und ermittelt somit Einzahlungsüberschüsse, die dann mittels Kapitalwertmethode und durch einen definierten Kapitalisierungszinssatz auf den Zeitpunkt t_0 abgezinst werden. Sie berücksichtigt dabei den erwarteten Produktlebenszyklus.

Bei diesem Berechnungsverfahren bleibt aber die Dynamik innerhalb der ersten Phasen des Innovationsprozesses, vor allem während der Ideenfindung und der Forschungs- und Entwicklungszeit eines neuen Produktes, unberücksichtigt. Erfolgrisiken für das Unternehmen, wie das Ideenfindungsrisiko, das F&E-Risiko und das Risiko für die Vorbereitung eines Produktes auf die Markteinführung, werden bei dieser Berechung ungenügend berücksichtigt.

Die Innovationserfolgrechung als DCF-Methode versucht die Erfolgsrisiken, Erfolgschancen und die Erfolgspotentiale innerhalb der Rechnung ausreichend zu würdigen. Durch die Berücksichtigung des systematischen Risikos eines Projektes (Betafaktor) und der Berücksichtigung der projektindividuellen (unternehmensindividuellen) Risikoprämie bei der Ermittlung der Eigenkapitalkosten, werden unternehmerische Risiken, Erfolgrisiken und Erfolgspotentiale in der Berechnung mit beachtet. Ein Unternehmen erwartet eine bestimmte Rendite für ihr Geld und um diese Rendite aus dem Innovationsprojekt zu erhalten, wird ein Kapitalisierungszinssatz ermittelt, der das Marktrisiko bei der Entwicklung des Produktes berücksichtigt.

Die Produktlebenszyklusrechnung ist ein Instrument, das eine Grobkalkulation für die Bewertung eines Produktes ermöglicht und eine Überschlagsrechnung für neue Produkte darstellt. Dynamische Risiken des Unternehmens bleiben dabei jedoch weitgehend unberücksichtigt.

---

[390] Vgl. Schmeisser et al. (2008)

Grundsätzlich ergibt sich mit der Berücksichtigung von Lebenszyklen bei der Produktplanung im Unternehmen die Möglichkeit, eine erste Produktplanung bzw. eine notwendige Alternativplanung zu erstellen.

In der Innovationserfolgrechnung werden diese Kriterien gewürdigt. Die Innovationserfolgrechnung berücksichtigt neben der angestrebten Rendite eines Unternehmens für das investierte Kapital auch noch das Risiko aus der Unternehmung.

Des Weiteren fließt in die Innovationserfolgrechnung auch noch der Shareholder-Value-Gedanke ein. Bei der Innovationserfolgrechnung werden nämlich die Geschäftsrisiken im Rahmen des Innovationsprozesses und das finanzielle Risiko des Unternehmens bei der Investition innerhalb eines Innovationsprozesses bedacht. Mittels der Innovationserfolgrechnung werden die potenziellen Überschüsse einer Unternehmung ermittelt, die den Eigentümern als Zusatzausschüttung zur Verfügung gestellt werden können.

Diese Berücksichtigung innerhalb der Rechnung ist im Sinne des Shareholder-Value-Gedankens.

19   Fazit

Der Innovationsprozess ist ein komplexer Vorgang. Von der Ideenfindung, über die Forschung und Entwicklung eines Produktes bis hin zum erfolgreichen Eintritt in den Markt kann ein Zeitraum von mehr als zehn Jahren vergehen. In den Innovationsprozess müssen eine Vielzahl von Chancen und Risiken berücksichtigt werden. Der Einfluss, die Bewertung und die Würdigung dieser Faktoren sind eine permanente Herausforderung.

Die Innovationserfolgrechungen quantifizieren die Planung, Steuerung und Kontrolle des Innovationsprozesses. Sie dienen dem Management als Instrument des Innovationscontrollings.

Vor allem Forscher und Ingenieure wehren sich gegen Kontrollen ihrer Aktivitäten, mit der Begründung, dass diese ihre Kreativität hemmen. Diesem ist entgegenzuhalten, dass zum einen die Effizienz und Effektivität des Innovationsprozesses nicht nur für den Investor im Vordergrund steht, sondern auch für den Fortbestand des Unternehmens Existenz entscheidend ist. Außerdem lernen Forscher, Entwickler und Ingenieure auch auf die Kosten zu beachten und den Markt zu berücksichtigen.

Die Produktlebenszyklusrechnung wird hauptsächlich im Rahmen der Produktplanung, ausgehend von den Lebenszykluskurven eines Produktes, eingesetzt. Basis der Rechnung bilden hauptsächlich erwartete Auszahlungs-/Einzahlungsströme und die dazu resultierende Kalkulation für den Produktlebenszyklus. Hier ist die Ermittlung von Trade-Offs hilfreich, um „versteckte" Kosten von Innovationen frühzeitig aufdecken zu können.

Die Produktlebenszyklusrechnung bewertet Risiken innerhalb der Innovation eines Produktes nicht ausreichend. Durch den Wettbewerb und die damit nicht eintretenden Erfolge, kann sich die Produktlebenszykluskurve eines Produktes nachteilig verlängern und zu einer Abbruchentscheidung der Innovation führen.

Aufgrund des in vielen Branchen stetig steigenden Innovationsdruckes, der immer geringeren Zeit bei den Innovationszyklen und sinkenden Produktlebenszyklen, ist eine Innovationserfolgrechnung, die die Risiken für den Eigenkapitalgeber in der Berechnung des zu erwartenden Unternehmenswertes einbezieht unverzichtbar. Die Innovationserfolgrechnung des DCF-Verfahrens bietet die Möglichkeit, diese Risiken in die Kalkulation mit einfließen zu lassen und sie gebührend zu bewerten.

Die Innovationserfolgrechnungen bieten die Möglichkeit ein innovatives Projekt so zu bewerten, dass dabei die Erfolgsrisiken, Erfolgschancen und Erfolgspotentiale mit berücksichtigt werden. Unter weiterer Berücksichtigung der technischen und wirtschaftlichen Bewertung der Innovation wird mit Innovationserfolgsrechnungen eine Entscheidungsgrundlage für das Innovationsmanagement in Unternehmen geschaffen zu beurteilen, ob das Projekt bzw. der Innovationsprozess weitergeführt, eingestellt oder gar gewinnbringend mit einem Innovationsergebnis realisiert werden kann.

Der Gedanke des Shareholder-Values und die damit verbundene Verbindung von Risiko und Einsatz von Eigenkapital und Fremdkapital für die Entwicklung eines Produktes sind mit zum tragenden Leitgedanken geworden und werden in der Innovationserfolgrechnung widergespiegelt.

Quellenverzeichnis

Albach, H. (1990): Innovationsmanagement: Theorie und Praxis im Kulturvergleich. Wiesbaden

Back-Hock, A. (1988): Lebenszyklusorientiertes Produktcontrolling: Ansätze zur computergestützten Realisierung mit einer Rechnungswesen-Daten- und Methodenbank. Dissertation, Erlangen-Nürnberg.

Baum, H.-G. / **Coenenberg** A. G. / **Günther** T. (2004): Strategisches Controlling. 3. Auflage, Stuttgart.

Berliner, C. / **Brimson**, J. A. (1988): Cost Management for Today`s Advanced Manufacturing: The CAM-I Conceptual Design. Boston.

Billing, F. (2003): Koordination in radikalen Innovationsvorhaben. Wiesbaden.

Binninger, F.-M. (1993): F&E- und Marketingmanagement im integrierten Produktlebenszyklus. Regensburg.

Brockhoff, K. (1994): Forschung und Entwicklung. 4. Auflage, München.

Burkert, W. (1986): Zielsystem. In: Platz, J. / Schmelzer, H.-J. (Hrsg.): Projektmanagement in der industriellen Forschung und Entwicklung. Berlin, S. 89–106.

Bussey, P. / **Pisani**, J. / **Bonduelle**, Y. (2005): Understanding the Value Research. In: Handen, J. S. (Hrsg.): Industrialization of drug discovery. USA: Taylor & Francis Group.

Christians, U. (2006): Performance Management und Risiko: Strategieumsetzung mit risikointegrierter Balanced Scorecard, Wissensbilanzen und Werttreibernetzen: Methodik und Fallbeispiel aus dem Bankensektor. Berlin.

Fabrycky, W. J. / **Blanchard**, B. S. (1991): Life Cycle Cost and Economic Analysis, Englewood Cliffs.

Gerpott, T. (1999): Strategisches Technologie- und Innovationsmanagement. Stuttgart.

Günther, E. / **Will**, G. / **Hoppe**, H. / **Ulmschneider**, M. (2004): Life Cycle Costing (LCC) und Life Cycle Assessment (LCA): eine Übersicht bestehender Konzepte und deren Anwendung am Beispiel von Abwasserpumpstationen. Dresden.

Günther, T./ **Kriegbaum**, C. (1999): Life Cycle Costing: Ein Instrument zur Unterstützung der ökologieorientierten Kostenrechnung. In: Betriebliche Umweltökonomie in Fällen. München, Wien.

Hahn, D. / **Hungenberg**, H. (2001): PuK – Wertorientierte Controllingkonzepte: Planung und Kontrolle, Planungs- und Kontrollsysteme, Planungs- und Kontrollrechnung. 6. Auflage, Wiesbaden.

Hauschildt, J. (1997): Innovationsmanagement. 2. vollständig überarbeitete und erweiterte Auflage, München.

Hauschildt, J. (2004): Innovationsmanagement. 3. Aufl., München: Vahlen.

Herden, R. (1992): Technologieorientierte Außenbeziehungen im betrieblichen Innovationsmanagement: Ergebnisse einer empirischen Untersuchung. Heidelberg.

Jackson, D. (2000): Minimising life cycle costs of pumps for sewage, waste water and sludge. Technical Paper 3-2, Pump Users International Forum 2000, Karlsruhe.

Kleinschmidt, E. J. / **Copper**, R. G. (1991): The Impact of Product Innovativeness on Performance. In: Journal of Product Innovation Management, 8 (4), S. 240–251.

Kotzbauer, N. (1992): Erfolgsfaktoren neuer Produkte: Der Einfluß der Innovationshöhe auf den Erfolg technischer Produkte. Frnkfurt am Main u.a.

Meffert, H. (2007): Marketing: Grundlagen marktorientierter Unternehmensführung, Konzepte – Instrumente – Praxisbeispiele. Wiesbaden.

Müller, A. / **Uecker**, P. / **Zehbold**, C. (Hrsg.) (2006): Controlling für Wirtschaftsingenieure, Ingenieure und Betriebswirte. München.

Ohlhausen, P. / **Warschat**, J. (1997): Projektmanagement. In: Bullinger, H.-J. / Warschat, J. (Hrsg.): Forschungs- und Entwicklungsmanagement. Simultaneous Engineering, Projektmanagement, Produktplanung, Rapid Product Development. Stuttgart: Teubner.

Platz, J. (1986): Phasenorganisation. In: Platz, J. / Schmelzer, H.-J. (Hrsg.): Projektmanagement in der industriellen Forschung und Entwicklung, Berlin.

Platz, J./ **Schmelzer**, H.-J. (1986): Projektmanagement in der industriellen Forschung und Entwicklung. Berlin.

Pleschak, F. / **Sabisch**, H. (1996): Innovationsmanagement. Stuttgart.

Popp, W. / **Schmitt**, M. (1999): Informationsgewinn beim Risikomanagement von Innovationsvorhaben. In: Tintelnot, C. / Meißner, D. / Steinmeier, I. (Hrsg.): Innovationsmanagement. Berlin, Heidelberg, S. 99–106.

Schicker, G. / **Mader**, F. / **Bodendorf**, F. (2008): Product Lifecycle Cost Management: Status quo und Trends im PLCM – Ein Überblick. Universität Erlangen-Nürnberg (Hrsg.): Arbeitspapier Wirtschaftsinformatik II, Nr. 01, Nürnberg.

Schmeisser,   W.   /   **Schettler**,   P.   (2008):   Innovationsmanagement. URL:http://www.studentensupport.de, Berlin.

Schmeisser, W. / **Kanter**, A. / **Geburting**, A. / **Schindler**, F. (2006): Forschungs- und Technologiecontrolling: Wie Unternehmen Innovationen operativ und strategisch steuern. Stuttgart.

Schmeisser, W. / **Mohnkopf**, H. / **Hartmann**, M. / **Metze**, G. (Hrsg.) (2008): Innovationserfolgrechnung. Berlin, Heidelberg.

Schmeisser, W. et al. (2008): Einführung in die Unternehmensbewertung. München, Mering.

Schramm, A. (2000): Entwicklung des F&E-Controlling zum Innovationscontrolling. Braunschweig.

Wolf, K. (2006): Gestaltungsempfehlungen für die Investitionsrichtlinie unter Beachtung wert- und risikopolitischer Aspekte. In: Controlling, 18/7, S. 363–368.

Zehbold, C. (1996): Lebenszykluskostenrechnung. Dissertation, Wiesbaden.

IV   Nachhaltige Energieerzeugung durch Solartechnik – technische Darstellung sowie gesetzliche Rahmenbedingungen, Wirtschaftlichkeitsanalyse und Entwicklung der Solartechnik

Petra Krieg / Hartmut Krieg

20   Einleitung

20.1   Problemstellung und Zielsetzung

Die Energieversorgung in Deutschland erfolgt vorwiegend aus fossilen Energieträgern wie Kohle, Erdgas und Erdöl. Die damit verbundene Umweltbelastung, im Besonderen der CO_2 Ausstoß und der erhöhte Beschaffungsaufwand, erfordert den Ausbau alternativer Energiegewinnung. Neben der Kernenergie treten die erneuerbaren Energien wie Windkraft-, Wasserkraft-, Gezeitenkraftwerke sowie Biomasseanlagen und Photovoltaik immer mehr in den Vordergrund.

„Nachhaltige Energieerzeugung durch Solartechnik – technische Darstellung sowie gesetzliche Rahmenbedingungen, Wirtschaftlichkeitsanalyse und Entwicklung der Solartechnik" behandelt die technische Realisierung (aus Kundensicht) sowie die Untersuchung der Wirtschaftlichkeit einer Photovoltaikanlage. Hierzu wird eine Photovoltaikanlage mit einer Auslegungsgröße von ca. 5 kWp am Standort Berlin betrachtet.

Schwerpunkte:

- Vorstellung der physikalischen Grundstrukturen der Photovoltaik
- Darstellung der Förderung durch das aktuelle EEG (seit 01.01.2009)

- Analyse der Entwicklung der Photovoltaik in Berlin
- Wirtschaftlichkeits- und Gesamtnutzenbetrachtung

Für gewinnorientierte Investoren besteht die Möglichkeit, sich für erneuerbare Energien zu engagieren und neben der Gewinnerzielungsabsicht auch selbst einen positiven Beitrag zum Umweltschutz zu leisten. Die Wahlmöglichkeit die erzeugte Energie selbst zu vermarkten, bzw. die Vergütung entsprechend EEG in Anspruch zu nehmen, ermöglicht dem Anlagenbetreiber trotz sinkender Vergütung eine höhere Rendite. Immobilien mit nachhaltiger Energieerzeugungstechnik erfahren damit eine Wertsteigerung.

Zunächst werden die theoretischen Grundlagen erarbeitet. Dabei werden die wichtigsten Aspekte, die eine Auswirkung auf die Wirtschaftlichkeit von Photovoltaikanlagen haben, erläutert und die zur Anwendung kommenden wirtschaftlichen Rechenmethoden dargestellt. Anhand von Sensitivitätsanalysen werden verschiedene Einflussfaktoren geprüft und wirtschaftlich bewertet. Abschließend wird das Ergebnis der einzelnen Untersuchungen ausgewertet und eine Empfehlung gegeben.

20.2   Geschichtliche Entwicklung

Die Geschichte der Photovoltaik begann anno 1839 mit der Beobachtung von Alexandre Edmond Becquerel, dass bei der Bestrahlung mit Sonnenlicht von zwei in Lösung befindlichen Platinelektroden ein Strom fließt. Im Jahr 1886 wurde der lichtelektrische Effekt von Heinrich Hertz erstmals untersucht. Erst Albert Einstein lieferte in seiner Arbeit 1905 die Erklärung des Photoelektrischen Effekts und der Quantennatur des Lichts, wofür er 1921 den Nobelpreis für Physik bekam. Der Effekt war sehr klein und hatte damals keine praktische Bedeutung, er war lediglich eine interessante physikalische Erscheinung. Nach der Weiterentwicklung der Halbleitertechnik konnte 1954 in den USA eine verwendbare Solarzelle entwickelt werden. Die damals wichtigste Anwendung der Photovoltaik fand in der Raumfahrt statt, wo 1958 die ersten 108 Solarzellen für den Vanguard – Satelliten eingesetzt wurden (Abb. 20.1). In dem Satelliten installierte man die ersten Photozellen mit einer Leistung von 0,1 W (Fläche 100 m²) für den 5 mW Reserve-Sender. Sie übertrafen alle Erwartungen und versorgten den Satelliten viel länger als erwartet (insgesamt 8 Jahre), wodurch sich ein beschränkter, aber hochwertiger Markt entwickelte.[391]

---

[391] Vgl. Quaschning (2000), S. 1–5

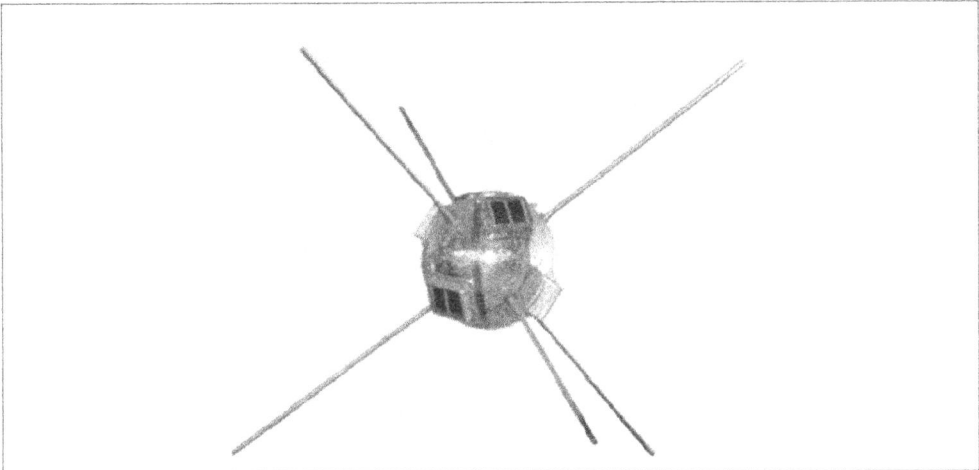

Abb. 20.1   Modell des Vanguard-Satellits

Im Jahr 1961 wurde zum ersten Mal auf Basis der thermodynamischen Grundlagen der erreichbare Wirkungsgrad von Solarzellen von dem US-amerikanischen Physiker William B. Shockley und dem Berliner Physiker Hans-Joachim Queisser berechnet. Diese Ergebnisse haben noch heute Gültigkeit. Die Kosten zum Einsatz der Solartechnik auf der Erde waren allerdings noch viel zu hoch.

Dies änderte sich nach der ersten Ölpreiskrise im Jahre 1973, welche ein gestiegenes Umweltbewusstsein zur Folge hatte, es entstanden die ersten Fertigungsstätten für Siliziumsolarzellen und Module. Anfang der 1980er Jahre lag der Solarzellenumsatz bei weniger als 20 MWp/Jahr, im Jahr 2006 dagegen betrug der weltweite jährliche Umsatz mehr als 2.000 MWp/Jahr, demzufolge ist in 25 Jahren der weltweite Solarzellenumsatz um das Hundertfache gestiegen.

20.3   Energieerzeugung in Deutschland – Anteil erneuerbare Energie

Die Energieerzeugung in Deutschland 2007 setzte sich wie folgt zusammen:

- fossile Energiequellen   82,3 Prozent, davon
  - Erdöl   33,8 Prozent
  - Erdgas   22,7 Prozent
  - Kohle   25,8 Prozent
- Kernenergie   11,1 Prozent
- Erneuerbare Energien   6,6 Prozent

Im Zuge der aktuellen Klimadebatte wird immer häufiger über das Problem der Klimaer-
wärmung durch Treibhausgase und dabei primär von Kohlenstoffdioxid (CO_2), gesprochen.
In Folge dieser Erkenntnisse hat sich die Europäische Union (EU) zu einer CO_2-Emissions-
Reduktion von 20 Prozent bis zum Jahr 2020, ausgehend vom Stand aus dem Jahre 1990,
verpflichtet.[392]
Der erwartete Anstieg des CO_2-Ausstoßes ist auf den ansteigenden Verbrauch von Energie-
rohstoffen wie Kohle, Öl und Gas, aufgrund einer stark wachsenden Nachfrage vor allem aus
Asien, zurückzuführen. Aufgrund dieser Tatsache und der begrenzten Verfügbarkeit bei Öl
und Gas von nur noch rund 40 bzw. 60 Jahren ist in den kommenden Jahren mit einem weiteren Preisanstieg für Energierohstoffe zu rechnen.[393]

Im Sinne des nachhaltigen Wirtschaftens, also der Schonung der Umwelt und dem Erhalt
von nicht nachwachsenden Rohstoffen, wird deshalb unter anderem gefordert, Erneuerbare
Energiesysteme einzusetzen.[394]

Erneuerbare Energien, auch regenerative Energien oder Alternativenergien, sind aus nachhaltigen Energiequellen bzw. aus sich erneuernden Energien. Sie bleiben – nach menschlichen
Zeiträumen gemessen – kontinuierlich verfügbar und stehen im Gegensatz zu fossilen Energieträgern und Kernbrennstoffen, deren Vorkommen bei kontinuierlicher Entnahme stetig
abnimmt, immer zur Verfügung. Erneuerbare Energien werden fossile Energien und Kernenergie langfristig ersetzen, da letztere nur in begrenztem Umfang zur Verfügung stehen und
ihr Einsatz ökologisch immer stärker problematisch wird. Insbesondere tragen erneuerbare
Energien wesentlich geringer zur globalen Erwärmung bei als fossile Energieträger. Die
Klimafolgen bei der Nutzung von Biomasse, z.B. durch unerwünscht entweichendes Methan,
sind deutlich geringer als bei Kohle, Erdgas oder Öl.

Die kontinuierlich ansteigende Energieerzeugung aus erneuerbare Energien ist in folgender
Grafik dargestellt.

---

[392] Vgl. Bräuninger et al. (2007), S. 24
[393] Vgl. Stern (2007), S. 1ff.
[394] Vgl. Stryi-Hipp (2007), S. 3

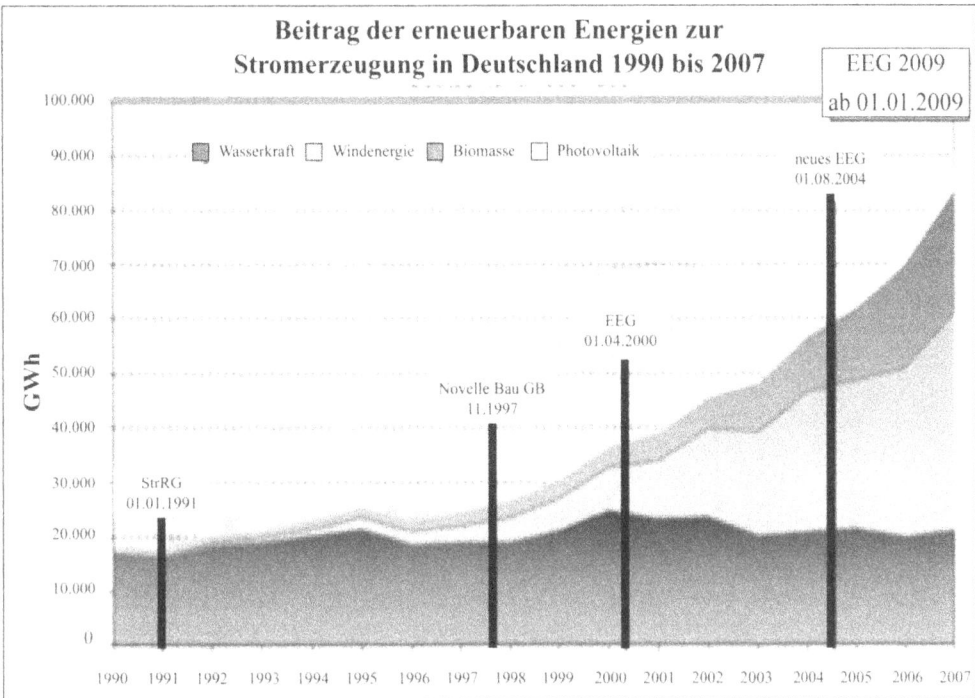

Abb. 20.2   Beitrag der erneuerbaren Energien zur Stromerzeugung[395]

Im Gegensatz zu fossilen Energieträgern wird bei der Nutzung der meisten Erneuerbaren Energien kaum Kohlenstoffdioxid ausgestoßen.

21   Grundlagen der Solartechnik

21.1   Energieangebot der Sonne

Die Sonne hat einen Durchmesser von 1,4 Mio. km. Die Intensität der Sonnenstrahlung außerhalb der Erdatmosphäre ist abhängig vom Abstand zur Sonne. Im Verlauf eines Jahres bewegt sich dieser zwischen $1,47 \times 10^8$ km und $1,52 \times 10^8$ km. Hierdurch schwankt die Bestrahlungsstärke E_0 zwischen 1.325 W/m² und 1.412 W/m². Der Mittelwert wird als Solarkonstante bezeichnet:

---

[395] BMU-EE (2009), S. 15

• Solarkonstante: $E_0 = 1.367 \ W/m^2$

Auf dem Weg zur Erde durch die Erdatmosphäre (Abb. 21.1) nimmt die Strahlenleistung der Sonne durch Reflexion, Ablenkung an Wolken und Gebirgen stetig ab.

An der Erdoberfläche wird bei schönem Wetter um die Mittagszeit eine Bestrahlungsstärke von 1.000 W/m² erreicht. Dieser Wert ist relativ unabhängig vom Standort und wird deshalb auch zur Bestimmung der Nennleistung von Solarzellen unter STC–Bedingungen verwendet.

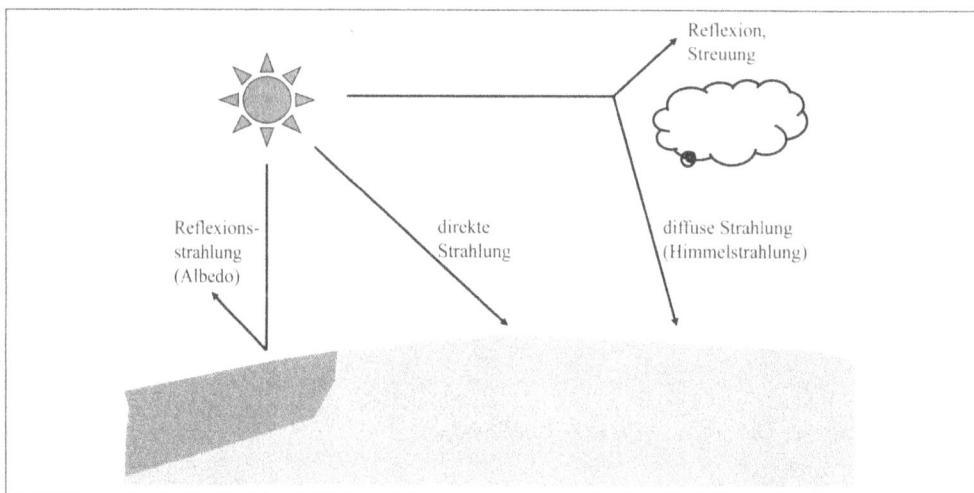

Abb. 21.1   Strahlungsleistung der Sonne[396]

Die höchsten Einstrahlungen treten an locker bewölkten, sonnigen Tagen auf. Durch Reflexionen der Sonnenstrahlung an vorbeiziehenden Wolken kann es zu kurzzeitigen Einstrahlungsspitzen von bis zu 1.400 W/m² kommen. Jährlich trifft etwa das 20.000 fache der benötigten Weltjahresenergie in Form von Sonnenenergie auf die Erdoberfläche. Das bedeutet, dass täglich fast 50 Mal mehr Energie von der Sonne auf die Erde gestrahlt wird, als weltweit in einem Jahr verbraucht wird.[397]

Globalstrahlung
Den Wert der jährlichen Globalstrahlung in kWh/m² erhält man durch Summation des Energiegehaltes der Sonneneinstrahlung über ein Jahr. Die mittleren Jahressummen der Globalstrahlung liegen in Deutschland zwischen ca. 940 kWh/m² und 1.200 kWh/m² mit einem deutlichen Nord-/Südanstieg, wobei klimatologisch bedingt auch regional Unterschiede auftreten können.

---

[396] Haselhuhn/Hemmerle (2008), S. 2–16
[397] Vgl. Haselhuhn/Hemmerle (2008), S. 2–12ff.

Das Flächenmittel über die Jahre 1981 bis 2004 beträgt nach DWD Daten 1.044 kWh/m². Die jährliche Sonnenscheindauer beträgt 1.300 bis 1.900 Stunden pro Jahr. In einzelnen Jahren kann die Einstrahlung vom Durchschnittswert abweichen. Die Abb. 21.2 zeigt die Bandbreite zwischen 1961 und 2004 für die Messstation Berlin-Dahlem. Über den 44-jährigen Messzeitraum schwanken die Jahressummen mit einer Standardabweichung von 6,6 Prozent um den Mittelwert. Extreme Abweichungen sind selten und lagen bei -14 Prozent im Jahr 1962 bzw. 19 Prozent im Jahr 2003.

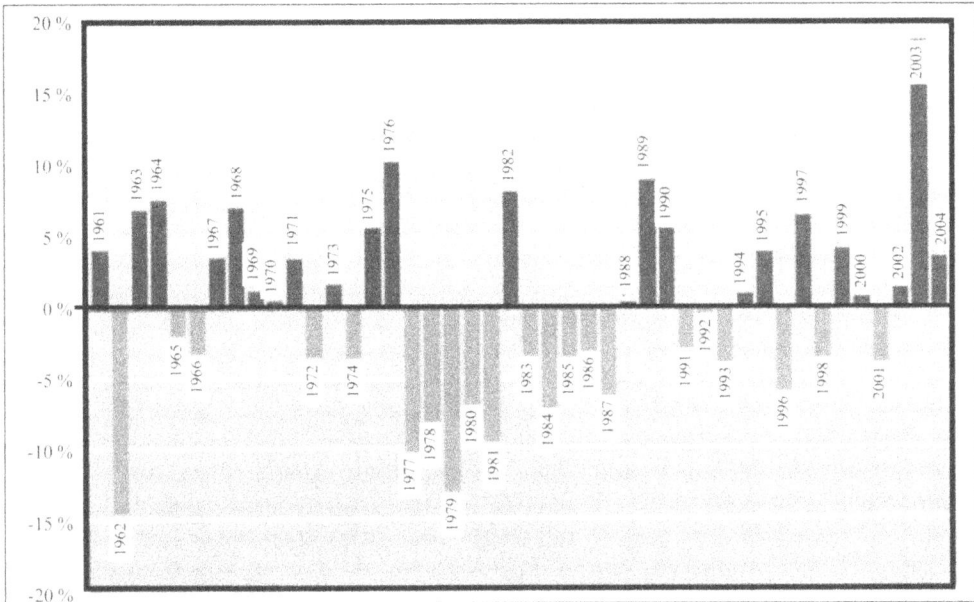

Abb. 21.2   Globalstrahlung Berlin[398]

Sonnenstand

Für die Berechnung von Einstrahlungswerten und Erträgen von Solaranlagen ist die genaue Kenntnis des Sonnenverlaufs von Bedeutung. Der Sonnenstand lässt sich an jedem beliebigen Ort durch die Sonnenhöhe und den Sonnenazimut beschreiben. In der Solartechnik wird Süden im Allgemeinen mit a = 0° bezeichnet. Nach Osten werden die Winkel mit negativem Vorzeichen versehen (Ost: a = -90°). Nach Westen werden die Winkel ohne (bzw. mit positivem) Vorzeichen gekennzeichnet (West: a = 90°). Die solare Einstrahlungsstärke ist u.a. abhängig vom Sonnenhöhenwinkel y_s wird ausgehend von der Horizontalen gemessen (Abb. 21.3). Durch den Lauf der Sonne verändert sich der Höhenwinkel während eines Tages und auch im Laufe eines Jahres.

---

[398]   FU Berlin-Dahlem (DWD)

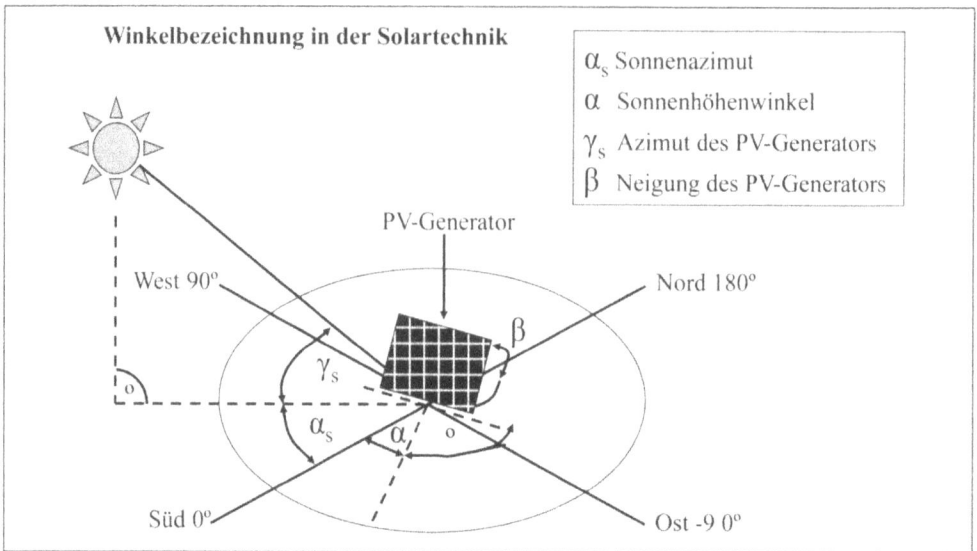

Abb. 21.3   Winkelbeziehung in der Solartechnik[399]

Air Mass

Air Mass (AM) bedeutet Luftmasse (engl. Air Mass) und beschreibt die unterschiedlichen Atmosphärenverhältnisse, die das Sonnenlicht von der Sonne bis zur Erdoberfläche durchläuft. Dabei nimmt die Strahlungsleistung des Sonnenlichts ab (Abb. 21.4). Bei einem AM von eins nimmt das Sonnenlicht den direkten und den kürzesten Weg durch die Erdatmosphäre. Bei einem AM von 0 befindet sich das Sonnenlicht im Weltraum und trifft verlustfrei am äußeren Rand der Erdatmosphäre ein. Man nennt diesen Wert auch Solarkonstante.

Der Zusammenhang zwischen Sonnenstand (Höhe) y_s und Air Mass ist wie folgt definiert:

$$\text{Air Mass}: \quad AM = \frac{1}{\sin y_s}$$

Formel: 3.1

Steht die Sonne hingegen in einem anderen Winkel, verlängert sich die Strecke um den Faktor AM. Dies bewirkt eine geringere Strahlungsintensität und eine veränderte spektrale Zusammensetzung des Sonnenlichts. Der wichtigste Standardwert ist AM 1,5 und entspricht in Deutschland einer Bestrahlungsstärke von 1000 W/m².

---

[399] Haselhuhn/Hemmerle (2008), S. 2–17, 19

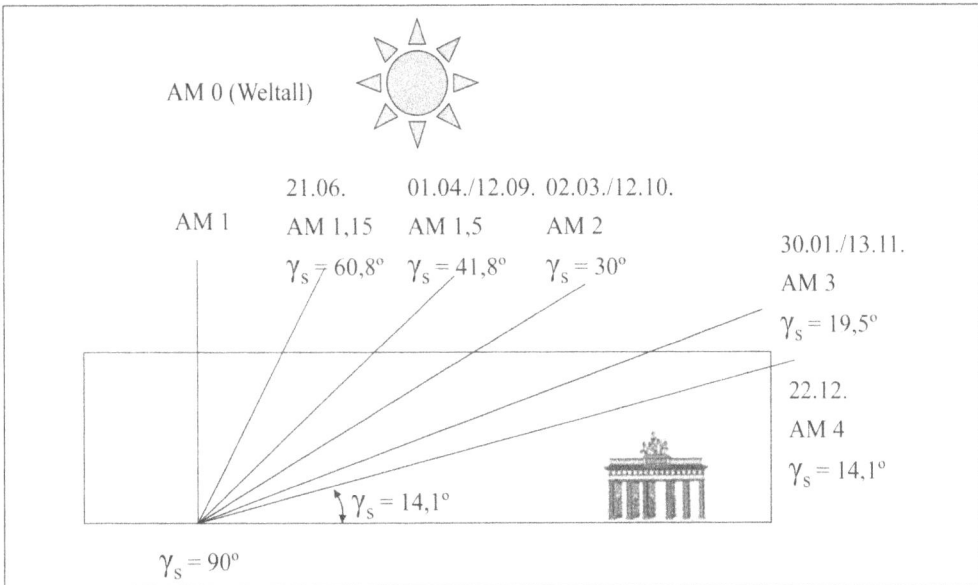

Abb. 21.4 Sonnenhöchststand in Berlin[400]

STC-Bedingungen

Die Einstrahlung der Sonne ist außerhalb der Atmosphäre eine konstante Größe. Innerhalb der Atmosphäre unterliegt sie Schwankungen im Tages- und Jahresverlauf. Um dennoch eine Vergleichbarkeit der elektrischen Kennwerte von Solarzellen oder Solarmodulen zu ermöglichen, wurden die STC-Bedingungen (engl. standard-test-condition) entwickelt. Diese Bedingungen geben die Spitzenleistung eines Solarmoduls bei konstanten Werten der Bestrahlungsstärke (E) von 1000 W/m², der Zellentemperatur (T) von 25°C und einer Luftmasse (AM) von 1,5 vor. Die Leistungsangabe einer Photovoltaikanlage z.B. von 1 kWp (Kilowatt peak) bezieht sich immer auf den Leistungswert welcher unter optimalen STC-Bedingungen bei E = 1000 W/m²; T= 25°C; AM = 1,5 erreicht werden kann. Dieser Spitzenleistungswert wird auch als peak – Leistung bezeichnet.

21.2 Inselbetrieb und netzgekoppelte Photovoltaikanlagen

Photovoltaikanlagen werden in Inselsysteme und netzgekoppelte Systeme eingeteilt. Die ersten wirtschaftlichen Einsatzbereiche der Photovoltaik waren Inselsysteme. Wenn eine Stromversorgung über das Energieversorgungsnetz nicht möglich oder rentabel war, konnten Photovoltaikanlagen im Inselbetrieb eingesetzt werden. Ein großes Potential für den Einsatz

---

[400] Haselhuhn/Hemmerle (2008), S. 2–17, 19

von Inselsystemen besteht in den Entwicklungsländern, wo häufig noch weite Landstriche ohne Stromversorgung auskommen müssen (Abb. 21.5).

Abb. 21.5   Solares Pumpensystem zur Trinkwassererzeugung[401]

In Inselsystemen wird die Größe der Solaranlage auf den Energiebedarf der Verbraucher abgestimmt. Um den zeitlichen Abgleich der solaren Energieumwandlung mit dem Energiebedarf der Verbraucher abzustimmen, werden in der Regel zusätzlich Speicher (Batterieanlagen) eingesetzt. In Inselsystemen werden häufig zur Sicherstellung der Energieversorgung zusätzlich weitere Stromerzeugungsanlagen wie z.B. Dieselgeneratoren eingesetzt. Man bezeichnet diese Kombination als Photovoltaik-Hybridanlage.

Netzgekoppelte Anlagen sind unmittelbar an das öffentliche Stromversorgungsnetz angeschlossen. Erst seit 1991 mit dem 1.000-Dächer-Förderprogramm werden netzgekoppelte PV-Anlagen in nennenswerter Größenordnung in Deutschland errichtet.[402] Aufgrund des finanziellen Anreizes der unterschiedlichen Förderprogramme der Bundesregierung, sind immer mehr Hausbesitzer bereit, in eine Solaranlage zu investieren. In Deutschland werden deshalb die meisten Photovoltaikanlagen netzgekoppelt betrieben, wobei wegen der erhöhten Einspeisevergütung für solaren Strom die gesamte erzeugte Energie in das öffentliche Stromnetz eingespeist wird.[403]

21.3   Herstellung von Solarzellen

Bei der Herstellung von kristallinen Solarzellen werden Halbleitermaterialien wie Silizium, Gallium – Aresenid, Cadmium – Tellurid oder Kupfer – Indium – Diselenid eingesetzt, wo-

---

[401] Haselhuhn/Hemmerle (2008), S. 2–8

[402] Vgl. dazu Abschnitt 22.1

[403] Vgl. Haselhuhn/Hemmerle (2008), S. 2–5ff.

bei die kristalline Solarzelle mit einem weltweiten Marktanteil von ca. 92 Prozent (2006) die am weitesten verbreitete ist. Die Zellarten werden wie folgt strukturiert:

- kristalline Siliziumzelle werden als ca. 200 Mikrometer dicke Wafer im Modul miteinander verlötet.
  - Monokristalline Zellen
    - Standard Siliziumzellen
    - Hochleistungs-Siliziumzellen
    - Kugelzellen
    - Streifenzellen
  - Polykristalline Zellen
  - Polykristalline Band-Zellen
- bei den Dünnschichtzellen werden die mikrometerdicken Zellschichten meist auf die Frontglasscheibe des Moduls abgeschieden.
  - Kupferindium Diselenid Zellen CIS
  - Amorphe Siliziumzellen
  - Cadmium-Tellurid Zellen CdTe
  - Kristalline Silizium Dünnschichtzelle
  - Konzentratorzellen
- in der Markteinführung befindliche nanostrukturierte Solarzellen, bei denen nanometerkleine komplette Solarzellen gebildet und diese dann in Modulen verschaltet werden.
  - nanostrukturierte CIS-Solarzellen
  - Farbstoff-Solarzellen
  - Polymer-Solarzellen

Derzeit werden hauptsächlich mono- und polykristalline Zellen aus Siliziumdioxid $SiO2$ Quarzsand) hergestellt. Dieser Rohstoff steht praktisch unbegrenzt zur Verfügung. Dem Siliziumdioxid muss zunächst der Sauerstoff entzogen werden, um ein Rohsilizium zu erhalten, welches für die Verwendung in der Halbleitertechnik geeignet ist. Um einen hohen Reinheitsgrad zu erreichen, wird das Silizium aufwändig gereinigt und geschmolzen. In unterschiedlichen Produktionsverfahren wird das mit Bor dotierte Silizium (auf 14.200C erhitzt) zu einkristallinen (runden) oder zu poly-kristallinen (zylinderförmigen) Blöcken weiterverarbeitet und dann in sehr dünne Scheiben (Wafer) gesägt (Abb. 21.6).[404]

---

[404] Vgl. Haselhuhn/Hemmerle (2008), S. 2–31; Bohne (2006)

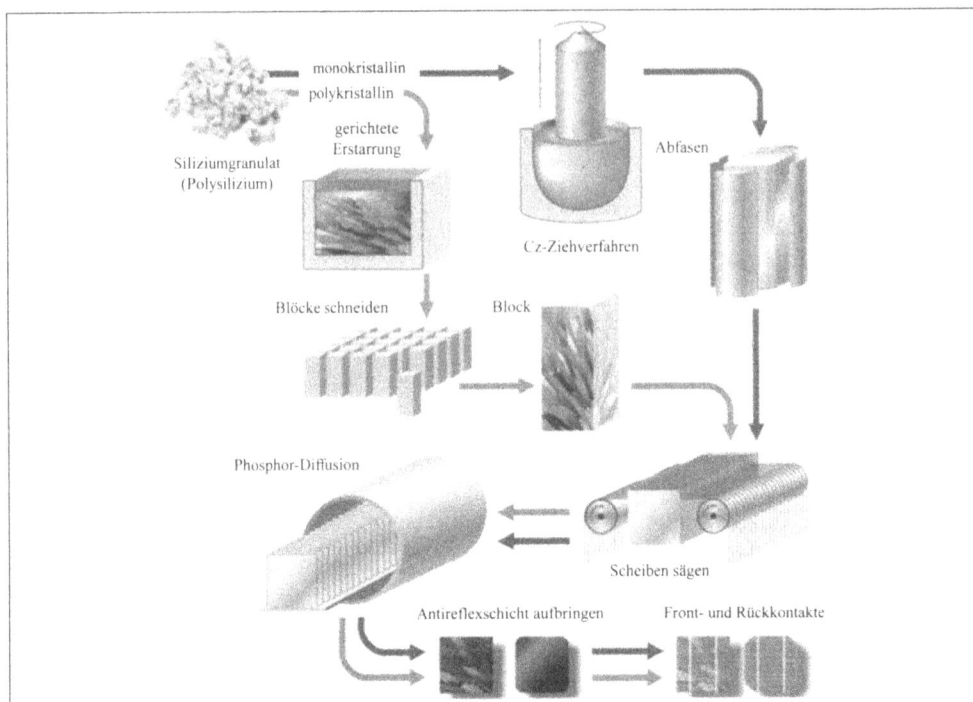

Abb. 21.6   Herstellungsverfahren von Solarzellen[405]

Die Wafer werden anschließend in Ätz- und Spülbädern nasschemisch gereinigt und die Oberfläche aufgeraut (=> größere Lichtabsorption). Ausgehend von den bereits mit Bor p-dotierten Rohwafern wird die dünne n-dotierte Schicht durch Phosphor-Diffusion hergestellt. Im Diffusionsofen diffundiert Phosphorgas bei Temperaturen von 800°C bis 900°C ein und die Oberseite wird umdotiert. Das Herz der Solarzelle, der pn-Übergang, entsteht. Nach Aufbringen der Antireflexionsschicht, welche die Reflexionsverluste des ursprünglich stark reflektierenden Siliziums von 31 Prozent auf 3 Prozent reduziert, werden die Stromabnahmelinien auf der Vorderseite und die Rückkontakte im Siebdruckverfahren aufgedruckt. Die Kontakte auf der Frontseite müssen eingebrannt werden, um durch die Antireflexionsschicht hindurch zu kontaktieren. Die Antireflexionsschicht besteht in der Regel aus Siliziumnitrid und lässt die Zellen blau bis schwarz aussehen. Schließlich werden die Solarzellen an den Kanten abgeätzt, um p- und n-Schicht sauber zu trennen und einen seitlichen Kurzschluss zu unterbinden. Diese Fertigungsmethoden bilden die Grundlage zur Herstellung der meisten Solarzellen.[406]

Zur Herstellung von Dünnschichtzellen wird eine dünne Siliziumschicht auf ein Trägermaterial, meist Glas oder Metall, mit Hilfe von Plasmaverfahren aufgebracht. Man unterscheidet hauptsächlich zwischen amorphen Siliziumzellen, Kupfer-Indium-Dieselenid-Zellen CIS und

---

[405]   Haselhuhn/Hemmerle (2008), S. 2–31
[406]   Vgl. NB-Haus+Energie (2009)

Cadium-Tellurid-Zellen CdTe. Weitere Arten dieser Technologie sind wegen ihrer sehr hohen Produktionskosten noch nicht weit verbreitet oder befinden sich in der Entwicklung. Die Produktionskosten der Dünnschichtzellenarten sind aufgrund geringerer Materialkosten wesentlich niedriger als bei kristallinen Zellen, weshalb den Dünnschichtzellen in Zukunft ein wachsender Marktanteil zugesprochen wird.[407]

Die nanokristalline Dreischichtzellen-Technologie ermöglicht den Einsatz von Solarzellen auf fast jeder Konstruktion. Solarlaminate werden unter anderem mit einem speziellen Heißklebeverfahren auf kunststoffbeschichtete Stahlblechprofile aufvulkanisiert. Derzeit werden Dachabdichtungsbahnen oder Dachziegel mit Solarzellen versehen, was verdeutlicht, dass immer weitere Einsatzmöglichkeiten der neuen Zellengenerationen geschaffen werden.[408]

21.4 Aufbau und Funktion der Solarzelle

Die klassische kristalline Silizium-Solarzelle setzt sich aus zwei unterschiedlich dotierten Silizium-Schichten zusammen. Die dem Sonnenlicht zugewandte Schicht ist mit Phosphor negativ (ein Außenelektron mehr als Silizium), die darunter liegende Schicht mit Bor positiv (ein Außenelektron weniger als Silizium) dotiert (Abb. 21.7). Durch die Dotierung entstehen frei bewegliche Elektronen welche Ladung transportieren können.

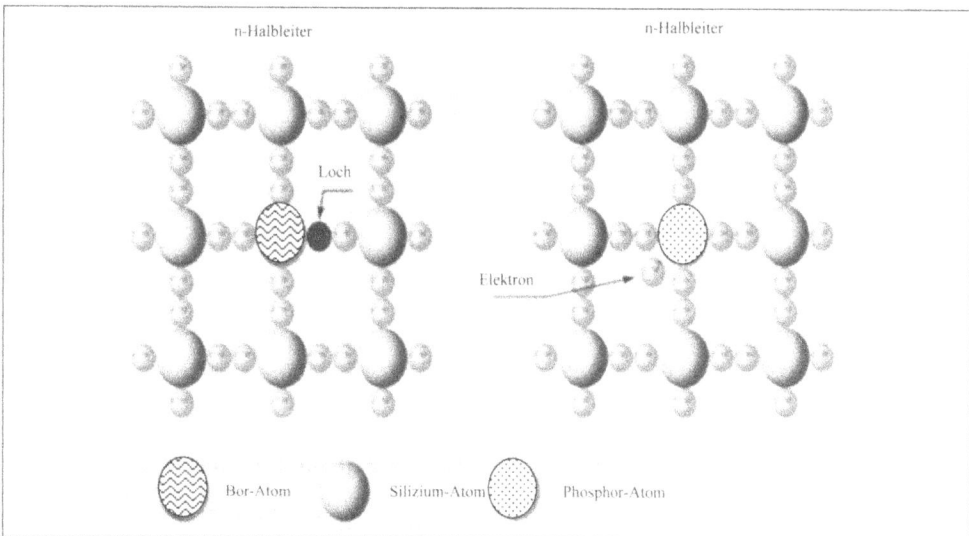

Abb. 21.7   n- und p-dotiertes Silizium[409]

---

[407] Vgl. Haselhuhn/Hemmerle (2008), S. 2–30ff.

[408] Vgl. Thyssen (2002)

[409] Haselhuhn/Hemmerle (2008), S. 2–27

An der Raumentladungszone (pn-Übergang) entsteht ein elektrisches Feld, das zur Trennung der durch das Sonnenlicht freigesetzten Ladungen (Elektronen und Löcher) führt. (Abb. 21.8). Die Photonen treffen auf die Solarzelle und dringen in diese ein. Dadurch werden Elektronen-Loch-Paare gebildet, welche in der Raumladungszone getrennt werden. Eine Photospannung wird erzeugt. Metallische Kontakte auf der Vorder- und Rückseite der Solarzelle, ermöglichen die Entnahme der Energie. Wird eine elektrisch leitfähige Verbindung mit einem Verbraucher z.B. einer Glühlampe an die beiden Schichten angeschlossen, können die Elektronen als Gleichstrom durch einen geschlossenen Stromkreis fließen. Das Resultat ist eine verschleißlose Erzeugung von elektrischer Energie unter Verwendung von Solarstrahlung.

Die erzeugte Spannung ist unabhängig von der Zellengröße sowie der Bestrahlungsstärke. Das bedeutet, dass selbst bei schlechteren Einstrahlungsverhältnissen, wie z.B. am Abend, trotzdem die größtmögliche Betriebsspannung erreicht wird. Die Stromstärke steigt linear mit der Bestrahlungsstärke und der Zellengröße an.

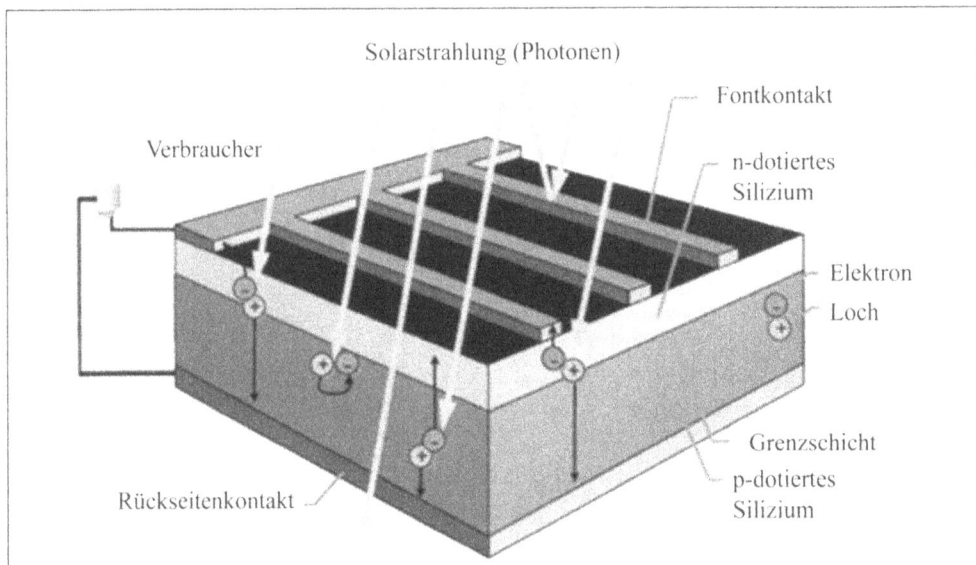

Abb. 21.8   Aufbau und Funktionsweise der Solarzelle[410]

Verluste treten durch Rekombination und Reflexion sowie durch Abschattung der Frontkontakte auf. Des Weiteren ist ein großer Energieanteil der lang- und kurzwelligen Strahlung durch die Solarzelle nicht nutzbar. Ein anderer Teil der ungenutzten Energie wird absorbiert und in Wärme umgewandelt.

---

[410] Quaschning (2008), S. 105

Energiebilanz am Beispiel einer kristallinen Siliziumsolarzelle:[411]

	100,0 Prozent	eingestrahlte Sonnenenergie:
–	3,0 Prozent	Reflexion und Abschattung durch Frontkontakte
–	23,0 Prozent	zu geringe Photonen-Energie der langwelligen Strahlung
–	32,0 Prozent	überschüssige Photonen-Energie der kurzwelligen Strahlung
–	8,5 Prozent	Rekombination
–	20,0 Prozent	Potentialgefälle in der Zelle, insbesondere in der Raumladungszone
–	0,5 Prozent	Serienwiderstand (Stromwärmeverluste)
=	13,0 Prozent	nutzbare elektrische Energie

21.5   Bestandteile einer Photovoltaikanlage

Photovoltaik ist die direkte Umwandlung von einfallendem Sonnenlicht in elektrische Energie mit Hilfe von Solarzellen. Die Art des Betriebes, die im Gegensatz zur Eigenstromproduktion steht, nennt man netzgekoppelte Solarstromerzeugung, wobei sie sich prinzipiell in drei Ablaufschritte einteilen lässt:[412]

1. Energiegewinnung
2. Stromwandlung
3. Energienutzung

Die Energiegewinnung erfolgt dabei über die direkte Umwandlung des einfallenden Sonnenlichts durch die Solarzellen (1) in Gleichstrom (Abb. 21.9). Über den Wechselrichter (5) wird der Gleichstrom dabei in netzüblichen Wechselstrom umgewandelt und anschließend direkt über einen Zähler ins öffentliche Stromnetz eingespeist.[413]

Um die Stromerzeugung optimal durchführen zu können, sollten folgende Faktoren grundsätzlich vorausgesetzt werden können:

- Vermeidung von Verschattung durch Schornsteine, Antennen, Bäume, angrenzende höhere Gebäude.[414]
- möglichst Ausrichtung nach Süden und Installation mit einem optimalen Neigungswinkel von 30°.[415]
- eine wartungsfreie Nutzung des Montagestandortes sollte über mindestens 20 Jahre gegeben sein, um zusätzliche Kosten zu vermeiden.

---

[411] Vgl. Haselhuhn/Hemmerle (2008), S. 2–27ff.

[412] Vgl. Hanus/Stemper (2004), S. 59; Seltmann (2007), S. 32

[413] Vgl. Eicker (2001), S. 218ff.

[414] Vgl. Seltmann (2007), S. 42

[415] Vgl. Krimmling (2007), S. 146

Neben den genannten Faktoren ist die Größe der Anlage im Prinzip lediglich abhängig von der nutzbaren Fläche und dem zur Verfügung stehenden Investitionsbudget. Für den erzielbaren Ertrag der Anlage spielt der Zelltyp und damit direkt verbunden der Wirkungsgrad der Anlage eine entscheidende Rolle. Als Module werden in der Praxis vor allem monokristalline und polykristalline Siliziumzellen und in geringem Umfang Dünnschicht-Zellen verwendet.[416]

Hauptbestanteile der netzgekoppelten PV-Anlage:

1. PV-Generator
2. Generatoranschlusskasten (mit Schutztechnik)
3. Gleichstromverkabelung
4. DC-Hauptschalter
5. Wechselrichter
6. Wechselstromverkabelung
7. Zählerschrank mit Stromkreisverteilung, Bezugs- und Einspeisezähler, Hausanschluss

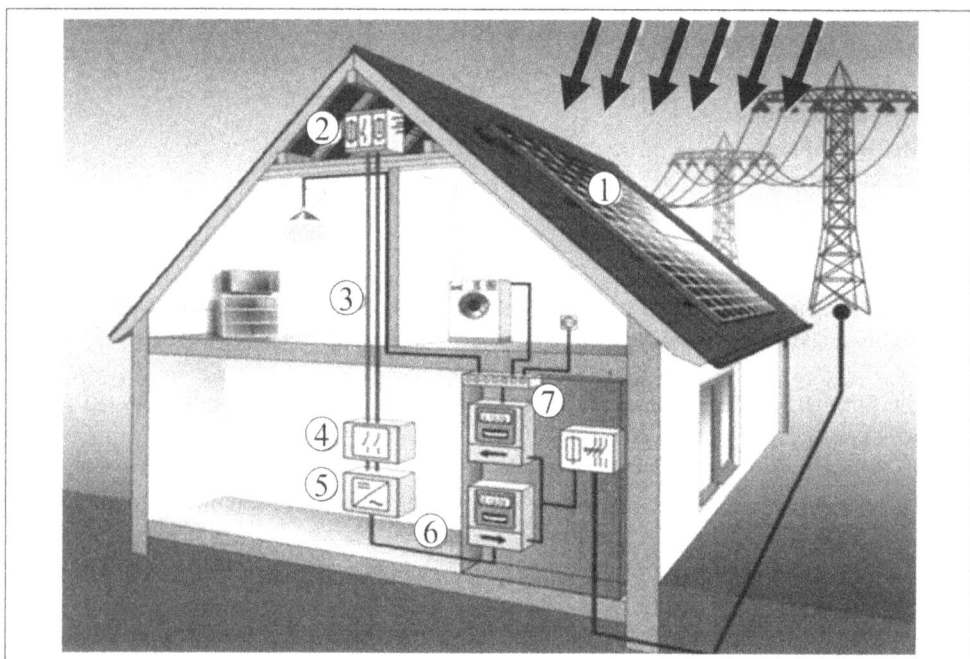

Abb. 21.9   Prinzip einer netzgekoppelten Anlage[417]

---

[416] Vgl. Seltmann (2007), S. 47
[417] Haselhuhn/Hemmerle (2008), S. 2–10

21.6   Photovoltaikmodul

Aufbau des PV-Moduls

In Photovoltaik-Anlagen wird eine viel höhere Solarspannung benötigt, als eine einzige Solarzelle liefern kann. Deshalb werden Solarzellen, ähnlich wie Batterien, zu beliebig langen Ketten in Reihe verschalten. Dabei wird der Frontkontakt (Minuspol) der einen Zelle mit dem Rückseitenkontakt (Pluspol) der nächsten Zelle verschalten. Diese Verschaltung wird auch Verstringung genannt (Abb. 21.10). Die Spannung der einzelnen Zellen addiert sich zu einer Ausgangsspannung, die als Nennspannung des Moduls bezeichnet wird. Um den Modulnennstrom und somit die Modulleistung zu erhöhen, werden mehrere Zellenketten mit gleichen Parametern parallel verschaltet.[418]

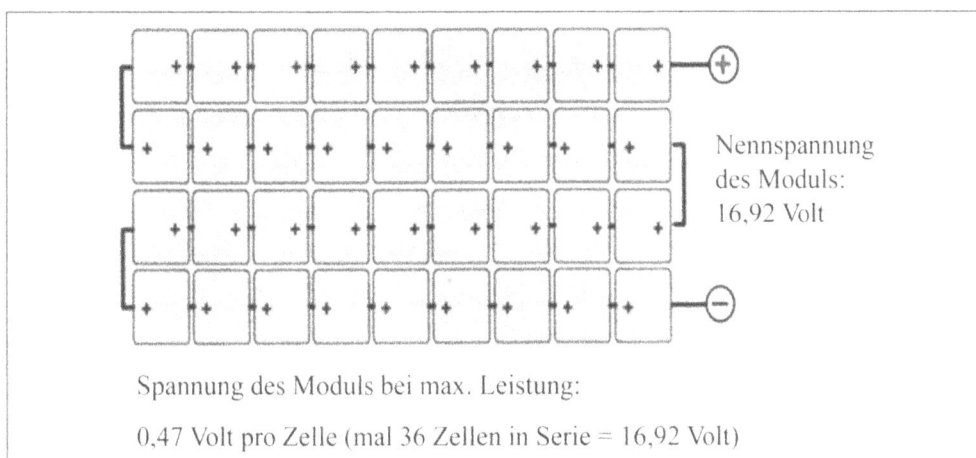

Abb. 21.10   Beispiel einer Modulverschaltung von 0,47 Volt Zellen[419]

Damit nicht Teilverschattungen und kleine Störstellen in den Modulen zum starken Absenken der gesamten Modulleistung führen werden Bypassdioden (in Sperrrichtung) zwischen den Modulstrings vorgesehen. Die Zellstränge werden in transparentes Verbundmaterial eingebettet. Damit sind diese elektrisch isoliert und auch gegen Feuchtigkeit und mechanische Beanspruchungen geschützt. Besonders wichtig ist die Abdeckung auf der lichtempfindlichen Seite der Solarzellen. Diese muss möglichst viel der einstrahlenden Sonnenenergie durchlassen.[420]

In der Praxis wird vorgespanntes eisenoxidarmes Weißglas mit einer Stärke von 4 mm verwendet. Um die Reflexionsverluste möglichst gering zu halten, werden spezielle Antireflexgläser als Frontglas für die PV-Module verwendet.

---

[418] Vgl. Hanus (2006), S. 39ff.
[419] Hanus/Hanus-Walter (2007), S. 12
[420] Vgl. Hanus (2006), S. 39ff.

Eine besonders preiswerte Variante von PV-Modulen stellt das Standardmodul dar. Hierbei handelt sich meistens um Glas-Folien-Laminate in EVA-Verkapselung (Ethyl-Vinyl-Acetat), die in festen Abmessungen und Leistungen angeboten werden. Standardmodule gibt es mit und ohne Aluminiumrahmen. Sie werden dort eingesetzt, wo keine speziellen Anforderungen an Form und Größe der Module gestellt werden. Ein typisches Standardmodul besteht aus 36 bis 216 Zellen und hat eine Leistung von 100 bis 300 Wp (kristalline Zellen). Die Zellen werden oft in 4 bis 8 Reihen nebeneinander angeordnet, so dass sich ein rechteckiges Modul mit Abmessungen von z.B. 1,60 m x 0,8 m ergibt (Abb. 21.11).[421]

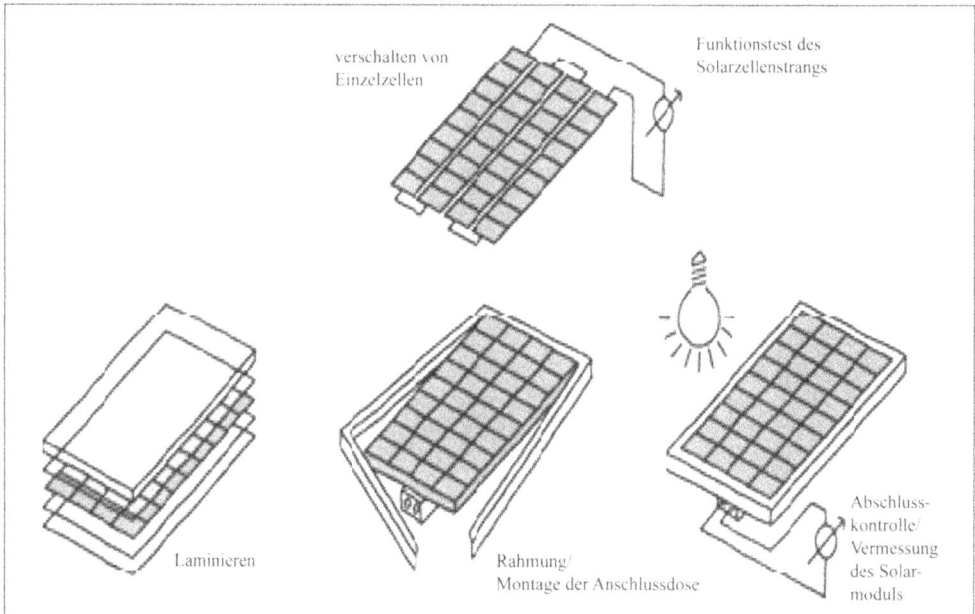

Abb. 21.11   Rahmung eines Standardmoduls[422]

Modulkenngrößen

Mehrere Solarzellen können zusammengeschaltet werden um höhere Leistungen zu errei-chen. Es sind zwei Arten möglich: die Reihen- und die Parallelschaltung von Zellen. In ei-nem PV-Modul sind die Solarzellen meist alle in Reihe geschaltet, um eine höhere Spannung zu erhalten. Die folgende Abb. 21-12 verdeutlicht die Veränderung der elektrischen Parame-ter und der Kennlinie durch die Reihenschaltung von drei Solarzellen.

---

[421] Vgl. Haselhuhn/Hemmerle (2008), S. 3–12ff.
[422] Wirtschaftsministerium Baden-Württemberg (2009), S. 9

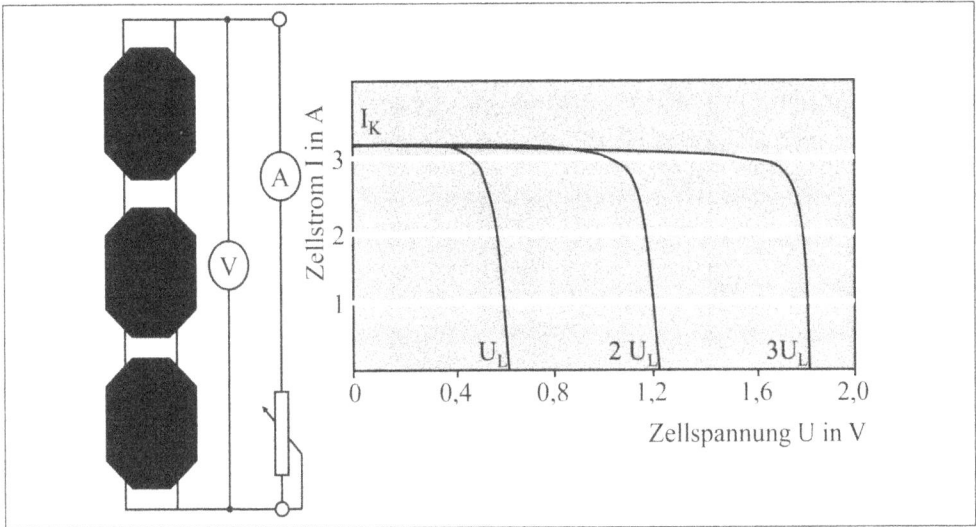

Abb. 21.12   U-I Kennlinie von 3 in Reihe geschalteten Solarzellen[423]

Es ist zu erkennen, dass sich die Zellspannungen addieren und der Strom konstant bleibt. Neben der Reihenschaltung von Solarzellen wird gerade bei Modulen höherer Leistung die Parallelschaltung von mehreren Zellsträngen angewendet. In Abb. 21.13 ist die Veränderung der Kennlinie durch die Parallelschaltung von drei Solarzellen dargestellt.

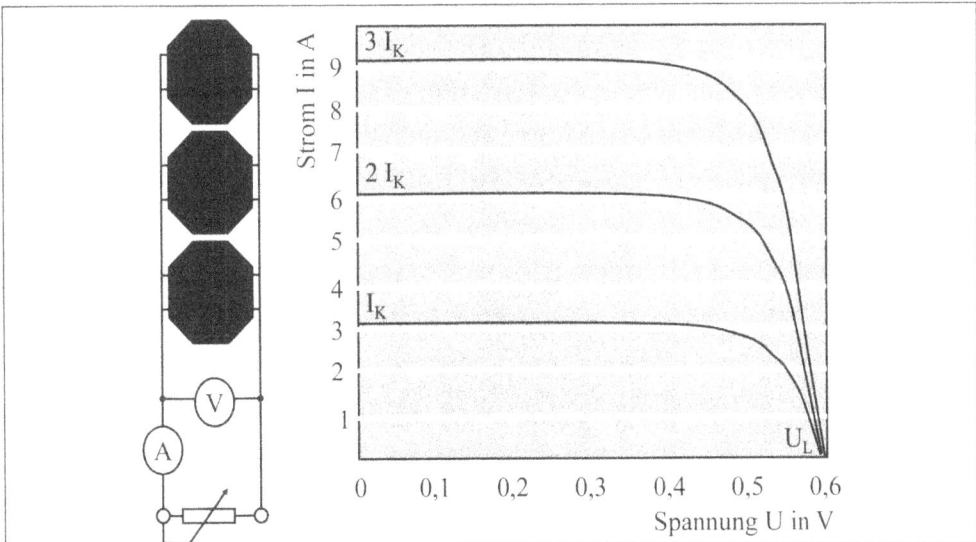

Abb. 21.13   *U-I Kennlinie von 3 parallel geschalteten Solarzellen[424]*

---

[423]   Haselhuhn/Hemmerle (2008), S. 3–24

[424]   Haselhuhn/Hemmerle (2008), S. 3–25

Dabei bleibt die Spannung konstant und die Ströme addieren sich. Photovoltaikmodule, in denen nur jeweils eine Zelle parallel zu den anderen geschaltet ist, sind wegen der geringen Spannung nicht üblich. Es werden immer erst mehrere Solarzellen zu einem Strang in Reihe geschaltet und diese Stränge dann parallel zu einem Modul verschaltet. Bei größeren PV-Modulen werden oft zwei oder mehr Solarzellenstränge mit je 36 Solarzellen parallel geschaltet. Bei netzgekoppelten Anlagen werden in der Regel mehrere Stränge mit einer spannungsabhängigen Modulanzahl parallel geschaltet. Damit ergibt sich folgende Kennlinie:

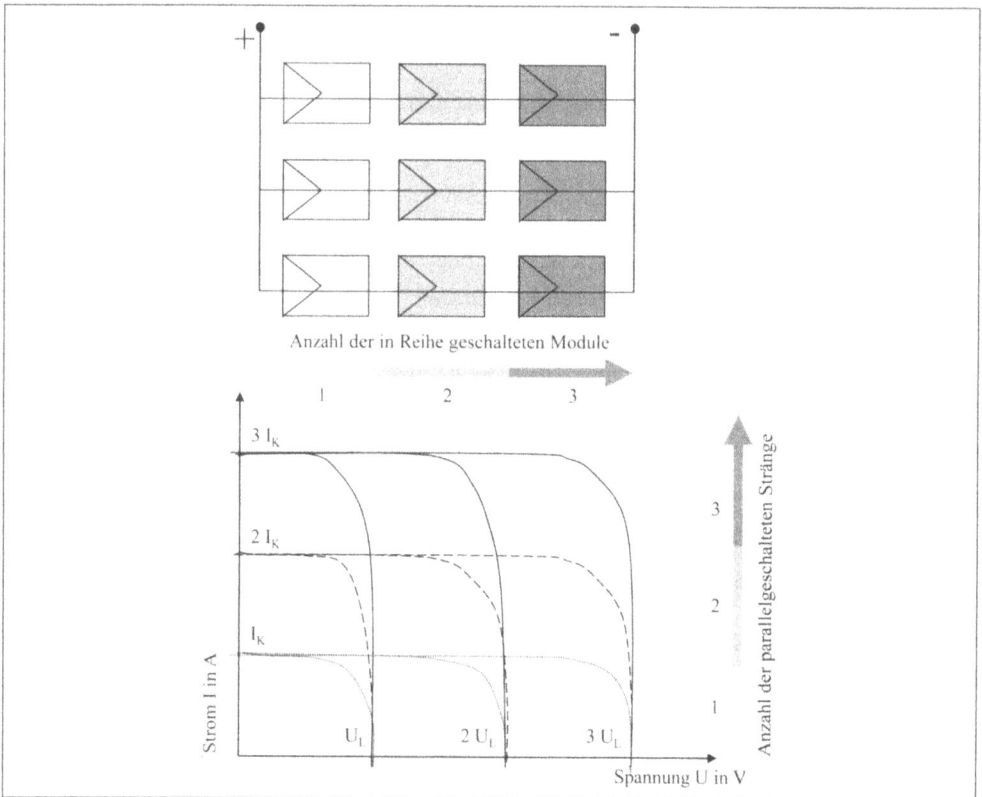

Abb. 21.14   Zusammenschaltung von PV-Modulen[425]

Die Strom- und Spannungskennlinien beschreiben das Verhalten einer Solarzelle in unterschiedlichen Betriebszuständen. So kann man z.B. die Leerlaufspannung U_L ablesen, die erreicht wird, wenn Verbraucher angeschlossen sind, also der Strom gleich Null ist und die Spannung maximal. Der Kurzschlussstrom IK beschreibt den Zustand, wenn die maximale Stromstärke erreicht wird und die Spannung Null ist. Als Maximum Power Point (MPP) bezeichnet man den optimalen Arbeitspunkt der Solarzelle, in dem das Verhältnis zwischen Spannung U und Strom I so eingestellt ist, dass eine maximale Leistung erzielt wird (siehe

[425] Haselhuhn/Hemmerle (2008), S. 3–44

Abb. 21.15). Der MPP ist abhängig von der Bestrahlungsstärke und dem Zellentyp und wird meist durch einen MPP-Tracker eingestellt, damit die Zelle an diesem Wert operiert.[426]

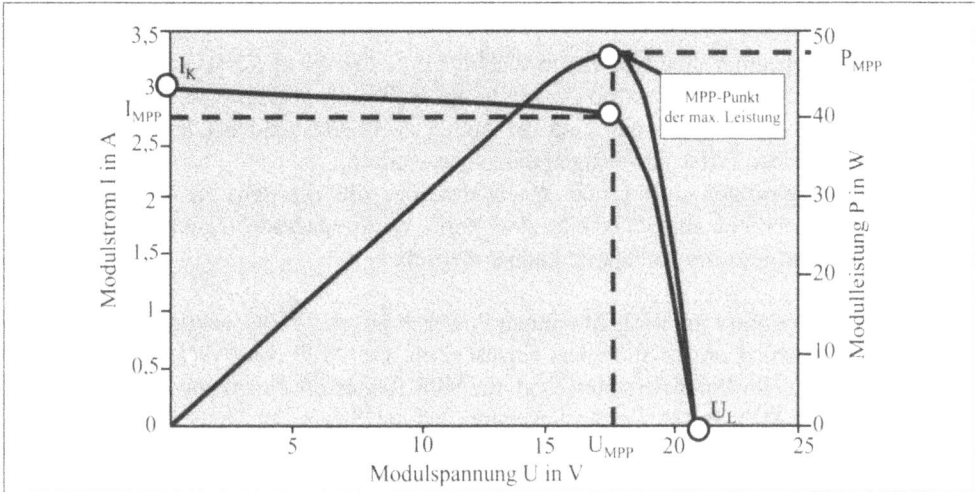

Abb. 21.15   Kennlinie eines monokristallinen 50W – Moduls[427]

Das Verhältnis zwischen MPP-Leistung und der Leistung die aus dem Produkt von Kurzschlussstrom und Leerlaufspannung entsteht, bezeichnet man als Füllfaktor. Je größer dieser prozentual angegebene Wert ist, desto höher ist die Qualität der Solarzelle.[428]

21.7   Wechselrichter

Der Solarwechselrichter ist das Bindeglied zwischen PV-Generator und Wechselstromnetz. Seine Aufgabe ist es, den vom PV-Generator erzeugten solaren Gleichstrom in Wechselstrom umzuformen und diesen an die Frequenz und Höhe der Spannung des Verteilungsnetzes anzupassen. Mit Hilfe modernster Leistungselektronik erfolgt die Umwandlung in netzkonformen Wechselstrom mit geringen Verlusten.[429]

Wechselrichter unterscheidet man in Netzwechselrichter (netzgekoppelte Systeme) oder Inselwechselrichter (Inselsysteme). In Inselsystemen ermöglichen Wechselrichter den Betrieb von konventionellen Wechselstromverbrauchern. Bei netzgekoppelten PV-Systemen ist der Wechselrichter mit dem öffentlichen Stromnetz direkt verbunden (Abb. 21.9). Die Einspeisung des erzeugten Stromes erfolgt direkt in das öffentliche Netz. Varianten von Wechselrichtern für netzgekoppelte Photovoltaikanlagen:

---

[426] Vgl. dazu ausführlich Abschnitt 21.7
[427] Haselhuhn/Hemmerle (2008), S. 3–24
[428] Vgl. Haselhuhn/Hemmerle (2008), S. 3–20ff.
[429] Vgl. Hanus (2006), S. 90ff.

- Modulwechselrichter werden am Solarmodul montiert und werden für Solarmodul-Leistungen von 100 Wp bis 1400 Wp angeboten. Durch die ausgangsseitige Parallel-schaltung werden Verluste aufgrund unterschiedlicher Beleuchtungsstärke der Module verhindert.
- Strangwechselrichter sind mit einem Kabel mit mehreren in Reihe geschalteten Solarmodulen verbunden. Sie sind die heute am weitesten verbreiteten Wechselrichter in der Photovoltaik. Nachteile sind die hohen zu übertragenden Gleichspannungen und Probleme bei Teilabschattungen einzelner Module.
- Zentralwechselrichter sind große Wechselrichter, die meistens in einem eigenen Raum untergebracht sind. Vorteile sind hohe Wirkungsgrade. Nachteil: Bei einer Störung ist der gesamte Anlagenteil außer Betrieb.

Der Wechselrichter muss im MPP (Maximum Power Point) des PV-Generators arbeiten, um die maximale Leistung in das Stromnetz einzuspeisen. Der MPP des PV-Generators ändert sich wetterbedingt. Im Wechselrichter sorgt ein MPP-Regler für die Anpassung des Wechselrichters an den MPP-Punkt. Da die Spannung und der Strom der Module sich wetterbedingt stark ändert muss der Wechselrichter seinen Arbeitspunkt entsprechend verschieben, um optimal zu arbeiten. Dazu wird eine elektronische Schaltung eingesetzt, die die Spannung so einstellt, dass der Wechselrichter im Punkt der maximalen Leistung des Solargenerators arbeitet. Dieser MPP-Regler (MPP-Tracker) sorgt somit dafür, dass die größtmögliche Leistung in das Stromnetz einspeist wird. Der MPP-Regler besteht im Wesentlichen aus einem elektronisch gesteuerten Gleichspannungswandler.

Funktionen moderner Solarwechselrichter:

- Umwandlung des vom PV-Generator erzeugten Gleichstromes (DC) in einen netzkonformen Wechselstrom (AC)
- Anpassung des Arbeitspunktes des Wechselrichters an den MPP des PV-Generators (MPP-Regelung)
- Betriebsdatenerfassung und Signalisierung
- Gleichstrom- und Wechselstrom-Schutzeinrichtung (Überwachungs- und Schutzeinrichtungen zur Einhaltung der VDEW-Richtlinien für Eigenerzeugungsanlagen).

Der netzgeführte Wechselrichter bestimmt aus der Netzspannung die Ein- und Ausschaltimpulse für die elektronischen Leistungsschalter (Abb. 21.16). Je zwei Thyristoren in Brückenschaltung schalten den Gleichstrom im 50 Hz-Takt in die eine und die andere Richtung. Im Umschaltmoment wird die Energie in Elektrolytkondensatoren, die parallel zum DC-Eingang geschaltet sind, zwischen gespeichert. Da Thyristoren einen Strom nur einschalten, aber nicht wieder abschalten können, wird die Netzspannung zum Abschalten der Thyristoren (Kommutierung) benötigt. Deshalb nennt man diese Wechselrichter netzgeführt.

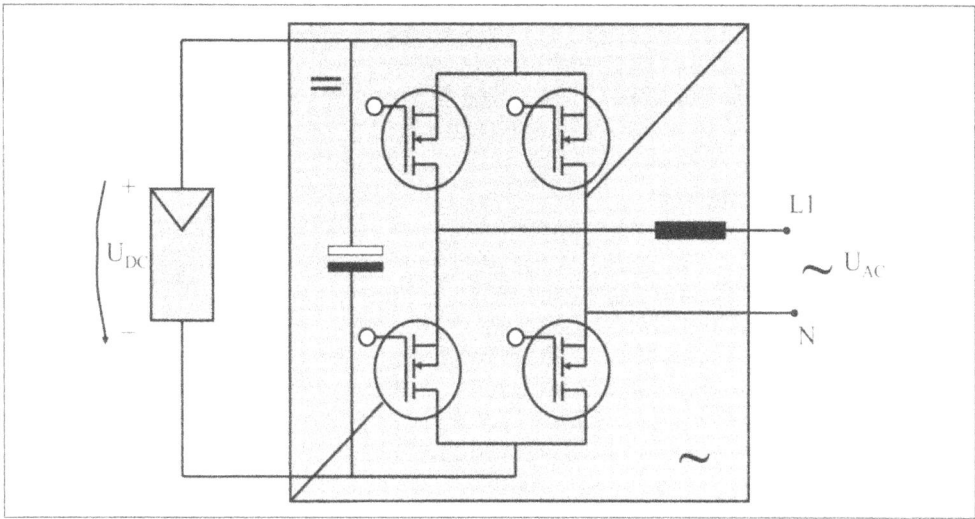

Abb. 21.16   Prinzip von trafolosen Wechselrichtern[430]

Bei Stromausfällen kommt es zum Wechselrichterkippen, so dass kein Inselbetrieb mit netzgeführten Wechselrichtern möglich ist. Bei der Umrichtung von Gleichstrom in Wechselstrom entstehen, rechteckförmige Ströme (Abb. 21.17).

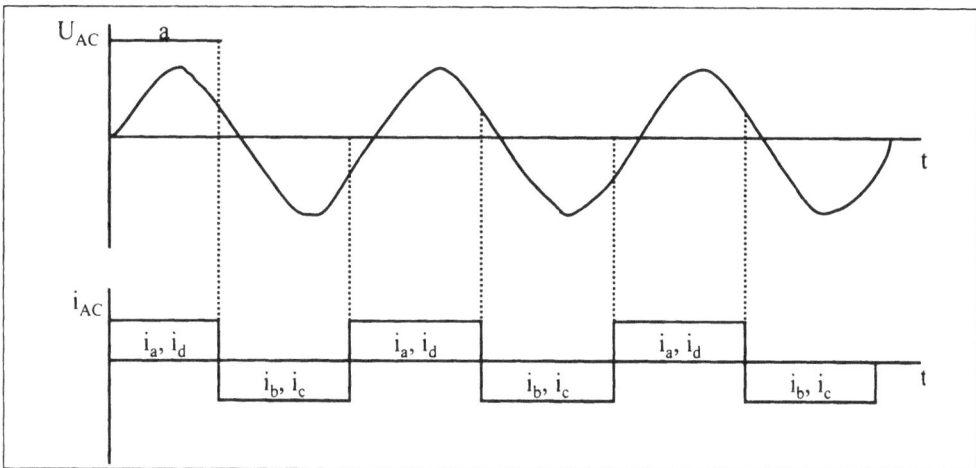

Abb. 21.17   *Strom-Spannungskennlinie von netzgeführten Wechselrichtern*[431]

Diese Abweichungen gegenüber der Sinusform des Netzes verursachen Oberschwingungen
bei gleichzeitiger hoher Aufnahme von Blindleistung aus dem Netz. Die Grenzwerte der
Oberschwingungen sind in den Normen VDE 0838-2, 3, 5, 11 (IEC 61000-3-2, 3, 5 und 11)

---

[430] Haselhuhn/Hemmerle (2008), S. 3–52
[431] Haselhuhn/Hemmerle (2008), S. 3–49

und in VDEW-Richtlinien festgelegt. Zur Begrenzung der Oberschwingungen, sind Kompensationseinrichtungen und Ausgangsfilter vorgesehen. In modernen Thyristorgeräten übernimmt die Bildung der Zündimpulse einen Mikroprozessor. Durch zeitliche Verzögerung des Zündimpulses (Zündwinkelsteuerung) wird die MPP-Reglung realisiert.[432]

VDEW – Einspeiserichtlinie

Die „Richtlinie für den Anschluss und Parallelbetrieb von Eigenerzeugungsanlagen mit dem Niederspannungsnetz" – kurz VDEW-Richtlinie legt die Rahmenbedingungen für den Netzanschluss von Photovoltaik-Anlagen fest. In der Richtlinie werden die Bedingungen definiert, die für einen Wechselrichter in Bezug auf Schutzeinrichtungen, Blindleistungskompensation, Zuschaltung, Inbetriebnahme, Betriebsführung, usw. erfüllt werden müssen. Der wichtigste Unterschied gegenüber sonstigen ans Netz angeschlossenen Geräten sind die Zuschaltbedingungen. Der Wechselrichter darf nur dann in das Stromnetz einspeisen, wenn das Netz die typischen Spannungs- und Frequenzgrößen aufweist. Hierdurch soll verhindert werden, dass bei der Abschaltung von einzelnen Netzzweigen (z.B. ein einzelnes Haus oder auch ein ganzer Straßenzug) zu Wartungszwecken ein Inselbetrieb durch die angeschlossenen Wechselrichter auftritt. Dies bedeutet, dass am vom übrigen Netz abgetrennten Netzzweig weiterhin eine Spannung auftritt, die das Wartungspersonal gefährden könnte. Die Richtlinie schreibt eine Überwachung aller drei Phasen des Drehstromnetzes vor.[433]

21.8   Gleichstromlastschalter

Die IEC-Norm 60364-7-712 „Elektrische Anlagen von Gebäuden – PV-Anlagen" (analog VDE 0100 Teil 712) fordert eine zugängliche Lastschalteinrichtung zwischen PV-Generator und Wechselrichter. Mit dem Gleichstromlastschalter (DC-Hauptschalter) wird im Fehlerfall, oder um Wartungs- bzw. Reparaturarbeiten durchzuführen, die elektrische Verbindung zwischen Wechselrichter und PV-Generator getrennt. Hierzu muss der DC-Hauptschalter Lastschaltvermögen besitzen. Das Lastschaltvermögen des DC-Hauptschalter wird auf die maximale Leerlaufspannung des Solargenerators (bei -10°C) sowie auf den maximalen Generatorstrom (Kurzschlussstrom bei STC) ausgelegt. Oft ist der DC-Hauptschalter im Generatoranschlusskasten untergebracht. Aus sicherheitstechnischen Gründen ist die Anbringung direkt vor dem Wechselrichter besser. Einige Hersteller bieten im Wechselrichter integrierten DC-Lastschalter an.[434]

---

[432] Vgl. VDEW/VDN (2005), S. 69; Haselhuhn/Hemmerle (2008), S. 3–50ff.
[433] Vgl. VDEW (2001)
[434] Vgl. Haselhuhn/Hemmerle (2008), S. 3–71ff.

21.9   Wechselstrom Schutzeinrichtung – Einspeisezähler

Leitungsschutzschalter

Leitungsschutzschalter sind Überstromschutzeinrichtungen, die nach der selbständigen Auslösung (z.B. bei einem Kurzschluss oder Überlastung) wieder einschaltbar sind. In der Regel werden hierfür Sicherungsautomaten verwendet.

Fehlerstromschutzschalter

Die Fehlerstromschutzschalter (FI-Schutzschalter) überwachen den fließenden Strom im Stromkreis. Wenn die Stromdifferenz größer z.B. 30 mA ist, trennt der FI-Schutzschalter den Stromkreis innerhalb von 0,2 Sekunden. Es gibt FI-Schutzschalter für 10 mA, 30 mA und 100 mA Auslösestromstärke. Der FI-Schutzschalter löst bei Isolationsfehler, bei Erd- bzw. Körperschluss eines Leiters aus.

Freischaltstelle

Der Verteilungsnetzbetreiber verlangt eine Schutzeinrichtung zwischen der PV-Anlage und dem öffentlichem Stromnetz, um die Personensicherheit netzseitig zu gewährleisten. Dabei sind folgende Einrichtungen zugelassen:

- selbsttätige (automatische) Freischaltstelle
- manuelle Freischaltstelle

Die selbsttätige Freischaltstelle (SFS) wurde als Ersatz für eine jederzeit dem Netzbetreiber zugängliche Schaltstelle mit Trennfunktion entwickelt. Es handelt sich um eine automatische Einrichtung zur Netzüberwachung, die aufgrund ihrer redundant ausgelegten Schaltkontakte eigensicher ist. Im Fehlerfall trennt die SFS die PV-Anlage vom Stromnetz. Folgende Störungen können auftreten:

- Spannungsabweichung
- Fehlerstrom
- Frequenzänderungen

Mit der neuen Norm VDE 0126 Teil 1-1 wurden auch redundante Abschalteinrichtungen mit Spannungs- und Frequenzüberwachung in Deutschland zugelassen. Die sogenannte ENS (Einrichtung zur Netzüberwachung mit zugeordneten Schaltorganen) bzw. die selbsttätige Freischaltstelle ist entweder im Wechselrichter integriert oder als separates Gerät einphasig bis 4,6 kVA und dreiphasig bis 30 kVA erhältlich.[435]

---

[435] Vgl. Haselhuhn/Hemmerle (2008), S. 3–72f.

Zähleinrichtung

Zur Ermittlung der Einspeisemenge, sowie als Nachweis zur Ermittlung der Einspeisevergütung gemäß EEG, wird ein separater geeichter Einspeisezähler (Abb. 21.18) (Z 1, 2)
benötigt. Der Zähler wird in der Regel vom Verteilungsnetzbetreiber gestellt. Die Ablesung
erfolgt bei kleineren Anlagen jährlich zum 31.12. (Selbstablesung mit Zählerkarte). Große
PV-Anlagen (ab 30 kWp) werden mit einem Lastgangzähler ausgestattet, welcher monatlich
die Zählwerte an den Verteilungsnetzbetreiber elektronisch übermittelt.[436]

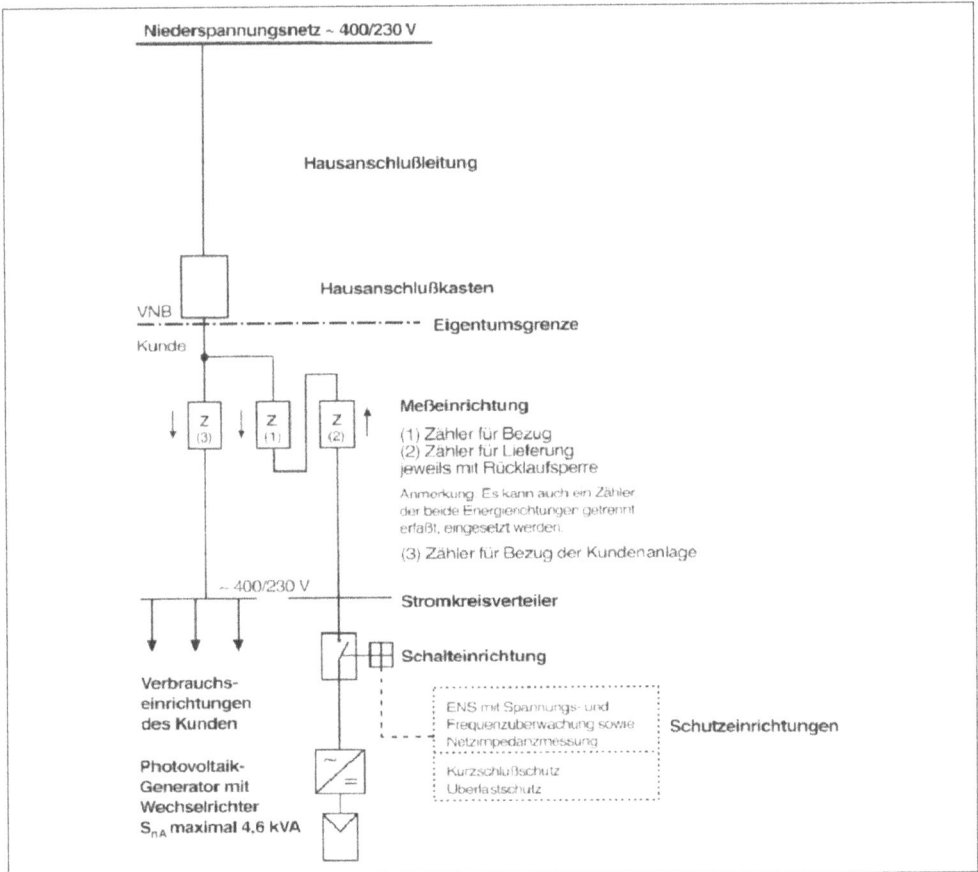

Niederspannungsnetz ~ 400/230 V

Hausanschlußleitung

Hausanschlußkasten

VNB ⎯⎯⎯⎯⎯⎯⎯⎯⎯⎯⎯⎯⎯⎯⎯⎯ Eigentumsgrenze
Kunde

Z (3)   Z (1)   Z (2)   Meßeinrichtung
(1) Zähler für Bezug
(2) Zähler für Lieferung
jeweils mit Rücklaufsperre

Anmerkung: Es kann auch ein Zähler
der beide Energierichtungen getrennt
erfaßt, eingesetzt werden.

(3) Zähler für Bezug der Kundenanlage

~ 400/230 V   Stromkreisverteiler

Schalteinrichtung

Verbrauchs-
einrichtungen   ENS mit Spannungs- und
des Kunden   Frequenzüberwachung sowie   Schutzeinrichtungen
                     Netzimpedanzmessung

Photovoltaik-   Kurzschlußschutz
Generator mit   Überlastschutz
Wechselrichter
S_{nA} maximal 4,6 kVA

Abb. 21.18   Anschlussbeispiel gemäß VDEW für eine PV-Anlage[437]

[436] Vgl. VDEW/VDN (2005), S. 46
[437] VDEW/VDN (2005), S. 46

22   Erneuerbare-Energien-Gesetz

Das Gesetz für den Vorrang Erneuerbarer Energien wurde am 29.03.2000 vom deutschen Bundestag veröffentlicht und trat am 01.04.2000 in Kraft. Dieses wird in der geläufigen Kurzfassung auch Erneuerbare-Energien-Gesetz (EEG) genannt. Das Ziel des Gesetzes ist es den Ausbau von Strom- und Wärmeerzeugung aus erneuerbaren Quellen zu fördern. Vorrangig dient es dem Klimaschutz und gehört zu einer ganzen Reihe gesetzlicher Maßnahmen, mit denen die Abhängigkeit von fossilen Energieträgern wie Erdöl, Erdgas oder Kohle verringert werden soll.[438] Das deutsche EEG gilt als Vorbild der Einspeisevergütung und wurde von vielen Staaten übernommen. Folgende Energieträger zur Erzeugung von Strom werden durch das EEG gefördert:

- Wasserkraft
- Geothermie
- Grubengas, Klärgas, Deponiegas
- Windenergie
- Biomasse
- Photovoltaik

Das Gesetz ist seit Inkrafttreten zweimal novelliert worden. Der deutsche Bundestag hat zuletzt am 06.06.2008 eine novellierte Fassung des EEG beschlossenen, diese trat am 01.01.2009 in Kraft.[439]

22.1   Förderung der Photovoltaik in Deutschland

In Deutschland wurden im internationalen Vergleich die meisten Förderprogramme auf den Weg gebracht und im Laufe der Zeit in unterschiedliche Varianten ausgeprägt und weiterentwickelt. Die wichtigsten Programme in chronologischer Reihenfolge:

1990 – 1.000-Dächer-Programm
Photovoltaikanlagen werden erstmals in Deutschland bundesweit gefördert. Investitionszuschüsse von bis zu 60 Prozent werden den Investoren zum Bau ihrer PV-Anlage gewährt. Dieses Förderprogramm lief von 1991–1995.

1991 – Stromeinspeisungsgesetz
Der Vorläufer des EEG war das Gesetz über die Einspeisung von Strom aus erneuerbaren Energien in das öffentliche Netz (Stromeinspeisungsgesetz vom 07.12.1990). Der erzeugte Solarstrom wurde bis dahin nur von kleinen Unternehmen erzeugt, denen von den großen

---

[438] Vgl. Deutscher Bundestag (2000)
[439] Vgl. Hermanns (2009); Deutscher Bundestag (2009)

Energieversorgern der Zugang zu den Netzen erschwert bzw. verweigert wurde. Das Strom-einspeisungsgesetz verpflichtete die Energieversorger allen Solaranlagenbetreibern den Netzzugang zu ermöglichen und eine bestimmte Mindestvergütung für den erzeugten Strom zu sichern.

1999 – 100.000-Dächer-Programm
Das 100.000-Dächer-Programm förderte die Errichtung von neuen Photovoltaikanlagen mittels zinsreduzierter Kredite durch die Kreditanstalt für Wiederaufbau (KfW). Dieses Pro-gramm wurde Teil des Erneuerbare-Energien-Gesetzes (EEG). Die Förderung bezog sich auf Privatpersonen, Freiberuflern und kleine bis mittlere Unternehmen, welche in Photovoltaik investierten. Zwischen 1999 und November 2002 hatte das Projekt bereits ein Fördervolu-men von 1 Mrd. EUR erreicht. Die Fördergrenze betrug 350 MWp installierter Leistung in neuen Photovoltaikanlagen. Diese Grenze wurde Ende 2003 überschritten, und somit lief das Förderprogramm aus.

2000 – Erneuerbare-Energien-Gesetz
Das Stromeinspeisungsgesetz wurde am 01.04.2000 durch das EEG vom 29.03.2000 ersetzt. Dabei wurde u.a. die Förderung auf kleinere Anlagen konzentriert (erhöht), um ihren Cha-rakter als Anschubförderung zu erhalten. Nach dem Auslaufen des 100.000-Dächer-Programms, wurde die Vergütung für neue Investoren unattraktiv. Um die Photovoltaik jedoch weiterhin im politisch gewollten Maße zu fördern, wurde das EEG, welches die Ein-speisung und Vergütung der elektrischen Energie in das Stromnetz regelt, zum Jahreswech-sel 2003/2004 angepasst.[440]

01.2004–07.2004 – 2. Gesetz zur Änderung des EEG
Nach dem Auslaufen des 100.000-Dächerprogramms entstand in Deutschland eine Lücke bei der Förderung erneuerbarer Energien. Ein sehr starker Rückgang von PV-Neuanlagen war zu verzeichnen. Um diese Lücke zu schließen wurden mit Hilfe des 2. Gesetzes zur Änderung des EEG (das sogenannte Photovoltaik-Vorschaltgesetz) die Änderungen aus der noch in Arbeit befindlichen „EEG-Novelle" vorgezogen.

08.2004 – Novellierung des EEG
Das EEG in der Fassung aus dem Jahr 2000 wurde am 21.07.2004 vom Bundestag geändert. Diese novellierte Fassung des EEG ist am 01.08.2004 in Kraft getreten. Vorausgegangen war eine Einigung im Vermittlungsausschuss (Reduzierung der Windkraftförderung). Für die Photovoltaik wurde die Höhe der Fördersätze sowie die bessere juristische Stellung der Be-treiber von Photovoltaikanlagen gegenüber den örtlichen Netzbetreibern verbessert. Für die Vergütung der eingespeisten Arbeit durch den Netzbetreiber, ist z.B. kein Einspeisevertrag mehr unbedingt notwendig. Die jährliche Degression der Einspeisevergütung wurde auf 5 Prozent festgelegt.[441]

---

[440] Vgl. Bundesgesetzblatt EEG (2000)
[441] Vgl. Bundesgesetzblatt EEG (2004)

2009 – „erneute" Novellierung des EEG

Aufgrund der Zielsetzung der Bundesregierung den Anteil erneuerbarer Energien bis 2020 auf einen Anteil zwischen 25 Prozent und 30 Prozent zu erhöhen, erfolgte erneut eine Novellierung des EEG im Jahr 2008. Das EEG 2009 bezieht sich ausschließlich auf den Strombereich. Für den Wärmebereich wurde ein weiteres Gesetz zur Förderung Erneuerbarer Energien im Wärmebereich erlassen. (Ziel: Erhöhung des Anteils EE für die Wärmeerzeugung bis 2020 auf 14 Prozent) Die Grundstruktur der EEG Novelle 2009 entspricht dem EEG 2004. Jedoch wurde das Gesetz weitgehend neu geschrieben und zahlreiche Detailänderungen vorgenommen.[442]

22.2 Entwicklung der Photovoltaik in Berlin

Seit Beginn der Förderung der Photovoltaik in Deutschland im Jahr 1990 ist ein stetiger Zuwachs von neuen Solaranlagen zu verzeichnen (Abb. 22.1).

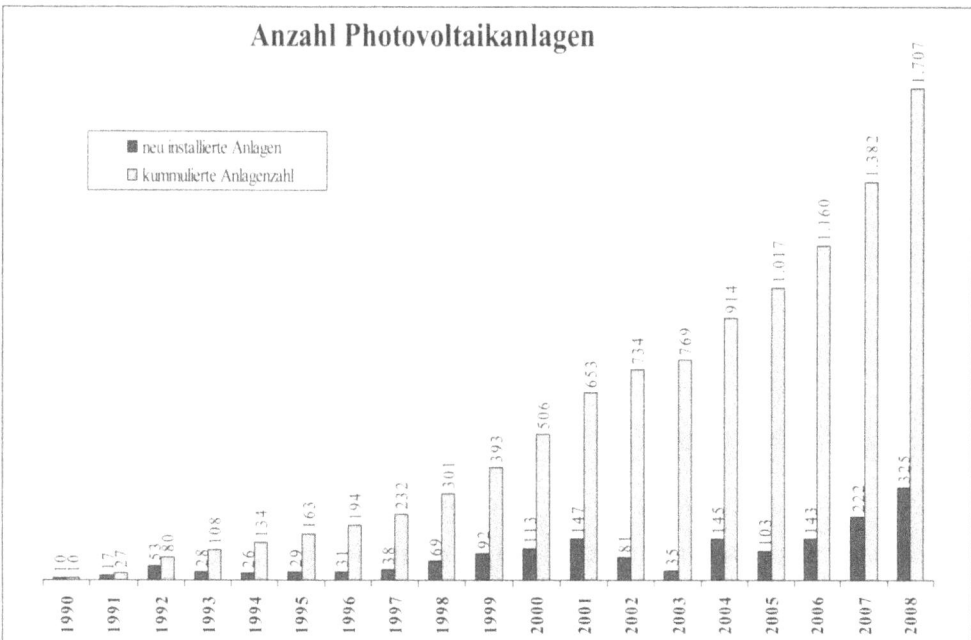

Anzahl Photovoltaikanlagen

■ neu installierte Anlagen
□ kummulierte Anlagenzahl

Abb. 22.1 Anzahl der Anlagen nach Inbetriebnahmejahr[443]

In Abhängigkeit der Kosten für den Bau neuer Photovoltaikanlagen und der Förderung nach den unterschiedlichen Förderprogrammen ist der jährliche Zuwachs in der Anlagenanzahl bzw. installierten Gesamtanlagenleistung sehr unterschiedlich. Die Förderprogramme zwi-

---

[442] Vgl. Bundesgesetzblatt EEG (2009)
[443] Daten von VET (2009)

schen 1990 bis 1998 brachten einen Anlagenzuwachs von 301 Anlagen mit einer Gesamtleistung von 751 kWp (Abb. 22.2). Mit dem „100.000-Dächerprogramm" wurden zinsgünstige Kredite durch die KfW an Investoren vergeben.[444] Diese zusätzliche Förderung (neben der erhöhten Einspeisevergütung) löste einen regelrechten Boom aus, die installierte Anlagenleistung stieg auf 3.110 kWp in knapp 4 Jahren. Nach dem Ende der Förderung (Ende 2002) wurden fast keine neuen Anlagen errichtet. Der sehr hohe Anlagenpreis schreckte viele Investoren ab. Ende 2003 wurde mit dem „Photovoltaik Vorschaltgesetz" und der anschließenden Novellierung des EEG die Investition in die Photovoltaik wieder attraktiv. In den Jahren 2004 bis 2008 wurden über 800 Neuanlagen mit einer Gesamtleistung von ca. 6500 kWp in Betrieb genommen. In der folgenden Abb. sind die installierten Anlagenleistungen nach Inbetriebnahmejahr dargestellt.

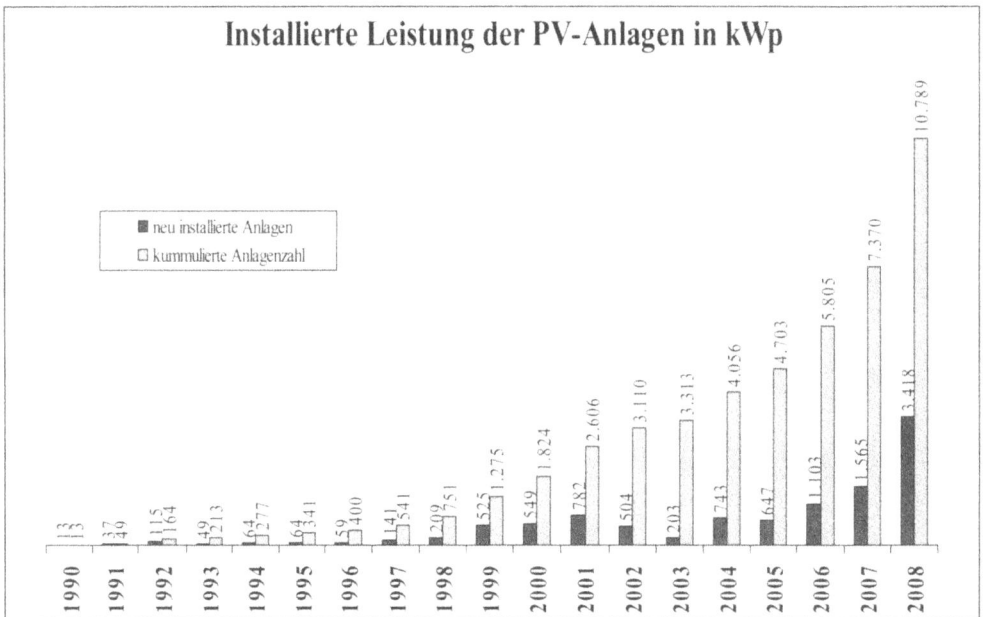

Installierte Leistung der PV-Anlagen in kWp

Legende:
- ■ neu installierte Anlagen
- □ kummulierte Anlagenzahl

Jahr	neu installierte Anlagen	kummulierte Anlagenzahl
1990	13	13
1991	37	49
1992	115	164
1993	49	213
1994	64	277
1995	64	341
1996	59	400
1997	141	541
1998	209	751
1999	525	1.275
2000	549	1.824
2001	782	2.606
2002	504	3.110
2003	203	3.313
2004	743	4.056
2005	647	4.703
2006	1.103	5.805
2007	1.565	7.370
2008	3.418	10.789

Abb. 22.2   Installierte Anlagenleistung (kWp) nach Inbetriebnahmejahr[445]

Die gesamte Anlagenkapazität in Berlin betrug zum Jahreswechsel 2009 ca.10,8 MWh. Bei einem geschätzten durchschnittlichen Ertrag von 810 kWh/a je 1 kWp installierter Leistung, wird eine elektrische Arbeit von ca. 8,75 GWh erzeugt. In Berlin gibt es ca. 1,8 Mio. Haushalte, mit einem Energiebedarf von ca. 4,32 TWh. Die Energiemenge von 8,75 GWh reicht für den Elektroenergiebedarf von ca. 3.645 Haushalten (Annahme: Durchschnittsverbrauch von 2.400 kWh je Haushalt).

---

[444] Vgl. dazu ausführlich Abschnitt 22.1
[445] Daten von VET (2009)

22.3 Entwicklung der Einspeisevergütung von PV-Anlagen

Die Einspeisevergütung für die Einspeisung des Solarstromes in das öffentliche Netz wird durch das EEG geregelt. Ab dem Jahr der Inbetriebnahme der PV-Anlage wird 20 Jahre lang (+ das Jahr der Inbetriebnahme) die Vergütung durch den lokalen Energieversorger garantiert. Der Vergütungsbetrag für neu installierte Anlagen verringert sich jährlich, bleibt dann aber über die komplette Laufzeit konstant. Der Energieversorger kauft den produzierten Strom zu Konditionen, die weit über dem aktuellen Marktpreis liegen. Bei einer Anlagenlaufzeit von 20 Jahren sorgt die Vergütung für eine Rendite auf die Anschaffungsinvestition und selbst nach den 20 Jahren kann der produzierte Strom verkauft werden, die Vergütung muss dann neu ausgehandelt werden (soweit keine neue Gesetzliche Regelung bis dahin in Kraft tritt). Wenn man die Entwicklung der Energiepreise in letzter Zeit verfolgte, könnte sich der Eigenverbrauch des produzierten Solarstromes (in 20 Jahren) durchaus rentieren.

Die folgende Abb. 22.3 zeigt die Vergütungsentwicklung von PV-Dachanlagen in Abhängigkeit der installierten Leistung und dem Inbetriebnahmejahr. Die eingeblendeten Vergütungssätze beziehen sich auf kleine PV-Dachanlagen (bis 30 kWp).

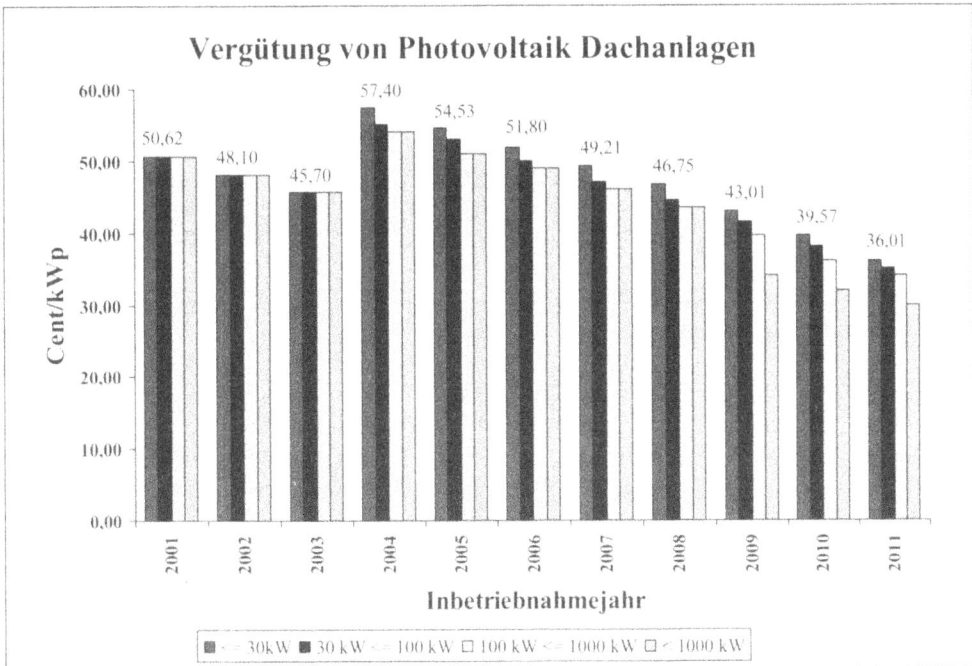

Abb. 22.3 *Einspeisevergütung gemäß EEG für PV-Dachanlagen*

22.4   Vergütungssätze des EEG ab 01.01.2009

Mit der Novellierung des EEG im Jahre 2008 wurden auch für Photovoltaikanlagen neue Vergütungssätze und Randbedingungen eingeführt. Die wesentlichen Änderungen zum EEG 2004 sind:

- Direktvermarktung,
- Meldepflicht neu errichteter PV-Anlage an die Bundesnetzagentur,
- stärkere Degression mit Abhängigkeit der jährlichen PV-Anlagenentwicklung,
- der Fassadenbonus in Höhe von 5 Cent/kWh entfällt.
- Freiflächenanlagen werden stark vermindert gefördert,
- Große Dachanlagen werden vermindert gefördert,
- Solarstrom aus kleinen Dachanlagen, der selbst verbraucht wird, wird mit 25,01 Cent/kWh im Jahre 2009 gefördert.

Vergütungssätze in Cent/kWh nach Inbetriebnahmejahr		2009	2010	2011
PV-Anlage	Nennleistung < 30 kW	43,01	39,57	36,01
	Nennleistung 30 kW bis 100 kW	40,91	37,64	34,25
	Nennleistung 100 kW bis 1000 kW	39,58	35,62	32,41
	Nennleistung > 1000 kW	33	29,7	27,03
	PV Eigenverbrauch (bis 30 kW)	25,01	23,01	20,94
Freifläche	PV-Anlagen	31,94	28,75	26,16

Tab. 22.1   Vergütungssätze 2009–2011[446]

Das EEG 2004 beinhaltete einen jährlichen Degressionsfaktor von 5 Prozent für Gebäudeanlagen und 6,5 Prozent für Freiflächenanlagen. Im neuen EEG 2009 § 20 II Nr. 8 wurden die Degressionssätze von 8 Prozent bis 10 Prozent neu festgelegt. Konzeptionell neu eingeführt wurde ein Gleitfaktor für die Degression, der sich an den allgemeinen Marktentwicklungen orientiert.

Bei einem Marktwachstum größer der vorgegebenen Bandbreite, steigt die Degression um einen zusätzlichen Prozentpunkt, um dämpfend auf die Marktentwicklung einzuwirken. Unterschreitet das Marktwachstum die vorgegebenen Wachstumskorridor sinkt die Degression um einen Prozentpunkt, damit ein zusätzlicher Marktanreiz geschaffen wird. Folgender

---

[446] Vgl. BMU (2008), S. 12ff.

Wachstumskorridor wurden durch den Gesetzgeber im EEG 2009 § 20 (2) Nr. 8 a und b festgelegt:[447]

- 2009 – 1.000 MW bis 1.500 MW
- 2010 – 1.100 MW bis 1.700 MW
- 2011 – 1.200 MW bis 1.900 MW

In der obigen Tab. 22.1 sind die Vergütungssätze aufgeführt, welche dem jährlichen Wachstumskorridor entsprechen. Während bei Freiflächenanlagen oder kleinen PV-Anlagen auf oder an Gebäuden der Wert der Einspeisevergütung direkt aus der Tab 22.1 abgelesen werden kann, ist bei größeren PV-Anlagen auf oder an Gebäuden über 30 kW die Ermittlung der Einspeisevergütung etwas komplizierter. Die Einspeisevergütung pro Kilowattstunde einer Dachanlage mit 35-kWp-Leistung, welche 2009 in Betrieb genommen wurde, berechnet sich wie folgt:

$$\text{Vergütung} = \frac{30 \ kW \times 43{,}01 \ Cent/kWh + 5 \ kW \times 40{,}91 \ Cent/kWh}{35 \ kW} = 42{,}71 \ Cent/kWh$$

Somit erhält der Anlagenbetreiber 20 Jahre lang den Solarstrom mit 42,71 Cent/kWh vergütet.[448]

22.5   Erläuterungen zum EEG 2009

Das Erneuerbare-Energien-Gesetz wurde zum Jahreswechsel 2009 erneut reformiert. Betroffen davon sind Besitzer von neuen Photovoltaikanlagen, aber auch die anderen Bereiche wie z.B. Wasserkraft, Biomasse, Geothermie und Windkraft wurden überarbeitet. Es handelt sich nicht allein um die Neuformulierung einiger Paragrafen, sondern um ein weitgehend neu geschriebenes Gesetz. Die bewährte Grundstruktur des EEG 2004 blieb erhalten. Kern ist nach wie vor die Verpflichtung von Netzbetreibern, Anlagen zur Stromerzeugung aus erneuerbaren Energien an ihr Stromnetz anzuschließen sowie den erzeugten Strom vorrangig abzunehmen und zu vergüten.[449]

Inbetriebnahme/Anlagenregister
Aufgrund der Staffelung der Vergütungssätze in Abhängigkeit des Inbetriebnahmejahres,[450] ist die Festlegung, ab wann eine Anlage in Betrieb genommen wurde, besonders wichtig. Im EEG 2009 § 3 Abs. 5 wird der Begriff „Inbetriebnahme" gesondert geregelt. Maßgeblich ist somit der Zeitpunkt, an dem erstmalig Strom zur Einspeisung in das Netz und aufgrund der

---

[447] Vgl. Resthöft/Sellmann (2009), S. 85ff.

[448] Vgl. BMU (2008), S.12ff.

[449] Vgl. EEG (2009), § 5 I, § 8 I, § 16 I; Wagner (2009), S. 40

[450] Siehe dazu detailliert Abschnitt 22.4

technischen Bereitschaft des Generators (Photovoltaikanlage) zur Abnahme angeboten wird. Daher ist es ausreichend, wenn der Anlagenbetreiber die technischen Voraussetzungen für die erstmalige Einspeisung in das Netz nach den anerkannten Regeln der Technik, sowie die gesetzlichen Anforderungen für einen Dauerbetrieb geschaffen hat. Des Weiteren muss die Meldung über den Standort und Leistung der neu ans Netz gehender Photovoltaikanlagen an die Bundesnetzagentur erfolgen. Die Meldung zur „Eintragung in das Anlagenregister" sollte spätestens mit der Inbetriebnahme erfolgen, ohne Meldung besteht kein Anspruch auf eine Vergütung. Dies wird in dem EEG 2009 § 16 Abs. 2 geregelt.[451]

Leistung der Anlage
Die Anlagenleistung entspricht der Summe der installierten Leistung aller Solarmodule (Photovoltaikanlage) nach STC-Bedingungen. Die Formulierung im EEG 2009 § 3 Abs. 6 „die elektrische Wirkleistung, die die Anlage bei bestimmungsgemäßem Betrieb ohne zeitliche Einschränkungen unbeschadet kurzfristiger geringfügiger Abweichungen technisch erbringen kann," versucht dies auszudrücken. Aus der Gesetzesbegründung zum novellierten EEG wird die Generatornennleistung (Summe der Solarmodulleistung) als Anlagenleistung definiert.

22.6   Direktvermarktung – Eigenverbrauch gemäß EEG 2009

Mit dem novellierten Erneuerbare-Energien-Gesetz 2009 wurde den neuen PV-Anlagenbetreibern ermöglicht, neben der Gesamteinspeisung der Energie und deren Vergütung, die erzeugte Energie selbst zu vermarkten bzw. „gefördert" zu verbrauchen.

Direktvermarktung
Das EEG 2009 § 17 „Direktvermarktung" in Verbindung mit den § 16 Abs. 5 regelt die Verfahrensweise der Direktvermarktung. Der Anlagenbetreiber kann den selbst erzeugten Strom direkt an einen Energielieferanten als Ökostrom verkaufen. Hierzu setzt die Förderung gemäß EEG2009 § 16 in diesem Zeitraum aus.

Ablauf der zeitweisen Direktvermarktung:

1. ein Kalendermonat vor Lieferbeginn muss der Anlagenbetreiber dem Netzbetreiber dies anzeigen. Hierbei hat er die Möglichkeit zwischen der Vermarktung der gesamten erzeugten Energie oder einem prozentualen Anteil. Diesen Anteil muss der Anlagenbetreiber dem Netzbetreiber mitteilen.
2. sobald die Energielieferung beginnt, ist der Anlagenbetreiber nachweispflichtig, dass er den prozentualen Anteil jederzeit eingehalten hat.

---

[451] Vgl. BNetzA (2009)

3. der Anlagenbetreiber kann monatlich den prozentualen Anteil anpassen bzw. die Direktvermarktung einstellen und zur EEG-Vergütung zurückzukehren.
4. der Vorlauf von einem Kalendermonat zur Anzeige beim Netzbetreiber ist ebenfalls ein-
   zuhalten.

Der Vorteil für den Anlagenbetreiber ergibt sich u.a. aus der Verlängerung des Vergütungs-
zeitraumes gemäß EEG – um den Zeitraum der Direktvermarktung. In den Monaten November – Februar erzeugt die PV-Anlage ca. 11 Prozent der Jahresenergiemenge.[452] Würde man
diese Energiemenge in den Wintermonaten im gesamten Förderzeitraum direkt vermarkten,
würde sich der Förderzeitraum von 20 Jahre auf 30 Jahre verlängern. Bei einer durchschnittlichen Erzeugung von 4000 kWh könnte man einen zusätzlichen Ertrag von ca. 10.000 EUR
erwirtschaften.

Der Nachteil für den Anlagenbetreiber ist ein höherer organisatorischer Aufwand bedingt
durch den An-/Abmeldeprozess beim Netzbetreiber und dem Energieverkauf beim Lieferanten. Sowie der ständige Nachweis der Einspeisemengen welchem den Netzbetreiber und dem
Lieferanten mitgeteilt werden muss.[453]

Eigenverbrauch
Neben der Direktvermarktung besteht auch die Möglichkeit den selbst erzeugten Strom auch
selbst zu verbrauchen. Der Netzbetreiber vergütet gemäß EEG 2009 § 33 Abs. 2 mit 25,01
Cent/kWh den selbst verbrauchten Strom. Dies gilt für alle Anlagen welche nach dem
31.12.2008 gebaut werden und die installierte Leistung unter 30 kWp beträgt. Die eingespar-
ten Bezugskosten von derzeit ca. 18 Cent/kWh und die Vergütung von 25,01 Cent/kWh (im
Jahr 2009) ergeben die Gesamtvergütung von 43,01 Cent/kWh. Diese entspricht der regulä-
ren Vergütung für Volleinspeisung. In den nächsten Jahren kann man mit einer kontinuierlichen Energiepreiserhöhung rechnen, damit entsteht ein zusätzlicher Anreiz für die Eigennut-
zung des erzeugten Solarstromes vom eigenen Dach. Aus steuerlichen Gesichtspunkten entsteht ein weiterer Vorteil, denn lediglich die 25,01 Cent/kWh müssen bei der Einkommens-
steuer als Einnahmen aus Gewerbe angegeben werden.[454] Die steuerliche Betrachtung des
Eigenverbrauches ist derzeit noch nicht abschließend geklärt.

Einerseits stellt der Eigenverbrauch gewissermaßen eine Entnahme aus dem Betriebsvermö-
gen dar, welche entsprechend versteuert werden müsste, andererseits würde man dann diesen
Förderungsbestandteil des EEG 2009 aushebeln. Derzeit wird vom Bundesverband Solarwirtschaft (BSW) empfohlen abzuwarten und einen zusätzlichen Zählerplatz einzuplanen.
Nach der steuerlichen Klärung alle offenen Fragen, kann man jederzeit die Eigenverbrauchs-
regelung in Anspruch nehmen. Das Bundesumweltministerium (BMU) wird eine entsprechende Broschüre auflegen, in welcher die wichtigsten Punkte behandelt werden.[455]

---

[452] Die Daten wurden der Tab. 23.2 in Abschnitt 23.3 entnommen.
[453] Vgl. EEG (2009), § 16ff., § 17ff., § 21 Abs. 2, § 32, § 33
[454] In Abschnitt 24.4.3 wird darauf ausführlich eingegangen.
[455] Vgl. Podewilz (2008), S. 103

Der Eigenverbrauch muss zeitgleich mit der Eigenerzeugung erfolgen und nachgewiesen werden.[456] Für eine komfortabel technische Umsetzung wird der Einsatz eines intelligenten Stromzählers mit drei Zähleinheiten empfohlen (Abb. 22.4).

1. Einspeisezähler – erfasst den erzeugten Strom der PV-Anlage.
2. Verbrauchszähler – erfasst den Stromverbrauch im Hausnetz.
3. Entnahmezähler – erfasst den Strombezug aus dem öffentlichen Netz.

Die Zähler registrieren den Stromfluss zu jeden einzelnen Zeitpunkt und erstellen Profile über den entsprechenden Energiefluss (Verbrauch bzw. Einspeisung). Die unterschiedlichen Profile der einzelnen Stromzähler werden anschließend kombiniert, ausgewertet und die Stromaufteilung bilanziell durchgeführt. Im Ergebnis wird anschließend der Strombezug und die Netzeinspeisung sowie der Eigenverbrauch für die Abrechnung mit dem Stromlieferanten und dem Netzbetreiber ermittelt. Diese Auswertung und Übermittlung zur Abrechnung (über das Internet) übernimmt der intelligente Zähler (II).[457]

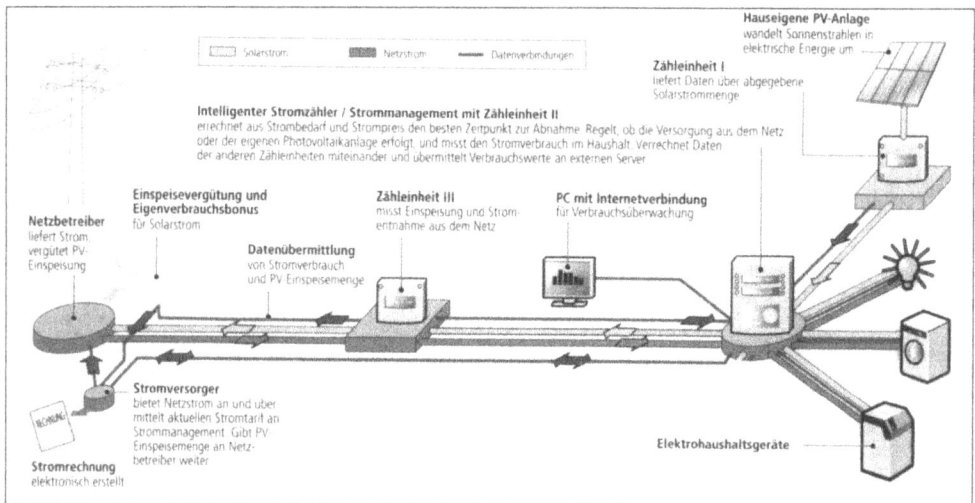

Abb. 22.4 Intelligente Stromzähler für optimales Strommanagement im Haus[458]

Eine einfache/kostengünstige technische Lösung ist der Einsatz eines Zweiquadrantenzählers (Zähleinheit III) welcher die Einspeisung bzw. die Entnahme von Energie aus dem Stromnetz getrennt abbildet. Mit Hilfe des Solarenergie-Erzeugungszähler (Zähleinheit I) können die unterschiedlichen Vergütungskategorien abgebildet bzw. Strombezugsmengen abgerechnet werden. Auf die sehr kostenintensive Zähleinheit II kann hierbei verzichtet werden. Die „intelligenten Zähler" werden derzeit nur in wenigen Regionen eingesetzt, da diese sich noch im Versuchsstadium befinden.

---

[456] Vgl. EEG (2009), § 33 Abs. 2
[457] Vgl. Podewilz (2008), S.103
[458] Rohnke (2008)

Der Eigenverbrauch wurde erstmalig im EEG 2009 vorgesehen. Derzeit ist die steuerliche Betrachtung des Eigenverbrauchs noch nicht endgültig geklärt. Die technische Umsetzung mit dem intelligenten Zähler steckt derzeit noch in der Erprobungs- bzw. Einführungsphase. Für die Beispielanlage wird deshalb der Eigenverbrauch nicht weiter betrachtet.

22.7   Wälzungsmechanismus des EEG in Deutschland

Das Erneuerbare-Energien-Gesetz (EEG) verfolgt das Ziel, den Anteil der Regenerativen Energien an der innerdeutschen Gesamt-Stromerzeugung zu erhöhen. Aus der Förderung der regenerativen Stromerzeugung entstehen finanzielle Lasten. Die Erzeugungsanlagen sind unterschiedlich regional verteilt, deshalb sieht das bestehende Gesetz einen bundesweiten Belastungsausgleich der Strommengen und der Zahlung der gesetzlichen Vergütungen an die Anlagenbetreiber vor.

Mit Hilfe des Wälzungsmechanismus wird der bundesweite Belastungsausgleich durchgeführt. Im EEG 2009 §§ 34, 35 wird verbindlich die Weitergabe der Energiemengen vom Verteilungsnetzbetreiber an den Übertragungsnetzbetreiber, und die entsprechende Vergütung dieser Mengen geregelt. Der § 37 regelt die Weitergabe und Vergütung der Energiemengen vom Übertragungsnetzbetreiber zum Lieferanten.

Der Belastungsausgleich findet zwischen den vier deutschen Übertragungsnetzbetreibern EEG 2009 § 36 für alle EEG-Anlagen monatlich statt. In der folgenden Abb. 22.5 sind die Übertragungsnetzbetreiber in Deutschland mit ihren Versorgungsbereichen dargestellt.

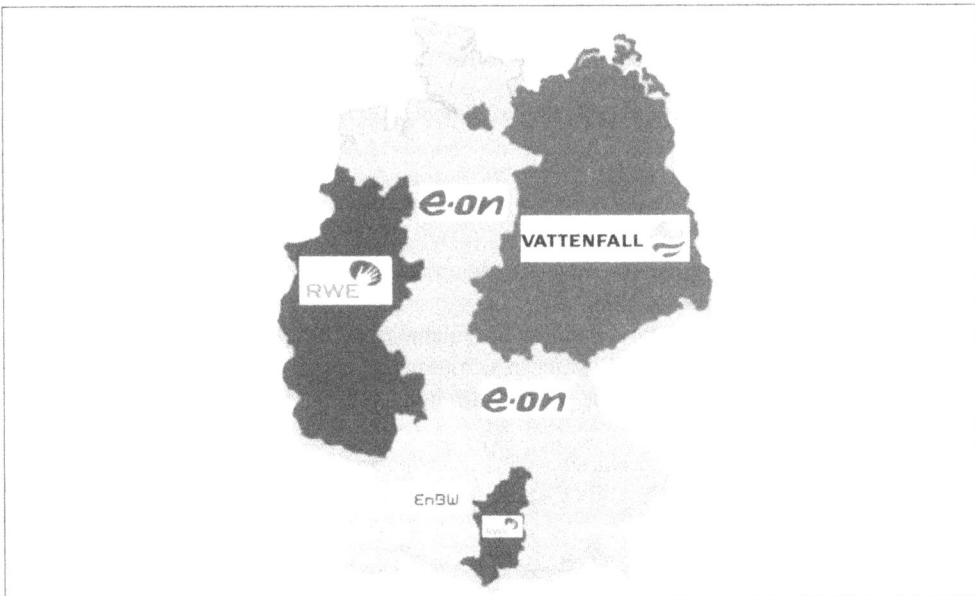

Abb. 22.5   Übertragungsnetze in Deutschland

Der Ausgleich der Strommengen erfolgt über einen mehrstufigen Wälzungsprozess, d.h. der Strom wird vom Ort seiner Erzeugung über das Stromnetz in die Übertragungsnetzebene geleitet, und bundesweit verteilt. Die Übertragungsnetzbetreiber verteilen die Energiemengen über die Lieferanten gleichmäßig an alle Endverbraucher.

Wälzungsmechanismus – Energiefluss

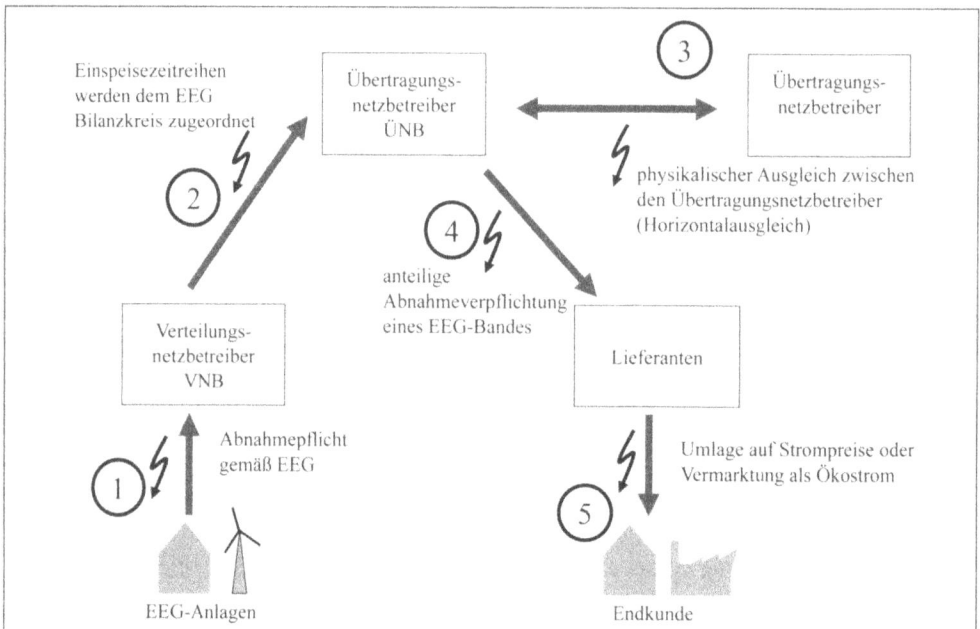

Abb. 22.6   Wälzungsmechanismus in Deutschland (Energiefluss)

Die stark vereinfachte Abb. 22.6 zeigt den Ablauf des Wälzungsmechanismus – Energiefluss:

1. die Lieferung der Energiemenge erfolgt von der PV-Anlage an den Verteilungsnetzbetreiber.
2. der VNB liefert die aggregierte Einspeisemenge aus dem Versorgungsgebiet an seinen Übertragungsnetzbetreiber (ÜNB).
3. der ÜNB liefert einen Teil der erzeugten Energiemenge (Differenzmenge) zum Horizontalausgleich an die anderen ÜNB weiter bzw. nimmt ggf. Energiemengen auf.
4. die anschließend ermittelte Energiemenge wird vom ÜNB auf die Lieferanten im eigenen Versorgungsgebiet aufgeteilt.
5. die Lieferanten wiederum vermarkten diese Strommenge als Ökostrom bzw. legen die Mehrkosten (EEG-Umlage) auf alle Endkunden um.

Wälzungsmechanismus – Umlagen (finanziell)
Die Wälzung der Kosten für die Zahlung der gesetzlichen Mindestvergütungen geht den umgekehrten Weg. Von allen Endkunden wird der gleiche Anteil der Kosten getragen, die

über den Weg der Übertragungsnetzbetreiber letztlich dem Erzeuger als Einspeisevergütung zukommen. In der folgenden Abb. ist der Ablauf des Wälzungsmechanismus (Geldfluss) im Prinzip dargestellt.

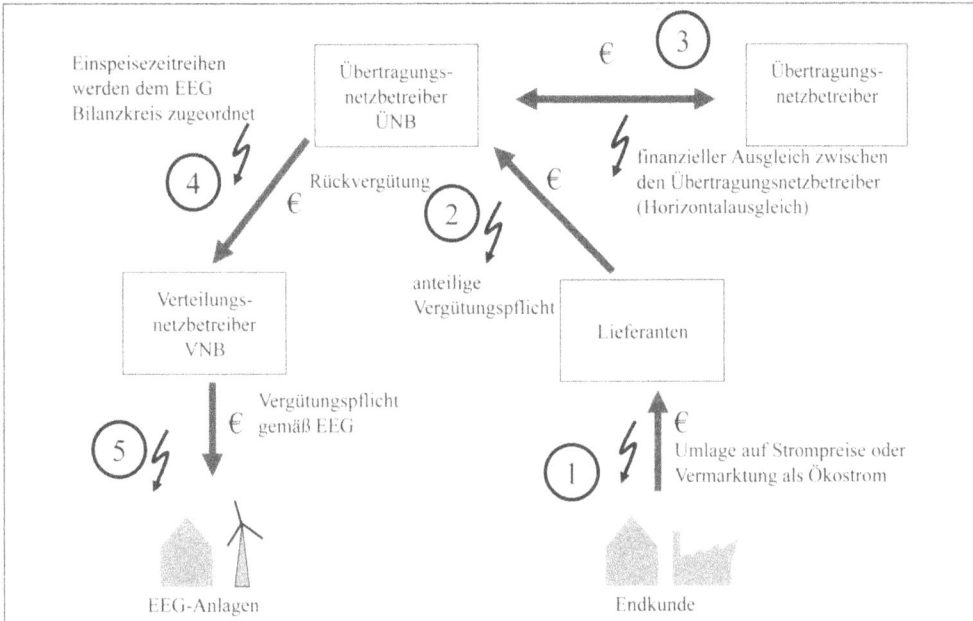

Abb. 22.7   Wälzungsmechanismus in Deutschland (Zahlungsfluss)

Ablauf des Wälzungsmechanismus Geldfluss (s. stark vereinfacht Abb. 22.7):

1. der Lieferant stellt dem Endkunden die EEG-Umlage auf den Energiepreis bzw. den Ökostromanteil für EEG in Rechnung.
2. der Lieferant zahlt an den ÜNB die anteilige EEG-Umlage für alle eigenen Endkunden.
3. über den Horizontalausgleich findet ein finanzieller Ausgleich mit den anderen ÜNB statt
4. der ÜNB zahlt die Gesamtvergütung abzüglich vermiedener Netznutzung an den VNB. (vermiedene Netznutzung = gesparte Übertragungsverluste des VNB, im EEG geregelt)
5. der VNB vergütet die PV-Anlagenbetreiber entsprechend EEG.

Im EEG 2009 §§ 34–37 wird das Verfahren des Ausgleichmechanismus über den „Bundesweiten Ausgleich" gesetzlich geregelt.[459]

---

[459] Vgl. EEG (2009)

23   Planung einer PV-Dachanlage

Bei der Errichtung einer PV-Anlage ist ein gründliche Planung Voraussetzung, damit Fehler in der Kalkulation und Bauausführung vermieden werden. Folgende Schritte sollten bei der Planung durchgeführt werden:

1. Vorortbesichtigung – Datenaufnahme/Ermittlung
   - nutzbaren Dachfläche
   - Dachneigung und -ausrichtung (Süd = 0^0)
   - Dachform und -aufbau, Dachunterkonstruktion
   - Dachdurchführungen für Verkabelung
   - Zählerplatz (eventuell vorhanden bzw. neuer Zählerschrank)
   - Montageort:
     - Generatoranschlusskasten
     - Freischalteinrichtung
     - Wechselrichter
     - Zählerschrank
   - Leitungsweg, Verlegeart, Leitungslänge
   - Angaben zur Verschattung
   - Zufahrt für die Lieferung und Montage

Lagepläne und Baupläne sowie fotographische Aufnahmen sollten für eine optimale Daten-aufnahme zusätzlich herangezogen werden.

2. Ermittlung der Anlagengröße, Modulauswahl
   - Ermittlung des Eigenenergiebedarfs
   - mögliche Leistung in Abhängigkeit zur Dachgröße
   - Modulanordnung
3. Wechselrichterdimensionierung
4. Standortbetrachtung, Ertragsprognose
   - Verschattungsanalyse
   - Ermittlung der Nutzbaren Globalstrahlung
   - Prognose der Jahresarbeit, Ermittlung der Vergütung
   - Wirtschaftlichkeitsbetrachtung
5. Angebotsphase, Realisierung
6. Inbetriebnahme

Sind alle Voraussetzungen erfüllt, kann mit der Planung der PV-Anlage begonnen werden. Für die Planung sollte man sich ausreichend Zeit nehmen. Immerhin handelt es sich um eine größere finanzielle Investition und kostenintensive Bereinigungen von Planungsfehlern kön-nen somit vermieden werden.

23.1 Größenermittlung/Modulauswahl

Für die Dimensionierung der Größe (installierten Leistung) der Solaranlage, muss die zur Verfügung stehende Dachfläche ermittelt werden. Anschließend wird in Abhängigkeit von folgenden Parametern die Anzahl und Anordnung der Solarmodule festgelegt:

- nutzbare Dachfläche, Dachneigung
  (z.B. 7,5 m x 6,93 m – Dachaufbauten = 40 m²; Schrägdach 420)
- gewünschte Gesamtleistung: hier ca. 5 kWp – angestrebt
  (nur bei Verwendung von bestimmten Modulen erreichbar, Tab. 23.1)
- Ermittlung der Modulverfügbarkeit
- Ermittlung des optimalen Preis/Leistungsverhältnis für den Modulpreis

Zellmaterial	benötigte PV-Fläche für ein kWp	durch-schnittliche Fläche	Gesamtleistung bei 40 m²	Verfügbarkeit	Preis je kWp
monokristalline Silizium	7–9m²	8 m²	5 kWp	lieferbar	5.058,54 EUR
Hochleistungszellen	6–7 m²	6,5 m²	6 kWp	nicht lieferbar	
polykristallines Silizium	7,5–10 m²	8,5 m²	4,7 kWp	lieferbar	4.302,36 EUR
amorphes Silizium	14–20 m²	17 m²	2,3 kWp		
Kupfer-Indium-Diselenid	9–11 m²	10 m²	4 kWp		
Cadmiumtellurid	9–16 m²	13 m²	3 kWp		
mikrokristallines Silizium	10–14 m²	12 m²	3,3 kWp		

Tab. 23.1   Modulvergleich[460]

Im Vergleich des Platzbedarfes bei Verwendung der unterschiedlichen Zellmaterialien fällt die Auswahl auf mono- bzw. polykristallines Silizium.

Im vorliegenden Beispiel wurden 22 polykristalline Module mit einer Leistung von je 217 Wp aus o.g. Gründen ausgewählt. Die Gesamtleistung der geplanten Anlage (PV-Generator) beträgt somit 4,78 kWp.

---

[460] Haselhuhn/Hemmerle (2008), S. 5

Beispiel Dachanlage:

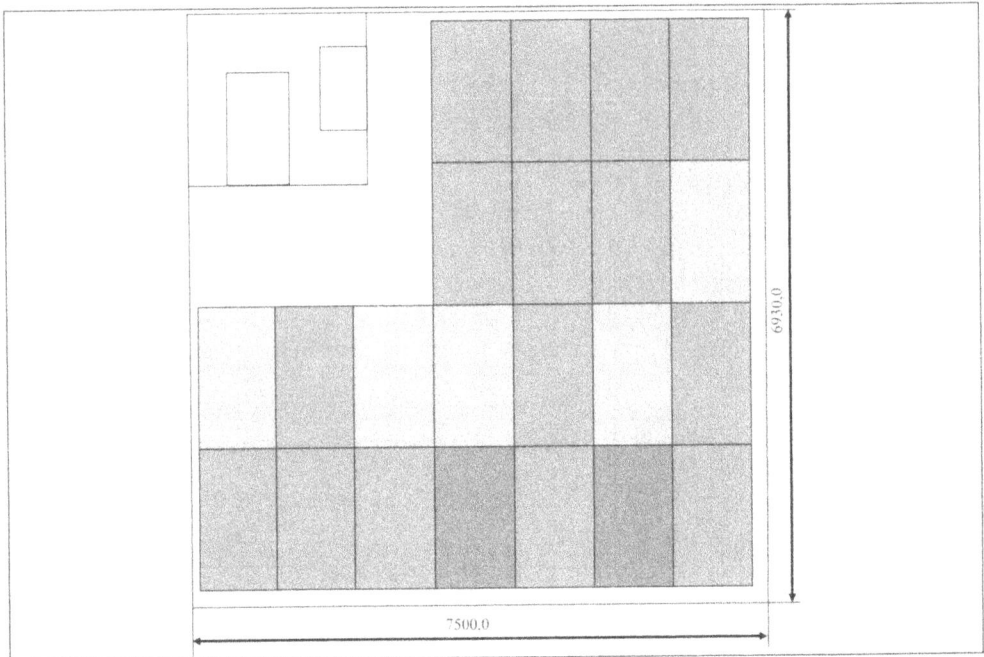

Abb. 23.1   Dachfläche eines Einfamilienhauses mit Solarmodulen

23.2   Wechselrichterdimensionierung

Die Anlagenkonzepte werden durch die Systemkomponente Wechselrichter bestimmt. So ergeben sich zentrale und dezentrale Anlagenkonzepte. Die Verschaltung der Solarmodule zu Strängen und deren Parallelschaltung sollte optimal mit dem Wechselrichter abgestimmt werden. Bei der Zusammenschaltung der Solarmodule zu Strängen kommt es zu Modultoleranzen. Es werden Wechselrichter für eine Gesamtanlage als Zentralwechselrichter, für einen Strang als Strangwechselrichter und für ein Modul als Modulwechselrichter angeboten. Im vorliegenden Beispiel wird ein Zentralwechselrichter verwendet.

Die Modulgeneratorleistung bestimmt die Leistung des Wechselrichters. Als Richtwert geht man von einem Verhältnis von 1:1 zwischen PV-Generator – und Wechselrichterleistung aus. Für die geplante Anlage wurde der Wechselrichter SMA SB 5000TL HC mit folgenden Parametern ausgewählt:

Eingang – $U_{mppt} = 25$ V – 750 V; $I_{max} = 2$ x 11 A; $P_{max} = 5300$ W
Ausgang – $U = 220$ V – 240 V; $I_{max} = 22$ A; $P_{max} = 5000$ W

Die Verschaltung der Solarmodule erfolgt in 2 Strängen zu je 11 Modulen in Reihe und ist so optimal auf den Wechselrichter abgestimmt. Damit ergibt sich eine Ausgangsspannung von je $U_{mpp} = 321$ V_{mpp} und ein Strom von je $I_{mpp} = 7,54$ A.

Durch die geringe Stromstärke können kleinere Kabelquerschnitte verwendet werden (kostengünstig). Als Nachteil erweisen sich höhere Verschattungsverluste bedingt durch die langen Stränge. Dieser Nachteil wird teilweise durch die Multistring-Funktion des gewählten Wechselrichters kompensiert. Für jeden Modulstrang ist ein separater MPP-Regler vorgesehen.[461]

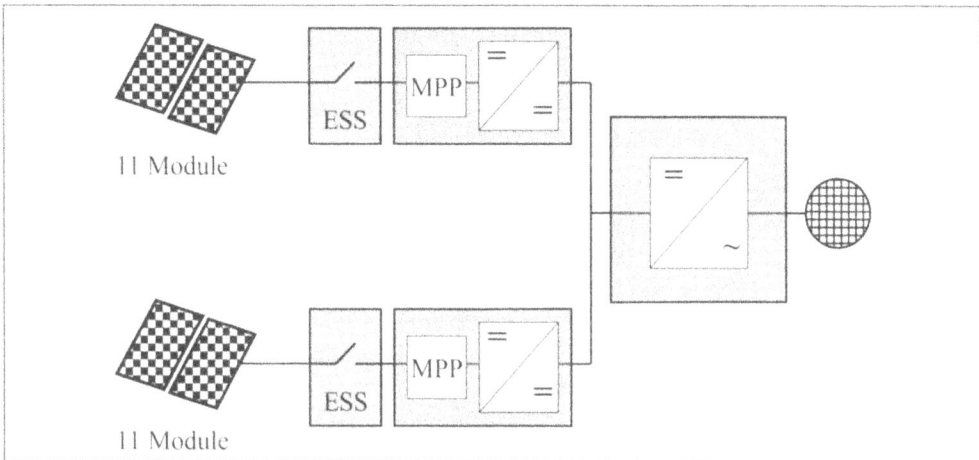

Abb. 23.2   Wechselrichter in der Anlage

23.3   Standortbetrachtung

Für eine optimale energetische Ausbeute der Solaranlage ist es erforderlich, dass die Solarzellenfläche möglichst genau gegen Süden ausgerichtet ist und dass auch der „Neigungswinkel" zwischen 30° und 45° liegt. Es bleibt eine reine Ermessensfrage, wie und wo solarelektrische Module angebracht werden. Für eine Abschätzung der Eignung der Dachfläche zur solaren Nutzung ist eine Betrachtung des jährlichen Strahlungsangebotes zu empfehlen. Hierzu verwendet man regionale Strahlungskarten welche die Sonneneinstrahlung eines Jahres in Abhängigkeit von Azimut und Neigungswinkel darstellen. In folgender Abb. 23.3 ist die jährliche Globalstrahlung in kWh/m² für Berlin, abhängig von der Dachneigung und dem Azimutwinkel, dargestellt.

---

[461]   Siehe dazu ausführlich Abschnitt 21.7

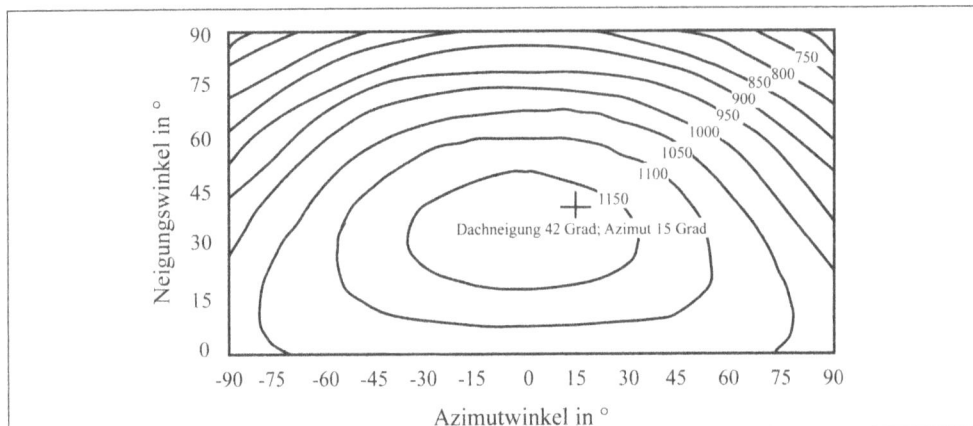

Abb. 23.3 *Jahressumme der Globalstrahlung in Berlin/Winkelabhängig*[462]

In unserem Beispiel beträgt die Dachneigung 42^0 und hat eine Ausrichtung nach Süd 15^0.[463] Eine optimale Ausrichtung bzw. Neigungswinkel ist vorhanden. Damit ist der Maximalertrag für die Region (siehe „blaues Kreuz" in Abb. 23.3) erreichbar. Bei fest montierten Solarzellenflächen wird die optimale Positionierung durch zwei Achsen bestimmt. Die eine Achse ist identisch mit der genauen Ausrichtung nach Süden, die andere Achse bezieht sich auf den optimalen Neigungswinkel. Eine genaue Ausrichtung nach Süden dürfte bei den normalen Anwendungen als ein Optimum gelten, von dem gezwungenermaßen (Ausrichtung des Hausdaches) abgewichen wird. Was den eigentlichen Neigungswinkel der Solarzellenmodule am Dach eines Wohnhauses anbelangt, wird er in der Regel an die bestehende Dachneigung angepasst. Ausnahmen bilden hier nur Häuser bzw. andere Objekte mit Flachdächern. Hier werden Solarzellenmodule oft an zusätzliche Konstruktionen montiert, um einen günstigen Neigungswinkel zu erhalten.[464]

Ein weiterer wichtiger Betrachtungspunkt ist die standortbedingte Verschattung. Darunter versteht man die Verschattung aufgrund der Umgebung des Gebäudes. (z.B. Nachbargebäude, Bäume, Freileitungen) Zur Feststellung der standortbedingten Verschattungen bedient man sich der Verschattungsanalyse (Abb. 23.4). Dazu wird meistens, bezogen auf den Mittelpunkt des PV-Generators, der Schattenriss der Umgebung aufgenommen. Die Aufnahme des Schattenrisses kann mit Hilfe des Sonnenbahndiagramms auf Folie erfolgen.

---

[462] Haselhuhn/Hemmerle (2008), S. 2–20

[463] Vgl. dazu Abschnitt 21.1

[464] Vgl. Haselhuhn/Hemmerle (2008), S. 2–20

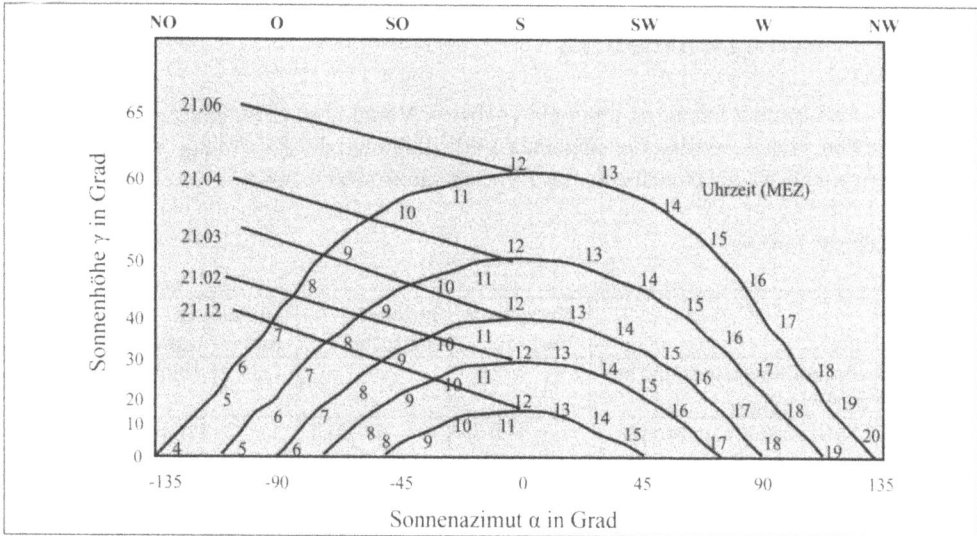

Abb. 23.4   Sonnenbahndiagramm Berlin mit Verschattung[465]

Aus der Darstellung ist ersichtlich, in welchen Monaten Verschattungen auftreten. In dem dargestellten Beispiel ist der Standort im Dezember zu 50 Prozent verschattet. Ab dem Monat März bis Oktober sind keine standortbedingten Verschattungen zu erwarten. Anhand der prozentualen Anteile der Verschattung aus dem Sonnenbahndiagramm für die jeweiligen Monate der Einstrahlungsverlust abgeschätzt werden.

	prozentuale Einspeisungs- menge	absolute Einspeisungs- menge	Verschattung in Prozent	Ertrag
Januar	2,5 %	21 kWh	50 %	11 kWh
Februar	4,0 %	34 kWh	25 %	25 kWh
März	9,5 %	80 kWh	0 %	80 kWh
April	11,0 %	93 kWh	0 %	93 kWh
Mai	13,0 %	110 kWh	0 %	110 kWh
Juni	13,0 %	110 kWh	0 %	110 kWh
Juli	14,0 %	118 kWh	0 %	118 kWh
August	12,5 %	105 kWh	0 %	105 kWh
September	9,5 %	80 kWh	0 %	80 kWh
Oktober	6,0 %	51 kWh	0 %	51 kWh
November	3,0 %	25 kWh	25 %	19 kWh
Dezember	2,0 %	17 kWh	50 %	8 kWh
Gesamt	**100,0 %**	**843 kWh**		**809 kWh**

Tab. 23.2   Ertragsanalyse mit Verschattung

In der Beispielanlage liegt der reale Einspeiseverlust aufgrund von Verschattung bei 4 Prozent im Jahr.

---

[465] Haselhuhn/Hemmerle (2008), S. 4–12

23.4   Ertragsprognose

Um einen realistischen Ertrag zu ermitteln (Arbeit x Vergütung) muss eine Ertragsprognose erstellt werden. Hierzu werden die einzelnen Verlustfaktoren der PV-Anlage von der theoretisch zu erwartenden Energieausbeute des PV-Generators abgezogen.

Berechnung am Beispiel:

	prozentuale Verluste	absolute Verluste	kumulative Energieausbeute
ideale Energieausbeute bei 1 kWp – E_{ideal}			1.150 kWh
Abweichung vom Modul-Nennwirkungsgrad	4,0 %	46 kWh	1104kWh
Modulverschmutzung	4,0 %	46 kWh	1058 kWh
Modultemperatur	4,0 %	46 kWh	1012 kWh
Leitungsverluste	1,0 %	12 kWh	1001 kWh
Verschattung	4,0 %	46 kWh	955 kWh
Gleichstromverluste	3,0 %	35 kWh	920 kWh
Mpp-Anpassungsfehler	1,5 %	17 kWh	903 kWh
Wechselrichterverluste	4,7 %	54 kWh	849 kWh
Zählerverluste	3,5 %	40 kWh	809 kWh
reale Energieausbeute – E_{real}			809 kWh

Tab. 23.3   Ertragsprognose mit Verlusten

Als Maß für die Anlagengüte wird eine standortunabhängige Kennzahl, die sogenannte Performance Ratio (PR), benutzt. Die Performance Ratio ist als Quotient aus genutzter Solarenergie (Anlagenertrag) und nomineller Energieerzeugung (Produkt aus dem Wirkungsgrad und der jährlichen solaren Einstrahlung) definiert. Die PR kennzeichnet die Ausnutzung der Anlage im Vergleich zu einer verlustfrei arbeitenden Anlage.

$$PR = \frac{E_{real}}{E_{ideal}} = \frac{809 \; kWh}{1150 \; kWh} = 70 \quad Prozent$$

Formel : 3.2

Für die Wirtschaftlichkeitsbetrachtung liegt damit ein realistischer Wert für die Jahresarbeit vor.

23.5   Realisierung (Angebotsvergleich)

Nach der Planung der Modulanordnungen und Festlegung der Parameter für den Wechselrichter und PV-Module wurden verschiedene Angebote eingeholt. Alle Angebote wurden in einer Bewertungsmatrix zusammengefasst, um eine Vergleichbarkeit herzustellen. Als erstes wurden die Angebote herausgenommen, welche die gewünschte installierte Leistung von mehr als 4 kWp nicht erreichten bzw. offensichtlich Fehler enthielten. Letztendlich haben sich 4 Angebote herauskristallisiert (Tab. 23.4).

		Anbieter A	Anbieter B	Anbieter C	Anbieter D
Angebot		5,22 kWp	4,76 kWp	4,29 kWp	4,78 kWp
PV-Modul	Anzahl	29	28	26	22
	Leitung	180	170	165	217
	Art	polykristallin	monokristallin	monokristallin	polykristallin
	Gesamt	16.418,64 EUR	15.981,70 EUR	15.041,90 EUR	16.412,00 EUR
Wechselrichter	Typ	Fronius	PIKO 5.5	SMA SB	SMA SB
		IG 40/20		4000TL 20	5000TL 20
	Gesamt	2.429,33 EUR	2.820,30 EUR	1.980,00 EUR	1.980,00 EUR
Installation	Gesamt	4.841,68 EUR	4.800,00 EUR	890,00 EUR	1.374,40 EUR
	Netto	23.689,65 EUR	23.602,00 EUR	17.911,90 EUR	19.766,40 EUR
	Brutto	28.190,68 EUR	28.086,38 EUR	21.315,16 EUR	23.522,02 EUR
	Euro/kWp	4.538,25 EUR	4.958,40 EUR	4.175,27 EUR	4.121,43 EUR

Tab. 23.4   Angebotsvergleich für die Beispielanlage

Die Auswahl fiel auf Anbieter D, da das beste Preis/Leistungsverhältnis vorlag.

Mit den Angaben von Angebot D werden die nachfolgenden Wirtschaftlichkeitsbetrachtungen durchgeführt.

Anlagenparameter:

Investitionssumme	=	19.766,40 EUR
Installierte Leistung	=	4,78 kWp
Ø jährliche Energieeinspeisung	=	3.867,02 kWh
Ø jährliche Vergütung	=	1.663,21 EUR

24   Wirtschaftlichkeitsbetrachtung der PV-Anlage

Die Anforderungen an die Wirtschaftlichkeit einer PV-Dachanlage eines Einfamilienhauses sollen im Folgenden gesondert betrachtet werden. Generell können niedrige Unterhaltskosten, hoher Nutzerkomfort und geringer Wartungsaufwand als positiv angesehen werden. Eine betriebswirtschaftliche Analyse beschäftigt sich vorwiegend mit den Investitions- und Materialkosten, aber auch die Betriebskosten für Wartung, Reparatur sowie die Lebensdauer der Anlage werden einbezogen. Ein weiterer wichtiger Faktor sind die Stromgestehungskosten, über die die Photovoltaikanlage mit anderen Energiesystemen verglichen werden und die Höhe einer kostendeckenden Vergütung für den eingespeisten Strom berechnet werden kann. Eine PV-Anlage ist dann wirtschaftlich, wenn die Erlöse der Einspeisevergütung über einen betrachteten Zeitraum, hier 20 Jahre, höher ausfallen als die Anschaffungskosten für die Errichtung und den Betrieb der Anlage.

Allgemeine Grundlagen
Investitionen sind wie folgt gekennzeichnet:[466]

- sie sind mit Einnahmen (Nutzen) und Ausgaben verbunden.
- sie haben längerfristige Auswirkungen.

Nutzen und Aufwand werden üblicherweise monetär definiert. Nur bei Eigenschaften, bei denen eine Umrechnung in Geldeinheiten schwierig wird, wendet man nichtmonetäre Methoden wie die Nutzwertanalyse an, auf die am Ende des Kapitels eingegangen wird. In der vorliegenden Arbeit wird vorrangig die monetäre Wirtschaftlichkeit betrachtet. Die Wirtschaftlichkeit von Gebäuden wird definiert als Relation des Nutzens zu den Kosten eines Bauwerks:

$$\text{Wirtschaftlichkeit}: \quad W = \frac{N}{K}$$

$$\text{Formel}: \quad 3.3$$

Übersteigt der Nutzen den Aufwand, also $W > 1$, so ist ein Gebäudeteil wirtschaftlich, dementsprechend ist bei $W < 1$, also der Aufwand überschreitet den Nutzen, der Gebäudeteil unwirtschaftlich. Beschränkt auf die monetäre Wirtschaftlichkeitsbetrachtung bedeutet obige Gleichung, dass eine Lösung wirtschaftlich ist, wenn deren Erträge höher sind als ihre Kosten.

24.1   Monetäre Wirtschaftlichkeitsbetrachtung

Bei der zu betrachtenden PV-Dachanlage handelt es sich um eine Einzelinvestition, hier ermittelt man die Vorteilhaftigkeit im Sinne einer Ja/Nein – Entscheidung (absolute Vorteilhaftigkeit), mit der Kernfrage: „*Ist die Errichtung dieser Anlage vorteilhaft oder nicht?*"[467]
Für die rechnerische Durchdringung der Investition ist die ausgelöste Zahlungsreihe interessant, die durch die drei folgenden Bestandteile gekennzeichnet ist:

---

[466]   Vgl. Blohm et al. (2006)

[467]   Däumler (1994)

- Investitionsausgaben → Ausgaben für die Beschaffung oder Herstellung des zu der Investition gehörenden Anlage- oder Umlaufvermögens
- Rückfluss (Cashflow) → Einnahmen (ohne Liquidationserlös) abzüglich laufender Ausgaben (ohne Investitionsausgaben) ≈ Gewinn + Abschreibungen
- Liquidationserlös → Einnahmen aus der Veräußerung von Gegenständen des Anlage- und Umlaufvermögens, die zum Investitionsprojekt gehören In den folgenden Betrachtungen wird der Liquidationserlös vernachlässigt, nach 20 Jahren ist die Anlage vollständig abgeschrieben und technisch bzw. moralisch verschlissen.

Zum besseren Verständnis werden einige wesentliche Elemente der Investitionsrechnung hier näher erläutert.

- Zahlungszeitpunkt ist der Zeitpunkt, dem eine Zahlung aus der Zahlungsreihe einer Investition zugerechnet wird.
- Bezugszeitpunkt ist der Zeitpunkt, auf den die Zahlungen einer Investition auf- oder abgezinst werden, in der Regel wird dafür der Beginn oder das Ende des Planungszeitraumes gewählt. Der Wert einer Zahlung auf den Beginn des Planungszeitraums bezogen, bezeichnet man als Barwert, der Wert einer Zahlung auf das Ende des Planungszeitraums bezogen ist ihr Endwert.
- Kalkulationszinssatz ist der einheitliche Zinssatz, mit dem alle Zahlungen auf den Bezugszeitpunkt auf- bzw. abgezinst werden.

24.1.1   Arten der Investitionsrechnung

Da es sich bei der zu betrachtenden PV-Dachanlage um eine Einzelinvestition handelt, werden hier nur die für den Investor, also dem Hausbesitzer, relevanten Wirkungen des Projektes betrachtet. Die einzelwirtschaftliche Investitionsrechnung ist vorrangig für private Investitionen anwendbar. Für die Investitionsausgabe der PV-Anlage kann durch die gesicherte Vergütung entsprechend dem EEG 2009 ein genauer Prognosewert ermittelt werden, der dann in die Investitionsrechnung mit eingeht.[468] Die Erträge und Ausgaben im Bauwesen fallen meist über einen längeren Zeitraum an, und müssen deshalb zu einem Kostenwert zusammengefasst werden. Dazu können statische oder dynamische Verfahren der Investitionsrechnung angewandt werden. Diese Verfahren bilden die zwei Hauptgruppen der einzelwirtschaftlichen Investitionsrechnungen (Abb. 24.1).

---

[468] Zum EEG 2009 siehe Abschnitt 23.4

```
                           Investitionsrechnung
                                    |
            ┌───────────────────────┴───────────────────────┐
      einzelwirtschaftliche                        gesamtwirtschaftliche
      Investitionsrechnung                          Investitionsrechnung
              |                                             |
      ┌───────┴───────┐                           ┌─────────┴─────────┐
  finanzielle      nichtfinanzielle           monetäre          nichtmonitäre
  Investitions-    Investitions-              Investitions-      Investitions-
  rechnung         rechnung                   rechnung           rechnung
      |                |                           |                  |
  Verfahren:       Verfahren:                 Verfahren:         Verfahren:
  - dynamische Verfahren   - trägerbezogene   - Nutzen-Kosten-Analyse   - gesamtwirtschaftliche
    (z.B. Kapitalwertmethode   Nutzwertanalyse                           Nutzwertanalyse
  - statische Verfahren
    (z.B. Amortisationsrechnung
```

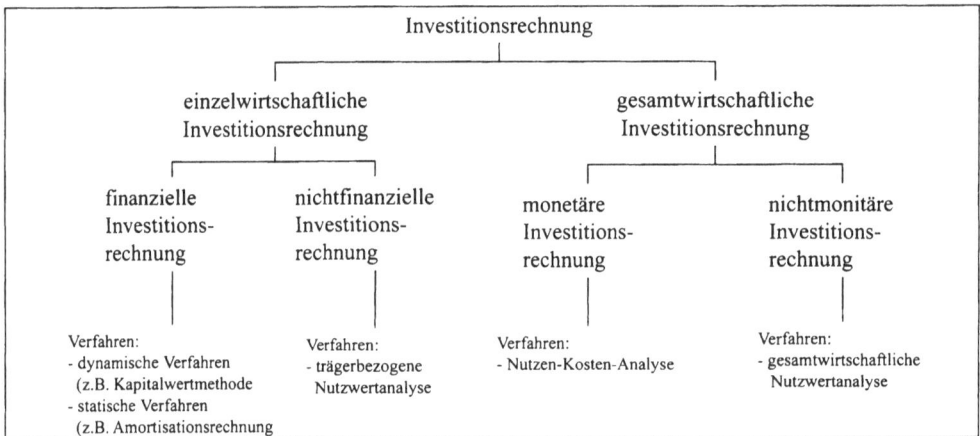

Abb. 24.1   Methoden der Investitionsrechnung[469]

Der Hauptunterschied zwischen den beiden Verfahren besteht darin, dass bei den dynamischen Verfahren die Zeitpunkte der mit der Investition verbundenen Zahlung nach finanzmathematischen Regeln bewertet werden, was bei den statischen Methoden nicht der Fall ist. Das bedeutet, dass statische Verfahren ungleichmäßige Preise, wie etwa Energiepreissteigerungen, nicht einbeziehen können, ebenso wird die Kapitalverzinsung vernachlässigt. Zu den statischen Verfahren gehören u.a. die Kostenvergleichsrechnung, und die Amortisationsrechnung (Abschnitt 24.1.3). Die statischen Verfahren werden im Anschluss an die dynamischen Verfahren behandelt.

Bei den dynamischen Verfahren werden alle mit einem Investitionsobjekt verbundenen Zahlungen auf einen bestimmten Zeitpunkt aufgezinst, wenn sie vor diesem Zeitpunkt anfielen bzw. abgezinst, wenn sie nach diesem Zeitpunkt anfielen. Demzufolge werden Einzahlungen und Auszahlungen umso höher bewertet, je früher sie anfielen.

Die dynamischen Verfahren liefern genauere Ergebnisse und sind den statischen Verfahren vorzuziehen. Die statischen Verfahren liefern meist Näherungen für die Ergebnisse der dynamischen Verfahren. Die verstärkte Anwendung dynamischer Methoden zur Investitionsrechnung hat jedoch nicht die Ablösung der statischen Methoden zur Folge, häufig werden mehrere Methoden angewendet. Ursachen dafür sind u.a. die persönlichen Präferenzen von Entscheidungsträgern und eine verstärkte Technisierung der Investitionsrechnung, wie IT-gestützte Wirtschaftlichkeitsberechnungen, z.B. Easy Decision. In den letzten Jahrzehnten wurden auch in Deutschland verstärkt die dynamischen Verfahren (Kapitalwertmethode bzw. interne Zinssatzmethode) angewandt.[470]

---

[469] Blohm et al. (2006), S. 42
[470] Vgl. Blohm et al. (2006), S. 42

24.1.2   Dynamische Verfahren

Zu den Verfahren der dynamischen Investitionsrechnung zählen die Kapitalwertmethode, die Annuitätenmethode sowie die interne Zinsfußmethode.

Die Anwendung dynamischer Verfahren der Investitionsrechnung ist gekennzeichnet durch ihre Zahlungsreihe, welche sich aus Einzahlungen und Auszahlungen zusammensetzt und mit einer Auszahlung beginnt. Da Einzahlungen und Auszahlungen einer Investition sich durch ihre Einnahmen und Ausgaben annähern, ist eine Unterscheidung hier nicht notwendig, daher werden diese Begriffe synonym verwendet.[471]

Kapitalwertmethode
Der Kapitalwert einer Investition im Zeitpunkt t=0 (Beginn des Planungszeitraums) ist definiert als:

• Barwert ihrer Nettoauszahlungen oder Barwert ihrer Rückflüsse zuzüglich des Barwerts ihres Liquidationserlöses und abzüglich des Barwerts der Investitionsausgaben.

Dabei wird der erwartete Erfolg eines Investitionsprojekts in folgenden drei Schritten ermittelt:

1. Schätzung der Höhe der Investitionsauszahlung sowie der Einzahlungsüberschüsse (Differenz von Ein- und Auszahlungen) in den Folgeperioden bis zum Ende der Laufzeit des Investitionsprojekts.
2. Ermittlung des Kalkulationszinssatzes für die Abzinsung der Einzahlungsüberschüsse, um das Risiko des Investitionsprojekts widerzuspiegeln.
3. anschließend werden die Einzahlungsüberschüsse der einzelnen Perioden diskontiert. Der Kapitalwert einer Investition ergibt sich dann aus der Differenz zwischen der Summe der diskontierten Einzahlungsüberschüsse und der Investitionsauszahlung.

$$\text{Kapitalwert}: \quad C_0 = -I_0 + \sum_{t=1}^{n} R_t \left(1 + i\right)^{-t}$$

Formel :   3.4

Ein positiver Kapitalwert C_0 sagt aus, dass eine Investition wirtschaftlich ist. Wenn nur eine Investitionsalternative zur Verfügung steht, sollte sie ausgeführt werden, solange C_0 positiv ist. Ist der Kapitalwert einer Investition negativ, dann ist die Verzinsung des gebundenen Kapitals niedriger als der Kalkulationszinssatz. Beim Vergleich mehrerer Investitionsprojekte sollte das mit dem höchsten Kapitalwert ausgewählt werden.[472] Der Kapitalwert entspricht

---

[471] Vgl. Blohm et al. (2006)
[472] Vgl. Hungenberg/Wulf (2007)

demzufolge auch dem Barwert der durch die Investition, bei gegebenem Kalkulationszinssatz, bewirkten Geldvermögensänderung.[473]

Die dynamischen Verfahren zur Investitionsrechnung werden lediglich durch Umformungen
der „Grundformel" dargestellt.

$$\text{Grundformel}: \quad K_0 = R_t \times \frac{(1+i)^n - 1}{i \times (1+i)^n}$$

Formel : 3.5

Rechnerische Vorgehensweise
Die Gesamtheit aller Ein- und Auszahlungen wird verglichen und auf den Investitionsbeginn
mit dem Kalkulationszinssatz abgezinst. Diese Diskontierung ist nötig, da die Zahlungen zu
unterschiedlichen Zeitpunkten anfallen und z.B. eine zeitlich frühere Einzahlung aufgrund
der Verzinsung mehr wert ist, als eine spätere. Das Abzinsen einer späteren Zahlung erfolgt
durch die Formel:

$$\text{Barwert}: \quad K_0 = R_t \times (1+i)^{-n}$$

Formel : 3.6

Der Faktor $(1+i)^{-n}$ wird hierbei als Abzinsungsfaktor (AbF) bezeichnet. Handelt es sich nun
um die Summe der Jahreszahlung R_t so muss man diese jeweils abzinsen und summieren.
Dazu dient der Diskontierungssummenfaktor DSF:

$$DSF = \frac{(1+i)^n - 1}{i \times (1+i)^n}$$

Formel : 3.7

Das Kriterium für die Wirtschaftlichkeit einer Investition ergibt sich dann aus dem Kapitalwert C_0 der als Differenz der barwertigen Ein- und Auszahlungen beschrieben wird. Die
Investition wird als wirtschaftlich betrachtet, wenn der Kapitalwert nicht negativ ist.

$$C_0 = (E_0 - A_0) \geq 0$$

Formel : 3.8

---

[473] Vgl. Blohm et al. (2006), S. 51

Barwertige Einzahlungen erhält man, indem man die Reihe der jährlichen Einzahlungen e mit dem Diskontierungssummenfaktor abzinst, summiert und einen eventuell auftretenden, abgezinsten Restwert R addiert. Entsprechend erhält man barwertige Auszahlungen:

$$E_0 = e \times DSF_n + R \times AbF_n$$
Formel: 3.9

$$A_0 = a \times DSF_n + I_0$$
Formel: 3.10

$$AbF = (1 + i)^t$$
Formel: 3.11

Somit kann man die Formel für den Kapitalwert bei konstanten Zahlungen ausführlicher darstellen:

$$C_0 = (e - a) \times DSF_n + R \times AbF_n - I_0$$
Formel: 3.12

Geht man von unterschiedlichen Jahreszahlungen aus, muss man Einzeldiskontierungen vornehmen und verändert die Formel folgender Maßen:

$$C_0 = (e_1 - a_1) \times AbF_1 + (e_2 - a_2) \times AbF_2 + (e_3 + a_3) \times AbF_3 + \dots (e_n - a_n + R) \times AbF_n - I_0$$
Formel: 3.13

Berechnung am Beispiel unter Verwendung der Formel: 3.12:
C_0 = (1.663,21 EUR – 80 EUR) x 14,2124 + 0 EUR – 19.766,40 EUR + 1.167,40 EUR – 2.000 EUR x 0,5969
C_0 = 22.501,22 EUR – 19.766,40 EUR + 1.167,40 EUR – 1.193,78 EUR
C_0 = 2.708,44 EUR
(Restwert der Anlage nach 20 Jahren = 0 EUR)

Der ermittelte Kapitalwert ist positiv (Tab. 24.1). Das bedeutet, es handelt sich um eine lohnenswerte Investition. Ein barwertiger Überschuss von 2.708,44 EUR wird erwirtschaftet.

t	R_t	I_t	A_t	$R_t - A_t - I_t$	AbF	N_t (Barwert)	Kumulativ
0	1.247,40 €	19.766,40 €	80,00 €	-18.599,00 €	1,0000	-18.599,00 €	-18.599,00 €
1	1.663,21 €		80,00 €	1.583,21 €	0,9662	1.529,67 €	-17.069,33 €
2	1.663,21 €		80,00 €	1.583,21 €	0,9335	1.477,94 €	-15.591,39 €
3	1.663,21 €		80,00 €	1.583,21 €	0,9019	1.427,96 €	-14.163,42 €
4	1.663,21 €		80,00 €	1.583,21 €	0,8714	1.379,68 €	-12.783,74 €
5	1.663,21 €		80,00 €	1.583,21 €	0,8420	1.333,02 €	-11.450,72 €
6	1.663,21 €		80,00 €	1.583,21 €	0,8135	1.287,94 €	-10.162,78 €
7	1.663,21 €		80,00 €	1.583,21 €	0,7860	1.244,39 €	-8.918,39 €
8	1.663,21 €		80,00 €	1.583,21 €	0,7594	1.202,31 €	-7.716,08 €
9	1.663,21 €		80,00 €	1.583,21 €	0,7337	1.161,65 €	-6.554,43 €
10	1.663,21 €		80,00 €	1.583,21 €	0,7089	1.122,37 €	-5.432,07 €
11	1.663,21 €		80,00 €	1.583,21 €	0,6849	1.084,41 €	-4.347,65 €
12	1.663,21 €		80,00 €	1.583,21 €	0,6618	1.047,74 €	-3.299,91 €
13	1.663,21 €		80,00 €	1.583,21 €	0,6394	1.012,31 €	-2.287,60 €
14	1.663,21 €		80,00 €	1.583,21 €	0,6178	978,08 €	-1.309,52 €
15	1.663,21 €	2.000,00 €	80,00 €	-416,79 €	0,5969	-248,78 €	-1.558,30 €
16	1.663,21 €		80,00 €	1.583,21 €	0,5767	913,05 €	-645,25 €
17	1.663,21 €		80,00 €	1.583,21 €	0,5572	882,17 €	236,92 €
18	1.663,21 €		80,00 €	1.583,21 €	0,5384	852,34 €	1.089,25 €
19	1.663,21 €		80,00 €	1.583,21 €	0,5202	823,52 €	1.912,77 €
20	1.663,21 €		80,00 €	1.583,21 €	0,5026	795,67 €	2.708,44 €
	Kapitalwert			C_0			2.708,44 €

Tab. 24.1 Kapitalwertberechnung mit Eigenkapital

Annahme:

a_t -> Betriebskosten im Jahr t, 80 EUR (60 EUR Versicherung + 20 EUR Zähler)

i   -> Kalkulationszinssatz, 3,5 Prozent (Festgeldkonto)

I_{15} -> Erneuerung des Wechselrichters nach 15 Jahren, 2.000 EUR

Der errechnete Kapitalwert ist dabei genau zu interpretieren. Ein positiver Kapitalwert von +x EUR besagt, dass der Investor erstens sein eingesetztes Kapital zurück gewinnt, zweitens eine Verzinsung in Höhe seines Kalkulationszinssatzes auf die ausstehenden Beträge erhält und drittens einen barwertigen Überschuss von +x EUR erwirtschaftet. Somit ist die Investition vorteilhaft. Ist der Kapitalwert gleich 0 wird lediglich kein Überschuss erzielt. Ein negativer Kapitalwert macht eine Investition unvorteilhaft, da der Investor einen barwertigen Verlust von –x EUR erleidet. Dies geschieht, wenn die geforderte Mindestverzinsung auf die ausstehenden Beträge nicht erreicht wird, oder die investierten Mittel nicht komplett wieder gewonnen werden.[474]

Der mit Einzeldiskontierung ermittelte Kapitalwert C_0 entspricht annähernd dem oben ermittelten Kapitalwert über Diskontierungssummenfaktor (Abweichung durch Rundungsdifferenz). Die tabellarische Kapitalwertermittlung weist erst im 17. Nutzungsjahr einen positiven Kapitalwert aus. Die Investition in die PV-Anlage lohnt sich. Man gewinnt das eingesetzte

---

[474] Vgl. Däumler (1994), S. 80

Kapital zurück und erhält 3,5 Prozent auf die ausstehenden Beträge. Darüber hinaus gewinnt der Investor einen barwertigen Überschuss von 2.708,44 EUR.

Bei der Investition in eine PV-Anlage sind die Zahlungen der entsprechend EEG gesicherte Einspeisevergütung bis zum Ende der Nutzungsdauer sowohl von der zeitlichen Verteilung als auch in ihrer Höhe prognostizierbar, deshalb ist die Berechnung des Kapitalwertes eine geeignete Methode.

Im Weiteren wird von einer Vollfinanzierung der PV-Anlage mit Fremdkapital (Bankkredit) mit einem Zinssatz i = 4,5 Prozent ausgegangen. Die Erneuerung des Wechselrichters nach 15 Jahren ist ebenfalls enthalten und in den Tilgungsraten berücksichtigt.

t	R_t	I_t	A_t	i = 4,5 %	Rt - At - i	Kumulativ
0	1.247,40 €	19.766,40 €	80,00 €	667,12 €	500,28 €	-19.266,12 €
1	1.663,21 €		80,00 €	866,98 €	716,23 €	-18.549,88 €
2	1.663,21 €		80,00 €	834,74 €	748,47 €	-17.801,42 €
3	1.663,21 €		80,00 €	801,06 €	782,15 €	-17.019,27 €
4	1.663,21 €		80,00 €	765,87 €	817,34 €	-16.201,93 €
5	1.663,21 €		80,00 €	729,09 €	854,12 €	-15.347,80 €
6	1.663,21 €		80,00 €	690,65 €	892,56 €	-14.455,24 €
7	1.663,21 €		80,00 €	650,49 €	932,72 €	-13.522,52 €
8	1.663,21 €		80,00 €	608,51 €	974,70 €	-12.547,82 €
9	1.663,21 €		80,00 €	564,65 €	1.018,56 €	-11.529,27 €
10	1.663,21 €		80,00 €	518,82 €	1.064,39 €	-10.464,87 €
11	1.663,21 €		80,00 €	470,92 €	1.112,29 €	-9.352,58 €
12	1.663,21 €		80,00 €	420,87 €	1.162,34 €	-8.190,24 €
13	1.663,21 €		80,00 €	368,56 €	1.214,65 €	-6.975,59 €
14	1.663,21 €		80,00 €	313,90 €	1.269,31 €	-5.706,28 €
15	1.663,21 €	2.000,00 €	80,00 €	256,78 €	-673,57 €	-6.379,85 €
16	1.663,21 €		80,00 €	287,09 €	1.296,12 €	-5.083,74 €
17	1.663,21 €		80,00 €	228,77 €	1.354,44 €	-3.729,30 €
18	1.663,21 €		80,00 €	167,82 €	1.415,39 €	-2.313,90 €
19	1.663,21 €		80,00 €	104,13 €	1.479,08 €	-834,82 €
20	1.663,21 €		80,00 €	9,39 €	1.573,82 €	739,00 €
				Vermögensendwert		739,00 €

Tab. 24.2   Vermögensendwertermittlung mit Fremdkapital

Der Zinssatz, mit dem der Kredit zur Finanzierung der PV-Anlage aufgenommen wird (Soll-zinssatz), liegt über dem Zinssatz, mit dem alle Einnahmenüberschüsse auf den Bezugszeit-punkt t_0 abgezinst werden (Habenszinssatz, Anlagenzinssatz). Trotzdem wird ein Vermö-genszuwachs erwirtschaftet, wie Tab. 24.2 zeigt.

Im Vergleich der beiden Finanzierungsvarianten (Eigenkapital bzw. Fremdkapital) ist er-kennbar, dass die Eigenfinanzierung gegenüber der Aufnahme eines Kredites wirtschaftli-cher ist.

Annuitätenmethode

Der Grundgedanke der Annuitätenmethode besteht darin, alle mit einem Investitionsobjekt verbundenen Zahlungen gleichmäßig auf die Nutzungsjahre zu verteilen. Dabei bedient man sich im Wesentlichen an den Formeln der Kapitalwertmethode, jedoch werden hierbei die jährlichen Einzahlungen errechnet, um eine Aussage über die Vorteilhaftigkeit einer Investition machen zu können. Dazu verrentet man die Einmalzahlungen, d.h. man rechnet sie in Zahlungsreihen um. Man ermittelt sozusagen, welche Einzahlungen jährlich auftreten müssen, damit die Investition wirtschaftlich ist. In den meisten Fällen wird die Annuitätenmethode ergänzend zur Kapitalwertmethode angewandt, da man den Periodenüberschuss im Sinne der Annuitätenmethode sehr einfach durch Multiplikation des Kapitalwertes mit dem Kapitalwiedergewinnungsfaktor erhalten kann.

Als Entscheidungsregel bei der Kapitalwertmethode gilt, dass sich eine Investition lohnt, wenn sie mindestens soviel einbringt, wie sie kostet, wobei in den Kosten des Objekts auch die Zinsansprüche des Investors enthalten sind. Da die korrekten Grundelemente nicht Leistungen und Kosten, sondern Ein- und Auszahlungen sind, folgt daraus:

- eine Investition ist lohnenswert, wenn Einzahlungen ≥ Auszahlungen,
- DJE ≥ DJA, mit DJE → durchschnittliche jährliche Einzahlungen
- DJA → durchschnittliche jährliche Auszahlungen

Die Differenz zwischen den durchschnittliche jährliche Einzahlungen und den durchschnittliche jährliche Auszahlungen bildet den durchschnittlichen jährlichen Überschuss DJÜ, somit kann man das Annuitätenkriterium formulieren mit:

- DJE – DJA ≥ 0, das bedeutet DJÜ ≥ 0

Danach ist eine Investition dann lohnenswert, wenn die durchschnittlichen jährlichen Einzahlungen DJE beim gewählten Kalkulationszinsfuss mindestens so groß sind wie die durchschnittlichen jährlichen Auszahlungen DJA, d.h. der durchschnittliche Jahresüberschuss DJÜ muss größer oder gleich Null sein.[475]

Folgende Frage ist zu klären:
Wie ermittelt man die durchschnittlichen jährlichen Einzahlungen DJE und die durchschnittlichen jährlichen Auszahlungen DJA, also den durchschnittliche Jahresüberschuss DJÜ?

Bei einer Photovoltaikanlage erhält man konstante jährliche Nettoeinzahlungen durch die Einspeisevergütung. Man errechnet die durchschnittlichen jährlichen Einzahlungen DJE mit Hilfe der Definitionsgleichung:

---

[475] Vgl. Däumler, (1994), S. 124ff.

DJE = e + anteiliger Re stwert

e = jährliche Einzahlungen (Erlöse aus Vergütung gemäß EEG)

Formel: 3.14

$$DJE = e + R\,\frac{i}{(1+i)^n - 1} = e + R \times RVF$$

Formel: 3.15

$$Re\,sterwertfaktor:\ RVF = \frac{i}{(1+i)^n - 1}$$

Formel: 3.16

Für die Ermittlung der durchschnittlichen jährlichen Auszahlungen bei konstanten Betriebskosten gilt:

DJA = a + anteilige Investitionszahlung

a = jährliche Auszahlung (z.B. Betriebskosten)

$$DJA = a + I_0 \times \frac{i \times (1+i)^n}{(1+i)^n - 1} = a + I_0 \times KWF$$

Formel: 3.17

$$Kapitalwiedergewinnungsfaktor: KWF = \frac{i \times (1+i)^n}{(1+i)^n - 1}$$

Formel: 3.18

Der Kapitalwiedergewinnungsfaktor KWF entspricht dem Kehrwert des Diskontierungssummenfaktors DSF welcher bereits aus der Kapitalwertmethode bekannt ist.[476]

Berechnung am Beispiel
Annahmen:

Anschaffung einer PV-Dachanlage, Investitionsausgabe	19.766,40	EUR
Erneuerung des Wechselrichters nach 15 Jahren	2.000	EUR
Betriebskosten im Jahr	80	EUR
Erlöse aus Einspeisevergütung entsprechend EEG	1.663,21	EUR
Da keine Vergütung, Restwert nach 20 Jahren Annahme	0	EUR

---

[476] Vgl. Däumler (1994), S. 127ff.

Kalkulationszinssatz   3,50 Prozent

1. Ermittlung der durchschnittlichen jährlichen Einzahlungen DJE (Formel 3.14)
   DJE = e + anteiliger Restwert = 1.663,21 EUR + 0 EUR = <u>1.663,21 EUR</u>
2. Ermittlung der durchschnittlichen jährlichen Auszahlungen DJA (Formel 3.17)

$$DJA = a + A \times \frac{i \times (1+i)^n}{(1+i)^n - 1}$$

   DJA = 80 EUR + (19.766,40 EUR + 2.000 EUR) x 0,0703610767830263
   = <u>1.611,51 EUR</u>
3. Ermittlung des durchschnittlichen jährlichen Überschuss DJÜ

   $DJÜ = DJE - DJA = 1663,21 \text{ €} - 1611,51 \text{ €} = 51,70 \text{ €}$

   Formel: 3.19

Die Investition in die PV-Anlage erbringt im Jahresdurchschnitt einen Überschuss von 51,70 EUR. Die Investition ist lohnenswert, da ein positiver durchschnittlicher Jahresüberschuss DJÜ erwirtschaftet wird.

Interne Zinsfußmethode
Die interne Zinsfußmethode, auch „Methode des internen Ertragssatzes", „Barwertrentabilitätsmethode" oder „DCF-Methode" (DCF = Discounted Cashflow) ist für Investitionsrechnungen in der Praxis besonders nutzbar, da sie sehr anschaulich ist.

Folgende Argumente sprechen für die Anwendung dieser Methode:

- Berücksichtigung des Zeitfaktors durch die zinsgerechte Betrachtung, da ein zum heutigen Zeitpunkt eingehender Geldbetrag mehr wert ist als der Betrag in gleicher Höhe, wenn er erst in zwei oder drei Jahren eingeht.
- vorhandene Daten lassen sich aus den Zahlen des Rechnungswesens und der Planung ableiten und weiterverwenden.
- für die Zusammenstellung von Investitionsprogrammen geeignet.
- theoretisch einwandfreie Rechnung.

Der interne Zinssatz, den eine Investition abwirft, bezeichnet man auch als „Effektivzins", „Rendite", „internen Ertragssatz", „Kapitalertragsrate" oder „DCF-Rendite" = Discounted Cashflow-Rendite. Der Kalkulationszinssatz wird definiert als die subjektive Mindestverzinsungsanforderung eines Investors an sein Investitionsobjekt. Wenn der interne Zinsfuß r (= erwartete Rendite) einer Investition mindestens so groß ist wie die Mindestverzinsungsanforderung i eines Investors an sein Investitionsobjekt, so ist die betreffende Investition vorteilhaft.[477]

- r ≥ i → internes Zinsfußkriterium

---

[477] Vgl. Däumler, (1994)

Das bedeutet, dass man bei der Planung einer Investition den Zinssatz festlegt, den man mindestens von seinem Investitionsobjekt fordert. Dabei ist der Kalkulationszinssatz abhängig von der Art der Finanzierung. Bei einer Eigenfinanzierung der Investition ist der Mindestzinssatz immer größer als der Habenzinssatz einer Kapitalmarktanlage. Bei einer Fremdfinanzierung kann der Kalkulationszinssatz nicht kleiner werden als der Zinssatz, den der Investor für das erhaltene Fremdkapital leisten muss. Dieser wird auch als Sollzinssatz des Kapitalmarktes bezeichnet. Der interne Zinssatz einer Investition ist somit derjenige Diskontierungszinssatz, bei dem der Barwert ihrer Rückflüsse zzgl. dem Barwert des Liquidationserlöses gleich dem Barwert der Investitionsausgabe ist, bzw. bei dem der Kapitalwert gleich 0 ist.[478]

Im Abschnitt „Sensitivitätsanalyse" wird diese Methode genauer betrachtet.

24.1.3   Statische Verfahren der Investitionsrechnung

Zu den statischen Verfahren gehören die:

* Kostenvergleichsrechnung
* Gewinnvergleichsrechnung
* Rentabilitätsrechnung
* Amortisationsrechnung

Diese Verfahren berücksichtigen keine zeitlichen Unterschiede im Anfall der Zahlungen und sind für die Bewertung einer PV-Anlage ungeeignet. Eine Ausnahme bildet hier die Amortisationsrechnung, bei der man in die statische und dynamische Form unterscheidet.

Die statische Amortisationsrechnung, auch als Kapitalrückflussrechnung bezeichnet, ermittelt die tatsächliche Amortisationszeit eines Objekts und vergleicht sie mit der maximal zulässigen Amortisationszeit. Diese Methode findet Anwendung, wenn der jährliche finanzielle Rückfluss (der zur Deckung der Anschaffungsauszahlung dient) in gleicher Höhe anfällt. Die tatsächliche Amortisationszeit ist die benötigte Anzahl der Jahre, um den Kapitaleinsatz einer Investition (= Anschaffungszahlung, eventuell vermindert um den Restwert) aus den Rückflüssen (Nettoeinzahlungen) wiederzugewinnen. Die maximal zulässige Amortisationszeit t_{max} ist eine subjektive, festgesetzte Frist und wird mit der tatsächlichen Amortisationsdauer t verglichen.

Man fordert am Beispiel einer dachintegrierten PV-Anlage also, dass sich die durchzuführende Investition innerhalb von 20 Jahren (t_{max}) bezahlt gemacht hat, da die Einspeisevergütung entsprechend EEG nur für diesen Zeitraum zugesichert ist.

---

[478] Vgl. Däumler (1994); Blohm et al. (2006)

Amortisationskriterium

Eine Einzelinvestition gilt als vorteilhaft, wenn sie die Wiedergewinnung der eingesetzten Mittel innerhalb der maximal zulässigen Amortisationszeit verspricht. Bei Alternativen entscheidet man sich für das Objekt mit der kürzeren Amortisationsdauer, wobei man nur solche Objekte vergleicht, deren Amortisationszeit die vorgegebene Obergrenze nicht übersteigt (Tab. 24.3).

Ermittlung des durchschnittlichen Gewinns durch die Beispielberechnung:

t	R_t	AFA	A_t	Ø (g + AFA)	Kumulativ
0	1 247,40 €	741,24 €	80,00 €	2.504,67 €	2 504,67 €
1	1 663,21 €	988,32 €	80,00 €	2 504,67 €	5.009,33 €
2	1 663,21 €	988,32 €	80,00 €	2 504,67 €	7.514,00 €
3	1 663,21 €	988,32 €	80,00 €	2 504,67 €	10.018,67 €
4	1 663,21 €	988,32 €	80,00 €	2 504,67 €	12.523,33 €
5	1 663,21 €	988,32 €	80,00 €	2 504,67 €	15.028,00 €
6	1 663,21 €	988,32 €	80,00 €	2 504,67 €	17.532,67 €
7	1 663,21 €	988,32 €	80,00 €	2 504,67 €	20.037,33 €
8	1 663,21 €	988,32 €	80,00 €	2 504,67 €	22.542,00 €
9	1 663,21 €	988,32 €	80,00 €	2 504,67 €	25.046,67 €
10	1 663,21 €	988,32 €	80,00 €	2 504,67 €	27.551,33 €
11	1 663,21 €	988,32 €	80,00 €	2 504,67 €	30.056,00 €
12	1 663,21 €	988,32 €	80,00 €	2 504,67 €	32.560,67 €
13	1 663,21 €	988,32 €	80,00 €	2 504,67 €	35.065,33 €
14	1 663,21 €	988,32 €	80,00 €	2 504,67 €	37.570,00 €
15	1 663,21 €	988,32 €	80,00 €	2 504,67 €	40.074,67 €
16	1 663,21 €	988,32 €	80,00 €	2 504,67 €	42.579,33 €
17	1 663,21 €	988,32 €	80,00 €	2 504,67 €	45.084,00 €
18	1 663,21 €	988,32 €	80,00 €	2 504,67 €	47.588,67 €
19	1 663,21 €	988,32 €	80,00 €	2 504,67 €	50.093,33 €
20	1 663,21 €	247,08 €	80,00 €	2 504,67 €	52.598,00 €

Tab. 24.3   Amortisationsrechnung mittels Durchschnittsmethode

Der durchschnittliche Gewinn ist hier um die Abschreibungen zu erhöhen, weil die Abschreibungen im Rahmen der Gewinnermittlung zunächst abgezogen wurden, sie müssen aber als Wiedergewinnungsanteile betrachtet werden, damit nach Ablauf der Abschreibungszeit die Summe der Abschreibungswerte den ursprünglichen Anschaffungskosten entspricht.

Ermittlung der Amortisationszeit t (Durchschnittsrechnung bei konstante Jahresbeträge):

$$t = \frac{A - R}{\text{durchs. } (g + AfA)} = \frac{19766{,}40 \ €}{2504{,}67 \ €} = 7{,}89 \ \text{Jahre}$$

Formel: 3.20

Die statische Amortisationszeit beträgt 8 Jahre, nach dieser Zeit ist die Anschaffungsauszahlung ohne Zinsen wiedergewonnen.

Kumulationsrechnung

Hier werden im Gegensatz zur Durchschnittsrechnung die Unterschiede in der Höhe der jährlichen Nettoeinzahlungen berücksichtigt. Diese werden solange addiert, bis das Jahr n erreicht ist, in welchem die kumulierten Nettoeinzahlungen inklusivem Restwert, der Anschaffungsauszahlung entsprechen.

$$A = \sum_{t=1}^{n} (e_t - a_t)$$

Formel: 3.21

t	R_t	A_t	$R_t\text{-}A_t$	kumuliert
0	1.247,40 €	80,00 €	1.167,40 €	1.167,40 €
1	1.663,21 €	80,00 €	1.583,21 €	2.750,61 €
2	1.663,21 €	80,00 €	1.583,21 €	4.333,82 €
3	1.663,21 €	80,00 €	1.583,21 €	5.917,03 €
4	1.663,21 €	80,00 €	1.583,21 €	7.500,24 €
5	1.663,21 €	80,00 €	1.583,21 €	9.083,45 €
6	1.663,21 €	80,00 €	1.583,21 €	10.666,66 €
7	1.663,21 €	80,00 €	1.583,21 €	12.249,87 €
8	1.663,21 €	80,00 €	1.583,21 €	13.833,08 €
9	1.663,21 €	80,00 €	1.583,21 €	15.416,29 €
10	1.663,21 €	80,00 €	1.583,21 €	16.999,50 €
11	1.663,21 €	80,00 €	1.583,21 €	18.582,71 €
12	1.663,21 €	80,00 €	1.583,21 €	20.165,92 €
13	1.663,21 €	80,00 €	1.583,21 €	21.749,13 €
14	1.663,21 €	80,00 €	1.583,21 €	23.332,34 €
15	1.663,21 €	2.080,00 €	-416,79 €	22.915,55 €
16	1.663,21 €	80,00 €	1.583,21 €	24.498,76 €
17	1.663,21 €	80,00 €	1.583,21 €	26.081,97 €
18	1.663,21 €	80,00 €	1.583,21 €	27.665,18 €
19	1.663,21 €	80,00 €	1.583,21 €	29.248,39 €
20	1.663,21 €	80,00 €	1.583,21 €	30.831,60 €

Tab. 24.4   Kumulierte Amortisationsrechnung

Es zeigt sich, dass sich die Amortisationszeit bis zum 12. Jahr verlängert hat.

Dynamische Amortisationsrechnung

Die dynamische Amortisationsrechnung setzt voraus, dass der Kapitalwert einer Investition mit steigender Nutzungsdauer im Regelfall wächst, wobei das Wachstum mit abnehmenden Zuwachsraten erfolgt, da die barwertigen Rückflüsse in der Zukunft immer kleiner werden. Die dynamische Amortisationszeit t_d einer Investition ist also die Anzahl vergehender Jahre, bis der Investor sein eingesetztes Kapital zurückgewinnt und eine Verzinsung der jeweils noch ausstehenden Beträge erhält. Sie wird unter der Bedingung $C_0 = 0$ bestimmt und kann daher als eine Umwandlung der Kapitalwertmethode betrachtet werden. Im Sinne der dynamischen Amortisationsmethode ist eine Investition dann vorteilhaft, wenn ihre tatsächliche dynamische Amortisationszeit t_d nicht größer ist als die maximal zulässige Amortisationszeit t_{max} (dynamisches Amortisationskriterium).[479]

---

[479] Vgl. Däumler (1994)

Aus Tab. 24.5 ist ersichtlich, dass die dynamische Amortisationsdauer (nach 16 Jahren) größer ist als die statische Amortisationsdauer, weil zusätzlich die Verzinsung der ausstehenden Beträge zum Kalkulationszinssatz berücksichtigt wird.

t	R_t	A_t	R_t-A_t	AbF	Barwert	Kumulativ
0	1.247,40 €	80,00 €	1.167,40 €	1,0000	1.167,40 €	1.167,40 €
1	1.663,21 €	80,00 €	1.583,21 €	0,9662	1.529,67 €	2.697,07 €
2	1.663,21 €	80,00 €	1.583,21 €	0,9335	1.477,94 €	4.175,01 €
3	1.663,21 €	80,00 €	1.583,21 €	0,9019	1.427,96 €	5.602,98 €
4	1.663,21 €	80,00 €	1.583,21 €	0,8714	1.379,68 €	6.982,66 €
5	1.663,21 €	80,00 €	1.583,21 €	0,8420	1.333,02 €	8.315,68 €
6	1.663,21 €	80,00 €	1.583,21 €	0,8135	1.287,94 €	9.603,62 €
7	1.663,21 €	80,00 €	1.583,21 €	0,7860	1.244,39 €	10.848,01 €
8	1.663,21 €	80,00 €	1.583,21 €	0,7594	1.202,31 €	12.050,32 €
9	1.663,21 €	80,00 €	1.583,21 €	0,7337	1.161,65 €	13.211,97 €
10	1.663,21 €	80,00 €	1.583,21 €	0,7089	1.122,37 €	14.334,33 €
11	1.663,21 €	80,00 €	1.583,21 €	0,6849	1.084,41 €	15.418,75 €
12	1.663,21 €	80,00 €	1.583,21 €	0,6618	1.047,74 €	16.466,49 €
13	1.663,21 €	80,00 €	1.583,21 €	0,6394	1.012,31 €	17.478,80 €
14	1.663,21 €	80,00 €	1.583,21 €	0,6178	978,08 €	18.456,88 €
15	1.663,21 €	2.080,00 €	-416,79 €	0,5969	-248,78 €	18.208,10 €
16	1.663,21 €	80,00 €	1.583,21 €	0,5767	913,05 €	19.121,15 €
17	1.663,21 €	80,00 €	1.583,21 €	0,5572	882,17 €	20.003,32 €
18	1.663,21 €	80,00 €	1.583,21 €	0,5384	852,34 €	20.855,65 €
19	1.663,21 €	80,00 €	1.583,21 €	0,5202	823,52 €	21.679,17 €
20	1.663,21 €	80,00 €	1.583,21 €	0,5026	795,67 €	22.474,84 €

Tab. 24.5   Dynamische Amortisationsrechnung

24.2   Sensitivitätsanalyse

Für die Risikobetrachtung einer PV-Anlageninvestition ist es erforderlich eine Sensitivitätsanalyse zu erstellen. Mit der Sensitivitätsanalyse gewinnt man Erkenntnisse darüber, wie empfindlich ein mittels Wirtschaftlichkeitsberechnungsverfahren ermitteltes Ergebnis ist, wenn sich darin enthaltene Daten verändern. Sensitivitätsanalysen ergänzen die Investitionsrechnung und werden häufig in der Praxis angewandt. Mit ihrer Hilfe sollen Zusammenhänge zwischen dem Input einer Investitionsrechnung (z.B. Degression, Strommenge, Investitionssummen, Lebensdauer, Fremdkapitalzins) und ihrem Output (z.B. Kapitalwert) aufgedeckt werden. Grundsätzlich stehen für die Sensitivitätsanalyse zwei Rechenverfahren zur Verfügung: Die Ergebnis-Änderungs-Rechnung um zu ermitteln, wie sich das Ergebnis einer Investitionsrechnung bei Variation eines Eingabewertes ändert. Dafür sind folgende Schritte erforderlich:

1. Auswahl der als unsicher erachteten Größen.
2. formulieren der mathematischen Funktion des entsprechenden Investitionsrechenverfahrens, z.B. der Kapitalwertmethode, unter Berücksichtigung der Abhängigkeiten zwischen den Eingabewerten.
3. Festlegung der Höhe der Abweichung bei den Eingabewerten.
4. Bestimmung der Änderung des Ergebnisses, z.B. des Kapitalwertes, die sich durch die einzelnen Änderungen und Konstellationen der Eingabewerte ergeben.

Die kritische Werte-Rechnung wird angewandt, um zu ermitteln, wie sich ein oder mehrere Eingabewerte verändern dürfen, ohne dass sich das vorher berechnete Ergebnis außerhalb einer bestimmten, vorgegebenen Spanne bewegt. Es werden bei einer bereits erfolgten Kapitalwertberechnung anschließend diejenigen Werte einer Eingabegröße gesucht, die einen Kapitalwert $C_0 = 0$ ergeben.
Vorgehensweise:

1. Auswahl des oder mehrerer Eingabewerte, deren kritischer Wert ermittelt werden soll.
2. Aufstellung der mathematischen Funktion des jeweiligen Verfahrens der Investitionsrechnung.
3. Auflösung der mathematischen Funktion nach dem als kritisch angesehenen Eingabewert(en).

Es ist bei der Anwendung dieses Verfahrens zu berücksichtigen, dass es bei gleichzeitiger Variation von mehr als zwei Eingabewerten rechnerisch nur noch schwer zu handhaben ist. Die Ergebnisse zur Einschätzung der Unsicherheit sind unter Umständen nicht mehr brauchbar .Die Sensitivitätsanalyse kann zwar das Problem der Ungewissheit nicht lösen, gibt aber einen Einblick in die Struktur des Investitionsobjekts und in die Auswirkungen der Ungewissheit. Sie ermöglichen die Festlegung kritischer Eingabewerte mit dem Ziel, über diese zusätzliche Informationen zu gewinnen und somit die Unsicherheit einer Investitionsentscheidung zu verringern. Des Weiteren können für eine Kapitalwertermittlung gerade noch wahrscheinliche obere und untere Eingabewerte und Eingabekonstellationen ermittelt werden. Damit erhält man einen möglichen Bereich, in welchem sich der Kapitalwert einer Investition mit hoher Wahrscheinlichkeit befindet. Daraus lassen sich zumindest Anhaltspunkte über das Ausmaß der Unsicherheit und für eine Entscheidung unter Unsicherheit finden.[480]

---

[480] Vgl. Blohm et al. (2006); Olfert (2001)

24.2.1 Sensitivitätsanalyse über die Anschaffungskosten

Rechnerische Ermittlung der Anschaffungskosten bei $C_0 = 0$ EUR

$$C_0 = (e-a) \times DSF_n + R \times AbF_n - A$$

vgl. Formel: 3.12

$$C_0 = (e-a) \times DSF_{20} + R \times AbF_{20} - A - A_{Wechselrichter} \times AbF_{15}$$

$$A = (e-a) \times DSF_{20} - A_{Wechselrichter} \times AbF_{15} - C_0$$

$$DSF_{20} = \frac{(1+i)^n - 1}{i \times (1+i)^n} = \frac{(1+0,035)^{20} - 1}{0,035 \times (1+0,035)^{20}} = 14,2124033019523$$

vgl. Formel: 3.7

$$AbF_{15} = (1+i)^{-n} = (1+0,035)^{-15} = 0,59689$$

vgl. Formel: 3.11

$$A = (1663,21 \ € - 80 \ €) \times 14,2124033019523 + 1167,40 \ € - 2000 \ € \times 0,5969 - 0 \ €$$

$\underline{A = 22.474,84 \ EUR}$

Im vorliegenden Beispiel sollten die Anschaffungskosten den Wert von 22.474,84 EUR nicht übersteigen, damit der Kapitalwert $C_0 \geq 0$ wird. Somit decken die Einzahlungen aus der Einspeisevergütung lediglich die Investitionsausgabe der PV-Anlage und die erwartete Verzinsung von 3,5 Prozent. Es ist kein Investitionsgewinn gegeben, trotzdem kann die Investition noch als positiv gewertet werden (Tab. 24.6).

t	R_t	l_t	A_t	$Rt - A_t \; l_t$	AbF	Nt (Barwert)	Kumulativ
0	1.247,40 €	22.474,84 €	80,00 €	-21.307,44 €	1,0000	-21.307,44 €	-21.307,44 €
1	1.663,21 €		80,00 €	1.583,21 €	0,9662	1.529,67 €	-19.777,77 €
2	1.663,21 €		80,00 €	1.583,21 €	0,9335	1.477,94 €	-18.299,83 €
3	1.663,21 €		80,00 €	1.583,21 €	0,9019	1.427,96 €	-16.871,86 €
4	1.663,21 €		80,00 €	1.583,21 €	0,8714	1.379,68 €	-15.492,18 €
5	1.663,21 €		80,00 €	1.583,21 €	0,8420	1.333,02 €	-14.159,16 €
6	1.663,21 €		80,00 €	1.583,21 €	0,8135	1.287,94 €	-12.871,22 €
7	1.663,21 €		80,00 €	1.583,21 €	0,7860	1.244,39 €	-11.626,83 €
8	1.663,21 €		80,00 €	1.583,21 €	0,7594	1.202,31 €	-10.424,52 €
9	1.663,21 €		80,00 €	1.583,21 €	0,7337	1.161,65 €	-9.262,87 €
10	1.663,21 €		80,00 €	1.583,21 €	0,7089	1.122,37 €	-8.140,51 €
11	1.663,21 €		80,00 €	1.583,21 €	0,6849	1.084,41 €	-7.056,09 €
12	1.663,21 €		80,00 €	1.583,21 €	0,6618	1.047,74 €	-6.008,35 €
13	1.663,21 €		80,00 €	1.583,21 €	0,6394	1.012,31 €	-4.996,04 €
14	1.663,21 €		80,00 €	1.583,21 €	0,6178	978,08 €	-4.017,96 €
15	1.663,21 €	2.000,00 €	80,00 €	-416,79 €	0,5969	-248,78 €	-4.266,74 €
16	1.663,21 €		80,00 €	1.583,21 €	0,5767	913,05 €	-3.353,69 €
17	1.663,21 €		80,00 €	1.583,21 €	0,5572	882,17 €	-2.471,52 €
18	1.663,21 €		80,00 €	1.583,21 €	0,5384	852,34 €	-1.619,19 €
19	1.663,21 €		80,00 €	1.583,21 €	0,5202	823,52 €	-795,67 €
20	1.663,21 €		80,00 €	1.583,21 €	0,5026	795,67 €	0,00 €
	Kapitalwert				C_0		0,00 €

Tab. 24.6   Sensitivitätsanalyse – Anschaffungskosten

24.2.2   Sensitivitätsanalyse anhand des internen Zinssatzes

Der internen Zinssatz (interner Zinsfuß) einer Investition entspricht dem Diskontierungszinssatz bei dessen Anwender der Kapitalwert $C_0 = 0$ wird. Die barwertigen Einzahlungen stimmen hierbei mit den barwertigen Auszahlungen überein.

Berechnung am Beispiel:

$$C_0 = (e - a) \times DSF_n + R \times AbF_n - A$$

vgl. Formel : 3.12

$$C_0 = (e - a) \times \frac{(1+i)^n - 1}{i \times (1+i)^n} + R(1+i)^{-n} - A - A_{Wechselrichter} \times (1+i)^{-n}$$

Die Kapitalwertformel ist nur sehr aufwändig nach dem Zinssatz i aufzulösen. Deshalb wird das Nährungsverfahren der linearen Interpolation mit dem internen Zinssatz i auf den Kapitalwert $C_0 = 0$ angewandt. Damit ergibt sich folgende Berechnungsformel:

$$C_0 = (1663,21€ - 80€) \times \frac{(1+i)^{20} - 1}{i \times (1+i)^{20}} + 0 - 19766,40€ - 2000€A_{\text{Wechselrichter}} \times (1+i)^{-15}$$

In der nachfolgenden Tab. 24.7 sind die errechneten Kapitalwerte in Abhängigkeit vom Zinssatz dargestellt.

Zinssatz i in %	C_0
1,00	8.248,20 €
2,00	5.802,72 €
3,00	3.671,44 €
4,00	1.806,81 €
4,50	961,85 €
5,00	169,26 €
5,25	-208,64 €
5,50	-574,90 €
6,00	-1.274,24 €
7,00	-2.551,34 €
8,00	-3.685,29 €

Tab. 24.7   Berechnung des C_0 mit verschiedenen Zinssätzen

Hieraus ist ersichtlich, dass der Kapitalwert $C_0 = 0$ bei einem internen Zinssatz zwischen 5 Prozent (positiv) und 5,25 Prozent (bereits negativ) liegen muss. Anschließend wird eine graphische Nährung durchgeführt.

Grafische Ermittlung des internen Zinssatzes:

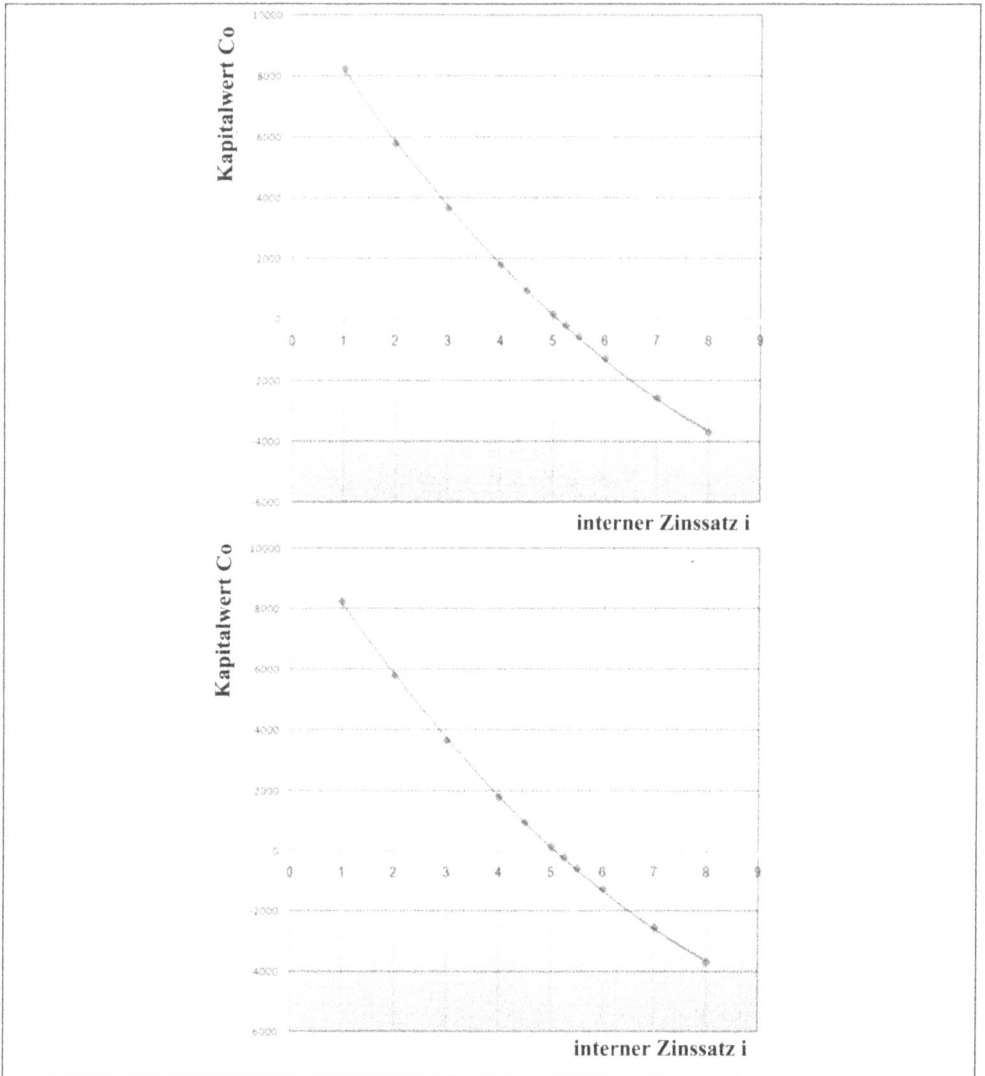

Abb. 24.2   *Grafische Ermittlung des internen Zinssatzes*

Aus Abb. 24.2 lässt sich graphisch ableiten, dass bei einem Zinssatz von ca. 5,1 Prozent der Kapitalwert $C_0 = 0$ ist.

Tabellarische Darstellung:

t	e_t	A_t	a_t	$e_t - a_t A_t$	AbF	Nt (Barwert)	Kumulativ
0	1.247,40 €	19.766,40 €	80,00 €	-18.599,00 €	1,0000	-18.599,00 €	-18.599,00 €
1	1.663,21 €		80,00 €	1.583,21 €	0,9514	1.506,23 €	-17.092,77 €
2	1.663,21 €		80,00 €	1.583,21 €	0,9051	1.432,99 €	-15.659,79 €
3	1.663,21 €		80,00 €	1.583,21 €	0,8611	1.363,31 €	-14.296,48 €
4	1.663,21 €		80,00 €	1.583,21 €	0,8192	1.297,02 €	-12.999,46 €
5	1.663,21 €		80,00 €	1.583,21 €	0,7794	1.233,95 €	-11.765,51 €
6	1.663,21 €		80,00 €	1.583,21 €	0,7415	1.173,95 €	-10.591,56 €
7	1.663,21 €		80,00 €	1.583,21 €	0,7054	1.116,87 €	-9.474,69 €
8	1.663,21 €		80,00 €	1.583,21 €	0,6711	1.062,56 €	-8.412,14 €
9	1.663,21 €		80,00 €	1.583,21 €	0,6385	1.010,89 €	-7.401,24 €
10	1.663,21 €		80,00 €	1.583,21 €	0,6075	961,74 €	-6.439,51 €
11	1.663,21 €		80,00 €	1.583,21 €	0,5779	914,97 €	-5.524,53 €
12	1.663,21 €		80,00 €	1.583,21 €	0,5498	870,48 €	-4.654,05 €
13	1.663,21 €		80,00 €	1.583,21 €	0,5231	828,16 €	-3.825,89 €
14	1.663,21 €		80,00 €	1.583,21 €	0,4977	787,89 €	-3.038,00 €
15	1.663,21 €	2.000,00 €	80,00 €	-416,79 €	0,4735	-197,33 €	-3.235,34 €
16	1.663,21 €		80,00 €	1.583,21 €	0,4504	713,13 €	-2.522,21 €
17	1.663,21 €		80,00 €	1.583,21 €	0,4285	678,45 €	-1.843,75 €
18	1.663,21 €		80,00 €	1.583,21 €	0,4077	645,46 €	-1.198,29 €
19	1.663,21 €		80,00 €	1.583,21 €	0,3879	614,08 €	-584,21 €
20	1.663,21 €		80,00 €	1.583,21 €	0,3690	584,22 €	0,00 €
	Zinssatz				i =	5,111002%	

Tab. 24.8   Ermittlung des internen Zinssatzes

In der tabellarischen Darstellung (Tab. 24.8) wurde der Zinssatz solange interpoliert bis der Kapitalwert $C_0 = 0$ erreicht war. Der interne Zinssatz beträgt i = 5,111 Prozent, die Investition bis zu diesem Zinssatz lohnenswert. Das zu jedem Zahlungszeitpunkt noch gebundene Kapital verzinst sich zu 5,111 Prozent.

24.2.3   Sensitivitätsanalyse anhand der Degradation der PV-Module

Während des Betriebes der PV-Anlage, führt das UV-Licht der Sonne zur Alterung und zum Ausbleichen der Solarzellenzellen. Dadurch sinkt die Ausgangsleistung der Solarmodule. Dies wird als Degradation bezeichnet. Die Hersteller garantieren in der Regel, dass die Gesamtleistung der Anlage nicht unter 90 Prozent in 10 Jahren bzw. unter 80 Prozent in 25 Jahren sinkt.[481] Mittels der Tab. 24.9 wird die Wirtschaftlichkeit der Anlage bei sinkenden Erträgen Aufgrund der Degradation untersucht.

---

[481] Vgl. Solar World (2009)

t	e_t bei Degradation 1,32108 % / a	A_t	a_t	$e_t - a_t \cdot A_t$	AbF	Nt (Barwert)	Kumulativ
0	1.247,40 €	19.766,40 €	80,00 €	-18.599,00 €	1,0000	-18.599,00 €	-18.599,00 €
1	1.641,24 €		80,00 €	1.561,24 €	0,9662	1.508,44 €	-17.090,56 €
2	1.619,56 €		80,00 €	1.539,56 €	0,9335	1.437,19 €	-15.653,37 €
3	1.598,16 €		80,00 €	1.518,16 €	0,9019	1.369,29 €	-14.284,07 €
4	1.577,05 €		80,00 €	1.497,05 €	0,8714	1.304,59 €	-12.979,48 €
5	1.556,21 €		80,00 €	1.476,21 €	0,8420	1.242,93 €	-11.736,55 €
6	1.535,65 €		80,00 €	1.455,65 €	0,8135	1.184,18 €	-10.552,38 €
7	1.515,37 €		80,00 €	1.435,37 €	0,7860	1.128,19 €	-9.424,19 €
8	1.495,35 €		80,00 €	1.415,35 €	0,7594	1.074,83 €	-8.349,36 €
9	1.475,59 €		80,00 €	1.395,59 €	0,7337	1.023,99 €	-7.325,37 €
10	1.456,10 €		80,00 €	1.376,10 €	0,7089	975,54 €	-6.349,83 €
11	1.436,86 €		80,00 €	1.356,86 €	0,6849	929,38 €	-5.420,45 €
12	1.417,88 €		80,00 €	1.337,88 €	0,6618	885,39 €	-4.535,06 €
13	1.399,15 €		80,00 €	1.319,15 €	0,6394	843,47 €	-3.691,59 €
14	1.380,67 €		80,00 €	1.300,67 €	0,6178	803,53 €	-2.888,06 €
15	1.362,43 €	2.000,00 €	80,00 €	-717,57 €	0,5969	-428,31 €	-3.316,38 €
16	1.344,43 €		80,00 €	1.264,43 €	0,5767	729,20 €	-2.587,18 €
17	1.326,67 €		80,00 €	1.246,67 €	0,5572	694,65 €	-1.892,53 €
18	1.309,14 €		80,00 €	1.229,14 €	0,5384	661,72 €	-1.230,81 €
19	1.291,85 €		80,00 €	1.211,85 €	0,5202	630,35 €	-600,46 €
20	1.274,78 €		80,00 €	1.194,78 €	0,5026	600,46 €	0,00 €
Kapitalwert				Co =			0,00 €

Tab. 24.9   *Ermittlung der Degradation für $C_0 = 0$*

Über Interpolation wurde der maximale jährliche Degradationswert von 1,32108 Prozent ermittelt. Die Investition in die PV-Anlage ist vorteilhaft, da der Hersteller eine Degradation von höchstens 1 Prozent garantiert. Bei einer Degradation von 1 Prozent ergibt sich ein positiver Kapitalwert von $C_0 = 335,50$ EUR.

24.2.4   Sensitivitätsanalyse mit mehreren Einflussfaktoren

In der Realität treten verschiedene Konstellationen von Einflussfaktoren auf. Bei der Sensitivitätsanalyse in Tab. 24.10 wurden die kritischen Werte interner Zinssatz und Betriebskosten erhöht. Anschließend wurde über Interpolation die mögliche Degradation der Solarzellen ermittelt.

Folgende Annahmen werden getroffen:

1. Erhöhung des internen Zinssatzes am Kapitalmarkt von 3,5 Prozent auf 4,0 Prozent.
2. Erhöhung der Betriebskosten um jährlich 2 Prozent.
3. Degradation der PV-Module wird per Nährung ermittelt.

t	e_t	A_t	a_t	$e_t - a_t \cdot A_t$	AbF	Nt (Barwert)	Kumulativ
0	1.247,40 €	19.766,40 €	80,00 €	-18.599,00 €	1,0000	-18.599,00 €	-18.599,00 €
1	1.649,98 €		81,60 €	1.568,38 €	0,9615	1.508,06 €	-17.090,94 €
2	1.636,86 €		83,23 €	1.553,63 €	0,9246	1.436,42 €	-15.654,52 €
3	1.623,84 €		84,90 €	1.538,95 €	0,8890	1.368,12 €	-14.286,41 €
4	1.610,93 €		86,59 €	1.524,33 €	0,8548	1.303,01 €	-12.983,40 €
5	1.598,12 €		88,33 €	1.509,79 €	0,8219	1.240,94 €	-11.742,46 €
6	1.585,41 €		90,09 €	1.495,31 €	0,7903	1.181,77 €	-10.560,70 €
7	1.572,80 €		91,89 €	1.480,90 €	0,7599	1.125,36 €	-9.435,33 €
8	1.560,29 €		93,73 €	1.466,56 €	0,7307	1.071,60 €	-8.363,73 €
9	1.547,88 €		95,61 €	1.452,27 €	0,7026	1.020,35 €	-7.343,38 €
10	1.535,57 €		97,52 €	1.438,05 €	0,6756	971,50 €	-6.371,89 €
11	1.523,36 €		99,47 €	1.423,89 €	0,6496	924,93 €	-5.446,96 €
12	1.511,24 €		101,46 €	1.409,78 €	0,6246	880,55 €	-4.566,41 €
13	1.499,22 €		103,49 €	1.395,73 €	0,6006	838,24 €	-3.728,17 €
14	1.487,30 €		105,56 €	1.381,74 €	0,5775	797,92 €	-2.930,25 €
15	1.475,47 €	2.000,00 €	107,67 €	-632,20 €	0,5553	-351,04 €	-3.281,29 €
16	1.463,74 €		109,82 €	1.353,91 €	0,5339	722,87 €	-2.558,42 €
17	1.452,10 €		112,02 €	1.340,08 €	0,5134	687,96 €	-1.870,46 €
18	1.440,55 €		114,26 €	1.326,29 €	0,4936	654,69 €	-1.215,77 €
19	1.429,09 €		116,54 €	1.312,55 €	0,4746	622,99 €	-592,78 €
20	1.417,73 €		118,88 €	1.298,85 €	0,4564	592,78 €	**0,00 €**
Kapitalwert				$C_0 =$			0,00 €

Tab. 24.10 Sensitivitätsanalyse mit Degradation und Zinssatzerhöhung

Ergebnis: Bei einer Degradation von durchschnittlich 0,7953 Prozent jährlich ist der Kapitalwert ($C_0 = 0$) und damit die Investition immer noch vorteilhaft.

24.2.5   Stromgestehungskosten

Stromgestehungskosten bezeichnen die Kosten, welche bei der Energieumwandlung einer Energieform in elektrischen Strom notwendig sind und werden in der Regel in EUR je Megawattstunde angegeben. So kann elektrischer Strom aus Wärmeenergie, Kernenergie, Windkraft oder im Fall einer PV-Anlage aus Solarenergie gewonnen werden. Über die Stromgestehungskosten kann die Höhe einer kostendeckenden Vergütung für den in das Netz eingespeisten Strom ermittelt werden. Die Berechnung ohne Kapitalverzinsung ist denkbar einfach. Hierzu bestimmt man die Gesamtkosten, die über die Lebensdauer t der Anlage anfallen. Neben den Investitionskosten I_0 müssen die Betriebskosten a_t für Versicherung oder Reparaturen berücksichtigt werden. Weiterhin muss die jährlich von der Photovoltaikanlage erzeugte Energiemenge E_a berechnet werden. Mit einer Anlagennutzungsdauer t von 20 Jahren berechnen sich die Stromgestehungskosten k_E wie folgt (statisches Verfahren):

$$k_E = \frac{I_0 + I_{Wechselrichter} + (t+1) \times a_t}{t \times E_a} = \frac{19766,40 \ € + 2000 \ € + 21 \times 80 \ €}{20,75 \times 3867,02 \ kWh} = 0,29 \ € / kWh$$

Formel: 3.22

Die Ermittlung der Stromgestehungskosten mit dem statischen Verfahren ergeben 29 Cent/kWh und liegen damit über dem Bezugspreis für Energie aus dem öffentlichen Stromnetz (ca. 18 Cent/kWh). Die Vergütung gemäß EEG beträgt für 2009 = 43,01 Cent/kWh und liegt somit weit über den Stromgestehungskosten.[482] Damit ist durch die Einspeisung der gesamten Energiemenge in das öffentliche Netz die Wirtschaftlichkeit gewährleistet (Abb. 24.3).

Mit dem dynamischen Verfahren, unter Berücksichtigung der Kapitalverzinsung und der unterschiedlichen Zahlungsströme über die Nutzungsdauer der Anlage, werden die Stromgestehungskosten genauer ermittelt. Somit ergibt sich folgende Berechnung:[483]

$$k_E = \frac{(I_0 + I_{Wechselrichter} \times AbF_{15} + a_t \times DSF_{20}) \times KWF}{E_a}$$

Formel: 3.23

$$KWF = \frac{i \times (1+i)^n}{(1+i)^n - 1} = \frac{0,035 \times (1,035)^{20}}{(1,035)^{20} - 1} = 0,07036$$

Formel: 3.24

$$k_E = \frac{(19766,40 \ € + 2000 \ € \times 0,5969 + 80 \ € \times 15,2124) \times 0,07036}{3869,02 \ kWh} = 0,405 \ €/kWh$$

Bis zu einer Vergütung der Einspeisung von 40,5 Cent/kWh ist die Investition in die PV-Anlage wirtschaftlich. Im Jahr 2010 sinkt die Einspeisevergütung gemäß EEG 2009 auf voraussichtlich auf 39,57 Cent/kWh, d.h. mit den Stromentstehungskosten von 40,5 Cent/kWh wird dann die Inbetriebnahme einer PV-Anlage unwirtschaftlich.

E_a -> erzeugte Energiemenge in t

a_t -> Betriebskosten im Jahr t, Annahme 80 EUR (60 EUR Versicherung + 20 EUR Zählergebühr)

i   -> Kalkulationszinssatz, bei 3,5 Prozent

---

[482] Für die EEG-Vergütungssätze siehe Abschnitt 22.4
[483] Siehe dazu die Annuitätenmethode in Abschnitt 24.1.2

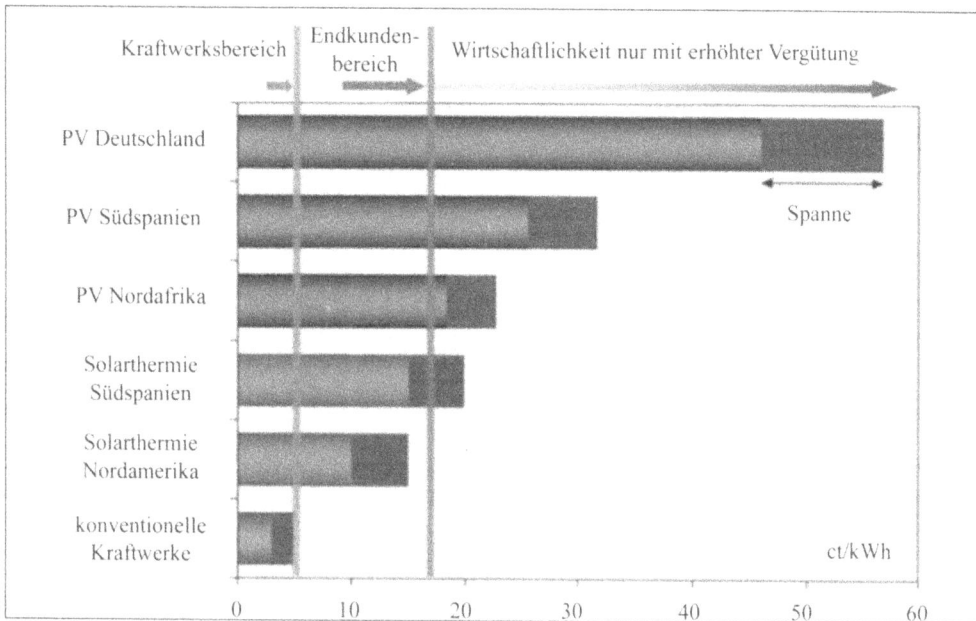

Abb. 24.3   Internationaler Vergleich unterschiedlicher Stromgestehungskosten[484]

24.3   Nichtmonetäre Wirtschaftlichkeitsbetrachtung einer PV-Anlage

Steigende Energiepreise und schärfere Klimaschutzauflagen der Regierungen führen automatisch dazu, dass nachhaltige Immobilien künftig deutlich stärkere Wertsteigerungen erfahren als konventionelle Objekte. Einen der Grundsteine von nachhaltigen Gebäuden bilden, die so genannten Energiesparinvestitionen.[485]

Hierbei kann beispielsweise über eine Photovoltaikanlage so genannter „sauberer" Strom erzeugt werden. Dieser wird von den Privatpersonen nicht unmittelbar selbst verbraucht, sondern direkt ins Stromnetz eingespeist. Der erzeugte Strom wird deutlich teurer verkauft, als herkömmlicher „Strom aus der Steckdose" im Vergleich dazu kostet.[486]

Man kann hierbei also von einer direkten Energiesparinvestition sprechen, da durch den gewonnenen Strom an anderer Stelle weniger Energie durch fossile Energieträger erzeugt werden muss. Hierbei werden durch den Betrieb einer PV-Anlage ein CO_2 Ausstoß von ca. 0,6 t je kWp/a vermieden.

---

[484] Quaschning (2009)
[485] Vgl. Lorenz (2006), S. 147
[486] Vgl. Alt et al. (2006), S. 82

CO_2 Bilanz einer (4,78 kWp) Photovoltaikanlage:

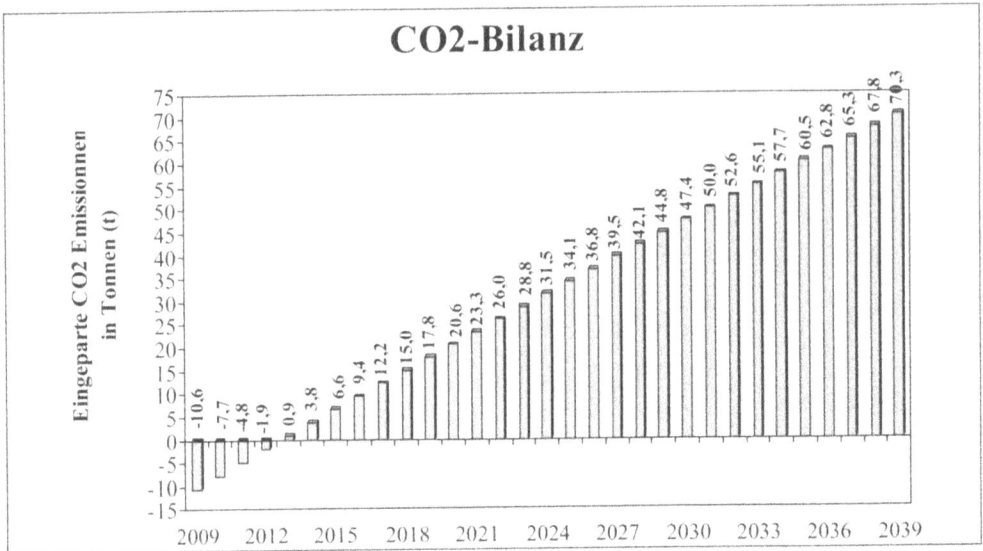

Abb. 24.4 CO_2 – Bilanz der Musteranlage

Die Energiegewinnung durch erneuerbare Energien macht in Deutschland derzeit einen Anteil von ca. 6,6 Prozent an der Gesamtenergieproduktion aus. Rund 2,5 Prozent der Erneuerbaren Energien entfallen auf PV-Anwendungen, denen jedoch langfristig das stärkste Wachstumspotential zugetraut wird. Des Weiteren sind die gestalterischen Möglichkeiten mit Photovoltaik heutzutage auch rein optisch sehr vielfältig und nicht nur auf Dachanlagen begrenzt. Hinzu kommen großzügige Freiflächenbebauungen und interessante Fassadengestaltungen mit PV-Elementen. Energieeffiziente Gebäude sind mit der zurzeit am Markt verfügbaren Technik kostengünstig zu erstellen. Durch die intensive Forschung in den letzten Jahren und die sehr gute Dokumentation von Objekten kann energieeffizientes Bauen ohne Risiko und nach den Kriterien der Nachhaltigkeit angewandt werden:

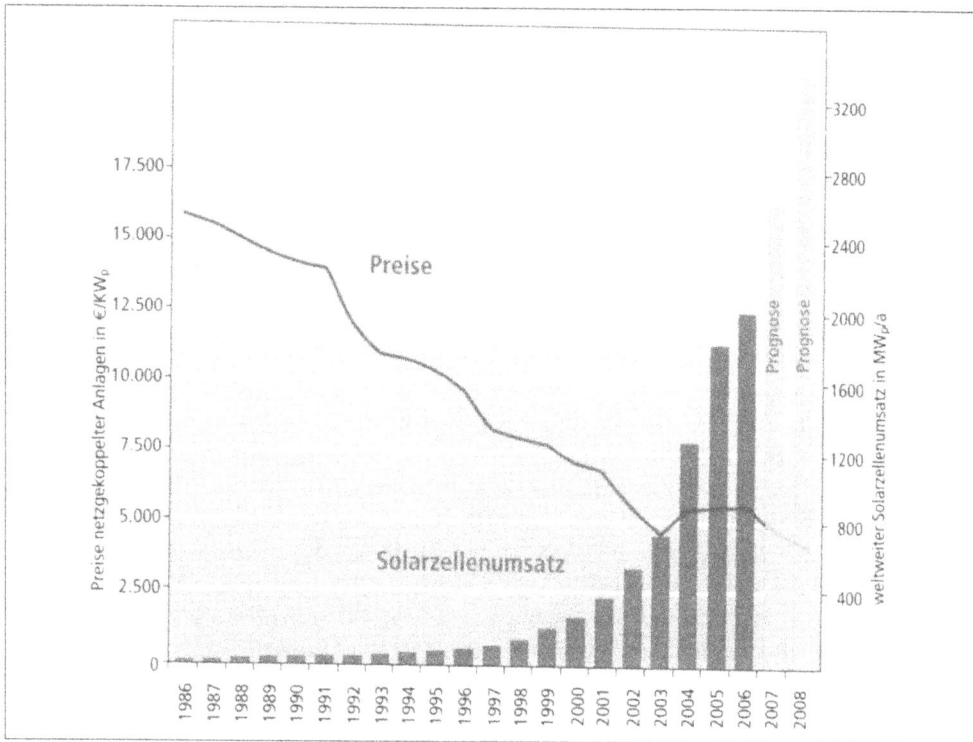

Abb. 24.5   Preis- und Umsatzentwicklung von PV-Anlagen[487]

Klima- und Ressourcenschutz wird durch Energieeffizienz bei der Planung und dem Betrieb von Gebäuden gewährleistet. Optisch anspruchsvolle und hochwertige Solarmodule ermöglichen einen erhöhten Spielraum für architektonische Gestaltungsfreiheit.

Mit stetig sinkenden Kosten für die Komponenten der Solartechnologie und tendenziell steigenden Preisen für fossile Energieträger ist bereits zum heutigen Zeitpunkt eine wirtschaftlich interessante Vereinigung der Ziele von Ökonomie und Ökologie erreicht.

Langfristig stellt energieeffizientes Bauen sowohl betriebswirtschaftlich als auch volkswirtschaftlich eine nachhaltige Versicherung gegen Ressourcenknappheit und steigende Energiepreise dar. Die Preise der netzgekoppelten Photovoltaikanlagen haben sich in Deutschland in den letzten 20 Jahren um mehr als 60 Prozent verringert.

Die Abb. 24.5 stellt die Entwicklung des weltweiten Solarzellenumsatzes und die Preisentwicklung netzgekoppelter PV-Anlagen in Deutschland dar. In der Solarenergie hat die Photovoltaik das höchste Potential für eine Energieversorgung, welche die Kriterien der Nachhaltigkeit erfüllt. Es gibt wenige Einschränkungen bezüglich der Standortwahl. Photovoltaiksysteme können in bestehende bauliche Strukturen leicht integriert werden. Die Modularität

---

[487] Haselhuhn/Hemmerle (2008), S. 10

der Photovoltaik erlaubt, sie in beliebigen Einsatzfeldern und weiten Leistungsbereichen einzusetzen.[488]

Die nichtmonetären Wirtschaftlichkeitsaspekte einer PV-Anlage sollen im Folgenden anhand einer Nutzwertbetrachtung dargelegt werden. Die Vorteilhaftigkeit eines solchen Projektes zu messen ist nicht nur ein Problem der quantitativen Ermittlung von Einzahlungen und Auszahlungen, die für diese Investition anfallen. Für den Besitzer eines Einfamilienhauses müssen verschiedene Zielsetzungen berücksichtigt werden, die nicht alle bzw. nur mit beträchtlichem Aufwand monetär bewertet werden können.

In solchen Fällen werden Nutzwertbetrachtungen angewandt. Sie werden als Ergänzung der traditionellen Investitionsrechnung verstanden und führen somit gemeinsam zur Entscheidungsfindung. Es wird der Nutzwert für die angestrebte Investition ermittelt, worunter der zahlenmäßige Ausdruck für den subjektiven Wert des Projektes, hier der PV-Anlage, hinsichtlich des Erreichens bestimmter Zielsetzungen verstanden wird. Die Nutzwertrechnung wird in der Praxis eingesetzt, um die Nutzwerte verschiedener Alternativen zu bestimmen und die Investitionsobjekte in eine Rangfolge zu bringen und die verschiedenen Investitionsobjekte anhand der Nutzwerte zu beurteilen. Je höher der Nutzwert einer Investition ist umso positiver ist die Einschätzung. Nutzwertrechnungen erfüllen die Erwartungen, die in der Praxis an Investitionsrechnungen gestellt werden. Sie sind einfach, kontrollierbar, anpassungsfähig, vollständig und subjektiv.[489]

Für einen Eigenheimbesitzer besteht das Problem: „Investiere ich in die PV-Anlage oder nicht?" Als erstes müssen entsprechend den Verfahrensschritten der Nutzwertanalyse die Zielkriterien bestimmt werden. Dabei ist zu beachten, dass eine Mehrfacherfassung bestimmter Eigenschaften vermieden wird. Aus diesem Grund sind monetäre Kriterien nicht in eine Nutzwertanalyse einzubeziehen. Ferner ist darauf zu achten, dass die Kriterien unterschiedliche Projekteigenschaften erfassen und die Nutzen der einzelnen Kriterien voneinander unabhängig sind. Nutzenunabhängigkeit bedeutet, dass die Erreichung eines Kriteriums nicht die Erreichung anderer Kriterien zur Voraussetzung hat. Zielkriterien für die Investition in den Bau einer PV-Dachanlage aus Sicht des Hausbesitzers:

- CO_2-Einsparung
- Einsparung fossiler Brennstoffe
- Erzeugung umweltfreundlicher Energie
- Unabhängigkeit vom regionalen Energieversorger
- optische Wertsteigerung am Gebäude
- Verringerung der Sonneneinstrahlung auf das Hausdach
- Vorbildwirkung für das Umfeld

---

[488] Vgl. BINE (2009)
[489] Vgl. Olfert (2001)

Anschließend erfolgt eine Gewichtung der Zielkriterien (übergeordnete Kriterium), um diesen im Hinblick auf den Nutzwert des Projektes eine Bedeutung zuzumessen. Zur Bestimmung der Kriteriengewichte werden verschiedene Skalierungsmethoden herangezogen. Im nächsten Schritt werden die Teilnutzen bestimmt. Die Teilnutzen beinhalten die persönlichen Präferenzen des Investors. Es wird geschätzt, ob einem bestimmten Bewertungskriterium ein größerer oder kleinerer Nutzen zuzuordnen ist und es ergeben sich verschiedene Rangordnungen. Anschließend erfolgt durch Multiplikation der Gewichtung mit dem Teilnutzen die Ermittlung der Nutzwerte (Tab. 24.11). Diese werden anschließend den Nutzwertklassen zugeordnet.

	Nutzwert (Zielkriterien)	Gewichtung (1-4)	Teilnutzen-bestimmung (1-10)	Nutzwert (1-40)	Nutzwert-klasse	
1	CO_2-Einsparung	3	1	3	C	Verringerung der Erderwärmung durch weniger CO_2 Ausstoß
2	Einsparung fossiler Brennstoffe	3	2	6	C	fossile Energieträger stehen länger zur Verfügung
3	Erzeugung umweltfreundlicher Energie	2	9	18	B	100% Energieerzeugung aus EE
4	Unabhängigkeit vom regionalen Energieversorger	4	10	40	A	Mit Zusatzinvestition (ca. 2000 €) durch Erweiterung der Anlage zum Backupsystem
5	Optische Wertsteigerung am Gebäude	3	5	15	B	Modernes Gebäudedisign
6	Verringerung der Sonneneinstrahlung auf das Hausdach	2	5	10	C	Im Sommer bei hohen Temperaturen, Energieeinsparung Klimaanlage bzw keine Klimaanlage notwendig
7	Vorbildwirkung für das Umfeld	1	4	4	C	Motivation von Nachbarn zur Nachahmung

Tab. 24.11   Nutzwertbetrachtung

24.4   Steuerliche Betrachtung

Mit dem Kraftwerk auf dem eigenen Dach wird man schnell zum Kleinunternehmer, was einige steuerliche Vorteile mit sich bringt. Da es für den eingespeisten Strom, bei einer Inbetriebnahme im Jahr 2009, vom örtlichen Energieversorger 43,01 Cent/kWh (bei Anlagen bis 30 kW) gibt, ist es wirtschaftlicher, den erzeugten Strom zu verkaufen statt ihn selbst zu nutzen. Die Höhe der Vergütung ist für das laufende Jahr und die nächsten 20 Jahre gesichert. Steuerlich gelten Besitzer von Photovoltaikanlagen als Gewerbetreibende, wobei ein Gewerbe in diesem Fall nicht angemeldet werden muss. Dennoch sind die Einkünfte steuerpflichtig. Das Finanzamt erkennt jedoch anfängliche Verluste an, die mit anderen Einkünften, etwa aus nichtselbständiger Arbeit verrechnet werden können und so zu einer Steuerersparnis führen. Obwohl die Umsätze bei kleineren Anlagen nicht so hoch ausfallen, dass die

Betreiber umsatzsteuerpflichtig werden, sollte man keine Umsatzsteuerbefreiung in Anspruch nehmen. Denn nur so kann man sich die gezahlte Umsatzsteuer zurückerstatten lassen. Bei einem Anlagenbruttopreis im untersuchten Beispiel von 23.522,02 EUR beträgt die Umsatzsteuer 3.755,62 EUR. Generell bedeutet Umsatzsteuerpflicht:

Der Energieversorger muss neben der Einspeisevergütung Mehrwertsteuer zahlen, die man wiederum an das Finanzamt abführt. Die Mehrwertsteuer für die Anschaffung der Anlage kann man sich vom Finanzamt erstatten lassen. Photovoltaikanlagen werden über 20 Jahre abgeschrieben. Möglich ist eine lineare oder degressive Abschreibung. Um eine hohe Steuerersparnis zu erzielen, wählt man die degressive Abschreibung mit 12,5 Prozent. In den folgenden Jahren werden dann immer 12,5 Prozent vom Restwert der Solaranlage abgeschrieben. Wenn der Abschreibungswert unter den der linearen Abschreibung fällt, kann auch zur linearen Abschreibung gewechselt werden. Bei der linearen Abschreibung werden fünf Prozent der Anschaffungskosten jährlich abgeschrieben.

Wer ein Gewerbe betreibt, ist ab einem Gewinn aus dem Gewerbebetrieb von mehr als 17.500 EUR im Jahr gewerbesteuerpflichtig. Bei einer Photovoltaikanlage auf dem Dach eines Einfamilienhauses ist das nicht zu erwarten. Die jährliche Abschreibung ist eine wichtige Größe bei der Ermittlung der Betriebsausgaben. Dazu gehören auch laufende Betriebskosten, Ausgaben für Versicherungen, Zählergebühren, sowie Zinsen und Disagio, falls ein Kredit aufgenommen wurde.

Bei den Betriebskosten ist mit jährlichen Belastungen in Höhe von 0,5 Prozent bis 1,5 Prozent der Anschaffungskosten zu rechnen. Auch gezahlte Umsatzsteuer gehört zu den Betriebsausgaben. Die Ausgaben werden von den Einnahmen (Einspeisevergütung plus Umsatzsteuer) abgezogen. Ergibt sich daraus ein Gewinn, muss er versteuert werden. Ein Verlust kann mit anderen Einnahmen, etwa aus der hauptberuflichen Tätigkeit verrechnet werden, was zur Steuerersparnis führt. Hohe Renditen sind mit einer Photovoltaikanlage jedoch nicht zu erzielen.[490]

24.4.1   Abschreibung der Anschaffungskosten der PV-Anlage

Abschreibungen erfassen Wertminderungen der Sachanlagen, welche durch Nutzung, technischen Fortschritt, wirtschaftliche Überholung oder außergewöhnliche Ereignisse verursacht werden. Sie stellen Aufwendungen dar und mindern den Gewinn und die gewinnabhängigen Steuern. Eine Aufdach-PV-Anlage stellt ein abnutzbares Wirtschaftsgut mit begrenzter Nutzungsdauer dar.

Es besteht gemäß § 253 (2) HGB die Möglichkeit der planmäßigen Abschreibung der Anschaffungskosten mit der linearen oder degressiven Abschreibungsmethode.

---

[490] Vgl. Zipp (2009), S. 90ff.

Lineare Abschreibung
Die Anschaffungskosten werden planmäßig in gleichen Beträgen auf die Nutzungsjahre verteilt.

$$AfA - Betrag = \frac{Anschaffungskosten}{Nutzungsdauer}$$

Formel: 3.25

Berechnung am Beispiel
Anschaffungskosten Netto = 19.766,40 EUR
Inbetriebnahme am 01.04.2009
Nutzungsdauer = 20 Jahre

$$AfA - Betrag = \frac{19766,40 \ €}{20 \ Jahre} = 988,32 \ €/Jahr, \text{ beginnend im Jahr 2010}$$

Im Jahr der Anschaffung darf nur anteilig abgeschrieben werden:

$$AfA_{Jahr1} = 988,32 \ EUR \ / \ (12 \ Monate \times 9 \ Monate) = 741,24 \ EUR$$

Die übrige AfA für die 3 Monate aus dem Anschaffungsjahr ist im 21. Jahr abzuschreiben.

Nutzungs-dauer	Jahr	Abschreibung		Restbuchwert		
		linear	degressiv	linear	degressiv	
n	AK			19.766,40 €	19.766,40 €	
1	2009	741,24 €	1.853,10 €	19.025,16 €	17.913,30 €	
2	2010	988,32 €	2.239,16 €	18.036,84 €	15.674,14 €	
3	2011	988,32 €	1.959,27 €	17.048,52 €	13.714,87 €	
4	2012	988,32 €	1.714,36 €	16.060,20 €	12.000,51 €	
5	2013	988,32 €	1.500,06 €	15.071,88 €	10.500,45 €	
6	2014	988,32 €	1.312,56 €	14.083,56 €	9.187,89 €	
7	2015	988,32 €	1.148,49 €	13.095,24 €	8.039,41 €	
8	2016	988,32 €	1.004,93 €	12.106,92 €	7.034,48 €	Wechsel
9	2017	988,32 €	574,24 €	11.118,60 €	6.460,24 €	zur linearer
10	2018	988,32 €	574,24 €	10.130,28 €	5.885,99 €	Abschreibung
11	2019	988,32 €	574,24 €	9.141,96 €	5.311,75 €	
12	2020	988,32 €	574,24 €	8.153,64 €	4.737,51 €	
13	2021	988,32 €	574,24 €	7.165,32 €	4.163,26 €	
14	2022	988,32 €	574,24 €	6.177,00 €	3.589,02 €	
15	2023	988,32 €	574,24 €	5.188,68 €	3.014,78 €	
16	2024	988,32 €	574,24 €	4.200,36 €	2.440,53 €	
17	2025	988,32 €	574,24 €	3.212,04 €	1.866,29 €	
18	2026	988,32 €	574,24 €	2.223,72 €	1.292,05 €	
19	2027	988,32 €	574,24 €	1.235,40 €	717,80 €	
20	2028	988,32 €	574,24 €	247,08 €	143,56 €	
21	2029	247,08 €	143,56 €	0,00 €	0,00 €	

Tab. 24.12   Abschreibung der PV-Anlage

Degressive Abschreibung

Die Abschreibung wird nur im ersten Jahr von den Anschaffungskosten vorgenommen, in den Folgejahren gleich bleibend prozentual vom jeweiligen Restbuchwert. Damit ergeben sich fallende Abschreibungsbeträge. Die degressive Abschreibung führt in den ersten Jahren zu wesentlich höheren Abschreibungsbeträgen als die linearen Abschreibungen, somit werden außergewöhnliche Wertminderungen der Anlage stärker berücksichtigt.

Der höhere Abschreibungsaufwand bewirkt zudem eine größere Minderung des steuerpflichtigen Gewinns.[491]

Seit 01.01.2009 dürfen bewegliche Wirtschaftsgüter – und hierzu zählen auch Photovoltaikanlagen (außer gebäudeintegrierte Module) – mit 25 Prozent der Anschaffungskosten degressiv abgeschrieben werden, wobei der Betrag das 2,5 fache der linearen Abschreibung nicht übersteigen darf.

Berechnung am Beispiel: 19.766,40 EUR x 0,25 = 4.941,60 EUR
Vergleich mit linearer Abschreibung: 988,32 EUR x 2,5 = 2.470,80 EUR < 4.941,60 EUR

Da der degressive Abschreibungsbetrag den 2,5-fachen Satz des linearen Abschreibungsbetrags übersteigt, darf degressiv nur mit 12,5 Prozent abgeschrieben werden. Der Wechsel von der degressiven zur linearen AfA erfolgt im 8. Nutzungsjahr, da der degressive annähernd dem linearen Abschreibungswert entspricht. (Tab. 24.12)

24.4.2   Ablauf der Anmeldung eine PV-Anlage beim Finanzamt

Umsatzsteuer-Voranmeldung

Nach der Installation der Anlage sollte man mit dem Anzeigeformular die Aufnahme der unternehmerischen Tätigkeit beim Finanzamt anzeigen. Mit der Umsatzsteuervoranmeldung wird dann die Erstattung der in Rechnung gestellten Umsatzsteuer geltend gemacht.

Die Option zur Regelbesteuerung sollte erklärt werden. Die Einnahmen aus der Photovoltaikanlage unterliegen grundsätzlich der Umsatzsteuer. Übt man daneben keine andere unternehmerische Tätigkeiten aus, wird die Umsatzsteuer aber nicht erhoben, wenn der voraussichtliche Umsatz im laufenden Jahr 17.500 EUR nicht übersteigt (Kleinunternehmerregelung gemäß § 19 Umsatzsteuergesetz).

Als Betreiber einer Photovoltaikanlage sollte man jedoch auf die Kleinunternehmerregelung verzichten und die sogenannte Regelbesteuerung wählen, damit das Finanzamt die Umsatzsteuer, die der Verkäufer der Photovoltaikanlage in Rechnung gestellt hat, als Vorsteuer wieder erstattet. Zudem erhält der Anlagenbetreiber nur im Fall der Regelbesteuerung vom Energieversorgungsunternehmen zusätzlich zur Einspeisevergütung auch die Umsatzsteuer. Im Kalenderjahr der Betriebsaufnahme und im folgenden Kalenderjahr muss man monatlich

---

[491] Vgl. Schmolke/Deitermann (2006)

(bis zum 10. Tag des Folgemonats) eine Umsatzsteuervoranmeldung abgeben. In der Umsatzsteuer-Voranmeldung gibt man die erzielten Umsätze (Nettonetzeinspeisevergütung des VNB) an und errechnet daraus die (zusätzlich erhaltene) Umsatzsteuer.

Davon können Sie als Vorsteuer jene Umsatzsteuerbeträge abziehen, die einem im Zusammenhang mit der Anlage in Rechnung gestellt worden ist. Den so errechneten Betrag führt man an das Finanzamt ab. Eine Umsatzsteuer-Voranmeldung muss man auch für solche Monate abgeben, in denen keine Umsätze erzielt worden sind (Umsatz: 0 EUR). Für den Monat der Inbetriebnahme der Anlage ergibt sich eine Umsatzsteuererstattung. Zum Nachweis übersendet man dem Finanzamt (am besten mit dem Anzeigeformular) eine Kopie der Rechnung und eine Kopie des Einspeisevertrages mit dem örtlichen Verteilungsnetzbetreibers (VNB).

Umsatzsteuererklärung
Nach Ablauf des Jahres ist eine (zusammenfassende) Umsatzsteuerjahreserklärung abzugeben.

Einkommensteuererklärung
In der Einkommensteuererklärung müssen die Einkünfte in der Anlage G (Einkünfte aus Gewerbebetrieb) weiterhin angegeben werden. Ergeben sich aus der Photovoltaikanlage in den Anfangsjahren Verluste, so können diese steuerlich berücksichtigt werden, wenn aus der Anlage, über deren gesamte Nutzungsdauer von 20 Jahren gerechnet, voraussichtlich ein (Total-)Gewinn erwirtschaftet wird. Bei Anlagen, die ab 2004 in Betrieb genommen worden sind, ist diese Voraussetzung in der Regel erfüllt. Für die Totalgewinnprognose benötigt das Finanzamt entweder eine Prognoserechnung des Herstellers der Photovoltaikanlage oder verschiedene Angaben, die Sie dem Finanzamt mit dem Anzeigeformular mitteilen können bzw. haben.

Im Regelfall können Sie die Einkünfte (Gewinn/Verlust aus Gewerbebetrieb) durch Gegenüberstellung der Betriebseinnahmen und Betriebsausgaben ermitteln. Die Anschaffungskosten der Anlage (gemindert um evtl. Zuschüsse) sind dabei auf die Nutzungsdauer zu verteilen und als Absetzungen für Abnutzung (AfA) zu berücksichtigen.[492]

24.4.3   Steuerliche Einflüsse auf Investitionsentscheidungen

Innerhalb der praktischen Investitionsentscheidung werden steuerliche Einflüsse oftmals nicht berücksichtigt können. Die Steuern sollten jedoch einbezogen werden, wenn durch die Investition stark schwankende Überschüsse oder hohe steuerliche Subventionen und erhebliche Inflationsraten vorliegen. Steuerliche Auswirkungen lassen sich bei Investitionsrechnungen wie folgt berücksichtigen:

---

[492] Vgl. Bayerisches Landesamt für Steuern (2008)

Minderung der Einzahlungsüberschüsse um die Steuerlast, d.h. bei der Kapitalwertmethode müssen im Zähler der Formel die jährlichen Einzahlungsüberschüsse durch die Steuerzahlungen gekürzt werden.

Dazu wird der um die Abschreibungen geminderte Einzahlungsüberschuss mit dem pauschalisiert angesetzten Steuersatz, z.B. 40 Prozent, multipliziert. Der Zinssatz im Nenner der Kapitalwertformel ist zu korrigieren, da die steuerliche Wirkung des die Investition finanzierenden Fremdkapitals einbezogen werden kann. Dadurch ergeben sich für den Kapitalwert der Investition gegenläufige oder sogar sich aufhebende Wirkungen, da sich die im Zähler ausgewiesenen Größen aufgrund der Steuerlast verringern, wodurch der Kapitalwert der Investition sinkt. Diese niedrigeren Werte werden durch den steuerlich verringerten Zinssatz weniger stark abdiskontiert, wodurch der Kapitalwert wiederum steigt.

Der Kapitalwert nach Steuern errechnet sich wie folgt:

$$\text{Kapitalwert}: C_{0s} = -I_0 + \sum_{t=1}^{n}\left[E\ddot{U}_t - s \times \left(E\ddot{U}_t - AB_t\right)\right] \times \frac{1}{\left(1 + i_s\right)^t}$$

Formel: 3.26

$$\text{Kalkulationszinsfuß nach Steuern}: i_s = \left(1 - s\right) \times i$$

Formel: 3.27

C_{0s} = Kapitalwert nach Steuern

$E\ddot{U}_t$ = unversteuerte Einzahlungsüberschüsse in der Perioade t

AB_t = steuerliche Abschreibungder Periode t

s = pauschalisierte Ertragssteuersatz

i = Kalkulationsuzinsfuß vor Steuern

Folgende Voraussetzungen sind für diese Formel erforderlich:

- die Steuerzahlung erfolgt am Periodenende
- lineare Abschreibung
- es werden keine Verluste für die Perioden prognostiziert

Aufgrund der angegebenen gegenläufigen Entwicklung des Kapitalwertes kann die Kapitalwertmethode mit steuerlicher Betrachtung am Ende vorteilhafter erscheinen als die gleiche Investitionsrechnung ohne Steuerberücksichtigung, dies nennt man das Steuerparadoxon.[493]

---

[493] Vgl. Olfert (2001), S. 100

25   Schlussfolgerung/Empfehlung

Aus **ökologischer Sicht** lässt sich für diese Energiespar-Investition ein uneingeschränkt positiver Schluss ziehen. Die Photovoltaik-Investition hat kurze Energierückzahlzeiten und einen hohen Erntefaktor, das bedeutet, dass sich die für die Herstellung und den Aufbau der PV-Anlage aufgewandte Primärenergie in kurzer Zeit wieder einspielt. Bei Solarmodulen aus kristallinem Silizium beträgt derzeit der Energierückzahlzeiten ca. 6 Jahre.

Die hohe Lebensdauer der PV-Module von ca. 25 Jahren hat einen hohen Erntefaktor zur Folge.[494] Der dadurch hervorgerufene geringere Ausstoß an CO_2 sorgt nun für eine abgeschwächte Beschleunigung der Klimaerwärmung insgesamt, was wiederum Folgekosten zur Behebung von Klimaschäden vermeidet. Zusätzlich dazu wird durch die Einsparung fossiler Energieträger deren statistische Reichweite verlängert und somit im doppelten Sinne nachhaltig gewirtschaftet.

Aus **ökonomischer Sicht** lässt sich eine Investition in eine Photovoltaik-Anlage durchaus rechtfertigen, da selbst bei Finanzierung mit Fremdkapital ein positiver Barwert erzielt wird. Selbst bei der Veränderung mehrerer Einflussfaktoren und deren Auswirkungen auf die Rentabilität der Anlage bleibt die Investition positiv. Dies führt schließlich zu einem durchaus rentablen Investment mit einer Rendite von deutlich über 3,5 Prozent pro Jahr. Diese positive Einschätzung wird ebenfalls durch die in Abschnitt 24.2.5 ermittelten Stromgestehungskosten bestätigt.

Bereits in kurz- bis mittelfristiger Zukunft ist mit einer stark steigenden Nachfrage nach nachhaltigen Immobilien und damit einhergehend mit einem Zuwachs des genannten Wertsteigerungspotentials und somit der entsprechenden Immobilienpreise zu rechnen. Diese Aussage ist u.a. zurückzuführen auf die ständig steigende Sensibilisierung der potenziellen Käufer und Investoren für energieeffiziente Investitionen am Bau, die durch den seit Juli 2008 verbindlichen Energiepass noch einmal deutlich verstärkt wurde. Hiermit wird auf einen Blick die Energieeffizienz der Immobilie, vergleichbar zu Angaben auf Haushaltsgeräten, sichtbar und quantifizierbar und somit für den Verbraucher direkt vergleichbar gemacht.

---

[494] Vgl. Schock (2006)

Quellenverzeichnis

Alt, G. D. / **Dietrich**, K. / **Hanf**, S. (2003): Energieeinsparverordnung-Kommentar, Anforderungsnachweise, Sonderprobleme. Stuttgart u.a.: Campus Verlag.

Alt, G. D. / **Dietrich**, K./ **Hanf**, S. (2006): Energiesparberater: Heizung, Strom, Auto, Solarenergie. Frnkfurt am Main: Campus Verlag.

Bayerisches Landesamt für Steuern (2008): Steuertipps für Haus und Grund: Steuerliche Informationen für Betreiber einer Fotovoltaikanlage. URL: http://www.finanzamt. bayern.de/informationen/steuerinfos/fotovoltaikanlage.htm, Stand: 14.03.2009.

BINE-Informationsdienst (2009): Energieforschung in der Praxis: Energieeffiziente Einfamilienhäuser mit Komfort. URL: http://www.bine.info/hauptnavigation/ publikationen/ themeninfos/publikation/energieeffiziente-einfamilienhaeuser-mit-komfort/, Stand: 07.03.2009.

Blohm, H. / **Lüder**, K. / **Schaefer**, C. (2006): Investition. München: Verlag Franz Vahlen

BMU (2009): Vergleich der EEG – Vergütungsregelungen für 2009. URL: http://www.bmu.de/files/pdfs/allgemein/application/pdf/eeg_verguetungsregelungen.p df., Stand: 04.03.2009.

BMU-EE (2009): Entwicklung der erneuerbaren Energien in Deutschland im Jahr 2007: Grafiken und Tabellen. URL: http://www.erneuerbare-energien.de/inhalt/ 39830/5466/, Stand: 03.03.2009.

Bohne, D. (2006): Vorlesung Technischer Ausbau: Thema Photovoltaik, Universität Hannover. [Zitat vom 06. 02. 2006], URL: http://www.unics.uni-hannover.de/index.php? id=51, Stand: 03.03.2009.

Bräuninger, M. et al. (2007): Wirtschaftsfaktor Erdgasbranche, Hamburg: Hamburgisches WeltWirtschaftsInstitut-HWWI. URL: http://www.hwwi.org/uploads/txwilpubdu/ HWWIPolicy Paper 1-3_01.pdf, Stand: 03.03.2009.

BNetzA (2009a): Meldung von Photovoltaikanlagen an die Bundesnetzagentur. URL: http://www.bundesnetzagentur.de/enid/3afacb4d4f796606bfab84ef29cafe8d,0/Datene rhebung_EEG/EEG-Anlagenbetreiber_4xy.html, Stand: 04.03.2009.

BNetzA (2009b): Formular zur Meldung von Photovoltaikanlagen an die Bundesnetzagentur. URL: http://www.bundesnetzagentur.de/media/archive/ 15305.pdf., Stand: 05.03.2009.

Deutscher Bundestag (2000): Gesetz für den Vorrang erneuerbarer Energien. Bonn: Bundesanzeiger Verlag.

Deutscher Bundestag (2004): Gesetz zur Neuregelung des Rechts der Erneuerbaren Energien im Strombereich. Bonn: Bundesanzeiger Verlag.

Deutscher Bundestag (2008): Gesetz zur Neuregelung des Rechts der Erneuerbaren Energien im Strombereich und zur Änderung damit zusammenhängenden Vorschriften. Bonn: Bundesanzeiger Verlag.

Deutscher Bundestag (2009a): Gesetz für den Vorrang Erneuerbarer Energien (Erneuerbare-Energien-Gesetz – EEG). URL: http://bundesrecht.juris.de/eeg_2009/ BJNR 207 410008.html, Stand: 05.03.2009.

Deutscher Bundestag (2009b): Nichtamtliche Veröffentlichung des EEG 2009. URL: http://bundesrecht.juris.de/ eeg_2009/ BJNR207410008.html, Stand: 05.03.2009.

Däumler, K.-D. (1990): Leitfaden zur Investitionsrechnung. Berlin: Verlag Neue Wirtschaftsbriefe.

Däumler, K.-D. (1994): Grundlagen der Investitions- und Wirtschaftlichkeitsrechnung. Berlin: Verlag Neue Wirtschafts-Briefe.

Eicker, U. (2001): Solare Technologien für Gebäude. Stuttgart u.a.: Teubner B.G.

Hanus, B. (2006): Solar-Dachanlagen selbst planen und installieren. Poing: Franzis Verlag.

Hanus, B. / **Stemper**, U. E. (2004): Das große Solar- und Windenergie-Werkbuch. Poing: Franzis Verlag.

Hanus, B. / **Hanus-Walter**, H. (2007): Wie nutze ich Solarenergie in Haus und Garten. Poing: Franzis Verlag.

Haselhuhn, R. / **Hemmerle**, C. (2008): Leitfaden Photovoltaische Anlagen. Landesverband Berlin Brandenburg e.V. (Hrsg.): 3. Auflage, Berlin: Deutsche Gesellschaft für Solarenergie.

Hermanns, S. (2009): Das Erneuerbare Energien Gesetz 2009 (EEG 2009). GRIN Verlag.

Hugenberg, H. / **Wulf**, T. (2007): Grundlagen der Unternehmensführung. Heidelberg: Springer Verlag.

Krimmling, J. (2007): Energieeffiziente Gebäude: Grundwissen und Arbeitsinstrumente für den Energieberater. Stuttgart: Fraunhofer IRB Verlag.

Lorenz, D. P. (2006): The Application of Sustainable Development Principles to the Theory and Practice of Property Valuation. Karlsruhe: Universitätsverlag Karlsruhe.

Morris, C. (2005): Zukunftsenergien: Die Wende zum nachhaltigen Energiesystem. Hannover: HEISE.

NB-Haus+Energie (2009): Krafttraining: Eine Reihe von Tricks macht Solarzellen leistungsstärker. In: Haus + Energie, Nr. 03/04.

Olfert, K. (2001): Investition. Leipzig: Friedrich Kiehl Verlag.

Quaschning, V. (2000): Regenerative Energiesysteme. 2. Auflage, Hansa Verlag.

Quaschning, V. (2008): Erneuerbare Energien und Klimaschutz: Hintergründe – Techniken – Anlagenplanung – Wirtschaftlichkeit. Berlin: Carl Hanser Verlag.

Quaschning, V. (2009): Zukunftsaussichten von Solarstrom: Entwicklungsprognosen. URL: http://www. volker-quaschning.de/artikel/Solarstrom2025/index.html, Stand: 12.03.2009.

Resthöft, J. / **Sellmann**, C. (2009): Die Novelle des EEG: Neue Wege auf bewährten Pfaden (Teil 2), Energiewirtschaftliche Tagesfragen.

Rohnke, U. (2008): Intelligente Stromzähler für optimales Strommanagement im Haus. In: Photon-Das Solrstrommagazin, Nr. 12, Aachen: Solar Verlag.

Schmolke, S. / **Deitermann**, M. (2006): Industrielles Rechnungswesen IKR. Darmstadt: Winklers.

Schock, H.-W. (2006): Photovoltaik: Forschung im Zeichen der Nachhaltigkeit, FVS-Themen. URL: http://www.fvee.de/fileadmin/publikationen/Themenhefte/th2006/th 2006_01_06.pdf, Stand: 14.03.2009.

Seltmann, T. (2007): Photovoltaik: Strom ohne Ende – Netzgekoppelte Solarstromanlagen optimal bauen und nutzen. Berlin: Solarpraxis AG.

Solar World (2009): Sunmodule SW 200/205/...poly. URL: http://www.solarworld.de/ fileadmin/content_for_all/pdf/sunmodule/2008/03/200-225_poly_de.pdf,   Stand: 11.03.2009.

Stern, N. (2007): The Economics of Climate Change: The Stern Review, Cambridge.

Stryi-Hipp, G. (2007): Politische Rahmenbedingungen der Solarthermie. Berlin: Bundesverband der Solarwirtschaft.

Thyssen (2002): Nano-SolarFassade. URL: http://www.thyssen-solartec.com/ aktuell/eurofassade /solarfassade.pdf., Stand: 03.03.2009.

VDEW (2001): Eigenerzeugungsanlagen am Niederspannungsnetz. Berlin/Frnkfurt am Main: VWEW Energieverlag.

VDEW/VDN (2005): Eigenerzeugungsanlagen am Niederspannungsnetz: mit VDN – Ergänzungen. Berlin: VWEW Energieverlag.

VET (2009): EEG-Anlagenstammdaten: In der Vattenfall-Regelzone installierte EEG-Anlagen aufgeteilt nach Netzbetreibern. URL: http://www.vattenfall.de/www/ trm_de/trm_de /717435eeg/717494eeg-j/806383stamm/index.jsp., Stand: 15.03.2009.

Wagner, N. (2009): Strombedarf ist gedeckt. In: Haus + Energie, Nr. 03/04.

Wirtschaftsministerium Baden-Württemberg (2009): Photovoltaik-Foliensatz. URL: http://www.wm.baden-wuerttemberg.de/fm7/1106/Photovoltaik-Foliensatz.pdf, Stand: 04.03.2009.

Zipp, S. et al. (2009): Sonnige Aussichten. In: Stiftung Warentest – Finanztest – Spezial Steuern 2009, Nr. 2 2009, Sonderheft.

V Humankapital-Innovations-Potential-Indices im Rahmen einer ganzheitlichen Mess- und Steuerungskonzeption der Berliner School of Finance, Controlling, Personnel and Innovation

Wilhelm Schmeisser / Frank Herbrechter

Humankapital-Innovations-Potential-Indices auf induktiv-statistischer Basis als theoretische Forschungsherausforderung und praktische Ratinganforderung

26 Einleitung

Ein Potential-Index macht nur dann wirklich Sinn, wenn er Schlussfolgerungen auf wahrscheinliche unternehmerische Erfolge zulässt. Potential Indices sollten daher auf ein holistisch angelegtes Wertkonzept überleiten können. Relevante Indices sind Vorsteuerungsgrößen, die kausal mit Erfolgsgrößen in einen Zusammenhang zu bringen sind. Als Zukunftserfolgswerte[495] können dabei immaterielle Unternehmenswerte herangezogen werden.

Immaterielle Werte geben Auskunft über Zukunftspotentiale von Unternehmen und vermitteln entscheidungsrelevante Informationen. Allerdings werden immaterielle Zukunftspotentiale noch zu selten transparent nach Außen berichtet.[496]

Transparenz zu den nicht in der Bilanz erfassten immateriellen Werten bzw. Potentialen würde die Möglichkeiten einer externen Unternehmensbewertung verbessern.[497] Die Lösung

---

[495] Zum Zukunftserfolgswert vgl. Günther (1997), S. 78ff.

[496] Ein strukturiertes Handling immaterieller Werte wird seit vielen Jahren von Wissenschaftlern und Praktikern gefordert; de facto erfolgt bereits in vielen Unternehmen eine Bestandsführung und Messung vorhandener Geschäftsoptionen, nur in der Regel nicht immer einheitlich und stringent holistisch.

[497] Eine verbesserte Berichterstattung der „unsichtbaren Werte", Sveiby (1997), S. 22ff., wird seit vielen Jahren von Anlegern, Praktikern und Wissenschaftlern angemahnt – bislang fehlt weiterhin ein Konsens in Bezug auf eine angemessene Berichterstattung.

könnte in einer erweiterten Berichterstattung liegen.[498] Letztere muss zukunftsorientierte Informationen – i.S. von entscheidungsrelevanten Informationen – in Bezug auf Intangibles bzw. in Bezug auf die zukünftige Wettbewerbsfähigkeit geben.

Ein seriöses Konzept zu Potential-Indices muss daher breit angelegt sein und eine Reihe verschiedenster Fragestellungen beantworten: Neben der Hauptfrage, was der ökonomische Sinn eines Potential-Indices sein soll, ergeben sich Fragen in Bezug auf geeignete Steuerungs- und Messkonzeptionen.

Dieser vorliegende Aufsatz beschreibt einleitend das Rahmenkonzept einer wertorientierten Unternehmensführung und zeigt erste Wege für eine gezielte Steuerung von immateriellen Unternehmenswerten auf. Anschließend wird der Frage nach geeigneten Vorsteuerungsindikatoren bzw. Potential-Indices nachgegangen.

27   Wertorientierte Unternehmensführung als Erfolgskriterium

Wertorientierte Unternehmensführung hat sich heute bei kapitalmarktorientierten Unternehmen durchgesetzt.[499] In Anlehnung an das Rappaportsche Werttreibermodell sind Maßnahmen zur nachhaltigen Verbesserung von Umsatz, Betriebskosten, Kapitalstruktur, rentable Investitionen und Steueroptimierung entscheidende Stellgrößen. Sie wirken unmittelbar auf die zentrale Rechengröße Free Cashflow ein (Abb. 27.1).[500]

---

[498] Für erworbene immaterielle Werte sind z.B. keine fair values oder Nutzwerte anzugeben; selbst erstellte immaterielle Werte werden nach Außen meist gar nicht berichtet. Naturgemäß sind zukünftige immateriell Geschäftswerte mit einer hohen Unsicherheit behaftet; teilweise unterliegen sie hohen Wertschwankungen oder sogar Verfügbarkeitsproblemen (Humankapital). Eine vollständige bilanzielle Darstellung im Rahmen des aktuellen Bilanzverständnisses – sowohl nach IFRS als auch nach HGB – dürfte zum heutigen Zeitpunkt zwar unrealistisch sein, jedoch schließt dies eine erweiterte Berichterstattung nicht aus.

[499] Vgl. Coenenberg/Salfeld (2007), S. V. Einer Studie zu Folge ist die wertorientierte Unternehmensführung in Deutschland allerdings noch verbesserungsbedürftig, vgl. Heidecker (2003), S. 9.

[500] Vgl. Günther (1997), S. 265; Hoke (2005), S. 6. Gleichzeitig ist die Zeitspanne, innerhalb der eine Wertsteigerung möglich ist zu berücksichtigen.

Wertreiber	Treibgrößen (Beispiele)
Umsatz	- Menge/Anzahl verkaufter Produkte - Preis
Gewinnmarge/Betriebskosten/ Deckungsbeiträge	- Produktion-/Gestehungs- bzw. Einstandskosten (AK/HK) - F&E Kosten - Vertriebs- und Marketingkosten - Verwaltungskosten - Sonstige betriebliche Aufwendungen und Erträge
WACC/Kapitalkosten	- Kapitalstruktur - Kapitalbindung - Finanzielle Aufwendungen und Erträge
Investitionen	- Investitionen in Anlagevermögen (inkl. Beteiligungen) - Investitionen im Umlaufvermögen - Sonstige Investitionen (i.d.R. direkt aufwandswirksam) - Marketing, Werbung (Marke, Image) - Andere Intangibles
Steuern	- Quasi-externe vorgegebene Größe - Beeinflussung des Steuerwertes nicht in Bezug auf den Steuersatz sondern im Rahmen dispositiver Entscheidungen hinsichtlich Transferpreise, Geschäftsmodelle, Standortpolitik etc.

Abb. 27.1   Werttreiber im Rappaportschen Modell

Entscheidend für eine unternehmenswertorientierte Ausrichtung sind zunächst **Strategien** mit denen Wettbewerbsvorteile erreicht werden können. Allerdings ist die Strategie nur dann wirklich erfolgreich, wenn auch ihre Umsetzung erfolgreich ist.

Umsetzung bzw. Operationalisierung von Strategien betrifft die unternehmerische Fähigkeit strategische Ziele operativ auf Bereiche und Mitarbeiter zu kaskadieren, um anschließend auf der Basis von Projekten oder Maßnahmen die Erreichung strategischer Ziele zu erarbeiten.

Im Mittelpunkt steht dabei die Innovationsfähigkeit. Dies ist diejenige **unternehmerische Kompetenz**, um permanent neue, kommerziell verwendbare Ideen bzw. Potentiale zu generieren.[501] Neben der Identifizierung und Kommunikation der strategischen Unternehmensziele sind für eine operative Umsetzung in erster Linie organisationale Kompetenzen (also aufbau- und ablauforganisatorische Mechanismen) wichtig, die – neben finanziellen Ressourcen – die Human Resourcen als zentralen Inputfaktor haben.

Unter der Voraussetzung eines wertorientierten Management sollten Innovationen im Bereich **immaterielle Werte** zielorientiert bzw. kompatibel zur Wertemechanik organisiert bzw. gesteuert werden. Einer empirischen Studie zu Folge sehen erfolgreiche Unternehmen

---

[501] Vgl. Coenenberg (2009), S. 1179ff. Die Fähigkeit zu permanenter Erneuerung von immateriellen Werten lässt überdurchschnittlichen ökonomischen Erfolg in der Zukunft vermuten; allerdings ist dazu nachhaltiges Innovationsmanagement erforderlich. IW bedeuten schwer imitierbare Wettbewerbsvorteile da Unternehmenswerttreiber bzw. Cashflow Treiber gezielt und nachhaltig angesteuert werden.

deutliche Vorteile in der Zielkaskadierung. Der zentrale Zusammenhang liegt in der Mitarbeiterakzeptanz: So ist z.B. die Akzeptanz für F&E-Ziele und F&E-Kennzahlen weitaus höher, wenn die Ziele mitarbeiternah definiert bzw. kommuniziert sind.[502]
Entsprechend Abb. 27.2 lassen sich die zentralen Werttreiber Wachstum, Marge (i.S.v. Umsatzrendite auf Basis des operativen Betriebsergebnisses vor Steuern), Kapitalkosten (WACC, i.S.v. Finanzierungsstruktur), Investitionen und Steuern in die 3 Kategorien wachstums-, profitabilitäts- und strukturorientierte Strategien („Intangible Ziele") einteilen.

Werttreiber	Intangible Ziele	Zuständiger Bereich
1) **Umsatz/Wachstum** (Kunden-/Marktansicht)	Patente, Markanteile, Kundenstamm, neue Produkte, Marke, Reputation, Image	Vertrieb/Marketing F&E
2) **Operative Gewinnmarge**/Prozess- und Wertkettenoptimierung	Verfahrenstechnik, Prozesseffizienz, Netzwerke, Unternehmenskultur	Bereichsspezifisch: - F&E - Produktion - Verwaltung/Einkauf - Materialwirtschaft, Logistik - Marketing/Vertrieb
3a) **WACC, Kapitalkosten** etc.	Finanzielle und Kapitalmarktkompetenz, Steuerungs-/Controllingsystem, Geschäftsmodelle, Standorte	Finanzbereich, Unternehmensleitung (Verwaltung)
3b) **Investitionen** Anlagevermögen Umlaufvermögen Sonstige Investitionen - Marketing, Werbung, (Marke, Image) - Andere Intangibles	Steuerungs-/Controllingsystem, Geschäftsmodelle, Innovationsfähigkeit, Entwicklungskompetenz	Alle
3c) **Steuern**	Geschäfts- und Standortmodelle	Finanz- bzw. Steuerbereich, Unternehmensleitung (Verwaltung) & Staat

Abb. 27.2   *Werttreiber, mögliche immaterielle Werteziele und zuständige Bereiche*

Darüber hinaus kann auch eine **Differenzierung der Strategien („Intangible Ziele" gem. Abb. 27.2) nach Funktionsbereichen** erfolgen: So werden Umsatzverbesserungen am ehesten durch die Bereiche Marketing und Vertrieb bzw. Forschung und Entwicklung (F&E) getrieben: Marketing/Vertrieb kennt die Kundenbedürfnisse und sollte – gemeinsam mit F&E – kundenbezogene Innovationen entwickeln. Grundsätzlich können für alle genannten Werttreibergrößen Strategien i.S. immaterieller Werte entwickelt werden, d.h. Strategien um Umsatz bzw. Produktivität zu steigern oder die Unternehmensstruktur zu stärken.

Performancekonzepte, die sich in Kennzahlensysteme bzw. Werttreiberbäume übersetzen lassen sind z.B. das CFRoI oder EVA System. Da die aktuelle Berichterstattung aber primär auf Basis vergangenheitsorientierter Daten erfolgt, müssen zukunftsorientierte Modelle, die in die Performance-Measurement Konzepte überleiten, verstärkt entwickelt werden.[503]

---

[502] Vgl. Becker (2005), S. 124–127
[503] Vgl. Schmeisser/Clausen (2009), S. 15ff.

In Abb. 27.3 wird ein idealer zukunftsorientierter Entwicklungsprozess für immaterielle Werte gezeigt. Ausgangspunkt des Prozesses sind Ideen, für die jeweils ein angemessener Auswahlmechanismus zu installieren ist, anhand dessen zu entscheiden ist, inwiefern sich eine Entwicklung als kommerziell lohnenswert erweisen könnte.

Neben finanziellen und technischen Ressourcen sind Mitarbeiter der Hauptinputfaktor zur „Produktion" von Innovationen. Humanressourcen treiben den Prozess mit ihren Ideen an; im Rahmen aufbauorganisatorischer Strukturen treiben sie mit Hilfe allgemeiner organisationaler Kompetenzen (IT, Infrastruktur, Schnittstellenmanagement, Mess- und Steuerungssystem, Fähigkeit zu innovativen Leistungen usw.) den Prozess ergebnisorientiert voran (Abb. 27.3).

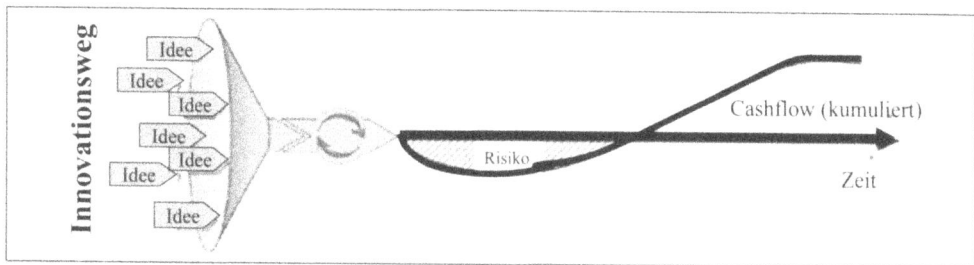

Abb. 27.3 Generischer Entwicklungsprozess von Intangibles

Immaterielle Wertemaßnahmen sollten an eine der o.g. Wertkategorien (i.e. Umsatz, Betriebs- bzw. Prozesskosten sowie Unternehmensstruktur) anknüpfen. Ein Indikator oder eine Vorsteuerungsgröße ist dann optimal, wenn sie logisch oder rechnerisch eine Beziehung zum übergeordneten Performance-Measurement-Konzept erreicht. Entscheidend ist das monetäre Geschäftspotential der Innovationsprojekte in Bezug auf Umsatz-, Prozess- und Strukturpotential.

Eine bessere Transparenz in Bezug auf das Zukunftspotential in den drei dargestellten Kategorien setzt bei der Frage an, wie eine unternehmenswertkompatible Steuerung von Innovationen bzw. Human Ressourcen gestaltet werden kann. Dabei ist davon auszugehen, dass eine zielorientierte Steuerung durch adäquate Messkonzeptionen und Incentivierung unterstützt werden.

28   Scorecard als Steuerungsmodell

28.1   Berliner Balanced Scorecard als Steuerungsmodell

Die Vorüberlegungen des Abschnitt B lassen sich mittels einer Balanced Scorecard zueinander in Bezug setzen. Als Bezugsrahmen für ein betriebswirtschaftliches Steuerungsinstrument eignet sich insbesondere das Konzept der **Berliner Balanced Scorecard**. Dieses Konzept verbindet ganz konkret die verschiedenen Perspektiven einer Balanced Scorecard hinsichtlich einer zukunftsorientierten Steuerung.[504] Darüber hinaus ist der Ansatz durch das Rahmenkonzept der **finanzorientierten Personalwirtschaft** theoretisch fundiert.[505]

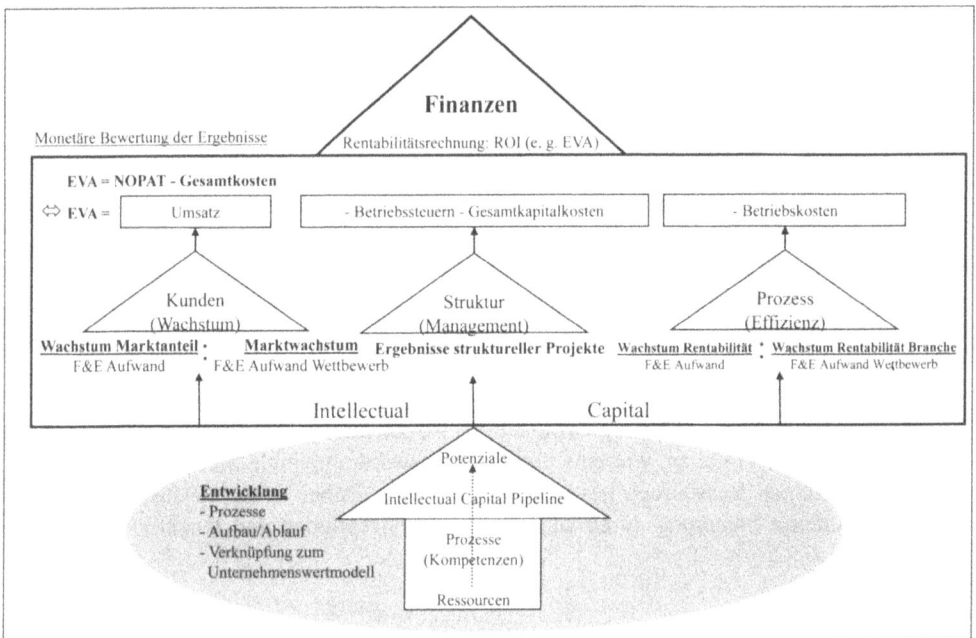

Abb. 28.1   Scorecard zur Steuerung der Wachstumstreiber

Abb. 28.1 zeigt die vier typischen **Steuerungsperspektiven** einer Balanced Scorecard (BSC) nach Kaplan/Norton – also Lern-/Entwicklungs-, Wachstums-, Prozess-, und Finanzsicht plus einer weiteren Kategorie, die hier als strukturelle Perspektive bzw. strukturelle Sicht

---

[504] Vgl. dazu ausführlich Schmeisser (2008)

[505] Vgl. Schmeisser (2008), S. 1–8

bezeichnet wird.[506] Diese Perspektive ist aus Sicht der Verfasser erforderlich, um nicht nur die Potentiale bestehender Geschäfte, sondern auch Potentiale der Gesamtunternehmenssicht bewusst zu berücksichtigen (dies sind z.B. Projekte zur Optimierung der Kapitalstruktur, Standortkonzepte oder Transferpreisüberlegungen).

In der Finanzperspektive ist die klassische finanzielle Kennzahlensicht anzusiedeln (e.g. EVA oder CFRoI basierend). Als Beispiel wurde in Abb. 28.1 die EVA-Formel gewählt:

EVA	= NOPAT (net operating profit after taxes) – Gesamtkapitalkosten
	= Umsatz – Betriebskosten – Kapitalkosten – Steuern

Durch die Überleitung von der Finanzsicht (hier EVA) zur Kunden-, Struktur- bzw. Prozesssicht bewegt man sich auf den Weg zu einer zukunftsorientierten Steuerungskonzeption bis hin zur Potentialsicht (Lern-/Entwicklungsperspektive). Die entsprechenden Indikatoren bzw. Kennzahlen werden als Vorläufergrößen oder Versteuerungsindikatoren bezeichnet. Gem. der Finanzorientierten Personalwirtschaft, ist eine geeignete Überleitung – z.B. mittels geeigneter Werttreiberbäume – herzustellen.[507] Im optimalen Fall führen die Werttreiberbäume zu separaten Kennzahlenhierarchien, die bereichsspezifisch angewendet werden können und somit eine bereichsspezifische Steuerung ermöglichen.

28.2 Lern-/Entwicklungsperspektive zur Generierung innovativer business cases

Die Lern-/Entwicklungs- oder Potentialperspektive bildet mit ihren **Bestandteilen Human Ressourcen** und **organisationale Kompetenzen** den Ausgangspunkt für zukünftige kommerziell verwertbare Ergebnisse (intellectual capital). Die initialen Maßnahmen zum intellectual capital nehmen hier ihren Ausgangspunkt. Sie sind vor dem Hintergrund ergebnisorientierter, d.h. kommerzieller Ziele im Bereich Kunden, Prozesse und Struktur zu beurteilen.

Zur Vorsteuerung und Messung immaterieller Werte sind geeignete Indikatoren zu definieren. In Bezug auf eine zukunftsorientierte Berichterstattung von immateriellen Potentialen stellt sich allerdings das Problem, dass die kommerziellen Ergebnisse der Projekte lange Zeit unsicher sind und u.U. zunächst gar kein konkreter Nutzenzufluss zuordenbar ist. Es ist damit sicherlich nicht besonders aussagekräftig, bereits im Frühstadium monetäre Werte zu

---

[506] Die Werttreiberkategorie „Struktur" enthält Potentiale aus Gesamtunternehmenssicht (Optimierungspotentiale bei Transferpreisen, Kapitalstruktur, M&A etc.), die nicht von den Strategien der existierenden Geschäfte erfasst werden. Zur Gesamtunternehmenssteuerung vgl. Baum/Coenenberg/Günther (2004).

[507] Vgl. Schmeisser/Clausen (2009), S. 304

ermitteln.[508] Sobald allerdings eine Konkretisierung von Geschäftswerten möglich ist, sollte auch eine monetäre Potentialapproximierung der Projekte erfolgen.

Gedanklich kann man sich einen Innovationsprozess für immaterielle Werte – ähnlich zu klassischen F&E-Prozessen – vorstellen, der in mehrere Phasen unterteilt ist (Abb. 27.3). Zur Erfolgsbeurteilung des immateriellen Werteprogramms kann z.B. eine Differenzierung in **vorhandenes intellectual capital, zukünftiges intellectual capital (Potentiale) und anzu-strebendes (strategisch gewünschtes) intellectual capital** vorgenommen werden.

- **Vorhandenes Intellectual Capital** bedeutet kommerziell verwendbares Know-how – beispielsweise i.B. auf Patente, Marken, Kundenlisten etc. Es kann sich auf bestehende genutzte und ungenutzte Werte sowie auf zukünftige Werte beziehen. Es ist konkreti-sierbar und auf der Basis bestehender Bewertungsmodelle monetär approximierbar.[509]
- Die Vorläufer des intellectual capital – also **kommerzielle Potentiale** – befinden sich im Übergang von der Entwicklungs- zur Ergebnisperspektive. Die Erfolgsbeurteilung und Steuerung dieser Potentiale erfolgt vor dem Hintergrund der wachstums-, prozess- und strukturbezogenen Unternehmensziele – also anhand dessen, was sich in der Zukunfts-wertepipeline befindet.
- **Anzustrebendes intellectual capital** sind gewünschte immaterielle Werte, intellectual capital Ziele bzw. immaterielle Wertestrategien, die im Rahmen der Zielvorgaben noch zu entwickeln sind. Entweder bestehen bereits Innovationsprojekte oder es müssen noch geeignete Projektideen gesammelt werden.

Um möglichst wirkungsvoll zu agieren, sollten Innovationen in Bezug auf immaterielle Wer-ten an die o.g. drei Wertekategorien anknüpfen. Gelingt eine Operationalisierung der strate-gischen Ziele in operative Maßnahmen (top-down bzw. bottom-up) und entsteht dabei kom-merziell verwertbares intellectual capital, so entstehen neue Geschäftswerte (Abb. 27.3).

Abb. 27.3 zeigt einen **generischen Entwicklungsprozess von Intangibles**, der sich an Er-kenntnissen der Innovationslehre und an F&E-Prozessen der pharmazeutischen Industrie orientiert. Entsprechend dieses (idealisierten) Prozesses ist auf der Basis ausgewählter Ideen eine Projektgruppe mit der weiteren konzeptionellen Ausarbeitung eines business cases zu beauftragen, die dann die weitere Entwicklung von immateriellen Werten steuert. Wird im Rahmen der Projektierung der business case als lohnenswert und umsetzbar bewertet, erfolgt eine zielorientierte Entwicklung immaterieller Werte bis zur kommerziellen Verwertung. Bei Entwicklung völlig neuer Produkte oder Verfahren kann sich dieser Prozess u.U. über viele Jahre hinziehen. Optimierungen bestehender Prozesse sind dagegen oft schon kurz- bis mit-telfristig umsetzbar.

In der Lern-/Entwicklungsperspektive stellt sich die Frage nach geeigneten **Ansätzen zur Kompetenz- bzw. Erfolgsmessung**. Nach dem Verständnis von Vorläufergrößen ist hier

---

[508] Nicht-monetäre Indikatoren i.S. von Vorsteuerungsgrößen für finanzielle Werte, vgl. Schmeisser/Clausen (2009), S. 75f.

[509] Vgl. Coenenberg (2009), S. 1179ff.

größtenteils von nicht-monetären Größen auszugehen. Eine institutionalisierte Organisation von Entwicklungsprozessen lässt zunächst auf ein nachhaltiges Wertemanagement schließen. Weitere – messbare, prozessorientierte – Hinweise sind die Einhaltung von Budget- und Zeitvorgaben, eine geringe Abbruchquote in fortgeschrittenen Entwicklungsstadien sowie regelmäßige gute Entwicklungsergebnisse. In der Ergebnissicht liefert der Umsatzanteil Neuprodukte bzw. Umsatzanteil der Neuprodukte im Verhältnis zum Umsatzanteil des F&E-Budgets entscheidungsrelevante Informationen. Als weitere wichtige Indikatoren werden z.T. auch Projektsystematik, Prozessbeherrschung oder Markt- bzw. Technologiekompetenz genannt.[510]

28.3   Ergebnissicht: Outputorientierte Betrachtungen

Kunden-, Prozess- und Strukturperspektive stellen die Ergebnissicht für die Lern- und Entwicklungsperspektive dar. Hier erfolgt eine monetäre Berechnung, um in die Kennzahlensicht der Finanzperspektive überzuleiten.

Anknüpfend an Abb. 27.3 werden hier die fortgeschrittenen Projekte mit wahrscheinlichen monetären Szenarien bewertet. Damit bewegt man sich von der Entwicklungsebene zur Ergebnissicht, d.h. man bewertet **vorhandenes oder potentielles Intellectual Capital unter kommerziellen** Aspekten.

Das sogenannte intellektuelle Kapital (intellectual capital) steht für kommerziell verwertbare immaterielle Werte und ist entscheidend für den zukünftigen unternehmerischen Erfolg. Es handelt sich dabei entweder um erworbene oder selbst erstellte bzw. entwickelte Patente, Markenwerte, Kundenlisten, Lizenzen oder auch Geschäftsmodelle. Diese Werte können aktiv genutzt bzw. (für eine spätere Nutzung) „gelagert" werden.

Immaterielle Geschäftspotentiale sind eine Art „Vorstufe" des verwendungsfähigen intellectual capital. Potentiale sind Maßnahmen oder Projekte, die noch keine „Marktreife" besitzen, da sie noch nicht „fertig gestellt sind". Man könnte sie auch als „im Aufbau befindliche immaterielle Werte" bezeichnen.

Beide genannten Formen immaterieller Werte sind hinreichend konkretisierbar. Für beide lassen sich monetäre Nutzenzuflüsse ermitteln; jedoch sind mit den Potentialen höhere Unsicherheiten verbunden. Insofern empfiehlt sich eine differenzierte Darstellung nach zwei Kategorien: Als Potentialmatrix zum einen und immaterielle Geschäftswertematrix zum anderen.

Für beide Messkonzepte ist eine Bestandsaufnahme immaterieller Werte erforderlich. Die monetäre Approximierung erfolgt anhand gängiger Bewertungsverfahren für Patente, Marken, Kunden, Kundenlisten. Da gerade für die Potentialwertermittlung vor allem Wahrscheinlich-

---

[510] Vgl. Becker (2005), S. 124

keitsüberlegungen bzgl. Abbruch oder Weitermachen zu berücksichtigen sind, empfiehlt sich die Zuhilfenahme von Entscheidungsbaummodellen und Realoptionsrechnungen.[511]

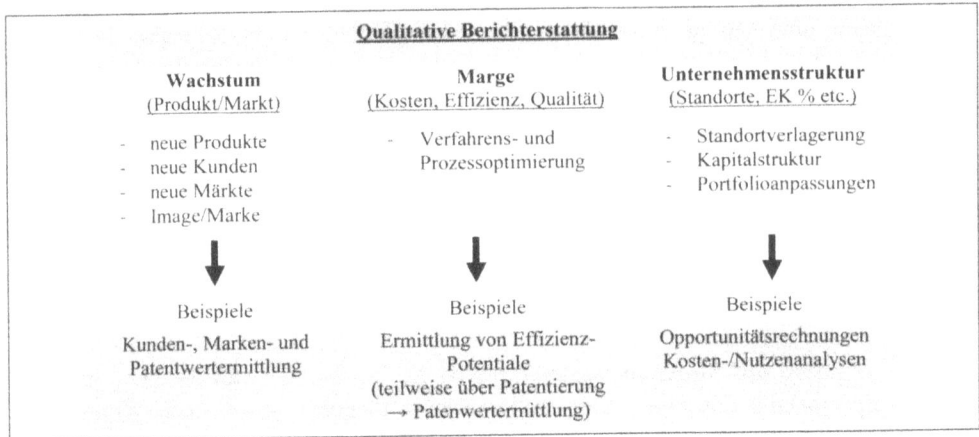

Qualitative Berichterstattung

Wachstum (Produkt/Markt)	**Marge** (Kosten, Effizienz, Qualität)	**Unternehmensstruktur** (Standorte, EK % etc.)
- neue Produkte - neue Kunden - neue Märkte - Image/Marke	- Verfahrens- und Prozessoptimierung	- Standortverlagerung - Kapitalstruktur - Portfolioanpassungen
↓	↓	↓
Beispiele Kunden-, Marken- und Patentwertermittlung	Beispiele Ermittlung von Effizienz-Potentiale (teilweise über Patentierung → Patenwertermittlung)	Beispiele Opportunitätsrechnungen Kosten-/Nutzenanalysen

Abb. 28.2   Monetäre Wertapproximierung in den Wertekategorien

Aufbauend auf existierende Verfahren zur Approximierung von Patent-, Marken- bzw. Kundenwerten lassen sich somit monetäre Werte ermitteln, die als Potentialportolio bzw. Geschäftswerteportolio aggregiert dargestellt werden können. Die getroffenen Annahmen können offen gelegt werden, so dass sie für Dritte nachvollziehbar bzw. prüfbar sind.

29   Potential-Indices

Wie zu Beginn ausgeführt wurde, sollten Indices auf der Basis einer stringenten Gesamtarchitektur entwickelt werden.[512] Dazu wurde im vorigen Abschnitt ein ganzheitliches Steuerungsmodell vorgestellt: Entscheidend für den unternehmerischen Erfolg ist dabei die organisationale Fähigkeit, zukünftige Wettbewerbsvorteile erarbeiten zu können. Dies hängt entscheidend mit der Fähigkeit zusammen, aus allgemeinen Ressourcen kommerziell verwendbares intellectual capital zu entwickeln.[513] Intellectual capital oder intellektuelles Kapital – als monetärer Ausdruck nicht bilanzierter immaterieller Werte – ist Teil des sogenannten „neubewerteten Eigenkapitals"[514]. Es stellt damit konkretisierbare Unternehmenswerte dar, indem es zielorientiert strategisch wichtige Technologien bzw. Innovationen bedient.

[511] Vgl. Schmeisser et al. (2008), S. 69ff.
[512] Vgl. Becker/Huselid/Ulrich (2001), S. 8
[513] Vgl. Coenenberg (2005), S. 1127ff.
[514] Pellens/Fülbier/Gassen (2004), S. 636

Im Hinblick auf das vorgestellte Steuerungsmodell sind nun geeignete (Vor)Steuerungs-größen zu definieren. Neben Effizienz bzw. Produktivität des Innovationsmechanismus gilt es vor allem, den entscheidenden Inputfaktor – die Human Ressourcen – zielorientiert – unter Berücksichtigung kultureller und motivatorischer Aspekte – zu führen bzw. zu bewerten. Insofern muss in geeigneter Weise eine nachvollziehbare Brücke zur Finanzperspektive gebaut werden, um dann auf der Basis von Vorläufergrößen erfolgsorientierte Aussagen treffen zu können.

Der Berliner Balanced Scorecard Ansatz verfolgt diesen integrativen Ansatz. Das Modell wurde im Laufe der letzten Jahre kontinuierlich entwickelt. Als integrativer Ansatz können verschiedene Sichtweisen eingebunden werden. Eine permanente Weiterentwicklung ist daher möglich.

Bisher konnte u.a. nachgewiesen werden, dass jede Perspektive der Balanced Scorecard sowohl mit den Instrumenten des internen als auch dem externen Rechnungswesen errechnet werden kann. Die Berliner Balanced Scorecard zeigt darüber hinaus auf, dass alle Perspektiven verknüpft werden können und für ein strategisches Management über die Jahre mit Hilfe der Unternehmensbewertung dynamisierbar sind.[515]

Damit werden z. B. Strategieberechnungen genauso wie Innovationserfolgsrechnungen und Humankapitalrechnungen möglich. Aus der Lern- und Potentialperspektive der Balanced Scorecard deduziert der Berliner Balanced Scorecard Ansatz das Berliner Humankapitalbewertungsmodell bei dem dass Humankapital theoretisch sowie praktisch mit und ohne Nutzwertanalyse ermittelt wird.[516] Dabei wird stets eine Überleitung zum unternehmerischen Kennzahlensystem angestrebt. Grundphilosophie ist dabei das Modell der wertorientierten Unternehmensführung, das auf der Basis der DCF-Zukunftswertermittlung als Auswahlprinzip einer entscheidungsorientierten Betriebswirtschaftslehre gesehen wird.

So kann das in Abb. 28.1 dargestellte Steuerungsmodell im Zuge des Berliner Humankapitalbewertungsmodells auch als Ratinginstrument gesehen werden. Abb. 28.1 ist zu entnehmen, dass Humankapital als eine wichtige Vorläufergröße gesehen wird. Hierauf baut z.B. der HPI-Geschäftsführer Index auf.[517]

Für den HPI-Geschäftsführer Index existiert mit der Muehlhan AG ein Referenzunternehmen, welches sein Geschäft aktiv mit Hilfe des Index steuert. Mit dem Berliner Humankapitalbewertungsmodell welches erfolgreich bei der Mühlhahn AG implementiert wurde, wird eine erste Anleitung gegeben, wie internationale Niederlassungen zukunftsorientiert bzw.

---

[515] Vgl. Schmeisser/Clausen (2009), S. 21

[516] Auf der Grundlage des Berliner Humankapitalbewertungsmodells und aus diesem Grundverständnis der Finanzorientierten Personalwirtschaft ist z.B. der Geschäftsführer-Index pro Niederlassung bei der Muehlhan AG entwickelt worden. Hierfür stehen die Personalwirtschaftliche Logik, der Berliner Balanced Scorecard Ansatz, die Innovationserfolgsrechnung, das Internationale Personalcontrolling und das Berliner Humankapitalbewertungsmodell als ein Element des Entgeltmanagementsystems mit und ohne Aktienoptionsprogramme.

[517] HPI = Human-Potential Index

personalwirtschaftlich gesteuert werden können. Betriebswirtschaftliche Forschung, Finanzwirtschaftliche Personallogik und Analogien praktischer Anwendung bauen hier aufeinander
auf.

Wie bereits oben erwähnt werden im Berliner Balanced Scorecard Ansatz weiterhin psycho-
logisch-organisatorische sowie arbeitsökonomische Modelle berücksichtigt (Abb. 29.1). Sie
helfen – vor allem aus Sicht der Lern-/Entwicklungsperspektive – ein praktisches Verständnis organisationaler Kompetenzen zu entwickeln. Ein expliziter prozessualer Fokus ermöglicht permanente Prozessverbesserungen um bewusst neue Erkenntnisse einbeziehen zu können.

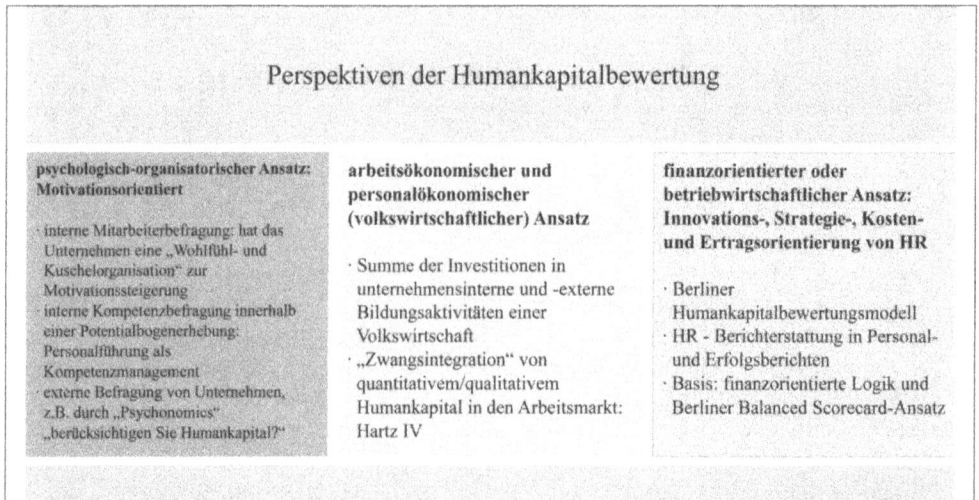

Perspektiven der Humankapitalbewertung		
psychologisch-organisatorischer Ansatz: **Motivationsorientiert**	**arbeitsökonomischer und** **personalökonomischer** **(volkswirtschaftlicher) Ansatz**	**finanzorientierter oder** **betriebwirtschaftlicher Ansatz:** **Innovations-, Strategie-, Kosten-** **und Ertragsorientierung von HR**
· interne Mitarbeiterbefragung: hat das Unternehmen eine „Wohlfühl- und Kuschelorganisation" zur Motivationssteigerung interne Kompetenzbefragung innerhalb einer Potentialbogenerhebung: Personalführung als Kompetenzmanagement externe Befragung von Unternehmen, z.B. durch „Psychonomics" „berücksichtigen Sie Humankapital?"	· Summe der Investitionen in unternehmensinterne und -externe Bildungsaktivitäten einer Volkswirtschaft · „Zwangsintegration" von quantitativem/qualitativem Humankapital in den Arbeitsmarkt: Hartz IV	· Berliner Humankapitalbewertungsmodell · HR - Berichterstattung in Personal- und Erfolgsberichten · Basis: finanzorientierte Logik und Berliner Balanced Scorecard-Ansatz

Abb. 29.1   Perspektiven der Humankapitalbewertung[518]

Die Erarbeitung eines Humankapitalindexes auf der Basis einer ganzheitlichen Konzeption
kann bisher – mit Ausnahme des Berliner Humankapitalbewertungsansatzes – von keinem
Humankapitalmodell erfüllt werden. Pate steht hier – in Analogie zum Ratingverfahren – die
Berechnung des Basel II Ansatzes, bei dem klassische betriebswirtschaftliche und rechtliche
Überlegungen zu berücksichtigen sind.

---

[518] Entnommen aus Schmeisser/Clausen/Seifert/Stülpner (2009), S. 1

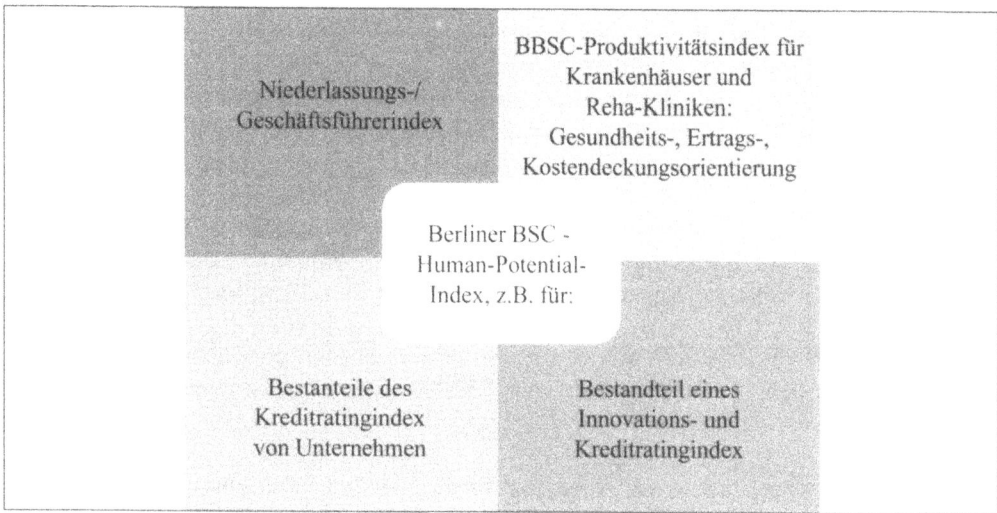

Abb. 29.2   Berliner BSC-Human-Potential-Indices

30   Fazit

Der ganzheitlich strukturierte Ansatz liefert zunächst ein Rahmenkonzept, bei dem intellectual capital als zukünftige Chancen im Wettbewerb gesehen und gezielt entwickelt wird. Auf der Basis von institutionalisierten aufbau- und ablauforganisatorischen Mechanismen ist eine unternehmerische Kompetenz zur Transformation allgemeiner Intangibles in kommerziell verwertbares intellectual capital zu entwickeln.[519] Kompetente Mitarbeiter werden als entscheidender Inputfaktor und organisationale Kompetenzen als Throughputfaktor gesehen. Beides ist grundlegend für innovativen Fortschritt und nachhaltig erfolgreiche Unternehmensführung. Hierauf aufbauend sind geeignete Indikatoren bzw. Messgrößen als Vorsteuerungsgrößen unternehmensindividuell zu definieren.[520]

Damit liefert der Ansatz einen allgemeinen Bezugsrahmen, um unternehmensindividuell einen Zusammenhang zwischen weichen – nicht monetären – Faktoren und monetären immateriellen Potential- und Geschäftswerten herzustellen.

---

[519] Entscheidend sind finanzielle, humane und organisatorische Ressourcen. Dabei sind die Rahmenbedingungen in Bezug auf Motivation und Incentivierung von Humanressourcen und ein zielorientiertes Zusammenwirken der verschiedenen allgemeinen Ressourcen in geeigneter Weise sicherzustellen (Lern- und Entwicklungsperspektive). Grundlegend ist eine systematische Bestandsaufnahme und Evaluierung von Ideen, Projekten und Maßnahmen.

[520] Für diese komplexen Zusammenhänge sind unternehmensspezifische Indikatoren zu identifizieren, die möglichst direkt in die Wertemechanik überleiten.

Durch die Bestandsführung von Einzelprojekten ist der Ansatz den induktiv-analytischen Methoden zuzuordnen. Es erfolgt eine phasenbezogene Projektbewertung, die im fortgeschrittenen Stadium auf anerkannte Bewertungsverfahren wie z.B. die Patent-, Marken- oder Kundenbewertung zurückgreift, so dass eine zielorientierte betriebswirtschaftliche Steuerung möglich wird.

Im Frühstadium bzw. in der Lern-/Entwicklungsperspektive werden geeignete Vorsteuerungsindikatoren definiert, die an finanzielle Performance Konzepte anknüpfen. Grundlegend ist die systematische Bestandsführung von Ideen, Projekten bzw. Maßnahmen.

Mit dem HPI-Geschäftsführer Index der „Berlin School of Finance, Controlling, Personnel and Innovation" existiert ein solcher Indikator, der bereits erfolgreich in der Praxis (Schiffbau, Bank, etc.) verwendet wird.

Das Modell ist eingebettet in den Ansatz der Finanzorientierten Personalwirtschaft, die ein theoretisches Erklärungsgerüst bereitstellt.

Literaturverzeichnis

Baum, H. G. / **Coenenberg**, A. G. / **Günther**, T. (2004): Strategisches Controlling. 3. Auflage, Stuttgart: Schäffer-Poeschel Verlag.

Becker, B. / **Huselid**, M. / **Ulrich**, D. (2001): The HR Scorecard. Linking people, strategy, and performance.

Becker, M (2008): Messung und Bewertung von Humanressourcen. Konzepte und Instrumente für die betriebliche Praxis. Stuttgart: Schäffer-Poeschel Verlag.

Becker,M. / **Labucay**, I. /**Rieger**, C. (2007): Erfassung und Bewertung von Humankapital-Kritische Anmerkungen zur Saarbrücker Formel. In: Betriebswirtschaftlicher Forschung und Praxis (BFuP), 59/1, S. 38–58.

Coenenberg, A.G. (2005): Jahresabschluss und Jahresabschlussanalyse. Betriebswirtschaftliche, handelsrechtliche, steuerrechtliche und internationale Grundsätze – HGB, IFRS und US-GAAP, 20. Auflage.

Günther, T. (1997): Unternehmenswertorientiertes Controlling. München: Vahlen-Verlag.

Hoke, M. (2005): Implementierung eines wertorientierten Steuerungssystems. Vortrag 12. Februar 2005, AKAD.

Pellens, B. / **Fülbier**, R.U. / **Gassen**, J. (2004): Internationale Rechnungslegung, 5. Auflage.

PriceWaterHouseCoopers (o.J.): Unternehmensstudie. Bewertung von Humankapital. München.

Schellinger, J. (2004): Konzeption eines wertorientierten strategischen Personalmanagements. Frankfurt am Main.

Schmeisser, W. et al. (2006): Forschungs- und Technologiecontrolling. Stuttgart: Schäffer-Poeschel Verlag.

Schmeisser, W. et al. (Hrsg.) (2008): Innovationserfolgsrechnung. Berlin: Springer Verlag.

Schmeisser, W.(2008): Finanzorientierte Personalwirtschaft. München: Oldenbourg Wissenschaftsverlag.

Schmeisser, W. (2009): Personalpolitik mit Anreizsystemen im Spiegel des Shareholder Value-Ansatzes. In: Littkemann, J. (Hrsg.): Beteiligungscontrolling. Bd. II: Strategische und operative Unternehmensführung im Beteiligungscontrolling, 2. Auflage, Berlin/Herne: Neue Wirtschaftsbriefe, S. 219–266.

Schmeisser, W. / **Clausen**, L.(2009): Controlling und Berliner Balanced Scorecard Ansatz. Oldenbourg Wissenschaftsverlag, München.

Schmeisser, W. / **Krimphove**, D.(2010): Internationale Personalwirtschaft und Internationales Arbeitsrecht. München: Oldenbourg Wissenschaftsverlag.

Schmeisser, W. (2010): Corporate Finance und Risk Management. München: Oldenbourg Wissenschaftsverlag.

Schmeisser, W. / **Clausen**, L. / **Seifert**, A. / **Stülpner**, K.(2009): Modelle zur Humankapitalbewertung – Im Vergleich zum Berliner Humankapitalbewertungsmodell. München/Mering: Rainer Hampp Verlag.

Schmeisser, W. /**Eckstein**, P., **Boche**, M. (2009): Die Finanzorientierte Personalwirtschaft auf dem empirischen Prüfstand. Eine webbasierte Befragung. München/Mering: Hampp Verlag.

Schmeisser, W. / **Mauksch**, C. (2005): Risikoadäquate Kreditzinsenkalkulation nach Basel II. In: Achleitner, A.-C. / Everling, O. (Hrsg.): Rechtsfragen im Rating. Grundlagen und Implikationen von Ratings für Agenturen, Investoren und geratete Unternehmen. Wiesbaden: GablerVerlag, S. 297–326.

31   Autorenverzeichnis

Breuer, Henning, Dr.: ist Geschäftsführer der Forschungs- und Beratungsfirma Bovacon – Designing Business Interaction, und hat als Berater den Aufbau des Projektfeldes User-Driven Innovation bei den Telekom Laboratories begleitet. Als Gastdozent unterrichtet er strategische Nutzerforschung an der Fachhochschule Potsdam und forscht zur lernerzentrierten Gestaltung an der Waseda Universität, Tokio. Weitere Forschungsinteressen gelten neuen Methoden und Prozessen der Nutzerforschung, des Innovationsmanagements, der interaktiver Wertschöpfung, und der kulturpsychologischen Gestaltung. Herr Breuer hat Rechtswissenschaften, Philosophie und Psychologie studiert. Im Anschluss an seine Promotion zur interaktiven Unternehmensentwicklung arbeitete er als Berater für Mensch-Computer Interaktion bei einer internationalen Unternehmensberatung und als Gastdozent am Departamento de Ciencias de la Computación de la Universidad de Chile.

Clausen, Lydia, Dipl.-Kffr. (FH): ist Doktorandin (Forschungsschwerpunkte: Controlling, Finanzierung und Investition, finanzorientierte Personalwirtschaft, Berliner Balanced Scorecard Ansatz, Innovationserfolgsrechnung im Gesundheitswesen) und freie wissenschaftliche Mitarbeiterin des Kompetenzzentrums „Internationale Innovations- und Mittelstandsforschung" Berlin (www.mittelstandsforschung-berlin.de).

Eichhorn, Simon, Dipl.-Ing. (Univ.) cand. rer. MBA General Management

Herbrechter, Frank, Diplom-Ökonom: arbeitet seit über 15 Jahren in verschiedenen leitenden Positionen im Rechnungswesen eines internationalen Pharma-Unternehmens (Bayer AG), freier Mitarbeiter und Doktorand des Kompetenzzentrums „Internationale Innovations- und Mittelstandsforschung" Berlin. (www.mittelstandsforschung-berlin.de)

Krieger, Hartmut, Dipl.-Ing. (Elektrotechnik/Elektroenergieversorgung), Dipl.-Wirtschaftsing. (FH)

Krieger, Petra, Dipl.-Wirtschaftsing. (FH)

Nickel, Oliver, Dipl.-Ing. (FH) Umwelttechnik cand. rer. MBA General Management

Schindler, Falko, Dipl.-Kfm. (FH): ist freier wissenschaftlicher Mitarbeiterin des Kompetenzzentrums „Internationale Innovations- und Mittelstandsforschung" Berlin (www.mittelstandsforschung-berlin.de). Forschungsschwerpunkte: Finanzierung und Investition, finanzorientierte Personalwirtschaft, Innovationserfolgsrechnung im Energieversorgungsbereich.

Schmeisser, Wilhelm, Prof. Dr. habil.: ist Direktor des Kompetenzzentrums „Internationale Innovations- und Mittelstandsforschung", Berlin, und Direktor der Forschungsstelle „Europäisches Personalmanagement und Arbeitsrecht (EPAR)", Universität Paderborn. Er lehrt Finanzierung und Investition und Unternehmensführung, insbesondere Internationales Management und Innovationsmanagement/Technologiemanagement

Solte, Mario, Dipl.-Kfm. (FH): freier wissenschaftlicher Mitarbeiter des Kompetenzzentrums „Internationale Innovations- und Mittelstandsforschung" Berlin. (www.mittelstandsforschung-berlin.de)

Steinhoff, Fee, Dr.: leitet das Projektfeld User Driven Innovation im .Innovation Development der Deutschen Telekom Laboratories. Sie verantwortet die (Weiter-) Entwicklung und Implementierung innovativer Methoden der Kundenorientierung in Innovationsprojekten (z.B. Information Pump, Ethnografische Diary Forschung und User Clinics).Ihre Forschungsinteressen liegen in den Bereichen Innovationsmarketing, Kundenorientierung/-integration und radikale Innovationen – Themenfelder, die sie auch im Rahmen von internationalen MBA-Programmen in der Lehre vertritt. Im Anschluss an ihr Studium (Betriebswirtschaftslehre und Master of Business & Engineering) promovierte sie an der Technischen Universität Berlin am Lehrstuhl Marketing von Prof. Dr. Volker Trommsdorff zum Thema Kundenorientierung bei hochgradigen Innovationen. Frau Steinhoff ist zusammen mit Prof. Trommsdorff Autorin des praxisorientierten Lehrbuches „Innovationsmarketing" erschienen im Vahlen-Verlag. **Mitja Wogatzky und Henning Breuer sind Mitarbeiter/in von Frau Dr. Steinhoff.**

Teschner, Edith, Dipl.-Kffr. (FH): ist freie wissenschaftliche Mitarbeiterin des Kompetenzzentrums „Internationale Innovations- und Mittelstandsforschung" Berlin (www.mittelstandsforschung-berlin.de). Forschungsschwerpunkte: finanzorientierte Personalwirtschaft, Berliner Balanced Scorecard Ansatz und internationale Personalwirtschaft.

Wogatzky, Mitja, Dipl.-Kfm.: ist wissenschaftlicher Mitarbeiter am Lehrstuhl für Technologie- und Innovationsmanagement der Technischen Universität Berlin und arbeitet im Rahmen eines Drittmittelprojektes im Innovation Development der Deutschen Telekom Laboratories. Dort ist er im Projektfeld „User Driven Innovation" tätig und verantwortet eine Innovationscommunity aus Kunden der Deutschen Telekom AG. Zudem arbeitet er in Projekten, bei denen innovative Methoden der Marktforschung, wie ethnographische Forschung, Shadowing und User Clinics angewandt werden. Seine Forschungsinteressen liegen in den Bereichen Kundenintegration im Innovationsprozess, Nutzerinnovationen und Innovationscommunitys. An der Technischen Universität Berlin hielt er Seminare zum Thema Projektmanagement. Vor seinem Studium der Betriebswirtschaftslehre in Berlin und Spanien war er als Filialleiter und Ausbilder eines internationalen Handelsunternehmens tätig.

32   Stichwortverzeichnis

Supply Chain Management umfassend und systematisch

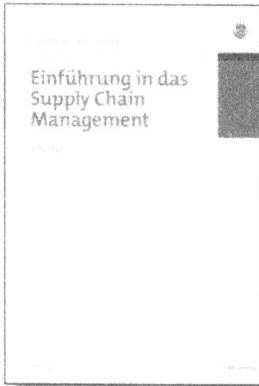

Hans Corsten, Ralf Gössinger
Einführung in das Supply Chain Management
2., vollständig überarb. und wesentlich erw. Aufl. 2008.
XVI, 367 S., gb.
€ 29,80
ISBN 978-3-486-58461-5

Supply Chain Management stößt seit einigen Jahren zunehmend auf das Interesse von Wissenschaft und Praxis. Dies geht mit der Konsequenz einher, dass es für die Studierenden eine kaum noch zu überblickende Anzahl an Publikationen gibt. Diese vorliegende Literatur zeichnet sich jedoch dadurch aus, dass sie sich insbesondere mit speziellen Problemen im Rahmen des Supply Chain Management beschäftigt.
Ziel dieses Lehrbuchs ist es deshalb, Fragen des Supply Chain Management in systematischer Form aufzubereiten. Auch wenn sich das Lehrbuch in erster Linie an Studierende des Haupstudiums richtet, kann es auch im Grundstudium sowie von interessierten Praktikern mit Gewinn gelesen werden.

Aus dem Inhalt:
Netzwerke als Grundlage des Supply Chain Management.
Supply Chain als spezielles Netzwerk.
Quantitative Modelle zum Supply Chain Management.

Univ.-Prof. Dr. habil. Hans Corsten ist Inhaber des Lehrstuhls für Produktionswirtschaft an der Universität Kaiserslautern.

Prof. Dr. Ralf Gössinger ist Inhaber des Lehrstuhls für Produktion und Logistik an der Universität Dortmund.

Oldenbourg

PPS-Systeme in Theorie und Praxis

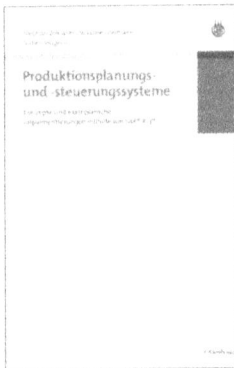

Stephan Zelewski, Susanne Hohmann
Torben Hügens
Produktionsplanungs- und -steuerungssysteme
Konzepte und exemplarische Implemen-
tierungen mithilfe von SAP® R/3®

2008 | 938 S. | gebunden
€ 34,80 | ISBN 978-3-486-58722-7

Das vorliegende Buch bietet einen umfassenden Überblick über sowohl bereits etablierte als auch neuere
Konzepte der Produktionsplanung und -steuerung
aus betriebswirtschaftlicher Sicht. Die PPS-Konzepte
werden anhand ausführlicher Anwendungsbeispiele
verdeutlicht. Im Zentrum der Anwendungsbeispiele
stehen Softwareprodukte der SAP AG, insbesondere
das Softwaresystem SAP® R/3®, das in der betrieblich-
en Praxis derzeit am weitesten verbreitet ist.

Da das vorliegende Buch theoretische Konzepte und
praktische Anwendungsbeispielen integriert, ist es
sowohl für Studierende der Wirtschaftswissenschaften
und Informatik als auch für Praktiker von Interesse.
Es wendet sich vor allem an Lernende, Fachleute und
Entscheidungsträger, die sich im Bereich des operativen, produktionsnahen Prozessmanagements mit
Problemen des betrieblichen Informations- und
Wissensmanagements befassen.

Univ.-Prof. Dr. Stephan Zelewski lehrt an der Universität Duisburg-Essen Betriebswirtschaftslehre.
Dr. Susanne Hohmann ist Leiterin der Abteilung Projektmanagement bei der IPLPerseco GmbH.
Dipl.-Wirt.-Inf. Torben Hügens ist Consultant im Center
of Expertise Business Information Management bei der
SAP Deutschland AG & Co. KG.

Produktionsplanungs-
und -steuerungssysteme

Oldenbourg

150 Jahre
Wissen für die Zukunft
Oldenbourg Verlag

Bestellen Sie in Ihrer Fachbuchhandlung oder
direkt bei uns: Tel: 089/45051-248, Fax: 089/45051-333
verkauf@oldenbourg.de

.